광장의 역설

If We Burn: The Mass Protest Decade and The Missing Revolution
Written by Vincent Bevins

Copyright ⓒ Vincent Bevins 2023
Korean edition copyright ⓒ The Truth Foundation
All rights reserved.

This Korean edition published by arrangement
with Perseus Books
through Duran Kim Agency Co., Seoul.

이 책의 한국어판 저작권은 듀란킴에이전시를 통해 저작권자와 독점 계약한 (재)진실의 힘에 있습니다.
저작권법에 의해 한국 내에서 보호를 받는 저작물이므로 무단 전재와 무단 복제를 금합니다.

광장의 역설

―― IF WE BURN ――

대규모 시위의 시대와 잃어버린 혁명

빈센트 베빈스 지음
박윤주 옮김

진실의힘

일러두기

1. 본서는 국립국어원 「한국어 어문 규범」과 일반적으로 적용되는 한국어 문법에 따라 작성하고 편집하는 것을 원칙으로 삼았다. 단, 인명, 지명 등의 고유명사는 원어 발음을 따르되 일부는 외래어표기법을 따랐다.
2. 본서에서 단행본 도서는 겹낫표(『 』), 정기간행물은 겹꺽쇠(《 》)로 표기했으며, 논문·단편·시·음악 등의 제목 및 각종 기관과 단체명은 낫표(「 」)로 표기했다.
3. 본서에서 언급되는 해외 저작명은 국내에 출간된 제목을 따랐으며, 국내에 번역되지 않은 저작의 제목은 직역하거나 독음을 그대로 적었다.
4. 본문의 각주 중 내용을 보충 설명하기 위해 저자가 작성한 것은 ■, 옮긴이가 작성한 것은 *로 표시했다.

메리 셀레스트와 베르나데트,
라일리와 세실리아 듀이를 위해

차례

한국어판 서문   9
머리말   14

1부

1	시위하는 법 배우기	26
2	마야라와 페르난두	58
3	이보다 더 나빠질 순 없다	84
4	봉기 이상의 그 무엇	92
5	세계 곳곳에서	126
6	소셜 네트워크	136
7	카우보이와 원주민	150
8	마이너리티 리포트	161
9	「무상대중교통운동」	175
10	거인, 깨어나다	192
11	다섯 가지 요구 사항과 네 개의 손가락	211

2부

12	'유로마이단' 시위	226
13	「자유브라질운동」	256
14	내 우산 아래에서	267
15	신은 없고, 대표도 없다	281
16	두 개의 탄핵 이야기	301
17	나는 212에 있었다	321
18	신화적 존재	331
19	두 번의 시위 이야기	347
20	과거의 재구성	380
21	미래의 구축	415

감사의 말	424
역자 후기 "그 많던 시위는 다 어디로 갔을까?"	430
주	436
찾아보기	470

한국어판 서문

한국 독자들과 소통할 수 있는 기회를 얻어 매우 기쁘고 감사합니다. 제가 『광장의 역설If we burn』을 집필하기 시작했을 때는 출판업계의 관례에 따라 이 책이 미국에서 제일 먼저 출간되리라고 생각했습니다. 하지만 저는 개인적으로 세계에서 가장 강력한 국가가 아닌 다른 지역의 독자들과 만나고 싶은 마음이 더욱 컸습니다. 여러 이유로 저는 이 책에서 다룬 다양한 질문들이 "제3세계" 혹은 "제2세계"로 불리는 나라들과 더 관련 있다고 생각합니다. 아마도 미국의 사회운동과 가장 관련이 없을 수도 있습니다.

동아시아의 독자들은 아마도 한국 사례를 너무나 적게 소개해 놀랄 수도 있습니다. 한국의 사례는 한 장의 절반에 불과하기 때문입니다. 이렇듯 한국의 사례를 적게 언급한 첫 번째 이유는 안타깝게도 제가 코로나19 대유행 때문에 취재차 한국에 가지 못해서입니다. 제가 영광스럽게도 한국을 방문할 수 있었던 시기는 문재인 대통령 재임 시 개최한 매우 흥미로웠던 2018년 동계 올림픽 기간이었습니다. 충분히 조사하지 못한 사례를 너무 많이 언급하지 않는 것이 불문율이라고 생각했습니다. 기회가 된다면 더 많이 취재하러 한국을 꼭 방문해보고 싶습니다. 두 번째 이유는 적어도 당시의 기이한 시대상에 비추어볼 때 2016년 촛불혁명의 발발과 해소의 과정이 상대적으로 단순한 사건으로 생각됐기 때문입니다. 하지만 이는 한국에서 일어난 봉기를 짧은 기간, 즉 2016년 말부터 2017년 초까지로 한정해서 바라볼 때만 할 수 있는 생각이었습니다.

또한 동아시아의 독자들은 "촛불혁명"을 이 책에서 의심할 여지 없는 성공 사례로 소개한 점에도 놀랄 수 있습니다. 2024년 12월의 그 사건 이후, 한국의 민주 세력은 촛불혁명이 성공했다고 느끼기 매우 어려울 것입니다. 한 발자국 물러나 승리의 열매를 맛보기도 전에 또 다른 투쟁이 불가피해졌기 때문입니다. 이는 대규모 시위의 시대에 흔치 않은 "성공"을 거두었으나 2020년대에 들어 한 발자국 물러난, 더 이상 성공을 만끽할 수 없었던 칠레나 우크라이나와 같은 국가들에도 유효합니다. 솔직히 고백하건대, 2010년대에 다른 지역에서 일어난 진정으로 비극적인 사건들과 재앙에 가까운 결과 덕분에 성공을 정하는 기준이 매우 낮아져 있었습니다.

하지만 차이를 분명히 하는 것이 중요할 듯합니다. 2016년의 대규모 시위가 박근혜 대통령의 탄핵을 가져올 만큼 충분한 압력을 행사했다면, 이는 좁은 의미에서 성공이었다고 규정할 수 있습니다. 게다가 이후 진보적인 정부가 권력을 잡았고, 같은 해 미국이나 브라질에서 일어난 일과 비교해본다면 이는 결코 작은 성과가 아닙니다. 그러나 2016년 대규모 시위대는 분명히 더 큰 목표를 갖고 있었습니다. 만약 그 시위의 목표가 악화일로의 불평등, 엘리트 중심의 권력, 부패 그리고 이 책에서 깊이 있게 다룬 "대의제의 위기"를 극복하는 것이었다면, 이는 이후 수립된 진보 정부가 완수해야 할 목표였고, 혹은 실질적인 혁명으로만 도달할 수 있는 것이었습니다. 아시다시피, 지난 8년 동안 전개된 구체적인 정치 상황 속에서 이 모든 꿈은 한국의 엘리트들과 지정학적인 현실, 그리고 전 지구적 신자유주의 자본주의 체제 속에서 대의 민주주의가 갖는 현실적인 문제 때문에 한계에 봉착할 수밖에 없었습니다. 그리고 이제는 모두가 너무나 잘 알게 된 것처럼, 반동적 반혁명의 가능성은 생생한 현실이 됐습니다.

예컨대 칠레의 경우, 한국과 매우 유사한 일이 일어났습니다. 제가 미국에서 출간될 『광장의 역설』의 최종 교정을 마무리하던 때, 2019년의 사회폭발 이후 정권을 잡은 "2011년 세대"*는 냉전 시기 미국의 지원으로 권력을 잡은 반공주의 독재자인 피노체트 정권의 제도적 유산을 극복하기 위한 신헌법 제정에 극적으로 실패하고 말았습니다. 한편으로는, 2010년대 초부터 학생운동을 조직해온 진보적인 젊은이들이 사회폭발을 통해 권력을 잡았다는 것은 같은 해 이집트와 인도네시아에서 일어난 사건들과 비교해볼 때 결코 작은 성과가 아닙니다. 하지만 사회폭발에도 더 큰 목표가 있었고, 그 목표에는 도달하지 못했습니다. 그럼에도 불구하고 저는 책을 무한대로 수정해나가기보다는 원래 쓴 대로 두기로 했습니다. 하지만 칠레의 사례는 아마도 한국의 독자들에게도 교훈을 줄 수 있을 듯합니다. 물론 우크라이나에서는 상황이 더욱 복잡해졌습니다. 제가 2021년에 했던 인터뷰에 따르면, 우크라이나인들의 답변은 마이단(maidan)이 그 참여자들에게 '일종의 무승부'로 해석되고 있음을 보여줬습니다. 몇몇은 배신당했다고 느꼈고, 또 다른 이들은 일종의 승리를 거두었다고 평가

---

* 2011년 교육개혁 요구 시위를 주도했던 이들을 일컫는 말. 이후 이들은 정치에 뛰어들었고, 현 보리치 대통령이 대표적인 인물이다.

했습니다. 하지만 2022년 러시아의 우크라이나 전면 침공과 2025년 도널드 트럼프가 강요할 가능성이 있는 전쟁의 해결 방안을 경험한 후, 아마 제가 인터뷰했던 사람들은 이제 2013~2014년의 봉기를 돌아보며 아무것도 얻지 못했다고 말할 수도 있겠습니다.

이 세 사건을 바라보는 한 가지 방식이자 겉보기에 승리한 듯 보이는 사건들의 장기적인 결과를 해석하는 방법은 이 책이 제시한 논제 중 하나가 제 예상보다 훨씬 더 정확했다는 점을 인정하는 것일 듯합니다. 즉, 2010년대에 지배적이었던(일정 부분 제가 지배적이었다고 규정한) 대규모 시위의 패턴은 진정한 욕망을 구체적인 성과로 변환시키는 데에는 부적절한 도구였다는 것입니다. 이러한 시각은 최근 《포린폴리시Foreign Policy》에 게재된 얀 베르너 뮐러Jan-Werner Müller의 「시위는 죽었는가?Is Protest Dead?」라는 글에서도 확인됐습니다. 하지만 저는 약간 다른 입장을 견지하고 싶습니다. 이 책에서 제가 주장하고 싶었던 좀 더 큰 논점은 가마솥같이 끓어오르는 폭발적인 저항운동이 이후에 필요한 모든 요건을 담보하지는 않는다는 것입니다. 가브리엘 보리치가 헌법 제정에 실패한 원인을 사회폭발 시위의 열기에서 찾는다거나 약간 다른 형태의 시위가 장기적으로 완전히 다른 결과를 가져왔을 것이라고 주장하는 것은 옳지 않습니다. 보리치는 권력을 잡았고, 그리고 난 후 그의 정부가 실패했습니다. 시위의 순간 이전부터 존재했던 시민사회조직과 권력집단은 시위 이후에도 거의 바뀌지 않았습니다. 그리고 기존 체제에 저항하는 것과 새롭고 더 나은 체제를 만드는 것은 잉딩이 나른 일입니다. 한 집단이 권력을 장악할 수 있다고 하더라도 실제로 나라를 통치하는 것은 완전히 다른 문제입니다.

브라질인들이 말하듯이, *a luta continua*, 투쟁은 계속됩니다. 제 책의 한국어판을 한국에서 여전히 진정한 민주주의를 위해 싸우는 이들에게 바치고 싶습니다.

2025년 6월
브라질 상파울루에서 빈센트 베빈스

머리말

  2013년 6월 13일, 군경이 우리를 공격했다. 우리는 남미에서 가장 큰 도시의 한복판 콘솔라상Consolação이라는 거리에 서 있었다. 수많은 군중이 행진을 멈춘 채 언덕 위에 배치된 중무장한 군경을 바라보며 다음 행동을 결정하려 할 때, 경찰이 그 결정을 대신해주었다. 그들은 경고도 없이 군중을 향해 사격을 개시했다. 그들이 최루탄을 쏘는지 충격탄이나 고무탄을 쏘는지 그때는 알 수 없었다. 이런 식의 진압 작전은 상대방이 곧장 몸을 피하고 자신의 안전 외에는 어떤 것도 생각하지 못하게 하는 것이 목적이다. 군중은 군중이기를 멈추고 한 무리의 개인으로 축소된다. 이런 상황에서 개인은 눈을 감거나 땅만 쳐다보고, 간신히 주변을 살피며 도망갈 궁리를 하게 된다. 우리는 밤새 아무 구멍이든 찾아서 흩어졌다. 겨울이 다가오는 어두운 상파울루São Paulo는 이 도시의 겨울만큼 싸늘했다. 도시를 둘러싼 고층빌딩 숲속 주거용 건물 입구에서 나는 잠시 몸을 숨겼다. 어느 정도 규칙적으로 호흡이 돌아온 뒤에야 정신을 차리고 내가 있는 곳이 어디인지 깨달았다.

브라질을 비롯해 세계 곳곳에서 수많은 시위에 참여해봤지만, 이런 시위는 처음이었다. 보통 시위 진압은 경찰과 시위대 사이에 도발과 반격이 오가다 상황이 끝없이 격해지는 가운데 시도된다. 위험한 상황에 계속 머물고 싶지 않다면 떠날 수 있는 몇 번의 기회가 있고, 그 과정에서 경찰이 진압에 나서는 피치 못할 이유를 이해할 수 있을 때도 종종 있다. 하지만 이번에는 달랐다. 이번 진압 작전은 마치 국가가 의도한 폭력처럼 느껴졌다.

나는 시위대의 일원으로 거리에 나간 것이 아니었다. 나는 해외 특파원이자 브라질 언론에서 일하는, 미국 출신의 몇 안 되는 언론인으로 시위를 취재하고 있었다. 경찰이 '우리'를 공격했다고 말하는 것은 조금 과장된 것일 테다. 기자들은 아마도 경찰이 의도한 공격 대상이 아니었을 것이다. 무엇보다, 나는 그날 밤 실제로 위험을 무릅쓰고 역사를 만들고자 거리로 나선 용감한 주인공 중 하나도 아니었다. 하지만 기자들도 고통을 받았다는 사실은 이 사건이 역사를 어떻게 바꾸었는지를 이해하는 데 매우 중요하다.

그날 밤까지 있었던 모든 정황을 분석해보면 경찰이 자행한 폭력을 이해할 수 있다. 하지만 그 시위 자체보다 흥미롭고 이해하기 어려운 것은 그 뒤에 일어난 일이다. 2013년 6월의 시위가 어떻게 그 뒤 10여 년간 유지된 국가의 탄생을 초래했을까?[*] 이 질문의 답은 아직 찾지 못했다. 이 모든 과정을 겪은 브라질 사람들에게 이 질문을

---

[*] 2013년 6월 시위의 여파로 브라질 「노동자당」 소속 대통령인 지우마 바나 호세프Dilma Vana Rousseff는 위기를 겪고, 결국 2016년 8월 31일에 탄핵됐다. 이후 우파 정당 소속인 미셰우 미게우 일리아스 테메르 룰리아Michel Miguel Elias Temer Lulia 대통령과 자이르 보우소나루Jair Bolsonaro 대통령이 연이어 권력을 잡으며 10여 년에 걸친 우파 정권이 시작된다. 그 10여 년 동안 브라질 사회는 2013년 6월 시위에 참여한 시민들이 원했던 것과 상반된 정치 지형에 놓이게 된다.

던지면 그들은 신중한 (하지만 대개 여러 모순된 분석에 근거한) 답을 내놓거나, 분노에 차거나 허탈한 표정을 짓고는 이내 먼 곳을 공허하게 바라보곤 한다.

2013년 6월 시위 후 다음과 같은 일들이 일어났다. 6월 13일의 폭력적인 진압은 소수의 좌파와 무정부주의자가 대중교통요금 인하를 요구하며 조직한 시위에 대한 동정 여론을 폭발적으로 증가시켰다. 수백만 명의 사람들이 거리로 쏟아져나와 브라질 정치체제를 뿌리째 흔들었다. 새로 시위에 결합한 시민들은 더 나은 교육과 의료 서비스, 부패와 경찰 폭력의 척결 등 새로운 요구 조건을 내건 대중운동을 촉발했는데, 그들은 이러한 요구가 근본적으로 진보적이라 여겼다. 실제로 2003년부터 집권하고 있던 「노동자당Partido dos Trabalhadores」의 지도자들은 6월 시위를 정확히 그렇게 해석했다.

2013년 초, 브라질의 「노동자당」은 글로벌 사우스Global South 역사상 가장 의미 있는 사회민주주의 프로젝트를 수행하는 중이었다고 할 수 있다. 제1세계의 부유한 국가가 아닌 지역에서 좌파 성향의 정부가 자본주의 체제의 범위 안에서 경제 성장과 빈곤을 의미 있게 완화하는 사회정책을 결합했고, 이는 자유민주주의 세계의 광범위한 지지를 받았다. 루이스 이나시우 룰라 다시우바Luiz Inácio Lula da Silva와 그의 후계자인 지우마 호세프Dilma Rousseff는 2013년 6월 거리로 나온 사람들이 그저 더 많은 것을 요구한다고 보았다. 하지만 불과 몇 년 후, 독재와 집단 학살에 동조하는, 세계에서 가장 극렬한 우파 지도자가 선출돼 브라질을 통치하게 됐다. 빈곤은 심해졌고 공공 서비스의 질은 추락했으며, 관료들은 국가가 시민을 살해했다는 사실을 자랑스럽게 떠들었다.[1] 한마디로, 브라질 국민은 2013년 6월에 요구한 것과 정반대의 결과를 얻었다.

2010년부터 2020년까지 10년간 브라질에서 일어난 일은 결코 특이한 사례가 아니다. 세계적으로 인류는 엄청난 변화를 예고하는 대규모 시위의 폭발적인 증가를 목격했다. 시위에 참여한 시민들은 황홀한 승리를 맛보는 듯했고, 세계 언론은 이들 시위에 찬사를 보내며 결과를 낙관했다. 그러나 몇 년 후, 대부분의 외신 기자가 떠난 뒤 우리는 시민들의 봉기가 그 목표와 매우 다른 결과로 (직접적으로 초래하지는 않았더라도) 이어졌음을 알게 됐다. 시위가 목표한 대로 상황이 흘러간 곳은 한 군데도 없었다. 거리에서 시민들이 스스로 정한 기준에 비춰봐도, 너무 많은 곳에서 상황은 훨씬 악화했다.

그 10년의 이야기를 대규모 시위와 그 시위가 불러온 예상치 못한 결과에 관한 이야기로 풀어내는 게 과연 가능할지 모르겠다. 지나치게 야심 찬 계획으로 보일 수도 있겠지만 이 책은 바로 그 이야기를 하려고 한다. 2010년부터 2020년까지 전 세계에서 벌어진 수많은 대규모 시위가 어떻게 해서 시위대의 요구와 정반대되는 결과를 초래했는가라는 까다로운 질문을 중심으로 이 책을 서술하면 어떨까?

2010년 튀니지에서 시작된 시위는 시위 참가자나 정부 관료들이 처음 예상한 것보다 훨씬 크고 질적으로도 다른 양상으로 급속히 확대됐다. 한 정부가 전복된 뒤, 지도자를 끌어내리거나 지역 전체에 큰 변화를 불러온 여러 운동이 연이어 일어나면서 언론에서 '아랍의 봄'이라고 부른 사회 변화 과정이 시작됐다.

2013년, 브라질 국민과 언론은 이미 막 시작된 시위를 해석할 수 있는 일련의 개념을 제시했다. 일부 언론은 6월 시위를 '브라질의 봄'[2]이라고 부르기도 했다. 6월 13일 밤, 시위대는 최루탄을 맞으며 "사랑은 끝났다. 튀르키예가 여기에 있다!"라는 구호를 외치기도 했다. 이스탄불에서 같은 시간에 벌어지던 시위와 탄압을 언급한 것이다. 나는 이 사실을 트위터에 올렸고, 그 트윗˚은 소셜 미디어에서 유명해졌다. 내가 소셜 미디어의 롤러코스터 같은 생리를 처음 경험한 사건이었다. 그 후 몇 주 동안 나는 튀르키예 시위 현장인 게지Gezi 공원에서 "전 세계가 상파울루다", "튀르키예와 브라질은 하나다" 같은 팻말을 든 이들의 사진과 메시지를 받았다. 칠레에서 홍콩까지 거리 투쟁이 계속된 2020년까지, 세계는 10년 동안 인류 역사상 그 어느 때보다 많은 대규모 시위를 경험했다. 그 빈도는 1960년대에 전 세계에서 일어난 일련의 시위가 세운 기록을 넘어섰다.3

하지만 그들이 외친 구호가 옳았을까? 정말 전 세계가 상파울루였을까? 10년 전 이집트 시위대의 구호처럼 "모든 곳이 타흐리르Tahrir이다"라고 단언하는 것이 과연 정확한 것이었을까? 나는 많은 곳에서, 특히 브라질에서는 이런 '동일시'가 일어나지 않았다면 상황이 달라졌을 것이라고 믿는다. 브라질, 심지어 아랍 세계 내부에 '봄'이 왔다고 선언하는 것이 말이 되는 일이었을까? 당시 특정 지역에서 일어난 대규모 시위는 정서나 전술 면에서 다른 지역의 봉기에 영감을 주었다. 하지만 각 지역의 현실은 크게 달랐다. 진정 전 지구적 관점에서 이들 시위를 살펴봐야만 여러 지역에서 발견되는 공통점, 그리고 그럼에도 존재하는 결정적 차이를 파악할 수 있다. 그 10여 년 동안 일어난 일들을 이해하고 교훈을 얻으려면 공통점과 차이점 모두에 주목해야 한다.

우리가 인식하든 인식하지 못하든, 혹은 우리가 맨눈으로 명확하

˚ 2010년대 사회운동에 큰 영향을 끼친 소셜 미디어 중 하나가 트위터twitter였고, 트위터에 올리는 140자 미만의 짧은 메시지를 트윗이라고 불렀다. 트위터는 일론 머스크가 인수한 후 2023년 7월 23일에 엑스X로 명칭을 바꿨다. 하지만 이 책에서 언급되는 사건은 인수 전에 일어났기에, 이 책에서는 트위터와 트윗이라는 명칭을 쓴다.

게 볼 수 있든 그렇지 않든, 우리는 이제 세계화된 체제 속에서 산다. 수많은 정치운동의 기틀을 제공한 프랑스대혁명이 일어난 1789년에도 프랑스 내부의 급격한 변화는 국제사회에 반향을 불러일으켰다. 그리고 이제 우리는 그때보다 훨씬 더 상호의존적이다. 여러분이 이 책을 어떤 형식(디지털, 실물, 오디오 등)으로 읽든, 옷을 비롯해 우리가 소유한 거의 모든 것과 마찬가지로, 이 책은 전 세계에서 끌어낸 노동력과 자원의 산물이다. 이 체제를 언급하지 않고서 수많은 야심 찬 정치운동을 일관되게 설명할 수는 없다.

지난 10년간 일어난 대규모 시위를 자세히 살펴보지 않더라도, 2010년부터 2020년 사이, 시위를 조직하는 특정 방식이 도덕적·전술적으로 선호됐음을 알 수 있다. 정도의 차이는 있지만, 여러분은 대규모 시위가 거리나 광장에서 '수평적'으로 조직되었고 '자발적'이며, 디지털 기술을 활용해 운영되는, 지도자 없는 시위였다는 이야기를 자주 들었을 것이다. 이들 시위는 그들이 이루고자 하는 사회를 '예시하는' 형태를 취했다. 나는 이들 시위를 설명하는 데 자주 동원되는 '수평주의horizontalism'나 '예시prefiguration'처럼 생소하게 느껴질 개념뿐 아니라, 비교적 익숙한 용어들이 역사적으로 어떻게 등장했는지, 그리고 이러한 역사 속에서 그 개념들이 어떻게 오늘날 사용되는 의미를 갖게 됐는지 설명해보려고 한다. 정치투쟁은 저절로 일어나지 않는다. 인간이 불의를 경험했을 때, 그에 대항해 무언가를 하기 위해서는 엄청난 의지와 에너지가 필요하며, 그러한 선택을 하고 밖으로 나가 어떤 행동을 취하기까지는 또 다른 일련의 도약이 필요하다. 내가 보기에 이런 단계들은 각자의 나라에서 목격했거나 일어난 일의 영향을 받는데, 최근에는 그 대상이 세계 곳곳, 나아가 인터넷으로 확장되고 있다.[4]

불의에 대항하는 행동과 그 불의를 바로잡고 사회를 개선하는 과정은 매우 다르다. 후자가 더욱 험난한 여정이다. 이 과정이 2010년 후 제대로 해내기 어려웠던 부분이다. 나는 인간의 결정과 그 결과의 연쇄 고리를 자세히 분석하고 10년 동안 일어난 사건을 시간 순서대로 살펴봄으로써 어떠한 교훈을 얻고자 한다. 4년에 걸쳐 이 프로젝트를 진행한 결과, 나는 그 교훈을 깨닫는 데 성공했다고 믿는다.

나는 역사학자가 아니며 성공적인 혁명을 이끈 적도 없다. 나는 언론인일 뿐이므로 스스로 만들어낸 교훈도 없다. 내가 가진 기술이 있다면 무모하게 전 세계를 돌아다니며 실제로 무언가를 아는 사람들을 따라가보는 것이다. 그들과 함께 앉아 그들의 생각을 물어보는 것이다.

이 책을 쓰기 위해 나는 12개 나라에서 200명이 넘는 사람들과 인터뷰를 했다. 거리에서 운동을 시작한 사람들, 그 운동을 상대해야 했던 많은 정치인, 그리고 그 운동에서 삶에 큰 영향을 받은 많은 사람과 이야기를 나누었다.[5] 다양한 대화를 나누는 가운데, 나는 언뜻 순진해 보이고, 거의 바보 같은 질문 몇 가지를 일부러 던져 모든 대화의 방향을 잡으려 노력했다. "시위가 폭발한 원인은 무엇인가요?", "시위의 목표는 무엇이었나요?", "목표를 이뤘나요?", "목표를 이루지 못했다면, 그 이유는 무엇인가요?"

그리고 그들이 무엇을 잘못했는지 혹은 무엇을 다르게 했기를 바라는지 묻는 대신, 다른 방식으로 질문을 이어가려고 노력했다. 나는 자주 다음과 같이 질문했다. "정치적 변동을 겪고 있거나 자신의 나라에서 삶을 바꾸려고 시도하는 탄자니아나 멕시코 혹은 키르기스스탄의 10대 청소년에게 어떤 이야기를 해주고 싶은가요?", "경험에 비추어 볼 때, 어떤 교훈을 그들에게 전할 수 있을까요?"

이런 질문에는 더 나은 세상을 만들기 위해 비극적인 희생을 치른 사람들에게 다시 상처를 주거나 불쾌감을 주지 않으려는 마음뿐만 아니라 또 다른 의도가 있었다.

2010년부터 2020년까지를 살펴보면, 세계체제의 구조를 바꾸고자 하는 엄청난 열망이 분명 있었고, 이러한 에너지는 조만간 다시 분출될 가능성이 높아 보인다. 역사를 다룬 많은 작업이 그러하듯, 나의 작업도 과거와 미래를 모두 바라보았고, 미래를 향한 방향성을 제시할 때 사람들은 가까운 과거를 훨씬 더 기꺼이 이야기하곤 한다.

여러 대규모 시위를 자세히 살펴보고 참여자들이 그 과정에서 받은 느낌을 이해하기 위해 인터뷰라는 방식을 선택한 데는 그만한 이유가 있다. 일부 역사가들은 개인의 선택보다는 수면 아래에서 일어나는 구조의 장기적 변화를 통해 사회 변화를 설명하는, 더 거시적인 관점을 선호한다. 그러나 특히 2010년 후 우리가 경험한 혁명적 상황은 시간을 압축하고 역사의 흐름을 가속했다. 이러한 상황은 아르메니아, 러시아 및 우크라이나계 사회학자 게오르기 데를루기안Georgi M. Derluguian이 말한 "낯선 즉흥성이 사건의 흐름을 갑자기 바꿀 수 있는 순간"이다.6 한 세기 전 러시아의 혁명가 블라디미르 레닌Vladimir Lenin은 "아무 일도 일어나지 않는 수십 년이 있는가 하면, 수십 년 동안 일어날 법한 일이 한꺼번에 일어나는 몇 주가 있다"고 말했다.7 그러나 미국의 정치학자 마크 베이싱어Mark Beissinger는 21세기의 도시에서는 사건이 그보다 훨씬 더 빠르게 진행된다고 말했다. 현재 일어나는 일을 이해한 뒤 다음 행동을 생각할 시간이 거의 없을 정도라는 말이다.8 의사결정은 보통 과거에 이미 학습한 내용을 바탕으로 즉각적으로 이루어지며, 이러한 결정은 상당히 중요하다.9 이렇듯 '응축된 역사'의 순

간에는 짧은 시간이 긴 시간의 역할을 대신하기도 한다.10

나는 영어·스페인어·포르투갈어·인도네시아어로 직접 조사했고, 동료 연구자·언론인·학자 들의 도움을 받아 아랍어·러시아어·우크라이나어·튀르키예어·중국어로도 인터뷰와 조사를 했다. 인터뷰를 하는 4년 동안 나는 이 주제와 관련한 학자들과 시위 참가자들이 남긴 자료를 소화하기 위해 최선을 다했다. 그렇게 나는 이 책에서 인터뷰와 문헌 연구를 결합해 2010년 1월 1일부터 2020년 1월 1일 사이의 기간에 초점을 맞춘 담론의 역사를 구성했다.

물론 '10년'이라는 기간은 인류가 발명한, 훨씬 더 복잡한 현실에 부과한 편리한 상징이다. 하지만 10년을 뜻하는 'decade'라는 단어 자체도 유의미하고,* 특히 조사 범위를 제한하는 데에 유리했다. 무엇보다, 그 10년이라는 기간이 이 책에서 다룬 구체적인 사건과 아주 잘 맞아떨어졌다. 이 이야기는 2010년 튀니지의 시디부지드Sidi Bouzid에서 시작해 2020년 초, 즉 코로나19가 출현해 세계 역사가 새로운 국면에 접어들거나 적어도 다른 리듬을 받아들인 시점에서 끝난다. 하지만 이 작업이 치명적일 정도로 오만하기만 한 것이 아니라 나름대로 야심 찬 프로젝트가 되도록 하려면 작업의 범위를 더욱 제한해야 했다. 이 책에서 우리는 한 국가의 정치체제를 뿌리부터 뒤흔들 정도로 규모가 커져 정권을 교체하거나 급격한 변화를 추동한 시위만을 자세히 살펴볼 것이다. 이 책에서 살펴볼 시위가 모두 실패한 것은 아니었고, 실패 속에서도 작은 승리가 있었다. 본격적인 분석을 위해 선택한 모든 사례는 전통적인 제1세계의 부유한 국가들 바깥에

---

* 영어의 'decade'라는 표현은 단순히 10년이라는 의미를 넘어 우리의 '한 세대'와 같이 상징적이고 유의미한 시간의 개념을 내포한다. 저자는 이런 이유로 조사 기간을 10년으로 정했다고 설명하고 있다.

서 찾았는데, 그런 사례를 선택한 이유는 차후 더 분명해질 것이다. 1789년 프랑스대혁명과 1917년 러시아혁명은 뒤이은 수많은 혁명의 기준점이 됐다. 따라서 최근 시위에서 표출된 정치적 욕구가 다양한 정치적 범위에 걸쳐 있더라도 좌파의 지성사가 현대의 시위에 영향을 끼친 방식을 추적하는 것은 중요하다. 이 책에서 나는 저항 운동을 그 자체의 목표에 따라 판단하려고 노력했다. 그리고 필연적으로 이 이야기는 나의 지식, 내가 가장 잘 아는 것의 영향을 받았다. 나는 언론인으로서 국제사회에서 언론이 수행하는 역할에 주목했고, 내가 직접 겪은 사건에 특별히 주의를 기울였다. 좋든 싫든 나를 비롯한 많은 친구가 브라질의 변화에 깊이 영향을 받은 것은 사실이며, 진솔한 이야기를 전달하기 위해 나 자신도 이야기에 가끔 등장한다.

여러 브라질 친구와 마찬가지로, 나 역시 2013년에 나에게 일어난 일과 그 후 전 세계에서 일어난 일을 이해하기 위해 지난 10년간 많은 시간을 쏟았다. 수많은 대규모 시위가 어떻게 그들이 요구한 것과 정반대의 결과로 이어졌는가라는 수수께끼를 푸는 것은 개인적인 탐색의 주제이기도 했다. 이제 내가 왜 이 주제에 골몰했는지 설명해야 한다. 2010년부터 2016년까지 나는 《로스앤젤레스타임스Los Angeles Times》에서 특파원으로 일했고, 브라질에서 가장 중요한 일간지인 《폴랴지상파울루Folha de São Paulo》의 블로그도 운영했다. 회사에서 나온 후에는 《워싱턴포스트Washington Post》에서 동남아시아를 취재하면서 이 책을 쓰게 된 두 사건을 접했다. 하지만 그 사건에 등장한 인물들은 나보다 훨씬 더 중요하고 훨씬 더 매력적이다.

이 책에서 다룬 10년의 끝에 다다를 무렵, 우리는 내가 이 인물들과 나눈 대화, 과거를 성찰하고 미래를 파악하려 한 대화로 돌아올 것이다.

1부

1

시위하는 법 배우기

20세기 후반, 사회 불의에 대응하는 자연스러운 방법은 거리로 나가 시위를 벌이는 것이라는 믿음이 널리 퍼져 있었다. 사람은 많을수록 좋았다. 이러한 역사 발전은 대중매체의 출현이라는 맥락에서만 이해할 수 있다.

당시 가장 발달한 여러 선진 자본주의 국가에서 정치 변화를 추구하는 운동은 라디오, 텔레비전, 신문 보도의 힘에 압도당하고 있었다. 심지어 명시적으로 대중 시위를 선호 전략으로 택하지 않으려 해도 대중의 관심은 그쪽으로 쏠렸다. 언론 보도는 운동가들이 상상하지 못한 방식으로 여러 직접행동의 효과를 배가했고, 더 나아가 운동의 구조 자체를 바꾸었다.

문자의 발명, 인쇄술, 사진, 그리고 마지막으로 소리와 움직이는 이미지를 새현하는 능력의 발전은 모두 인류 사회를 근본적으로 변화시킨 기술적 도약이었다.[1] 실제로 '국가'라는 개념 자체가 인쇄술의 등장과 관련이 있을 가능성이 높다.[2] 지금 생각하면 이상하지만, 인류 역사의 대부분 동안 우리는 눈앞에 있는 것만 볼 수 있었고, 귀에서 몇 미터 떨어진 곳에서 살아 있는 성대를 통해 전달되는 언어만 경험할 수 있었다. 엄밀히 말하면 이는 우리 몸이 삶을 경험하는 방식이었다. 따라서 전체 인구의 극히 일부만 볼 수 있는 행진으로 전국적인 저항을 조직하려는 것은 합리적인 행동이 아니었으며, 통치자들은 이런 '시위'를 쉽게 무시할 수 있었다.

물론 민중에게는 언제나 지배 엘리트에 대항하는 방법이 있었다. 이러한 민중의 개입은 때때로 폭력적이거나 직접적인 대가를 치르게 하는 방식으로 이루어졌는데, 사람이 죽거나 재산이 파괴되고 민중이 곡물을 탈취하는 등의 일이 벌어졌다. 고대부터 21세기까지 사람들이 이러한 순간에 사용한 다양한 관행을 일컫는 학술 용어는 '저항contention' 또는 저항의 정치contentious politics이다.

미국의 사회학자 찰스 틸리Charles Tilly는 역사적으로 사람들이 시위를 벌일 때 이미 주변에 존재하는 관행을 재현하는 경향이 있다고 밝혔다. 그들은 기존의 저항방식, 즉 저항 레퍼토리repertorie를 활용했다. '레퍼토리'라는 은유는 연극적이고 음악적이라는 관점에서 적절하다. 각 공동체에는 일련의 악기와 프로그램이 있으며, 모두 알고 있는 공연의 순서가 있고, 공동체는 필요에 따라 이들을 즉흥적으로 사용한다.3 반란의 순간, 사람들은 낯선 것이 훨씬 더 효과적일지라도 익숙한 것을 찾게 된다. 틸리는 (초기의 국가 단위 언론매체들을 분석함으로써) 16세기 프랑스 사람들은 오늘날과 같은 방식으로 집회나 파업을 조직하거나 시위할 생각을 전혀 하지 못했음을 보여준다. 그러나 그들은 세금 징수원을 마을 밖으로 쫓아내고, 빵 가격을 강제로 내리거나, 동네 범죄자의 집 앞에서 모욕적인 노래를 부르며 징벌을 요구하는 샤리바리charivari를 벌이는 방법을 알고 있었다.4 시간이 지남에 따라 혁신이 일어나고 문화가 변화하면서 새로운 저항방식이 등장하지

1 시위하는 법 배우기

만, 이 과정은 반란의 근본 원인과 별개로 진행됐다.

1950년대와 1960년대에는 뉴스를 보도하고 여기서 수익을 창출하는 기업들과의 혼란스러운 상호작용 속에서 새로운 저항방식이 등장했다.

1951년, 인도의 혁명가에게 영감을 받은 영국의 평화주의자들은 '간디 작전'을 시작했다. 이들은 자국에서 미군의 철수, 핵무기 폐기, 영국의 「북대서양조약기구North Atlantic Treaty Organization」(NATO) 탈퇴를 요구했다.5 미국의 흑인인권 단체와 마찬가지로, 이들은 고도로 훈련되고 엄격하게 조직되었으며, 비폭력의 원칙을 고수하고 개인적인 희생을 감수할 준비가 된 집단이었다.6 이들은 집중적인 훈련을 받았으며, 스스로 괴상한 채식주의자—제2차 세계대전 직후에는 평화주의자들이 그런 평판을 받곤 했다—가 아닌 정직한 시민처럼 보이려고 노력했다. 그리고 간디가 그랬듯이 언론에 보도되지 않는 행동은 종종 아무 소용이 없다는 것을 알고 있었다.7

처음에 그들은 두 가지 시위 방식을 고려했다. 첫째는 런던 도심에서 대담한 '우산' 캠페인을 시작하는 것이었는데, 우산은 핵폭발에서 인간 자신을 보호하려는 노력의 부조리함과 무의미함을 상징하는 것이었다. 이들은 우산을 들고 그로스베너 광장Grosvenor Square에서 행진하고, 풍선에 우산을 매달아 런던 상공에 띄우는가 하면, 미국의 유

---

*   유럽과 북미에서 행한 관습의 일종으로, 공동체 내에서 문제를 일으켰다고 여긴 구성원의 집 앞에서 행진하며 수치심을 주는 행위다. 수치심을 주는 것을 목적으로 하기 때문에 냄비나 프라이팬 등을 두드리며 시끄러운 소리를 내곤 했다. 그 후 칠레를 비롯한 라틴아메리카에서 독재에 저항하는 방식으로 시간에 맞춰 냄비나 프라이팬 등을 두드리는 시위가 일어나곤 했는데, 이 전통의 영향을 받았다고 할 수 있다.

명 인사들과 함께 우산을 들고 시내 곳곳을 행진했다. 이 캠페인은 당시 지나치게 도발적이라고 여겨졌다. 그래서 우산 캠페인 대신 이들은 도시에서 멀리 떨어진 군사 기지와 원자력발전소로 행진하기로 했다. 그들이 마음을 바꾸고자 하는 사람들에게 직접 도덕적으로 호소하는 방식을 취한 것이다. 하지만 인적이 드문 외딴곳에서 일하는 군산복합체의 노동자들은 그들을 간단히 무시했고, 지역 농부들은 그 행진을 조롱했으며, 언론은 기자를 보내지 않았다. 평화주의자들은 이런 상황이 당황스럽고 비효율적이라고 생각했다. 그들은 사람들의 관심을 끌 필요가 있음을 절박하게 깨달았다. 이런 사실이 지금은 당연해 보이지만 당시에는 모든 것을 실행하며 배워야 했다. 평화주의자들은 곧 지나가는 사람들에게 자신들의 행동이 의미하는 바를 설명해야 한다는 것을 깨달았다. 그들은 전단을 만들어 이 문제를 해결하고자 했다.

평화주의자들은 대규모 대중행동을 의제에 넣지 않았다. 그들의 대의가 인기가 없다고 생각했기 때문이고, 또 모든 활동에는 활동가들이 공유하는 절대적인 규율이 꼭 필요하다고 여겼기 때문이다. 하지만 그 뒤로 몇 년 동안 영국의 반체제 인사들, 특히 철학자 버트런드 러셀Bertrand Russell이 이끄는 「100인위원회Committee of 100」라는 단체는 도시에 '매우 많은 사람'을 모으는 것이 가장 좋은 방법이며, 어딘지도 모르는 들판에서 덜덜 떠는 것은 좋은 방법이 아님을 깨달았다. 하지만 행동의 방식을 대규모 시위로 전환하면서 문제가 생겼는데, 바로 인원이 급격히 늘어나는 상황에서 어떻게 엄격한 규율을 유지할 것인가였다.[8]

한편, 1960년 미국에서 한 무리의 청년들이 흑인인권운동의 영웅적인 성과에 영감을 받아 좌파 단체인 「민주사회학생회Students for a

Democratic Society」를 설립했다. 대부분 백인인 학생들은 「인종평등회의the Congress of Racial Equality」와 같은 탄탄한 조직이 펼치는 운동에 감명을 받았고, 이러한 조직이 필요한 미국 사회의 현실에 경악했다. 이 무렵 미국은 1789년 건국한 이래 유럽 이주민들의 식민지에서 세계에서 가장 강력한 국가로 빠르게 성장하고 있었다. 하지만 아직 유색인종에게는 완벽한 시민권을 인정하지 않았다.*

「민주사회학생회」는 오래된 반공 단체에 뿌리를 두고 있지만, 회원들은 그 후 단체의 기본 철학으로서 반공주의를 거부했다.9 그들은 냉전 시기 미국의 외교정책, 특히 제3세계에서 식민주의를 옹호하는 결과를 초래한 미국의 개입을 격렬하게 반대했다. 「민주사회학생회」는 인권을 지지하고 사회주의 경제를 옹호했으며, 학생들에게 더 직접적인 영향을 미치는 변화의 과정에 관심을 쏟았다. 서구 자본주의 사회와 사회주의 사회 모두 고도화된 산업화를 경험하는 과정에서 심각한 관료화를 겪고 있었다. 관료화는 실제 의사결정이 이루어지는 공간에서 개인을 소외시켰고, 개인들 간의 거리도 멀어지게 했다. 1962년 발표된 중요한 성명인 「포트휴런성명서Port Huron Statement」에서 「민주사회학생회」 회원들은 개인이 의사결정 과정에 직접 참여하는 '참여 민주주의'와 "정치가 사람들을 고립에서 벗어나게 하며 공동체

---

* 흑인인권운동의 제한적인 성공조차도 외국의 지정학적 상황과 미국 국내의 민주주의와 평등에 대한 원론적 동의라는 맥락에서 이해해야 한다. 소련은 미국이 근본적으로 인종차별적인 사회라며 비난했고, 워싱턴의 엘리트들은 소련의 주장이 옳다는 증거들에 직면하며 점점 더 낭욱스러워했다. 영국과 마찬가지로 당시 미국이 역사상 가장 높은 수준의 미디어 포화도를 기록한 것도 흑인인권이 개선된 듯 보이는 데 기여했다. 하지만 동시대에 또 다른 현실도 존재했다. 1960년 냉전 중 미국의 동맹국이었던 남아프리카공화국에서 아파르트헤이트Apartheid 체제에 반대하는 시위가 벌어졌을 때, 남아프리카공화국 정부는 샤프빌Sharpeville 마을의 시위대에 총격을 가했고, 시민 250명이 사망하거나 부상을 입었다.

로 이끄는 기능을 하도록 하는 시스템"을 제안했다.10

객관적으로 볼 때, 이 학생들은 당시 지구에서 가장 부유하고 안락하게 살아가는 사람들이었다. 그들은 세계에서 가장 강력한 국가에서 좋은 직업을 차지하기 위한 교육을 받고 있었다. 하지만 이 학생들은 스스로 점점 더 자본주의 군산복합체에 통합되어 가는 교육이라는 기계 속 톱니바퀴에 지나지 않는 존재라고 느꼈다. 이들은 실제로 과학자와 기술자가 필요한 경제에 핵심적인 존재였으며, 인구가 급증한 1960년대에 그 수가 급격하게 늘어난 젊은 층으로 힘의 균형이 급격히 이동하는 것을 경험하고 있었다.11

「민주사회학생회」는 대규모 시위에 몰두하지 않았고, 미디어와 소통하는 데 거의 관심이 없었다. 소규모 그룹이 언론 전략 없이 직접 학생들을 조직하는 데 주력했다. 회원들은 엄격한 조직이나 명확한 임무를 가진 지도자 직책을 만드는 데도 소극적이었는데, 이러한 태도는 노조나 정당과 같은 기존의 조직 운영방식에서 과감히 벗어난 것이었다. 1960년대 전반기에 「민주사회학생회」는 새로운 형태의 정치조직 문화를 실험하면서 대면 활동과 개인적 관계를 바탕으로 천천히 성장해나갔다. 어떤 지부에서는 참여 민주주의가 모든 결정은 합의를 통해 이루어져야 한다는 것을 의미하게 되었고, "끝없는 회의"가 일상의 결정을 지배하고 지속가능한 공동체를 만드는 익숙한 방식이 됐다. 하지만 1965년, 조직은 예상치 못한 폭발적인 관심에 휩쓸렸다.12

그해 가을, 언론은 베트남전쟁에 반대하는 일련의 시위를 주도하지 않았는데도 「민주사회학생회」를 주목했다. 「민주사회학생회」는 이미 반전 단체로 어느 정도 명성을 얻었기 때문에 항상 시간에 쫓기는 기자들이 어디선가 본 적이 있던 「민주사회학생회」의 이름으로 기사를 작성했을 수 있다. 훗날 「민주사회학생회」 의장 토드 기틀린 Todd Guitlin은 "갑작스러운 언론의 관심에 당황하고 혼란스러웠다. 「민주사회학생회」는 갑자기 자신의 정치적 역량을 크게 뛰어넘는 활동을 주도했다는, 잘못된 명성을 얻게 됐다"고 회고했다. 젊은 좌파들은 항상 기성 언론에 회의적이었지만, 특정한 이념의 틀에 갇혀 자본의 논리에 따라 움직이는 주류 언론이 현실을 매우 잘못된 방향으로 빠르게 재구성할 수 있다는 사실을 금세 깨달았다. 동시에, 그들 중 일부는 자신의 메시지를 대중매체에 전파함으로써 '유도' 기술처럼 우아하게 언론에 반격할 수만 있다면, 자신들에게 엄청난 힘이 생길 수 있음을 눈치챘다. 예를 들어, 1965년 「민주사회학생회」는 한 성명서에 "우리는 수백만 부씩 발행되는 신문 1면에 반전 전단이 사진으로 게재되는 것을 보았다. 우리가 10년 동안 인쇄소에서 반전 전단을 찍어냈어도, 지난 5일 동안 언론이 징집 대상 젊은이들에게 반전 메시지를 전한 것에 미치지는 못할 것이다"라고 적었다.13

이 모든 과정에서 두 가지 문제가 생겼다. 첫째 문제는 누가 이 일, 즉 언론을 활용하는 역할을 담당해야 하는가와 관련한 것이었다. 「민주사회학생회」에는 홍보실이 없었고, 지도자가 없는 느슨한 조직의 구조상 누가 조직을 대변해야 하는지도 결정하기가 어려웠다. 결국, 언론이 자의적으로 대변인과 조직 내 유명인을 만들어내면서 균열이 생겼다. 그리고 둘째 문제는 역설적이게도 이 조직이 얻은 인기에서 생겨났다. 언론의 주목을 받은 덕에 「민주사회학생회」에 가입을 원하는 새로운 회원들이 넘쳐났고, 회원 수는 1년 만에 세 배로 늘었다. 하지만 새로 들어온 사람들은 「민주사회학생회」에 합류하고 싶었던 것이 아니었다. 그들은 신문에서 읽은 조직에 합류하고 싶었을 뿐인데, 「민주사회학생회」는 신문에서 묘사한 조직이 아니었다.

새로 유입된 회원들은 장발에다 이념적 신념은 기존 구성원들보다 약한 학생들이었다. 무엇보다도 「민주사회학생회」에 이상한 기대를 하고 있었다.[14]

그러나 느슨하고 '참여적인' 「민주사회학생회」의 특성 탓에 새로운 구성원을 통합하고 교육하는 공식적인 절차가 없었다. 새 회원들은 조직체 문제에 의도적으로 거의 관심을 기울이지 않았다. 어떤 경우에는 (실제로 회원으로 받아들여진 적이 없는) 신입 회원들이 기존 조직원들과 상의도 하지 않은 채 어딘가에 자신들만의 새로운 지부를 설립하기도 했다.[15]

기틀린은 결국 대중매체의 작동 방식과 현대 언론에서 서사가 의미하는 바를 깨닫게 됐다. 뉴스가 되려면 당면한 현상이 새로운 것이어야 하고—결국 '뉴스news'라 불리는 이유가 있다—그 소식은 강렬하게 독자들에게 다가가 놀래켜야 한다. 언론은 필연적으로 수많은 기존 사실 중 하나를 선택하고, 그중 하나의 진실만을 조명할 수밖에 없다. 또한, 언론에 소개되는 모든 서사는 일반 대중이 쉽게 이해할 수 있어야 한다. 뉴스 속 진실은 기존 서사의 범주에 맞아떨어져야 하고, 사람들이 이미 알거나 가능하다고 생각하는 범위 안에 있어야 한다. 즉 이미 일어난 일과 비교할 수 있어야 한다. 결국 '뉴스'는 동시에 '오래된' 것이어야 한다.[16]

10여 년이 흐르면서, 그 세대의 일부 구성원들은 왜곡된 반응의 고리에 갇히게 됐다. 언론의 관심을 좋아하는 사람들은 의식적이든 무의식적이든 더 많은 언론 보도를 유도할 수 있는 전술을 선택해 언론의 관심을 더 많이 받으려 했다. 하지만 그렇다고 해서 미국 정부가 베트남전쟁을 계속하기를 원했다는 사실, 그리고 (자주 언론의 도움을 받아) 소동을 일으킨 시위대를 소수 취급할 여유가 있었다는 단순한

1 시위하는 법 배우기

사실이 바뀌지는 않았다. 대중 시위가 반전운동의 주요 수단으로 부상하자 「민주사회학생회」의 기존 지도부는 시위 현장에서 물러나 초심으로 돌아가기로 했다. 그들은 거리 시위에 특권을 부여하려 하지 않았고, 반전이라는 단일 주제에 몰두하는 조직이 되길 원하지도 않았다. 그들은 「경제연구·행동 프로젝트the Economic Research and Action Project」에 헌신하며, 도시 빈민가에 거주하고 노동계급 공동체를 조직하려는 활동에 나섰다.

구좌파 뒤집기

「민주사회학생회」와 관련 단체들은 자주 스스로 '신좌파New Left'라 불렀는데, 이는 볼셰비키혁명의 유산에 대한 반작용으로 생겨난 습관이다. 볼셰비키혁명의 유산은 '구좌파Old Left', 특히 1930년대와 1940년대에 미국에서 강력한 영향력을 행사한 「공산당Communist Party」을 이끄는 역할을 했다.

하지만 1950년대 말에 이르러서는 미국에 구좌파가 사실상 존재하지 않았다. 매카시즘McCarthyism에 의해 분쇄됐기 때문이다. 당시 미국 연방수사국(FBI) 국장인 에드거 후버Edgar Hoover는 상명하복의 절차에 따라 반공주의자로 의심되는 모든 사람을 공직에서 배제했다(또한, 그는 미국 내 흑인 정치조직 또한 뿌리 뽑으려 했던 인물이다). 이는 분명히 냉전이라는 시대적 맥락과 더불어 신좌파의 지적 발전에 뚜렷한 방향을 제시했다. 1960년대 초, 학생 운동가들은 한 세기 넘게 마르크스주의자들에게 신성불가침처럼 여겨졌던 '혁명 운동의 핵심 동력으로서 노동계급이 갖는 우위'를 과감히 거부했다. 그들은 구좌파의 이상이 소런 지도자들에 의해 왜곡되었다고 단호히 주장했고, 이들의 새로운 조직에 대한 태도는 여러모로 1917년 이래 전 세계 혁명 운동의 주된 실천 방식이었던 레닌주의에 대한 일종의 대응으로 이해될 수 있다.17

러시아제국에 반대하는 지하 반체제 인사로 활동한 블라디미르 일리치 울리야노프 레닌은 혁명 정당 조직이 따라야 할 일련의 지침을 만들었다. 우리가 레닌주의라고 부르는 것에는 강력한 이념적 내용도 포함된다. 예를 들어 그는 국가를 장악하고 부르주아 독재를 '프롤레타리아 독재'로 대체하는 것을 지지하며, 프롤레타리아 독재가 부르주아 독재보다 더 민주적일 것이라고 주장했다(노동자계급이 자본주의 지배계급보다 거대하기 때문이다). 프롤레타리아 독재는 완전한 공산주의로 가는 과도기적 단계이며 불완전한 형태로 상정됐다.18 고전적 무정부주의와 레닌주의 전통 사이에 존재하는 가장 근본적인 차이는 무정부주의자들은 이 중간 단계, 즉 프롤레타리아 독재라는 개념을 거부한다는 것이다.19 그러나 '레닌주의'는 조직 철학의 측면에서 다양한 이념 성향의 그룹이 채택할 수 있었다. 레닌은 엄격하게 훈련되고 위계적으로 조직된 전문 혁명가들로 구성된 소수의 선봉대가 필요하다고 주장했다. '민주적 중앙집권주의'는 민주적으로 의사결정이 이루어지는 것을 의미하지만, 일단 당이 결정하면 모두 그 노선을 채택하고 이를 실현하기 위해 함께 노력하는 것을 의미했다. 당의 노선이 마음에 들지 않아도 상관없었다. 그렇다면 당에 가입하지 않으면 될 일이었다.

조직을 대하는 이러한 접근 방식이 생겨난 데는 몇 가지 이유가 있다. 첫째, 당시 러시아의 사회민주주의자들은 러시아 황제인 차르Tsar와 그가 거느린 비밀경찰에 대항해 생사를 건 투쟁을 벌였다. 이러한 투쟁을 위해서는 잘 훈련된 동시에 혁명에 모든 것을 바치는 이들이 전수하는, 오랜 경험을 통해 축적된 매우 특별한 기술이 필요했다. 둘째, 레닌은 "자발성을 주장하는 자들과 치열한 투쟁"을 벌였다. 즉 노동자들이 저절로 일어나 사회주의를 건설할 것이라고 주장하는, 그의 조직론과 경쟁하는 혁명 사상에 강력하게 맞섰다. 레닌에게 사회주의는 모든 인간의 마음속에 잠재됐다가 발견되기를 기다리는 무언가가 아니었다. 그에게 사회주의는 수 세기에 걸쳐 이루어진 과학의 발전과 이론의 정교함이 비로소 구현되는 사건이었다. 그는 순수하게 자발적인 봉기의 주체들은 저항이 가장 적은 길을 택하곤 하며, 이는 당시 사회를 지배하는 이념을 받아들이는 것일 뿐이라고 주장했다. 레닌이 볼 때 자발적 혁명 세력은 이미 공중에 떠도는 아무것이나 붙잡는 이들이었다. 레닌에 따르면, 지배계급에는 이념을 선전할 수 있는 수단이 훨씬 더 많으므로 이를 극복하려면 혁명운동 또한 논리 정연한 이념의 길을 따라야 했다.[20] 레닌주의는 수단을 목적에, 개인을 당에 종속시킬 것을 주장했다. 목표는 국가권력을 획득한 다음 공산주의로 전환하는 어려운 길을 따르기 시작하는 것이었다.

    1960년대에 이르러 「민주사회학생회」는 소련의 공식 마르크스-레닌주의 체제가 비민주적이고 중앙집권적인 관료주의로 굳어졌다고 확신했다. 혁명의 수단이 어느새 목적이 된 것이다. 소련의 가장 오래된 전위 정당은 이제 국가가 됐다. 「민주사회학생회」가 조직을 바라보는 태도는 아마도 신좌파들이 주장하는 진정으로 '새로운' 접근 방식이라고 칭할 수 있는 것이었다. 그들은 자신들이 만들고자 하는 세상에서 보고자 하는 조직 형태를 당장 운동조직 내부에서 실천해야 한다고 생각했다. 그들은 이를 '예시정치prefigurative politics'라고 명명했는데, 지금 하는 일이 미래에 살고 싶은 세상을 예시하거나 엿볼 수 있게 해야 한다는 뜻이다. 「민주사회학생회」를 열렬히 옹호하는 사람들조차 조직을 바라보는 이러한 태도가 조직의 형식과 정치 변화라는 목표 사이에 근본적인 긴장을 조성한다는 사실을 인정했다. 이는 반反 위계적 구조를 실험하는 것을 의미했으며, 결국 그들은 실제로 자신들의 요구 사항을 진지하게 생각하지 않는다는 비판에 직면했다. 이러한 접근 방식을 지지하는 이들도 그러한 지적이 어느 정도 사실이며, 결국 수단뿐만 아니라 목적도 중요함을 인정했다. 그러나 그들은 공동체 건설을 목적으로 삼은 자신들의 운동을 도구로 타락시키는 것은 거부한다고 말했다. 신좌파가 자신들의 목표 대부분을 달성하는 데 실패한 후, 이를 반추하며 사회학자 위니 브레인스Wini Breines는 다음과 같이 썼다. "정치에서 '영혼의 구원'을 추구하면서 동시에 폭력과 권위, 위계가 지배하지 않는 새로운 정치의 정의를 세우려 했던 시도가 신좌파의 가장 독특하고 강력한 유산이라고 나는 확신한다."21

서양 문명에서 탄생한 거의 모든 것과 마찬가지로 예시는 기독교의 지식 전통에 뿌리를 두고 있다. 1500여 년 전, 테르툴리아누스Tertullianus와 아우구스티누스Augustinus 같은 신학자들은 구약과 신약에 등장하는, 예수의 출현을 예시豫示하는 요소들을 살펴봤다. 예를 들어, 목자인 동생 아벨을 죽인 카인은 인간의 목자인 예수를 죽일 인간을 예시하는 존재였다. 수 세기에 걸쳐 예시라는 개념은 과거를 돌아보는 문학적 관행에서 더욱 발전했고, 종말을 예측하며 지금 할 수 있는 일을 한다는 미래지향적인 실천의 개념으로 재구성됐다. 17세기 영국에서 출현해 토지를 점령하고 파업을 조직한 급진적인 디거스Diggers 운동은 성경의 예언을 인용하며 이러한 직접행동 전략을 정당화했다.22

사회주의의 개념과 마찬가지로, 예시정치의 논리는 특정한 방식의 역사 발전과 지식 구성에 영향을 받았다. 자연 상태에서 스스로 집을 짓는다고 상상해보자. 나무를 베는 동안 완성된 집에 사는 것처럼 행동하는 것은 말이 되지 않는다. 약탈자들이 마을을 공격할 때, 약탈자들이 사라진 후에 살고자 하는 방식으로 살아가는 것은 대응책이 될 수 없다. 현대에 들어와서 예시정치를 재발견한 것은 신좌파가 처음은 아니다. 19세기에 카를 마르크스Karl Marx도 회원이었던 제1인터내셔널에서 활동하던 무정부주의자들은 "권위주의 조직에서 어떻게 평등하고 자유로운 사회가 출현할 수 있겠는가! 이는 불가능하다"라고 주장했다.23 브레인스는 무정부주의자와 간디류의 급진적 평화주의자들이 모두 신좌파의 "진정한 선구자"라고 인정했다.24

예시정치라는 이념은 1960년대 북대서양에서 유행하던 자유주의적 경향과 맞물리거나 심지어 이를 촉진하는 데 일조했다. 제2차 세계대전 후에 태어난 세대 중 많은 이들은 누가 뭐라고 지시하는 것을 싫어했다. 그 세대가 끝나면서 새로 시도된 형태의 운동조직들은 흑인인권운동이 고안한 조직의 구조조차 상대적으로 권위주의적이라고 여겼다. 현대 사회에서 저항의 최초 설계자 중 몇몇이 그 저항의 기층으로부터 공격을 받은 것은 비단 「민주사회학생회」 내부에서만 일어난 일이 아니다. 「100인위원회」 창립자인 버트런드 러셀도 자신의 아파트에서 나가기를 거부하는 세 명의 젊은 런던 시민들에게 포위되는 당황스러운 상황에 처했고, 결국 이 수학자는 경찰의 도움을 받아 그들을 끌어냈다. 이 일로 그 젊은이들이 언론의 주목을 많이 받았는데, 그는 어쩌면 그것이 그 젊은이들이 원했던 전부였을지도 모른다고 자서전에 적었다.25

보도블록 아래*

북아메리카 이외의 지역에서는 구좌파가 여전히 건재했다. 마르크스주의와 레닌주의 정당은 안정적으로 유라시아 대륙의 대부분을 통치했다. 제3세계에서 공산주의의 공식 조직 모델은 이를 통해 제1세계 선진국들을 따라잡을 수 있다는 희망을 주었고, 탐욕스러운 유럽 열강에 맞서 반식민지 투쟁을 벌일 수 있는 훌륭한 방법을 제공했다. 가말 나세르Gamal Nasser의 독재 아래 있었던 이집트처럼 지역의 공산당을 탄압한 일부 국가에서도 소련의 지원을 받아 그 발전 모델 중 일부를 도입하려 했다.[26]

나세르는 1956년 식민 지배자들로부터 수에즈 운하를 성공적으로 되찾은 후 제3세계의 영웅이 됐다. 1960년대까지 북아프리카와 중동 대부분은 일종의 '아랍 사회주의'를 따르고 있었고, (아랍 세계에서 가장 인구가 많은 나라를 통치한) 나세르는 이 지역 전역에 널리 자부심과 희망을 불어넣었다. 공산주의자는 아니었지만 1960년대에 나세르는 좌파에 대한 탄압을 완화한 후 자신의 혁명을 지키기 위해 「전위조직Vanguard Organization」이라는 레닌주의 단체를 만들었다.[27]

한편, 라틴아메리카는 극렬한 반공주의 정책을 취하는 미국 정부의 간접적 통제를 받으며 안정을 찾아가고 있었다. 미국 중앙정보국Central Intelligence Agency(CIA)은 1954년 과테말라에서 군사 쿠데타를 일

---

* 이 소제목은 1968년 프랑스의 '68운동' 당시 학생들이 외친 "보도블록 아래 해변이 있다 Sous les pavés, la plage!"라는 구호에서 가져온 것이다. 당시 학생들은 보도블록을 뜯어 바리케이드를 만들었는데 보도블록 아래 모래가 있는 것을 보고 보도블록 아래 해변이 있다는 구호를 만들었다. 이 구호는 구체제(보도블록)를 걷어내는 혼란 끝에 새로운 그리고 더 나은 세계(해변)가 있다는 것을 은유적으로 표현했다.

으켰으며, 10년 후 미국은 브라질에서 온건 자유주의 개혁파를 용납하지 않았고, 결국 또 다른 쿠데타를 암묵적으로 지원했다. 하지만 1959년 쿠바에서 예상치 못한 혁명이 일어나자 전 세계 좌파는 흥분했다. 서유럽에서는 모스크바와 연계된 「공산당」이 정식으로 출범해 국가의 정치와 지식인 사회 모두에서 중요한 역할을 담당했고, 제2차 세계대전 후 공산주의 정부 구성까지 가까워지는 듯 보였다. 미국 중앙정보국은 이를 저지하기 위해 비밀리에 개입했다.[28] '1968년'은 미국 영토 밖의 신좌파에, 서유럽 국가 중 특히 독일과 프랑스에서 특별한 의미를 지니게 된다. 하지만 그해는 광범위한 국가체제에 걸쳐 반향을 일으킨 봉기가 일어난 해이기도 하다.

혁명의 역사를 통해 몇 가지 자명한 이치들이 밝혀졌다. 하나는 치안 세력, 즉 경찰이나 군이 이탈하거나 폭력적인 분쟁에서 패배할 때만 혁명이 성공한다는 것이다. "권력은 총구에서 나온다"는 마오쩌둥毛澤東의 말은 다소 도발적이지만, 전문가들은 그 말이 그리 틀리지 않았다는 데 동의한다.[29] 또 다른 하나는 지배계급이 분열할 때, 즉 엘리트들이 서로 싸울 때 혁명의 기회가 종종 찾아온다는 것이다. 그리고 마지막 이치는 혁명에는 전염성이 있다는 것이다. 적어도 여러 봉기가 특정 시점에 집중되는 경향이 있다. 한 국가에서 혁명이 성공하면 그 소식이 다른 국가로 퍼져 그곳 사람들도 자신의 운을 시험해본다. 혹은 전쟁 종식이나 금융 위기와 같은 중대한 국제적 사건에 대응해 여러 나라에서 동시다발로 봉기가 일어나기도 한다. 1848년 '민족의 봄Springtime of Nations'은 가장 유명한 혁명의 물결 중 하나일 뿐이었다.[30] 두 차례의 세계대전이 끝나면서 두 번의 혁명이 일어났다.

1960년대 프랑스의 급진적인 좌파 학생들은 북미의 학생들처럼 고아가 아니었다. 그들은 강력한 「프랑스공산당Parti Communiste Français」과

대화하며 성장했다. 프랑스의 젊은 신좌파는 그 자신이 레닌주의자이기도 했지만, 유형이 달랐다. 이들은 제3세계 혁명가들을 지지하는 경향이 더 컸는데, 그들을 세계사의 진정한 주체이자 인류의 진보를 이끄는 영웅적 주인공으로 여겼기 때문이다. 체 게바라Che Guevara와 호찌민胡志明의 존재가 현수막이나 구호 속에서 그들의 모임을 지배했지만, 기존 정당인 친소련계「프랑스공산당」은 노동조합으로 조직된 프랑스 노동자계급에 더 집중했다.31

한편 서독에서「공산당」은 불법이었지만 동독은 모스크바에 충성하는 관리들이 운영했다. 서독에서 가장 유명한 학생 지도자 중 하나인 루디 두치케Rudi Dutschke는 서독에서 자란 덕에 이 체제를 잘 알았다. 1967년 서베를린에서는, 1953년 미국 중앙정보국이 주도한 쿠데타로 이란의 지도자가 된 샤 무하마드 레자 팔레비Shah Mohammad Reza Pahlavi에 반대하는 시위가 일어났는데, 이를 폭력적으로 진압하는 과정에서 학생 한 명이 사망했고, 그 뒤로 학생운동은 급진적으로 변했다. 두치케는 자본주의 정부의 관료주의에 반대하는 대표자로 부상했으며, (캘리포니아 버클리에서 일어난 시위로 대표되는) 미국의 시위에서 영감을 받았다. 또한 그는 제3세계의 혁명 지도자들과 자신의 투쟁을 연계했다.32 1968년 4월, 일주일 전 테네시에서 일어난 마틴 루터 킹 주니어Martin Luther King Jr. 암살 사건에 감명받은 신나치주의자가 두치케를 살해하려다 실패했고, 이 사건은 독일 내에서 미국의 권력을 상징하는 곳을 겨냥해 진행된 연좌 농성의 물결을 일으켰다.

반미 시위는 프랑스 전역으로 확산했다. 유럽 학생들은 미국이 강요한 관료화를 비판했다. 이들은 관료화를 자신들을 미리 정해진 사회 기능에 편입시키려는 시도로 보았다. 언론은 프랑스 젊은이들의 시위에 특별한 관심을 보였다. 프랑스 청년들의 시위가 버클리와 베를린에서 이미 일어난 사건들과 매우 유사했기 때문이다.33 3월부터 시위를 벌인 낭테르대학교 학생들은 비교적 평범한 문제(일례로, 야간에 다른 친구의 기숙사 방에서 잘 수 있는 자유 등을 포함한 문제)로 동요하기 시작했지만, 실제로 시위를 촉발한 것은 5월에 일어난 경찰의 소르본대학교 침입과 폭력 행사였다. 국가 폭력은 이미 아랍인들이 주도한 시위가 벌어지는 동안 대도시로 퍼져나가고 있었다. 이 시위에서 경찰은 프랑스가 알제리에서 펼치는 정책에 반대 시위를 벌인 아랍인 200명을 학살했다.34 하지만 소르본대학교 침입 사건은 중산층들의 가치관에 도전한 것이었으며, 프랑스 사회는 길거리에서 수많은 아랍인을 살해한 사건보다 이 사건에 훨씬 더 큰 충격을 받았다.

5월의 폭동은 프랑스의 고전적인 혁명 방식(바리케이드, 투석, 파업 등)과 혁신적 방법 그리고 예시정치의 실천을 결합한 것이었다. '강경파'는 의도적인 '확전-도발'의 순환구조를 활용했다. 헌신적인 투사들이 경찰이나 파시스트와 싸우면서 극적인 진압을 유도했고, 이를 목격한 군중들의 "대규모 합법 시위가 곧바로 뒤따랐다."35 '점거'는 1960년대에 퍼진 가장 중요하고도 새로운 형태의 저항방식 중 하나인데, 캘리포니아에서와 마찬가지로 파리에서 사용됐다. 학생들은 대학 시설을 점거하고 임시 소르본 '점거위원회'의 지도자를 선출했다. 「프랑스공산당」과 노동조합이 시위에 동참했고, 바리케이드 뒤 점거 공간에서 새로운 형태의 삶이 꽃을 피웠다. 참가자들은 학생, 노동자, 농부 등 자본주의 사회에서 주어진 역할이 사라지고 인간과 인간이 오로지 인간으로서 직접 교류하는 경험을 했다. 그들은 공동체 생활을 하며 '직접 민주주의' 실험에 동참했다. 당시를 묘사할 때 프랑스 젊은이들은 종종 낭만적인 사랑이나 황홀한 영적·정신적 경험을 묘사하는 시적 언어를 사용했다. 관찰자들은 서구 전통의 오래된 관습의 흔적을 발견하며, 위계질서가 (잠시나마) 전복되고 해방의 기쁨이 만연했던 중세 후기의 카니발carnival(혹은 프랑스어 시엔리chienlit)을 떠올렸다.36

이전에는 의도적으로 잘 알려지지 않았던 아방가르드 그룹인 「상황주의 인터내셔널Situationist International」의 구성원들을 포함해 많은 예술가와 보헤미안이 행동에 나서서 혁명 속에서 자신들만이 할 수 있는 역할을 찾아냈고, 곧 그들이 만든 포스터나 자유주의 구호가 도시를 가득 채웠다. 그들은 "금지하는 것을 금지한다Il est interdit d'interdire"라거나 "현실을 직시하되 불가능을 요구하라Soyez réalistes, demandez l'impossible!"라는 구호를 외쳤고, 혼돈이 자발적으로 유토피아를 만들어낼 수 있다는 의미를 담은 유명한 구호도 등장했다. "보도블록 아래 해변이 있다Sous les pavés, la plage"가 그것이다.

프랑스의 많은 학생은 당시 진행 중이던 마오쩌둥의 문화대혁명을 찬양했다. 그들이 먼 나라에서 일어난 사건을 제대로 이해했는지는 알 수 없다. 가까운 체코슬로바키아에서도 1968년 '프라하의 봄'이 일어났다. 이 두 사회주의 국가에서 주류 마르크스-레닌주의 정당은 관료주의 구조에 도전하는 청년 봉기로 흔들리고 있었다. 공산주의 세계에서도 1968년은 관리당하는 삶과 구좌파의 보수화에 대항하는 반란이 일어난 해였다.37 마오쩌둥은 스스로 건설을 도왔던 당을 불안정하게 만들기 위해 일부러 혼란을 조장했다. 중화인민공화국의 지도자는 카리스마 넘치는 지도력과 강력하지만 종잡을 수 없는 격언이 가득 담긴 작고 빨간 책으로 이 혼란의 에너지에 편승하려 했으나 완벽하게 성공하지는 못했다. 상황이 과열되자, 마오쩌둥은 군부에 기대 통제권을 재확립했고, 중국 공산당의 총서기 자리를 평생 유지했다.38 하지만 체코슬로바키아의 공산당 지도자 알렉산데르 둡체크Alexander Dubček가 처한 상황은 다소 달랐다. 그는 「바르샤바 조약기구Warsaw Pact」 체결국으로서 체코슬로바키아 국가체제의 자유주의적 탈스탈린화를 추구했다. 소련의 니키타 흐루쇼프Nikita Khrushchev는 1956년에 탈스탈린화 과정을 시작했고, 마오쩌둥 자신은 이 상황을 매우 언짢게 여겼다. 1964년 소련 관료층이 임명한, 상상력이 부족하고 고분고분한 지도자였던 레오니트 브레즈네프Leonid Brezhnev는 체코슬로바키아가 스탈린주의에서 벗어나려는 데 무력으로 대응했다. 그는 군대를 투입했고, 소련 전체에서 나타난 당 모델의 유연성 문제를 해결하기보다는 강경 노선을 선택했다. 이로써 소련 체제가 상대적으로 안정되면서 동시에 고위급 노멘클라투라nomenklatura(공식 직함을 가진 당원)가 오랜 세월 완벽한 안락을 누리게 됐다.

이집트의 1968년 또한 전 세계에서 혁명에 따른 저항의 물결이 일어난 그해의 모습과 크게 다르지 않았다. 하지만 당시 이집트의 상황은 다른 지역과 상당히 달랐다. 인류 문명의 요람 중 하나인 이집트의 학생과 노동자들은 베트남에서 보여준 미군정의 참혹함이나 공산주의의 융통성 없는 태도에 반응하지 않았다. 그들은 '6일전쟁'에서 이스라엘에 패한 충격과 그에 따른 나세르 정부의 정통성 위기에 반응했다.

1950년대부터 미국은 사우디아라비아와 이스라엘을 아랍 사회주의와 민족주의 세력에 대항하는 지역 균형추로 육성해왔다. 아랍 사회주의와 민족주의가 주창한 가장 야심 찬 목표는 아랍 세계의 모든 민족을 하나의 세력으로 묶어 서의 모든 제3세계 운동이 추구한 길을 따라 제국주의에 반대하고 세계 자본주의 질서를 재편하는 것이었다. 1932년 풍부한 원유 매장량을 자랑하는 아라비아반도에 세워진 반동 군주국 사우디아라비아는 이 지역의 세속화된 공화국들과 극명한 대조를 이뤘다. 자존심이 강한 나세르주의자들은 자연스럽게 시온주의 프로젝트가 아랍 독립을 모독한 것이자 진정한 자유세계에서는 설 자리가 없는 서구 식민지 유령의 마지막 발악이라고 여겼다. 미국의 지원과 무관하게, 이스라엘이라는 작은 나라와 벌인 전쟁에서 패한 것은 아랍 세계에 큰 타격을 주었다. 나세르는 이집트 사회를 억압하면서 동시에 완전 고용을 이뤄냈고, 지정학적 야망을 노골적으로 드러냈다. 하지만 후자, 즉 지정학적 야망이 갑자기 축소되면서 나세르가 만들어놓은 체제에 균열이 생겼다. 당시를 회상하는 이집트인들은 더는 무엇을 믿을지 모른 채 멍청하게 배회했다고 말했다. 전쟁이 끝난 후 학생과 노동자 모두 또 다른 목표를 찾았다. 1968년 두 차례에 걸쳐 이집트인들은 거리에서 군경 조직과 대치했다.[39]

그러나 1968년 일어난 일련의 봉기는 어떤 정부도 무너뜨리지 못했다. 심지어 파리가 몇 주 동안 마비된 후에도 프랑스 정부는 건재했다. 「프랑스공산당」은 사회 불안을 지렛대 삼아 노동자들의 임금을 대폭 인상하라고 요구했다. 이는 「프랑스공산당」이 노동조합 간부와 조합원들의 요구를 받아들인 결과였고, 서유럽에서 혁명을 일으켜 미국을 자극하는 데 관심이 없던 모스크바의 사그라진 야망을 반영한 것이었다.[40] 구좌파가 노동자들의 임금 인상에 성공하자 유토피아를 추구한 학생운동의 열기는 빠르게 식었다.[41] 5월 30일에는 샤를 드골Charles de Gaulle의 지지자들까지 스스로 시위를 벌였다. 6월 30일 선거에서 온건파가 여유 있게 승리했지만, 결국 드골은 1년 후 사임했다. 프랑스계 오스트리아의 철학자 앙드레 고르츠André Gorz는 1968년 《뉴레프트리뷰New Left Review》에 기고한 글에서, 기회가 있었는데도 통치권을 행사하지 못한 혁명 세력에게 프랑스 국민이 표를 줘야 하는 이유를 물었다.[42] 그는 자발적으로 폭발한 시위로 지배층에 충격을 줄 수 있는 것은 단 한 번뿐임을 알아챘다. 그가 보기에 효과적인 예시정치는 운동의 구체적인 가치와 그 운동으로 달성할 수 있는 것을 대중에게 보여주는 것이다. 하지만 프랑스에서 그런 정치는 실현되지 않았다. 1969년 11월, 좌파들이 베트남전쟁에 반대하는 시위를 조직하려 하자 정부는 이를 간단히 금지했다. 반체제 인사들은 "질식할 것 같은 느낌"을 호소했다.[43]

그 후 몇 년 동안 여러 혁명가는 1968년에 일어난 사건들이 더는 알아볼 수 없을 지경이 되기까지 다시 정의되고 해석되는 과정을 공포에 떨며 지켜보았다. 아무도 1968년 5월을 계획하지 않았고, 누구도 투쟁 세력을 대변할 수 없었다. 1968년에 대학을 졸업한 사람 중 일부는 파리 사회 주류에서 확고한 위치를 차지했고, 이들은 5월을 실패한 혁명이 아니라 결국 실현된 꿈으로 보곤 했다. 그래서 프랑스 텔레비전 방송국들은 '68세대soixante-huitards'에게 당시 상황을 설명해달라고 요청했고, 방송국에 초대된 존경할 만하고 고상한 인사들은 의도적이든 아니든 1968년에 일어난 일들에 1970년대와 1980년대 프랑스의 지배적 가치를 투영했다. 1968년 봉기의 실제 도화선은 베트남전쟁이었고, 초기에는 자본주의, 미국 제국주의, 샤를 드골을 겨냥한 것이 분명했지만, 대중매체를 통해 형성된 담론에 따르면 1968년의 봉기는 집단행동이 아닌 개인주의와 자기표현 욕구의 표출이었다. 이 사건은 인류의 해방이 아닌 욕망의 해방에 관한 것이었다고 재해석됐다. 1968년 당시 참여한 사람들은 자신을 노동자, 유대인, 투사, 마오주의자 등으로 규정했지만, 학생이나 '청년'으로 자신의 정체성을 내세우는 사람은 거의 없었다. 하지만, 이제는 봉기의 의미가 실제로 이러한 청년의 정체성을 확인하는 데 있었다는 이야기가 회자되고 있다. 텔레비전에 출연하는 대신 텔레비전을 지켜보던 일부 '68세대'는 깊은 우울증에 빠져들었다. 1968년의 봉기에 참여한 어느 혁명가는 "내가 직접 경험하지 않았다면, 그런 시절이 실제로 존재했다는 것을 어떻게 확신할 수 있겠습니까?"라고 물었다.[44]

제1세계 전역, 특히 미국에서, 신좌파가 조직을 대하는 태도는 진보 진영, 특히 젠더와 소수자 정체성에 초점을 둔 진보 진영에서 점점 더 인기를 얻었다. 이러한 실험을 비판하는 목소리도 있었다. 페미니스트 운동가이자 이론가인 조 프리먼Jo Freeman은 1972년 당시의 상식에 도전하는 글을 발표하며 「무구조의 폭정Tyranny of Structurelessness」을 비난했다. 이 글에서 그는 아무리 운동조직에 지도자가 없다 하더라도 어쨌든 지도자는 등장하기 마련이며, 다만 그 지도자를 선출하거나 제거할 공정하고 투명한 기제가 없을 뿐이라고 주장했다. 그는 종종 소규모 파벌이나 조직의 최초 구성원이 어떤 책임도 지지 않으면서 실질적인 권력을 행사하는 경우가 많다고 보았다. 프리먼은 1970년대 여성해방운동의 발목을 잡고 실질적인 승리를 달성하지 못하게 만든 원인으로 소위 '무구조'라고 불리는 당시 조직의 특징을 꼽았다.

10여 년이 흐른 후, '구'좌파를 둘러싼 싸움이 이번에는 빠르게 확장하는 소비 문화에 대항해 다시 벌어졌다. 이 싸움은 이 싸움은 록앤롤의 아주 작은 한 구석, 같은 사람이 결성한 두 개의 초기 펑크 밴드에서 벌어졌다. 아방가르드와 1968년 5월 파리의 유산에서 영향을 받은 영국 예술학교 출신인 맬컴 맥라렌Malcolm McLaren은 자신의 첫 밴드인 '뉴욕돌스New York Dolls'가 관객들에게 충격을 선사하길 원했다. '뉴욕돌스'는 이미 여장 공연으로 유명했지만, 그는 한 걸음 더 나아가기로 했다. 1975년 순회공연 당시 그는 연인인 비비언 웨스트우드Vivienne Westwood가 디자인한 빨간 점프수트를 밴드 멤버들에게 입히고 망치와 낫*이 그려진 커다란 공산당 깃발 앞에서 공연했다. 이는 지나치게 과감한 시도였다. 밴드의 기타리스트였던 실베인 실베인Sylvain Sylvain은 당시의 반응을 이렇게 회고했다. "미국에서는 게이도 될 수 있고 마약 중독자도 될 수 있지만, 공산주의자가 될 수는 없었어요." 그리고 그는 "그 공연은 우리 자신을 완전히 무너뜨리는 행동이었어요. 우리는 선을 너무 많이 넘었죠"[45]라고 말했다. '뉴욕돌스'는 그에게 "대중의 반응을 실험하기 위한 일종의 '시제품'"이었다.

웨스트우드와 함께 런던에서 운영하던 '섹스' 의류 가게를 홍보하려고 결성한 다음 밴드에서 맥라렌은 역사 속 또 다른 급진적 정치 이념을 선택했다. '섹스피스톨스Sex Pistols'는 '무정부주의자'가 되려 했고, 따라서 실제 군대나 경제 혹은 서방과 갈등을 벌이는 정치 권력을 보유한 운동에는 참여하지 않을 예정이었다. 맥라렌은 자신이 이해한 신좌파, 특히 프랑스「상황주의 인터내셔널」의 이념에 매료돼 있었다. 무엇보다도 규율과 권위를 비웃고, 대립적인 방식으로 위계질서에 저항하며, 현실적인 요구를 거부했다는 점에 열광했다. 대신, 이 사상은 이 사회를 완전히 '부정'했고, "모든 사회적 사실을 부정하는 목소리였으며, 그 부정 속에서 모든 것이 가능하다는 것을 긍정하는 목소리"였다.[46]

베를린장벽 붕괴의 신화

공산주의 국가들이 모두 사라지면서 적어도 유럽 전역에서 망치

---

* 구소련 국기와 공산당의 상징으로 쓰인, 노동자와 농민의 상징이다.

와 낫이 진정한 지정학적 권력을 상징하지 않게 된 것은 그리 오래된 일이 아니다. 소련 몰락에 전 세계가 놀랐고, 소련과 동맹국이었던 다른 사회주의 국가들의 급속한 붕괴는 그 후 닥쳐올 역사의 물결을 한 세대가 바라보는 방식에 큰 영향을 끼쳤다. 이 모든 일이 텔레비전 속에서 일어났다. 로스앤젤레스나 런던, 리마의 시청자들은 독일에서 시위 군중이 모이는 모습을 볼 수 있었고, 그토록 증오하던 베를린장벽이 산산조각 나는 장면을 목격할 수 있었으며, 1990년 로마에서 열린 월드컵에서 통일을 이룬 독일이 승리하는 광경도 지켜볼 수 있었다.

물론 북대서양 열강과 그들의 세계관을 광범위하게 공유하는 강력한 언론매체들에도 승리의 기쁨을 만끽할 이유는 있었다. 그들은 예상치 못한 방식으로 갑작스럽게 냉전에서 승리했다. 그리고 그 승리는 분쟁 속에서 얻은 것이 아니라 겉으로 보기에 자발적으로 봉기한 사람들이 가져다준 것이다. 사람들은 이 역사적 사건에 관한 이야기를 재구성하고 전달하면서 그들이 이미 깊게 믿어온 사실을 증명하는 요소들을 강조했다. 역사가 이뤄지기까지는 오랜 시간이 걸렸지만, 역사는 분명 자신의 목적지에 도착하고 있었다. 실제로 공산주의 통치 아래 고통받던 유럽인들은 변화를 요구하며 시위에 참여했고, 독일은 다시 한번 세계 강대국의 자리를 차지했다. 하지만 여러 가지 다른 사건들도 일어났다.

사회주의 프로젝트를 진정으로 신봉한 미하일 고르바초프Mikhail Gorbachev는 소련 관료주의의 게임에서 승리하며 소련의 지도자로 부상했다. 레오니트 브레즈네프의 오랜 통치 기간(1964~1982년) 동안 노멘클라투라들은 체제 내에서 권력을 굳게 다졌다. 헨리 키신저Henry A. Kissinger나 프랜시스 후쿠야마Francis Fukuyama 같은 독실한 반공주의자를 포함해 공산주의 체제가 무너지리라 생각한 사람은 거의 없었다.[47] 1980년대에 워싱턴이 공산국가를 더욱 적대적으로 대한 것은 사실이지만, 로널드 레이건Ronald Reagan의 유명한 '스타워즈 프로그램' 같은 것은 볼셰비키 프로젝트의 종식과 거의 아무런 관련이 없었다.[48] 훨씬 더 중요한 것은 레닌을 존경한 고르바초프가 구소련의 15개 공화국과 일곱 개 「바르샤바조약기구」 회원국이 새로운 세계체제 아래서 서방과 다시 통합될 수 있다고 믿었다는 점이다.[49]

역사학자들은 여전히 소련이 그렇게 붕괴한 이유를 설명하기 위해 노력하고 있다. 세계열강은 보통 하룻밤 사이에 무너지지는 않는다.[50] 우리는 소련의 경제가 모순으로 가득 차 있었고 서구 선진국에 뒤처져 있었음을 안다. 또한, 정치체제는 유연하지 못했으며, 공산당이 정치권력을 구축하고 유지하기 위해 시민들을 억압했다는 것도 사실이다. 하지만 이런 일들은 모두 현존하는 다른 많은 국가에서도 일어나고 있으며, 여전히 지속되는 현실이다. 아마도 지구상의 대다수 정부도 마찬가지일 것이다.

그러나 1989년에서 1991년 사이 거리로 쏟아져나온 사람들이 대체로 자본주의의 도래를 외치지 않았다는 것도 우리는 안다.[51] 동독에서도 많은 이들이 개혁을 통해 개량된 사회주의가 도래할 것이라고 믿었다.[52] 따라서 급격히 커진 대중의 힘으로 구소련 체제가 붕괴했다는 것은 부분적으로만 옳다. 그리고 탈공산주의 국가의 시민들이 약속된 자유와 민주주의를 얻었다는 주장 역시 전적으로 잘못된 것이다.[53]

소련이 무너지는 과정은 고르바초프와 소수의 엘리트 개혁가들이 이끄는 상류층에서 시작됐다. 페레스트로이카Perestroika, 즉 '재건'은 산업생산을 늘리고 부패를 근절하는 것을 목표로 했으며, 이는 필연적으로 노멘클라투라와의 갈등을 수반했다. 그러나 1930년대의 숙청과는 달리 아무도 죽지 않은 '벨벳숙청velvet purge'*에 관료들은 교묘하고도 방어적으로 반응했고, 계획경제 구조가 붕괴하면서 체제를 유지해온 이익 및 임금의 흐름을 끊었다. 자신들의 운명이 변할 것이라는 조짐에 즉각 반응한 것은 임금도 받지 못한 채 계속 일한 노동자들이 아닌 관료들이었다. 전국적인 영향력을 행사하던 노멘클라투라는 자신들이 통제하는 자산과 영토를 점령했고, 고르바초프는 이를 막기 위한 무력 사용을 거부했다. 러시아 역사학자 블라디슬라프 주보크Vladislav Zubok의 말처럼, 소련은 "지도부 자신의 손에 종말을 맞이했다."54

개혁 과정 초기에 엘리트들은 노멘클라투라를 약화시키기 위해 민족주의 정서를 부추겼다. 민족주의 정서는 예상보다 훨씬 더 성공적으로 강화됐으나, 노멘클라투라의 힘은 약해지지 않았다. 많은 공화국에서 대규모 시위는 거의 일어나지 않았다. 대규모 시위는 대부분 체제가 이미 무너진 후에 일어났고, 모스크바는 원한다면 쉽게 시위를 진압할 수 있었다.55 40년 동안 쌓아온 사회주의 프로젝트를 진정으로 믿고 추진해온 동독 관료들은 러시아의 지도력 부재에 공포를 느꼈다.56 베를린장벽이 무너진 후, 많은 동독 주민이 험난한 시기를 보냈지만, 그들은 인류 역사상 가장 부유한 국가 중 하나인 서독에 의지할 수 있었고, 서독은 2조 유로를 들여 동독을 확장된 독일 국가 구조에 통합했다.57 하지만 다른 공산권 국가들은 공산주의 체제가 붕괴한 뒤 전쟁을 경험하거나 극심한 가난에 시달렸다. 1990년

---

* 이 용어는 '벨벳혁명Velvet Revolution'과 '숙청purge'이라는 두 개념을 혼합해 만든 단어이다. 체코슬로바키아의 벨벳혁명 후 공산당 관료들이 평화롭게 권력에서 물러난 과정을 지칭한다.

대 초 몇 년 동안 크로아티아, 체첸공화국, 몰도바, 아제르바이잔, 조지아, 타지키스탄, 아르메니아, 보스니아에서 폭력 사태가 일어나 수십만 명이 사망했다.58 어떤 방법을 써도 당시 경제 문제를 해결할 수 없었는데도, 모스크바의 지도자들은 워싱턴의 격려를 받아 심지어 경제적 '충격요법shock therapy'을 썼다.

친미 성향의 보리스 옐친Boris Yeltsin 대통령은 의원들이 이를 막으려 하자 러시아 입법부를 불법적으로 해산한 후 탱크를 보내 의회 건물을 포위했다. 러시아 지도층은 소련의 국가 자산을 빠르게 민영화하고 가격 통제를 철폐했다. 자본주의 식의 "보도블록 아래 해변"을 외치는 순간이었다. 계획경제가 충격요법을 통해 무너지면 그 잔해 속에서 제대로 작동하는 시장이 자라날 것이라고 믿은 것이다.

하지만 기대한 일은 일어나지 않았다. 대신 러시아는 평화로울 때의 현대 사회에서는 목격할 수 없는 심각한 사망률의 증가를 경험했다. 충격요법을 시도한 거의 모든 곳에서 경기가 침체했고, 교육·빈곤·건강 지표가 크게 하락했다.59 1995년까지 세계은행이 조사한 18개 탈공산주의 국가에서 국민의 45퍼센트가 빈곤선인 하루 4달러 미만으로 생활했다. 빈곤은 특히 어린이들에게 큰 타격을 입혔다.60 체제 전환 전 빈곤율은 고작 4퍼센트였다. 2015년 말 러시아인 99퍼센트의 평균 실질 소득은 1991년보다 더 낮아졌다.61 중앙아시아의 상황은 더욱 심각했다. 카자흐스탄, 우즈베키스탄, 키르기스스탄 같은 국가에서 빈곤율이 60퍼센트 이상으로 급등했다.62 소련 경제체제가 붕괴하면서 불평등과 빈곤이 크게 늘어났지만, 국가 자산의 소유주는 바뀌지 않았다. 남은 국가 자산을 소유하게 된 사람들은 여전히 이전의 노멘클라투라와 그 측근들이었고, 이들은 이제 '올리가르히

oligarch'*라는 새로운 계급이 됐다.

전 세계가 하나의 자본주의 체제로 통합될 듯한, 1990년대에 등장한 이 과정을 가리키는 이름은 '세계화globalization'였다. 하버드대학교의 역사학자 오드 아르네 베스타드Odd Arne Westad는 이 과정을 '미국화Americanization'라고 더 정확하게 명명했다. 그 이유는 이 과정을 통해 미국이 새로운 세계 경제체제를 형성하고, 그 안에서 패권을 장악하는 데 성공했기 때문이다.63 미국화는 정치와 경제 영역뿐만 아니라 문화에서도 느낄 수 있었다. 할리우드 스튜디오나 뉴욕의 뉴스룸에서 생산된 엔터테인먼트와 지식은 전례 없이 많은 세계의 소비자에게 영향을 끼쳤다. 자신의 고향인 캅카스 지역에서 구체제가 무너지는 과정을 유심히 지켜본 사회학자 게오르기 데를루기안은, 인간의 진보는 무의식적이며 당연하다는 오래된 생각이 자유주의적 자본주의의 형태로 부활한 것이 세계화라고 보았다. 그에 따르면, 세계화는 "자아를 실현하고자 하는 헤겔 식의 보편 정신이 최신 기술의 형태로 실현된 것"이었다. 구체적으로 세계화는 "낡은 개발주의 국가들의 붕괴에 따른, 상호연결된 결과"일 뿐이었다.64

새로운 질서

소련이 무너지기 수십 년 전, 이미 제3세계 운동은 붕괴했다. 나세르는 1970년 갑작스럽게 사망했고, 그의 후계자인 안와르 사다트

---

* 원래 과두제를 뜻하는 단어였으나 현재는 러시아의 신흥 재벌을 가리키는 단어로 사용한다.

Anwar Sadat는 곧 반제국주의를 포기하고 세계에서 가장 부유한 나라와 동맹을 맺는 것이 자신에게 유리하다는 것을 깨달았다. 그보다 앞서 인도네시아에서는 건국의 아버지이자 지도자 중 한 명인 아크멧 수카르노Achmed Sukarno 대통령이 미국이 군부의 권력 장악을 지원하고 약 100만 명을 고의로 살해하는 것을 묵인하는 중에 실각했다. 인도네시아의 수도를 가리키는 '자카르타'라는 단어는 전 세계, 특히 라틴아메리카에서 반좌파 정권이 자행한 학살의 약어가 됐다.65

그러나 제3세계 운동은 세계체제 전반에 진정한 탈식민화를 실현하고, 세계 인구의 대다수가 부유한 국가들을 좇아 끊임없이 '발전'하는 것이 아니라 그들과 함께 정당한 자리를 차지할 수 있도록 하려는 미래지향적이고 낙관적인 프로젝트였다. 그래서 1970년대 초에 이들 제3세계 국가들은 세계체제가 허락한 도구를 사용해 세계체제 자체를 공격하고자 했다. 「신국제경제질서the New International Economic Order」는 제3세계 국가들이 다수를 차지한 「국제연합United Nations」(UN)을 이용해 불공정한 경제를 바로잡고 공정한 경쟁의 장을 만들려는 시도에서 생겨났다. 이를 본 제1세계 지도자들은 북대서양이 중심이 된 세계체제의 지배가 끝날 수도 있다고 생각하며 공포에 질린 반응을 보였다.66 그들은 (모든 국가가 투표권을 가진) 「국제연합」이 세계 경제를 통제하는 힘을 발휘하지 못하게 함으로써 「신국제경제질서」를 저지하는 방법을 찾아냈다. 이는 제3세계주의의 쇠퇴를 의미한다. 「신국제경제질서」 대신 부유한 국가들이 지배하는 「국제통화기금the International Monetary Fund」(IMF)이나 세계은행World Bank 같은 기관이 세계 경제를 지배할 중요한 권한을 갖게 됐다. 결국, 선진국들이 「신국제경제질서」에 보인 반응은 그 뒤에 다가올 신자유주의 시대의 발판을 마련하는 데 도움이 됐다.67

신자유주의라는 단어가 올바로 사용되는지를 놓고 현재 영어권에서는 상당한 논쟁이 있다. 오늘날에는 주로 신자유주의에 공개적으로 반대하는 좌파가 이 용어를 가장 자주 사용한다. 이 단어를 만든 사람들은 사실 1938년 '신자유주의 프로젝트'를 옹호한 사람들인데도 오늘날에는 이 단어가 마치 특정 경제정책에 대한 모욕처럼 사용된다.[68] 이 용어가 단순히 경제적인 것을 넘어 많은 것을 내포함을 인식한 신자유주의 비평가들의 주장은 일리가 있기도 하다. 그러나 지난 수십 년 동안 전 세계의 수많은 시위가 자의적으로 신자유주의 정책을 규정하고, 이를 겨냥해왔기 때문에 이 책에서도 이 용어를 사용한다. 따라서 혼란을 막기 위해 신자유주의가 무엇을 의미하는지 자세히 언급할 필요가 있다.

신자유주의는 여러 층위에서 작동한다. 첫째는 전 지구적 층위이다. 초기에 신자유주의를 주창했던 사람들, 특히 '제네바 학파'(루드비히 폰 미제스Ludwig von Mises, 프리드리히 하이에크Friedrich Hayek 등 스위스에서 주요 연구를 수행한 이론가들)는 초기 자유주의 시대가 어떻게 전 세계 자본주의 경제를 창출하는 데 이바지했는지를 깊이 이해하고 있었다. 그들은 대중 민주주의와 탈식민주의 시대가 자본주의의 발전을 방해할 것이라 여기며 상당히 불안해했다. 그들은 국가가 자원과 경제를 통제하는 데 제한을 두어야 한다고 생각했다. 예컨대 그들은 런던과 뉴욕의 투자자들이 콩고의 구리 광산을 사거나 팔 수 있는 환경을 확보하는 것이 콩고 시민들에게 국가 자원의 완벽한 소유권을 보장해주는 것보다 중요하다고 보았다. 최근 캐나다의 역사학자 퀸 슬로보디안Quinn Slobodian은 이처럼 국가의 주권에 의도적으로 제한을 두려는 행위를 일컬어 전 세계 국가들에 가하는 국제적 '포위encasement'라고 규정했는데, 이는 전 세계 국가들의 주권이 마치 오렌지 조각이 껍질에 둘러

싸인 것처럼 제한당함을 은유적으로 표현한 것이다.[69]

둘째, 신자유주의는 국가 차원에서는 복지 규모를 축소하고 다른 모든 경제 목표보다 가격을 결정하는 시장의 능력을 최우선에 두는 정책을 통해 작동한다. 또한, 경제적 성장이 가능해지기에 이 모든 과정이 가치 있다며 모두를 설득한다.[70] 독일의 경제학자 이사벨라 베버Isabella Weber에 따르면 소련 붕괴 후 실시된 '충격요법'은 "전형적인 신자유주의 정책 처방"으로 볼 수 있다. 하지만 급진적 신자유주의 처방의 첫 실험 장소는 1973년 민주적으로 선출된 사회주의자 대통령 살바도르 아옌데Salador Allende의 대통령직과 그의 일생마저 마감시키며 미국의 지원 속에 쿠데타를 성공시킨 칠레였다.* 결정적으로 이 모든 사건은 바로 런던과 뉴욕의 투자자들에게 꽤나 유리하게 작용했다.

마지막으로, 많은 이론가는 신자유주의가 개인 차원에서도 작동한다고 보았다. 신자유주의는 개인들이 자기 자신을 무엇보다 성공을 우선시하는 자율적인 개별 기업이라고 생각하도록 함으로써 자신을 극대화하고 최적화하며 항상 열정적으로 일하고 고군분투하도록 몰아간다. 이 과정에서 개인은 더는 자신을 공동체의 일부로 여기지 않게 된다.[71]

과거 제3세계 운동에 참여한 국가에 세계화란, 집중적인 경제 발전을 통해 제1세계를 따라잡으려는 시도의 종말이었다. '제3세계'라는 단어가, 적어도 영어와 프랑스어에서는, 역사의 주체를 의미하는

---

* 워싱턴 DC와 리우데자네이루의 일부 신자유주의자들이 최선을 다했음에도 브라질 독재정권은 이전 정부가 추진한 '발전' 모델을 고수했다. 1964년 미국의 지원을 받은 군사 쿠데타로 탄생한 브라질 정부는 선진국에서 기술적으로 우월한 상품을 수입하는 대신 자국에서 이를 직접 생산한다는 목표에 따라 적극적으로 국가 경제를 관리했다. 이러한 경제정책의 중심은 상파울루의 산업 단지였으며, 금속 노동자 루이스 이나시우 룰라 다 시우바는 이러한 근대화 정책 속에서 노동운동의 지도자로 부상했다.

용어, 즉 1968년 거리의 학생들에게 영감을 준 진정한 혁명가들을 의미하는 철저하게 긍정적인 용어에서 동정과 조롱의 대상을 의미하는 용어로 변질됐다.72 한편 탈공산권 세계의 시민들은 제1세계가 아닌 '제3세계'의 시민으로 대거 편입됐다.

2

마야라와 페르난두

마야라 비비안Mayara Vivian은 새로운 세계질서가 형성되는 1990년 상파울루에서 태어났다. 그는 시 동물원에서 멀지 않은, 거대 도시 외곽의 노동자 거주 지역인 자르징셀레스치Jardim Celeste에서 자랐다. 다른 수백만 상파울루 시민들과 마찬가지로 그는 고층 건물에 둘러싸인 거친 동네의 크고 지저분한 흰색 건물에서 살았다.

그의 어머니와 할머니는 비누, 침구, 화장품 방문판매원 등 다양한 일을 하며 생계를 꾸려나갔고, 삼촌이 시내의 대형 인쇄소에서 해고된 후 집안 사정은 눈에 띄게 더 나빠졌다. 하지만 많은 사람이 그보다 더 어렵게 살아가는 것을 그는 알고 있었다. 풍족하지는 않았지만 먹을거리가 부족하진 않았다. 이모와 함께 살려고 가출한 적이 있는데, 이모는 크림치즈를 살 정도는 돈이 있었기 때문이다. 거리에는 좋은 문제아들과 나쁜 문제아들이 있었다. 나쁜 문제아들은 스킨헤드와 갱단원이었고, 좋은 문제아들은 마야라처럼 항상 좀 소란스럽고 사람을 좋아하며, 길거리에서 긴 시간을 보내는 아이들이었다.[1]

1990년대 브라질은 수십 년간의 군사독재 후 다시 민주주의를 찾아가고 있었다. 브라질은 세계 기준으로 보면 가난한 나라는 아니었지만 부유한 나라보다는 여전히 뒤처졌다. 그리고 브라질은 세계에서 가장 불평등한 사회 중 하나였다. 브라질의 많은 백인 중산층은 직접 자신의 집을 청소하거나 음식을 요리하는 것은 꿈도 꾸지 않았다. 그 일은 대부분 그들보다 피부색이 짙고 하루하루 고되게 살아가는 여성들이 맡았다. 상파울루의 진정한 부유층은 방탄차를 타고 도시를 지나거나, 발아래 도시에서 벌어지는 범죄와 교통 체증을 피하려고 헬리콥터를 타고 고층 건물과 고층 건물을 오가는 등 아예 거리로 나설 일이 없이 살았다. 이 모든 것이 도시에 뚜렷한 종말 이후의 분위기를 불어넣었고, 외국인들은 충격 속에서 「이파네마에서 온 소녀the Girl from Ipanema」*보다는 「블레이드 러너Blade Runner」**를 떠올렸다. 시내의 대표적인 고층 빌딩인 에지피시우 이탈리아Edifício Itália의 이름은 이 도시에 거주하는 수많은 이민자의 본국 이름에서 따왔다. 이 건물 꼭대기에서 보면, 마야라가 사는 고층 건물 같은 건물들이 말 그대로 시야가 미치는 곳까지 사방으로 뻗어 있다.

마야라는 아주 일찍 음악과 정치에 발을 들였다. 2003년에 그는 도시의 주요 도로인 파울리스타 거리Avenida Paulista에서 열린 시위에 처음 참석했다. 조지 W. 부시George W. Bush의 이라크전쟁을 막으

---

* 1962년 브라질의 안토니우 카를루스 조빙이 작곡한 보사노바 곡으로, 전 세계적으로 큰 인기를 얻은 명곡이다. 이 노래는 브라질 리우데자네이루의 이파네마 해변을 걸어가는 아름다운 소녀를 묘사하며, 비틀스의 「예스터데이Yesterday」 다음으로 가장 많이 녹음된 곡으로 알려져 있다.
** 1982년 개봉한 리들리 스콧 감독의 SF 영화로, 2019년의 로스앤젤레스를 배경으로 디스토피아적 미래를 그린다. 인간과 거의 구별이 불가능한 인조인간 '리플리컨트'를 추적하고 제거하는 특수 경찰 '블레이드 러너'의 이야기를 다루며, 인간성의 본질과 인공지능의 윤리적 문제를 탐구하는 작품이다.

려는 시위였다. 당시 루이스 이나시우 룰라 다시우바 대통령은 취임한 지 얼마 되지 않았지만, 미국 대통령의 이라크 침공을 지원하지 않겠다고 선언했다. 룰라는 조지 W. 부시에게 "나의 유일한 전쟁은 굶주림과의 전쟁입니다"라고 말했다고 스스로 밝혔다. 전직 금속 노동자이자 노조원이었던 그가 속한 「노동자당」은 브라질 사회에 뿌리를 두고 이념적 다원주의와 '참여 민주주의'를 수용했으며, 당당히 좌파임을 내세웠다. 하지만 룰라는 미국과 공개적으로 싸움을 시작하려 하지는 않았다. 지난 세기 동안 미국의 개입을 경험한 대부분의 라틴아메리카 지도자들은 가능한 한 미국과 갈등을 피하는 법을 배웠기 때문이다. 미국에 적대적인 지도자가 탄생한 것은 2002년 말이었다. 미국의 지원을 받은 쿠데타에서 살아남은 베네수엘라의 우고 차베스Hugo Chavez 대통령이 미국에 일관되게 적대적인 태도를 보이기 시작한 것이다. 따라서 미국의 이라크 침공에 강력하게 반대하는 시위를 벌이는 것은 브라질의 시위대, 주로 좌파들의 몫이 됐다. 물론 그들도 혼자가 아니었다. 전 세계에서 일어난 이라크전쟁 반대 시위는 인류 역사상 가장 큰 규모의 거리 시위 중 하나였을 것이다. 베를린에서 도쿄, 카이로, 캘리포니아에 이르기까지 1000만 명이 넘는 사람들이 시위에 참여했다. 당시 대학생이었던 나도 시위에 참여했고, 룸메이트가 체포돼 샌프란시스코 주요 일간지인 《샌프란시스코 크로니클San Francisco Chronicle》의 1면에 실리기도 했다.

　마야라는 파울리스타 거리의 두 차선을 막은 시위대 사이에 일종의 분열이 생겼음을 알아차렸다. 한쪽에는 좀 더 조직적이고 전통적인 좌파 그룹, 즉 그가 '관료주의자'라고 부르는 그룹이 있었고, 다른 한쪽에는 좀 더 자유분방한 젊은이들이 모여 있었다. 그는 자신이 어느 쪽에 더 공감하는지 알고 있었다. 하지만 그는 그해에 어떤 갈등에도 개입하지 않을 생각이었다. 그는 겨우 열세 살이었다. 애초에 그가 그곳에 있다는 것 자체가 놀랄 일이었다.

그날 마야라는 '반세계화' 운동과 브라질의 아나코 펑크anarcho-punk라는 서로 연관된 두 가지 역사적 흐름에 밀려 거리로 나왔다. 구소련이 몰락한 뒤 구좌파는 몰락했고, 1990년대에는 가장 눈에 띄는 저항의 대상이 각국 정부에서 국제기구로 옮겨갔다. 무정부주의자, 환경운동가, 트로츠키주의자, 노동 단체, 반체제적인 하위문화집단subculture group 들이 모여「세계은행」,「국제통화기금」,「세계무역기구World Trade Organization」(WTO)와 같은 국제기구를 겨냥했다.2 이들은 세계가 하나로 통합된다는 생각에 반대하지 않았기 때문에 종종 '대안세계화alter-globalization' 운동이라고 불리기를 선호했다. 이 운동은 냉전이 종식한 뒤 세계화가 구체화된 특정 방식에 문제를 제기했다. 이들은 강요된 것과는 다른 유형의 세계화를 원했다. 그들은 노동을 억압하고 글로벌 사우스 국가들의 주권을 제한하면서 기업 이윤과 국제 투자자에게 특권을 부여하는 세계화가 아닌, 다른 형태의 세계화를 원했다. 캐나다의 작가 나오미 클라인Naomi Klein의 『슈퍼 브랜드의 불편한 진실No Logo』—이 책은 밴드 '라디오헤드Radiohead'가 홍보해서 유명해졌다—과 《애드버스터즈Adbusters》* 같은 잡지들은 많은 젊은이가 대안세계화를 이해하는 영미권의 지적 틀을 제시했다.3 그들의 무기는 국제기구의 순회 회의를 막는 공격적인 대중 시위였다. 1999년「세계무역기구」회의를 저지하기 위해 시애틀의 거리로 나온 수만 명

---

* 캐나다에서 발행되는 비영리 반문화 잡지로, 소비주의, 자본주의, 대중 미디어에 대한 비판적 시각을 담고 있다. 2011년 월가 점령 운동Occupy Wall Street을 촉발한 매체로도 알려져 있다.

인파에 전 세계가 놀랐다. 느슨하고 다양한 세력의 연합이라는 전략과 함께 무정부주의자들은 어두운 옷을 입고 얼굴을 가리는 '블랙 블록black bloc'* 스타일을 따랐으며, 사유재산을 파괴하기도 했다. 시위대는 최루탄을 쏘아대는 현지 경찰을 압도했다.

시애틀에서 시위가 폭발하는 동안 수백만 명의 사람들이 몇 주 전에 활동가들이 만든 웹사이트인 '인디미디어Indymedia'를 통해 시위 소식을 접했다. '인디미디어'는 신무정부주의 운동과 초기 인터넷의 자유주의 이상 사이에서 생겨난 급진적인 반권위주의 정신을 반영했다. '인디미디어'의 목표는 독자들이 기업 언론을 우회하고, 누구나 사이트에 글을 올리는 것이었다. 편집자가 글을 수용하거나 거부하거나 편집할 수 있다는 생각은 이 사이트의 설립 취지와 정면으로 배치되는 것이었다. (나를 포함해서) 호기심 많은 젊은 세대에게 '인디미디어'는 우리가 온라인 세대로 거듭난 곳이다.

'인디미디어'는 전 세계로 빠르게 퍼져나갔고, 2000년 '독립미디어센터Centro de Mídia Independente'라는 이름으로 브라질에 도착했다. 소수의 자원봉사자—인디미디어 안에서 급여를 받는 사람은 아무도 없었다—가 상파울루 시내의 작은 사무실에 모여 낡고 더러운 탁상용 컴퓨터로 단숨에 기사를 작성했다. 이들은 쌀쌀한 남부 수도 포르투알레그레Porto Alegre에서 아마존 한가운데까지 광활한 브라질 전역에 지부가 있었다.4 '반세계화' 운동은 2001년에 조지 W. 부시의 「미주자

---

* 검은색 옷, 스키 마스크, 스카프, 선글라스, 가리개가 달린 오토바이 헬멧 또는 얼굴을 가리고 보호하는 각종 장신구를 착용하는 시위 방식이다. 1967년 미국의 무정부주의자 시위대가 시작한 이 방식은 시위대의 얼굴을 가리는 효과도 있지만 다양한 단체의 구성원이 같은 복장을 착용함으로써 어느 단체 소속인지를 분간하기 어렵게 만들고 시위대의 연대를 강화하는 데도 도움을 주었다.

유무역지대Free Trade Area for the Americas」에 반대하는 'A-20'(4월 20일) 시위를 계기로 파울리스타 거리에서 처음 폭발했다. 마야라는 이 시위에 감동했고, 시위에 참여하고 싶었으나 거리로 나가기에 열한 살은 너무 어린 나이였다. 그 시절 그녀가 집을 나서는 일은 펑크 공연에 가는 것이 전부였다.

1980년대 상파울루에서 시작된 브라질 펑크록은 위험했다. 이들은 포르투갈어로 노래를 불렀고, 팬들은 갱단을 결성했다. '하투스지포랑Ratos de Porão', '올류세쿠Olho Seco'*, '콜레라Cólera' 같은 밴드는 독재정권 10년 동안 브라질이 경험한 혼란을 투영했다. 이들이 노래하는 폭력은 현실이었고, 폭력 때문에 공동체는 무너졌다. 죽음과 마약은 충격적인 가사를 만들기에 충분한 소재였으나, 일부 상파울루 시민들에게는 그저 탈출구 없는 현실로 보이기 시작했다. 1990년대에 접어들면서 두 번째 펑크 물결이 시작됐고, 이 젊은 밴드들은 폭력을 거부하고 영어로 노래하며 좌파 정치에 적극적으로 참여하기 시작했다. 브라질 펑크계는 항상 무정부주의와 느슨한 관계성을 유지해왔다. 스스로 스트레이스 엣지straight-edge** 펑크밴드로 규정한, 제3세계주의 비건 하드코어 밴드인 '포인트오브노리턴Point of No Return'의 보컬 프레드리쿠 프레이타스Fredrico Freitas를 떠올려보자.5 하지만 이 두 번째 펑크밴드 운동에 참여한 이들은 프루동, 크로포트킨, 바쿠닌 같은 19세기 사상가들의 책을 모아 실제로 관련 내용을 읽기 시작했다. 펑크

* '하투스지포랑', '올류세쿠'는 각각 포르투갈어로 '지하실의 쥐', '건조한 눈'이라는 뜻이다.
** 펑크의 하위문화로, 사회 규범에 저항하는 의미에서 음주, 흡연, 마약 복용, 성적 쾌락 등을 추구하는 데 관대했던 기존 펑크밴드에 저항하며 생겨난 문화이다. 음주, 흡연, 마약 복용 등을 거부하며, 채식주의를 옹호하고, 폭력에 저항하는 등 금욕적이며 환경친화적인 삶을 추구하는 펑크계의 한 흐름이다.

음악은 브라질에서 좌파였고 반국가주의 음악이었으며, 브라질에서 무정부주의를 다시 불러일으키는 데 중요한 역할을 했다.6 프레이타스는 '채식 축제' 정도로 번역되는 여러 '베르두라다Verdurada'가 만들어지는 데 도움을 주었다. 이 모임에서는 펑크 공연과 정치 토론이 함께 열렸다. 밴드가 연주를 하다가 잠시 멈추고 모두 페미니스트나 브라질의 기념비적인 사회운동인「무토지농민운동Movimento Sem Terra」활동가의 연설을 듣기도 했다.「무토지농민운동」은 브라질 전역에서 대규모 사유지를 점거하고 급진적인 토지 개혁을 요구한 좌파 농민운동이다. 행사 후 남은 채식 음식은 상파울루의 수많은 노숙자에게 기부했다. 모든 '베르두라다'는 위계도 지도자도 없는 수평적 구조였으며, 운영방식은 밴드 앞 꽉 들어찬 관중들이 춤을 추는 모쉬핏mosh pit[*]의 그것과 비슷했다.

    마야라는 두 유형의 밴드를 모두 좋아했는데, 특히 '콜레라', '인바소리스 지세레브로스Invasores de Cérebros', 그리고 여성으로만 구성된 '멘스트루아상 아나르키카Menstruação Anarquika'를 좋아했다.[**] 1990년대에 시작된 두 번째 펑크 물결을 좋아하기에는 그 부류들 사이에 아무 생각 없는 부자 아이들이 너무 많은 것 같았지만, 그들의 음악이 (그리고 정치가) 좋았기에 부유한 아이들의 문제는 무시할 수 있는 수준이었다. 그에게 펑크 세계 및 그와 관련된 운동가들의 모임은 제2의 가족인 셈이었다. 펑크 세계에서 무슨 일이 일어나는지 알아내기 위해 그는 동네 아이들에게 물어보거나 '갤러리아두록Galeria do Rock' 대안 쇼핑

---

[*] 헤비메탈이나 하드 펑크밴드들이 연주할 때 무대 바로 앞에서 열성적인 팬들이 몰려와 춤을 추는 공간이다. 이 공간은 때론 폭력적이고 과격한 춤을 추는 다수 팬들 때문에 혼잡스러워 보이지만 나름대로 질서를 유지하며 공연을 즐기는 공간으로 알려져 있다.

[**] 각각 '뇌의 침입자'와 '무정부적 월경'을 의미한다.

몰에 가기도 하고, 벽에 붙은 전단을 살펴보기도 했다. 삼촌 집에는 낡은 컴퓨터가 있었지만, 인터넷을 사용하려면 인터넷 요금이 조금 더 저렴해지는 자정까지 기다려야 했다. 물론 그는 온라인에 접속해 '인디미디어'를 읽었다.

'대안세계화운동' 세대는 20세기 그 어떤 지배적인 시위운동보다 더 반권위주의를 표방했고, 표면적으로는 더욱 '조직 없는 조직'이었으며, 더 강력한 무정부주의자들이었다. 1960년대에 신좌파는 목적과 더불어 수단도 중요하다고 주장했다. 신좌파 운동에 참여한 미국의 무정부주의자이자 인류학자인 데이비드 그레이버David Graeber는 한 걸음 더 나아갔다. 그는 2002년 《뉴레프트리뷰》에 기고한 글에서 이들에게는 수단이 곧 목적이었다고 설명했다. 그들은 다른 무언가를 얻기 위해 무언가를 하지는 않았다. 중요한 것은 그들이 하는 것 그 자체였다. 그는 "이것은 민주주의를 재창조하는 운동이다. 조직에 반대하는 것이 아니라, 새로운 형태의 조직을 만드는 것이다. (신좌파운동에) 이념이 부족한 것은 아니다. 새로운 형태의 조직이 바로 이 운동 이념이다. 국가, 정당, 기업 같은 하향식 구조 대신 수평적 관계망network을 만들고 실행하는 것이다"라고 썼다. 그는 더 나아가 '예시정치'를 옹호하며 "풍부해지고 성장하는, 일련의 조직화 수단들"을 찬양했다. 이 새로운 방식들은 "반대 목소리를 억압하지 않고, 지도자 자리를 만들지 않으며, 자유롭게 동의하지 않은 일을 누구에게도 강요하지 않는" 것으로, "아래로부터 주도적인 의지가 관철되는, 최대한 효과적인 연대를 가져오는 민주적 절차를 만드는 것을 목표로 한다"고 주장했다.

이 운동에 참여한 다른 많은 이들과 마찬가지로 그레이버도 '반세계화anti-globalization'는 자본주의 언론이 부과한 매우 부정확한 낙인이라고 보았다. 실제로 그들은 세계화에는 찬성하고 신자유주의에는 반대했을 뿐이다. 그는 "아르헨티나나 에스토니아, 타이완에서는 '우리는 신자유주의에 반대하는 운동이다'라고 바로 말할 수 있을 것이다. 하지만 미국에서는 언어가 항상 문제이다. 미국의 기업형 언론은 아마도 지구상에서 가장 정치적으로 단일한 존재일 것이다. 기업형 언론의 바탕이 되는 현실은 신자유주의이다. 따라서 신자유주의라는 단어는 사용 불가다"라고 말했다. 그레이버는 무정부주의 정치가 부활한 이유를 새로운 방식으로 설명했다. 소련이 종말을 고한 것은 맞지만 공식적으로 마르크스-레닌주의를 선언한 국가들이 붕괴한 것은 아니었다. 그레이버에 따르면, 무정부주의자들은 전쟁에는 결코 능숙하지 못했지만, 평화 시에는 성장할 수 있었다. "냉전이 끝나고 강대국 간의 전쟁이 다시 일어나리라고 상상하기 힘들게 된 순간, 무정부주의는 19세기 말에 그러했듯이 혁명적 좌파의 중심에 섰던 국제운동으로 다시 등장했다."7

룰라의 브라질에서 무정부주의는 국가정책의 중심에서는 멀리 떨어져 있었지만, 소수의 대안세계화운동가들과 '인디미디어' 언론인들은 디지털로 조직된 전 지구적 행사에 참여하며, "거리극, 축제, 비폭력 전쟁이라고만 부를 수 있는 요소를 결합"해 그레이버가 주장했던 시민불복종의 "새로운 언어"를 재현해냈다. 포르투알레그레에서 열린 「세계사회포럼World Social Forum」에서 브라질의 젊은 활동가 호드리구 누니스Rodrigo Nunes는 「런던비밀광대반란군London's Clandestine Insurgent Rebel Clown Army」*이 진행하는 카니발 시위의 장이 될 공간을 찾았다.8

20세기 말 또 다른 상파울루 시민이 세계화 시대에 비판적이면서도 기존의 시각과 약간 다른 접근 방식을 제시했다. 브라질 내에서 상당한 규모를 자랑하는 레바논계 커뮤니티 출신의 잘생긴 젊은 좌파 페르난두 아다지Fernando Haddad는 (라틴아메리카 최고의 대학인) 상파울루 대학교에서 일하고 있었다.9

페르난두의 할아버지 아비브Habib는 그리스 정교회 사제로 프랑스 식민 당국에 맞선 것으로 유명했다.10 제2차 세계대전 직후, 그는 가족과 함께 지난 70년 동안 수많은(대부분 기독교인인) 아랍인들이 걸어온 길을 따르기로 결심했다. 그는 브라질로 건너와 상파울루 시내에서 원단을 팔기 시작했다. 이 지역의 많은 이들과 마찬가지로 어린 페르난두는 브라질 최고의 학교에서 우수한 성적을 거두었고, 아버지가 법적 분쟁으로 집을 잃는 것을 보며 법학을 공부하기로 결심했다. 하지만 대학에서 그는 정치와 학생 단체에 더 관심을 갖게 됐다. 그는 유행을 선도하던 피녜이루스Pinheiros 지역에서 매주 열린 마르크스주의자 피자 파티와 토론 모임에 참여했다.11 아다지는 반스탈린주의 좌파에 속했지만 국가권력 전반에 대항하는 자유주의적 저항에는 매력을 느끼지 못했다. 그는 브라질이 군사독재에 신음할 때「노동자당」에 가입한 후 경제학과 철학을 전공하며 석사학위와 박사학위를 취득했다.

마르크스의 계급 분석을 전 지구적 신자유주의 시대에 맞게 개선하고자 했던 아다지는 35세 때『공산당 선언』발간 150주년을 맞아『사회주의를 옹호하며Em defesa do socialismo』를 썼다. 그가 보기에 복지국가의 붕괴와 신자유주의의 도래는 글로벌 사우스의 좌파가 직면한 심각한 과제였다. 하지만 그는 사회주의 프로젝트를 포기해서는

---

* 2003년부터 2005년까지 영국에서 주로 활동한 반권위주의 좌파 운동 단체이다. 기업의 세계화, 전쟁, 자본주의, 시위에 대한 강경 진압 등 다양한 쟁점에 반대하기 위해 광대로 분장해 시위에 참여하며 비폭력 전술을 사용했다.

안 된다는 생각에 따라 이 책의 제목을 『사회주의를 옹호하며』라고 지었다. 그는 부유한 제1세계 바깥에서 사회민주주의는 불가능하다고 주장했다. 북미와 유럽 노동자들이 20세기에 이룬 작은 승리들은 글로벌 사우스에서 이들 국가로 흘러 들어간 '엄청난 이익' 덕분이었다. 지구적 사회민주주의를 만들려는 모든 시도는 모순으로 가득 차 있으므로 어떻게든 실패할 것이었다. 그는 사회민주주의가 명시적 사회주의로 전환하지 않으면 신자유주의의 희생양이 될 것이라고 주장했다.12

「노동자당」은 1980년 산업 노동자들이 가톨릭교회 내 진보 세력, 독재정권에 맞선 마르크스-레닌주의 무장 게릴라 투사, 그리고 반체제 지식인들과 함께 새로운 대중 정당을 창당하면서 탄생했다.* 이후 20여 년 동안 「노동자당」은 당 내부 결정에 당원들이 적극적으로 참여하는 당원 정치의 토대를 구축했다.13 동시에 세계 경제가 변화함에 따라 룰라가 노동조합운동을 처음 시작했던 산업의 뿌리가 약해졌다. 폴 볼커Paul Volcker 미국 연방준비제도 의장 체제 아래서 미국 정부가 금리를 인상하자 수많은 라틴아메리카 국가들이 외채 위기에 빠졌고, 그 결과 레이건 시대는 라틴아메리카와 제1세계 간 격차가 더 벌어지고 공장들이 문을 닫기 시작한 '잃어버린 10년'으로 불리는 시절이 도래했다.14

「노동자당」 후보들이 정계에 진출했을 때, 그들은 실제 권력을 쥐고 있는 지역 토호 세력과 협력해 통치해야만 한다는 것을 알게 됐다. 독재정권이 무너지며 정치체제는 바뀌었지만 사회·경제 구조는

---

* 1975년 비밀경찰에게 고문을 당한 형 프레이 치쿠Frei Chico와 달리 룰라는 당시 강력했던 「브라질공산당」에 가입한 적이 없다. 이는 정부와 협상해야 하는 노조 지도자라는 그의 입지에 유리하게 작용했다. 하지만 그의 운동은 항상 좌파 성향을 띠었다.

1964년 쿠데타 이전과 거의 변하지 않은 채 유지되고 있었다. 당시 가장 야심 차게 추진한 개혁은 군부정권이 탄생하면서 원점으로 돌아갔고, 새로운 세계체제 탓에 토지 개혁이나 급진적 재분배 같은 기획은 상상하기조차 어려웠다.

아다지는 저서에서 신자유주의 시대에 정치는 세 가지 형태 중 하나를 취할 것이라고 적었다. 즉 정치적 내용이 없는 기술주의, 권위주의, 그리고 마지막으로 노골적인 파시즘이다. 그는 대의 민주주의가 분명히 위기에 처해 있다고 인정했지만, 대의 민주주의는 "무산 계급을 방어하는 최선의 방법"이므로 유지해야 한다고 주장했다. 당장 국가를 완전히 전복하고 철폐하고자 했던 젊은 무정부주의 좌파들과는 달리 그는 방어적인 자세를 고집했다. 민주정부는 비록 소멸해가는 정치 형태이지만 어떻게든 민주정부가 신자유주의의 폭풍을 이겨내야 하며, 가능하다면 되살아나야 한다고 보았다.

아다지는 부르주아 민주주의에서 언론이 가진 힘을 깊이 우려했다. 그에게 이는 단순히 특정 부유층이 공적 영역을 지배하고 이 사회에서 논의될 주제를 선택하는 것만의 문제가 아니었다. 이는 또한 정보가 저질화되고 비판적 참여가 불가능해지는 것을 의미했다. 자본주의 언론은 유사한 사실 보도들을 끝없이 쏟아낸다. 텔레비전은 최악의 가해자였다. 텔레비전이 쏟아내는 내용물은 "가장 짧은 시간에 가장 큰 심리적 효과"를 불러일으킨다는 광고의 논리를 그대로 차용했다. 그는 정치가 마케팅이 됐다고 한탄했다.[15]

「노동자당」 구성원들은 일반적으로 언론 권력을 의심했고, 특히 브라질의 언론 권력은 의심을 살 충분한 이유가 있었다. 룰라가 대통령 선거에 처음 출마한 1989년, 그는 소규모 정보 전쟁에 직면했다. 1960년 후 브라질 국민이 직접 대통령을 뽑는 첫 선거였고, 룰라는 바람둥이 괴짜 페르난두 콜로르Fernando Collor에 맞서 꽤 선전하는 듯 보였다. 선거가 진행되면서 화물 회사들은 「노동자당」의 자료 배포를 거부했다. 「노동자당」은 버스를 타고 전국을 돌며 간행물을 직접 배포해야 했다. 억만장자 마리뉴Marinho 가문이 소유한 언론 재벌 기업이자 브라질인들이 축구와 드라마를 가장 많이 시청하는 텔레비전 채널인 '헤지글로부Rede Globo'는 대통령 선거 최종 토론을 좌파에 불리하게 편파적으로 편집했다. 결국, 페르난두 콜로르가 승리했지만 그는 부패 혐의로 빠르게 탄핵당했다.

1994년과 1998년 룰라는 페르난두 엔히키 카르도주Fernando Henrique Cardoso에게 완벽하게 패배했다. 카르도주는 프랑스어를 구사하고 트위드 외투를 입는 신사적인 학자였지만 반동적인 인물은 절대 아니었다. 사회학자로서 그는 부유한 나라가 가난한 나라를 착취한다는 '종속이론dependency theory'의 대가였다.16 그러나 대통령으로서 그는 1980년대 초부터 민영화와 거시경제정책의 제도화를 감독했고, 브라질의 여러 신자유주의 두뇌 집단은 이에 불만을 품지 않았다.17 빌 클린턴Bill Clinton 전 미국 대통령이 브라질을 방문하기 직전에 우연히 발표된 상무부 보고서에서 브라질에 부패가 "만연해 있다"고 지적한 것을 제외하고는 카르도주 체제 아래서 미국과 브라질의 관계는 우호적이었다.18

2001년 페르난두 아다지는 학문과 이론을 제쳐두고 브라질 현실 정치의 세계로 뛰어들었다. 그는 시 정부에 들어가 상파울루 시장 마르타 수플리시Marta Suplicy와 일했다. 시장의 전 남편인 에두아르두 수플리시Eduardo Suplicy는 좌파의 사랑을 받는 원로 정치인이고 아들인 수플라Supla는 노란색 뾰족 머리를 자랑하는 펑크록 가수로 활동하는 등 그의 가족은 특히 이 도시에서 전설적인 존재였다. 아다지는 교수이지만 음악과 문화의 세계에도 조예가 깊었고, 약간은 냉소적이고 빈정대기 좋아하는 '엑스세대' 힙스터였다.

젊은 공무원 시절, 그는 도시의 빈민가 상공에서 헬리콥터를 타고 내려다본 광경에 깜짝 놀랐다. 중산층으로 성장한 그는 "국가는 어디에도 보이지 않는 시멘트 바다"의 괴물 같은 광경과 그 가혹한 현실에 충격을 받았다. 하지만 「노동자당」 내에서 그는 총명하고 조직에 충성스러우며 특히 교육받을 기회를 확대하는 데 관심이 많은 동료로서 깊은 인상을 남기고 있었다. 2003년 룰라는 마침내 대통령이 됐고, 아다지도 곧 연방 행정부에 합류해 상파울루의 민생 문제에서는 멀어졌다.

그해 말, 마야라와 페르난두가 사는 곳에서 상당히 멀리 떨어진 도시 살바도르Salvador에서 생긴 문제가 전국을 뒤흔들었다. 아프로Afro 브라질 문화의 성지인 바이아Bahia 주의 수도에서 버스요금이 인상된 것이다. 몇몇 학생이 이에 항의하는 시위를 벌였다. 하지만 점점 더 많은 젊은이가 동참했고, 결국 수천 명의 젊은이가 거리를 막고 대중교통을 점거했다. 대중은 이 모든 행동을 지지했다. 출퇴근하는 시민들은 연대의 의미로 경적을 울리거나 청년들에게 엄지손가락을 치켜세웠고, 언론과 인터뷰할 때는 이런 혼란은 겪을 만하다고 말하기도 했다. 브라질의 다른 지역과 마찬가지로 살바도르 노동자들은 수입의 상당 부분을 통근 비용으로 지출해야 한다. 그리고 다른 지역과 마찬가지로 바이아주에서도 온종일 일한 후 교통 체증을 견디며 집으로 돌아오는 일상은 현대 도시 생활의 가장 끔찍한 부분 중 하나였다. '인디미디어 브라질'은 이 작은 반란에 주목했고 브라질 전역에 이를 보도했다.

살바도르의 학생 연합은 「브라질공산당Partido Comunista do Brasil」과 밀접한 단체로, 시위를 시작할 때 중요한 역할을 했다. 하지만, 그 뒤로 시위는 너무 커졌고, 그들이 통제할 수 있는 범위를 벗어났다. 어떤 경우에는 시위대 스스로 시위 중 정당 깃발을 내걸지 말아야 한다고 주장하며, 시위가 무당적apartidário으로, 즉 정당 없이 초당적으로 진행돼야 한다고 선언하기도 했다. 그러나 시위를 중단시켜야 한다는 것을 깨달은 시장은 갑작스럽게 시작된 지도자 없는 시위대와는 협상할 수 없었고, 결국 살바도르 학생 지도자들을 협상 주체로 끌어들였다. 협상 끝에 학생들은 요구 사항 열 개 중 아홉 개를 얻어냈지만, 버스요금 인상은 막지 못했다.19

이 사건으로 브라질의 젊은 좌파는 분열되기 시작했다. 학생 지도자들과 「브라질공산당」에 이 시위는 운동의 영향력을 이용해 최대한 많은 것을 얻어냈으므로 승리한 시위였다. 하지만 자율주의autonomist 좌파와 무정부주의자이자 반관료주의자인 젊은이들에게 이 사건은 스탈린주의자와 위계적 정당이 늘 그러하듯이, 「브라질공산당」이 자신들이 대변할 권리가 전혀 없는 사람들을 대변해버린 것이었고, 정치인들과 친밀한 관계를 유지하기 위해 거리의 운동세력을 팔아넘긴 것이었다. 「브라질공산당」은 마르크스-레닌주의 정당으로, 민주적 중앙집권주의를 실천하며 1922년에 설립된 「공산당」에 그 뿌리를 두고 있다. 그리고 그들은 룰라 집권기에 연립정부의 충직한 구성원이었고, 자신들의 임무가 이 새로운 정부를 수호하는 것이라 믿었다. 따라서 「브라질공산당」이 1960년대 이후 최초로 집권한 중도좌파 정부의 임기 첫해에 전국 규모의 시위를 일으키지는 않을 것이라는 점은 충분히 예상할 수 있었다.

이런 행사에 항상 카메라를 들고 나타나던 현지인 카를로스 프론자투Carlos Pronzato는 살바도르 시위를 다룬 짧은 다큐멘터리 「버스 혁명Revolta do Buzu」을 제작했다. 이 다큐멘터리가 화려한 해변 도시 플로리아노폴리스Florianópolis에서 상영된 후, 고무된 이 지역 청소년들은 대중교통을 무료로 하기 위해 「무상대중교통캠페인Campanha Pelo Passe Livre」을 결성했다. 그들은 거리로 나섰고, 실제로 성공했다. 2004년부터 시작된 격렬한 거리 투쟁 끝에 시 정부는 버스요금 인상을 포기했으며, 이를 지켜보던 전국의 대안세계화운동 세대가 영감을 받았다.

2005년 1월, 포르투알레그레에서 열린 「세계사회포럼」에서 한 무리의 활동가들이 「무상대중교통운동Movimento Passe Livre」을 결성했는데, 그 초기 구성원 중 다수가 '인디미디어' 출신이었다. 이 단체의 당당한 이름에서 드러나듯이 이 운동의 목표는 누구도 교통비를 낼 필요가 없는 브라질을 만드는 것이었다. 물론 방법은 직접행동이었다.

이제 열다섯 살이 된 마야라는 「무상대중교통운동」의 창립 회원이 됐다. 그는 음식 준비를 담당하기 위해 브라질 남쪽 끝으로 긴 여행을 떠났다. 운동 구성원은 대부분 그보다 나이가 더 많지는 않았다. 포르투갈어로 '채소'(레굼Legume)라는 뜻의 별명을 가진 루카스 '레굼' 몽테이루Lucas "Legume" Monteiro는 마야라보다 몇 살 더 많았다. 루카스는 상파울루의 안정적인 중산층 가정 출신으로, 겉모습과는 달리 「무상대중교통운동」의 구성원 중 상당수가 좋아한 채식주의 펑크 그룹과는 무관했다.20 이 별명은 그가 학교에서 했던 '매직더개더링Magic: The Gathering'이라는 보드게임 속 카드에서 따왔다. 하지만 그의 가족은 펑크 세계와 나름대로 관련이 있었다. 그의 아버지는 성공한 음악인이었고, 새아버지는 1982년 상파울루에서 열린 '세계 종말의 시작The Beginning of the End of the World' 페스티벌의 실황 앨범 뒤표지에 등장한 노련한 펑크 뮤지션이었다. 2005년, 21세의 '레큠'은 마야라가 기억하는 한 조직에서 가장 나이가 많았다.

「무상대중교통운동」은 설립 원칙에서 완전히 독립적이고 '자율적'이며 '수평적'인 조직이 될 것이라고 선언했다. 지도자나 전문화된 직책을 만드는 일은 없을 것이며, 모든 의사결정은 합의를 통해 이루어질 것이라 공언했다. 어떤 활동을 하든 모든 구성원이 동의해야 한다는 조항도 넣었다. 이러한 원칙들은 확실히 레닌주의와 거리가 멀었다. 이러한 조직 형태에서는 다수가 개인에게 동의하지 않는 일을 강요할 수 없었다. 이러한 조직 구성방식은 부분적으로 남미의 다른 이웃 국가들에서 영감을 받은 것이었다.

2001년 12월, 아르헨티나 정부는「국제통화기금」이 기금 지원을 중단한 후 자국민의 은행 계좌를 동결했다. 이에 맞서 아르헨티나 국민은 냄비와 프라이팬을 두드리며 파업을 벌이고, 점포를 약탈하고, 전국 주요 도로를 봉쇄했다. 페르난도 데라루아Fernando de la Rúa 대통령이 사임한 후, 아르헨티나 국민은—많은 이들이 경제 위기로 실직했다—수백 개의 주민회의를 결성해 국가 붕괴로 인한 공백을 메우고 일상의 문제를 해결하기 위해 고민했으며, 지역의 공장을 점거했다.

'인디미디어'의 임시 사무실로 사용한 은행을 점거하는 데 자랑스럽게 참여한 아르헨티나 역사학자 에제키엘 아다모프스키Ezequiel Adamovsky에 따르면, 몇 가시 이유로 주민회의는 수평성horizontalidad—이 단어는 최근에야 아르헨티나의 정치 언어 속에 등장하기 시작했다—을 채택했다. 첫째, 아르헨티나 사회의 전통적이고 위계적인 구조에 국민은 실망했다. 국가, 민간 기업, 심지어 구좌파 정당들이나 노동조합마저도 경제 위기에서 벗어날 방법을 제시하지 못했기 때문이다. 그는 아르헨티나가 당시 "대의체제의 균열에 직면했다"고 주장했다. 수평성이 화두가 된 둘째 이유는, 역설적이게도 1980년대 이후 주류 언론을 중심으로 기득권 세력이 신자유주의식 민영화를 추진하면서 내세운 반국가·반정치 담론이 반신자유주의 운동에 영향을 끼쳤기 때문이다. 수평성이 부상한 현실적인 이유로는, 주민회의 내의 모든 구성원이 같은 처지에 있어 누구도 다른 사람을 위해 아무것도 결정할 수 없었기 때문이다. 자연스럽게 '수평성'이 조직을 운영하는 원칙이 됐다.21

'수평주의'라는 용어와 그 운영 원리는 2006년 미국의 무정부주의 이론가 마리너 시트린Marina Sitrin이 동명의 책을 출간한 후 전 세계적으로 널리 알려졌다. 이는 완벽하게 수평적인 조직을 도덕적이며 정치적인 의무로 여기는 이념을 가리켰다.22 수평주의의 이상은 좌파 자유주의와 무정부주의 전통에서 오랫동안 다른 이름으로 불렸다. 예를 들어 칠레에서는 이를 '총회주의asambleísmo'라고 부른다. 하지만 최근 나타난 '수평주의'는 이를 디지털 시대에 맞는 방식으로 재구성했다. 1968년 후, 전 세계의 많은 이들이 이탈리아 공산당이 정한 범위 밖에서 활동하며 혁신적인 직접행동 방식을 개발한 이탈리아의 신좌파인 자율주의자autonomistas들의 영향을 받았다. 그러나 아르헨티나의 급진적 저항에 관한 다큐멘터리를 자주 시청한 「무상대중교통운동」 회원들에게 '자율성'은 완전한 독립과 자치를 의미했다. 그들은 외부의 자금이나 지시도 당연히 거부했다.

「무상대중교통운동」의 설립 원칙은 "수평적 운동이란 모두 지도자가 되거나 지도자가 존재하지 않는 운동이라고 할 수 있다"이다. 마야라에게 이 조직의 모든 원칙과 더 나은 사회를 만들기 위해 그들이 해야 할 역할은 분명해 보였다. 그는 "(수평성은) 기본이죠. 민주적인 도시를 건설하기 위해 싸운다면 그 운동 자체도 민주적이어야 하고, 투쟁은 당연히 민주적인 방식으로 이루어져야 해요"라고 말했다.

이것이 끝이다

권력의 전당과 세련된 기업형 매체에 등장하는 부유한 영어권 세계의 담론은 느려터진 웹사이트나 지저분한 상파울루의 술집에서 주고받는 대화와는 매우 다르다. 마야라의 유소년기, 즉 페르난두 아다지가 정식으로 정치에 입문한 그때 그리고 소련의 붕괴와 함께 새로운 시대가 열리던 시절은 투쟁의 시간이 아니라 승리와 기회의 시간으로 기억된다.

20세기 동안 후기 계몽주의 사상의 두 주요 학파, 즉 마르크스주의와 자유주의는 모두 역사가 어딘가로 진행된다고 공언했다. 물론 그 목적지가 어디인지를 놓고는 의견이 갈렸다. 1990년대 모스크바가 주도한 '제2세계'가 무너졌을 때, 자유민주주의[*]는 지구 전체에 공명하는, 유일하게 일관된 이념 프로젝트처럼 보였다.[23] 역사가 무언가를 향해 나아가고 있으며 궁극적인 목적이 있다는 생각은 목적론 teleology이라고 불리는데, 이 용어는 '끝'을 뜻하는 그리스어 텔로스telos에서 유래했다. 간단히 말해, 냉전의 종식은 자유주의 목적론의 시대를 열었다.

---

[*] 이 책 전체에서 '자유주의'는 재산권과 개인의 자유를 우선시하는 광범위한 철학적 전통을 의미하며 미국 사회에서 '자유주의'가 의미하는 '진보progressive' 또는 '중도좌파center-left'의 의미로 사용하지 않았다.

정치학자이자 미국 국무부 정책실에서 일한 바 있는 프랜시스 후쿠야마는 헤겔 철학을 바탕으로 최근 사건을 분석한 뒤 우리가 '역사의 종말'에 도달했는지 물었다.[24] 그러나 영어권 세계에서 더 광범위하게 통용된, 목적론적 사고의 세속화된 형태는 그저 일이 잘 풀릴 것이라고만 가정했다. 서양은 더 강력하고 도덕적으로 우월했기 때문에 승리했고, 앞으로도 계속 승리할 것이라는 생각이다. (자유주의적 자본주의 민주주의자의 기준에 따르면) 이제부터는 상황이 계속 나아질 것이고, 역사의 흐름에 맞서 싸우기보다는 그저 역사의 흐름을 받아들이기만 하면 됐다.

1960년대에 마틴 루터 킹 주니어는 『버밍엄 감옥에서 보낸 편지Letter from Birmingham Jail』에서 이런 식의 나태한 사고를 비판한 바 있다. 그는 상황이 저절로 개선될 것이라고 믿는 백인 자유주의자들을 겨냥해 "시간의 흐름 속에 필연적으로 모든 병을 치료할 수 있는 무언가가 있다고 믿는 것은 이상하고도 비이성적인 생각"이라고 비판했다. 그는 이어 "사실 시간은 중립적이며, 시간은 파괴적으로 사용될 수도 있고 건설적으로 사용될 수도 있다"라고 썼다. 그는 또 "우리는 인류의 발전이 결코 필연의 수레바퀴를 타고 굴러가는 것이 아님을 깨달아야 한다. 발전은 하나님의 동역자가 되고자 하는 인간의 지칠 줄 모르는 노력을 통해 이루어진다"라고 덧붙였다.

그런데도 내가 20세기 말 캘리포니아에서 어린 시절을 보내면서 배운 것들은 대부분 그러한 가정 위에 세워진 것이었다. 자유주의 목적론은 우리가 "진보 이데올로기"라고 부르는 또 다른 개념과 밀접하게 연관돼 있다. 당시 텔레비전에 나오는 사람들은 "지금은 90년대야"라고 말하며 마치 '1990년대'가 '1980년대'보다 큰 숫자라는 이유만으로 저절로 더 많은 자유, 진보, 페미니즘, 즐거움을 의미하는 것처럼 행동하곤 했다. 나는 얼마나 많은 냉전 종식 관련 특집 프로그램을 보았는지 모른다. 그 프로그램들이 그린 세상에서는 로널드 레이건이 "고르바초프 씨, 이 벽을 허물어요!"라고 외치고, 군중은 거리로 쏟아져 나와 공산당 엘리트를 압도했으며, 데이비드 하셀호프David Hasselhoff*가 국민을 위해 노래를 부르고, 모든 사람이 영원히 행복하게 살 것 같았다. 내가 대학에서 정치경제학을 공부할 때는 세계 사회가 단계를 거쳐 발전해 마침내 미국과 같은 사회가 될 것이라는 근대화 이론이 주류를 이뤘다. '제3세계'는 더는 존재하지 않고, (1980년대 세계은행에서 만든 용어인) '신흥시장'이 등장했는데, 이 용어는 이 지역을 영원히 끊임없이 움직이는 대상으로 규정함과 동시에 부유한 서구를 따라잡기 위해 노력하는 자리에 위치시켰다.

서구 문명의 거의 모든 것과 마찬가지로 역사적 목적론이라는 개념은 기독교 전통에 그 사상적 뿌리를 두고 있다. 아리스토텔레스도 목적론을 다뤘지만, 이는 사물의 목적 혹은 목적의식을 두고 말한 것이었다. 아리스토텔레스도 역사에 종착점이 있다는 주장은 말이 되지 않는다고 생각했을 것이다. 고대 그리스인들에게 시간은 선형적이지 않았고 역사는 순환적이었다. 그러나 아브라함의 전통**에서는 역사가 구원과 함께 종결된다. 실제로, 앞서 일어난 모든 일의 의미는 그 마지막 순간을 통해 비로소 이해되고 규정된다. 이 전통 속에서 살아가는 우리에게 시간은 선線이고 종말을 향하는 화살이다. 유럽의 지식인들이 기독교 신앙을 향한 절대적 믿음에 의문을 품기 시

---

* 1952년 태어난 미국의 배우이자 가수로, 1980년대 한국에 「전격 Z작전」이라는 제목으로 방영된 드라마의 주연을 맡아 큰 인기를 얻었다. 저자는 그를 1980년대를 대표하는 연예인으로 언급한 것으로 보인다.

** 아브라함 전통이란 유대교, 기독교, 이슬람교가 공유하는 요소에 대한 개념이다.

작하면서 기독교에서 시간을 바라보는 방식은 변화를 겪었으나 절대 폐기되지는 않았다.

합리화와 산업화의 시대를 거치면서 진보라는 개념은 신의 섭리를 대신하게 됐다. 헤겔과 마르크스는 신의 인도 없이도 역사가 단계를 거쳐 진보한다는 것을 이해할 수 있는 가장 강력하고도 중요한 분석 방법을 제시했다. 마르크스에게 계급 투쟁은 역사 진보의 힘이자 인류의 단계적 발전을 추동하는 과정이었다.

신학을 이 모든 체계, 그리고 다른 모든 것의 뿌리로 파악하는 것은 신학을 깎아내리는 것이 아니다. 모든 사상에는 고유한 역사가 있기 때문이다. 그리고 더 높고 고귀한 목적과 맺는 관계를 통해 삶과 고난에 의미를 부여하려는 움직임을 의심할 필요도 없다. 그러나 이러한 지성의 발전사를 찾아 성 아우구스티누스까지 거슬러 올라간 독일 철학자 카를 뢰비트Karl Löwith가 지적했듯이, 우리는 진보가 일어나는 이유를 의식적으로 이해하지 못한 채 진보는 당연히 일어난다고 가정하기 시작했다.[25]

1990년대 보편적 자유주의의 과업을 진정으로 믿은 사람들에게 세상은 그저 아름다워 보였다. 모든 것이 민주주의와 자본주의를 향해 나아가고 있었다. 일부 분석가들은 세계적인 민주주의의 흐름을 거스르는 몇몇 '예외'들을 설명하기 시작했다. 예컨대 중동의 경우 종교나 문화 속에서 그 특수성을 설명할 요인을 찾고자 했는데, 이들은 아랍 정신에 내재된 '권위자에 대한 복종'을 원인으로 꼽기도 했다. 물론 해결책은 신자유주의 정책을 채택하는 것이었다. 이를 통해 경제가 성장할 테고, 결국 전 세계 모든 국가가 약속의 땅으로 나아갈 것이었다.[26]

냉전 종식 후 미국 정부는 시위와 심지어 혁명에 접근하는 방식을 바꾸었다. 소련이 존재하는 동안 미국은 사회적 불안정이 공산주의를 촉발할 것을 두려워하며 근본적으로 반혁명 세력처럼 행동하는 경우가 많았다. 그러나 1990년대 러시아의 혼란이 자본주의로 이어지자 미국은 세계를 자신이 상상하는 대로 재구성하기 위해 대대적인 노력을 기울이기 시작했다. 2000년대에 접어들면서 민주주의를 증진한다는 명목 아래 연간 7억 달러 이상을 지출했고, 2000년에는 미국 정부가 (자국의 기준으로 볼 때는 큰 액수가 아니지만, 세르비아의 정치 판도를 뒤집을 만큼은 되는) 많은 돈을 세르비아의 레지스탕스인 「오트포르Otpor」*에 지원했다. 이 단체는 그해 슬로보단 밀로셰비치Slobodan Milošević**에 맞서 성공적인 '불도저 혁명'***을 이끌었다. 비정부기구 역시 변화를 일으켰는데, 구소련 공화국의 일부였던 조지아에서는 헝가리계 미국인 자유주의 자선가인 조지 소로스George Soros의 이름을 딴 「소로스재단Soros Foundation」과 「전미민주주의기금National Endowment for Democracy」이 저항 조직이었던 「크마라Kmara」****를 지원했다. 2003년 11월, 시위대는 1972년 조지아를 처음 통치하기 시작한 이래 계속

---

*   1998년부터 2004년까지 존재한 세르비아의 반정부 정치조직이다. 세르비아어로 '저항'이라는 의미인데, 세르비아 키릴 문자로는 'Отпор!'로 표기된다.

**   유고슬라비아연방공화국과 세르비아의 정치인으로 1989년부터 1997년까지 세르비아 대통령을, 1997년부터 2000년 실각할 때까지 유고슬라비아연방공화국 대통령을 지냈다. 밀로셰비치는 보스니아전쟁, 크로아티아독립전쟁, 코소보전쟁과 관련된 전쟁범죄로 구유고슬라비아 국제형사재판소ICTY에 기소됐다.

*** 2000년 9월 24일 총선 후 유고슬라비아연방공화국에서 시작된 슬로보단 밀로셰비치 정권 반대 시위를 지칭하는 용어로, 2000년 10월 5일 밀로셰비치 정부의 몰락까지를 의미한다. 밀로셰비치 정권을 선전해온 세르비아 라디오 텔레비전 건물에 중장비가 돌진한 사건에 상징성을 부여하면서 '불도저 혁명'이라는 명칭으로 불렀다.

**** 2003년 조지아에서 설립된 비폭력 시민저항운동 단체이다. 조지아어로 '충분하다'는 뜻인 이 단체는 주로 민주화를 위해 활동했다. 2003년 '장미혁명' 당시 중요한 역할을 했으며, 에두아르드 셰바르드나제 대통령을 퇴진시키는 데 기여했다.

권력을 누린 에두아르드 셰바르드나제^Eduard Shevardnadze 대통령을 끌어내렸다. 그 결과 조지아는 서방과 협력하며 러시아로부터 멀어졌고, '장미혁명^Rose Revolution '*은 21세기에 일어난 이 지역 최초의, 색깔 이름을 딴 혁명이 됐다.27

2001년 9월 뉴욕에서 테러가 발생하기 몇 년 전까지도 「아메리카 신세기 프로젝트^New American Century Project」의 신보수주의자들은 미국이 민주주의를 확산하기 위해 군사력을 사용할 수 있으며, 무력으로 역사를 올바른 방향으로 이끌 수 있다고 주장했다. 이들 중 다수는 조지 W. 부시 정부에서 요직을 맡았다. 2003년 이라크를 침공한 후 시민들이 잔인한 독재자인 사담 후세인의 동상을 무너뜨렸을 때, 미국의 시청자들은 이를 공산주의 정권의 몰락이라는 유산의 연장선에 있는, 또 다른 베를린장벽 붕괴와 같은 순간으로 받아들였다. 알고 보니 실제로는 미군이 시민들을 위해 동상을 철거해준 것이었다.28 하지만 이런 사실도 폭스 뉴스와 CNN이 그날 각각 4.4분과 7.5분마다 동상이 무너지는 장면을 송출하는 것을 막지는 못했다. 미국의 정치 지도층이 이라크 침공이 자유주의와 민주주의를 위한 성공적인 행보는 아니었음을 인정하고, 마야라와 전 세계의 모든 거리 시위대가 처음부터 옳았을 수 있음을 고려하는 데까지는 몇 년이 더 필요했다.

---

* 2003년 11월 조지아에서 발생한 비폭력 시위를 통한 정권교체를 의미한다. 이 명칭은 시위대가 손에 붉은 장미를 들고 의회를 습격한 사건에서 유래했다.

보도하는 법 배우기

21세기 초, 미국 골드만삭스Goldman Sachs 투자은행의 회장 짐 오닐Jim O'Neil은 브라질, 러시아, 인도, 중국 등 떠오르는 신흥시장 네 곳을 일컫는 '브릭스BRICs'라는 용어를 생각해냈다. 이들 국가는 모두 자본을 투자하기에 좋은 곳이었다.

하지만 이 용어는 2008년 세계 금융위기가 발생하면서 본격적으로 사용되기 시작했다. 미국이나 영국 같은 부유하고 자유분방한 자본주의 국가들은 2008년 세계 경제를 침체시키면서 신뢰를 잃은 듯 보였고, 이른바 브릭스가 세계 무대에서 그 자리를 대신하려 했다. 이들은 2009년에 공식적인 조직을 만들었고, 1년 후 남아프리카공화국을 추가해 브릭스라는 약자를 완성했다. 2010년 룰라 대통령이 브라질리아Brasília에서 두 번째 브릭스 정상회의를 주최하면서 브라질은 전 세계의 이목을 집중시켰다. 그해 브라질의 국내총생산(GDP) 성장률은 7.6퍼센트로, 2.5퍼센트로 위축된 미국 경제와 대조되었다.

나는 그때 런던의 《파이낸셜타임스Financial Times》에서 일하며 이 정상회담에 각별한 관심을 쏟고 있었다. 나는 2007년 베네수엘라에서 우연히 기자가 됐는데―그때 나는 무슨 일자리든 찾고 있었다―그 결과, 보도국에서 남미를 이해할 수 있는 언어 능력과 경험을 갖춘 몇 안 되는 직원 중 하나가 되었다. 당시 영어권 언론계의 거물급 기자들처럼 《파이낸셜타임스》의 편집장도 공산주의의 몰락을 취재하는 데 열중했다. 세계에서 가장 영향력 있는 매체에서 '개발도상국' 또는 '신흥시장'은 북미나 유럽에서 더 많은 경험을 쌓고, 나처럼 자유주의적 사고에 뿌리내린 교육을 받은 남성들이 다루는 경우가 많았다. 그런 우리에게 브릭스는 세계 자본주의의 새로운 흐름을 타고 떠오르는 진정한 강대국들처럼 보였다. 브라질만큼 민주적이지는 않았지만, 러시아와 중국을 포함한 모든 국가가 과거보다 훨씬 더 자유롭게 변해 있었다.

3

이보다 더 나빠질 순 없다

《파이낸셜타임스》는 브라질 취재를 강화하기 위해 두 번째 특파원이 필요하다고 결정했고, 나는 2010년 말 상파울루에 도착했다. 브라질은 2014년 「국제축구연맹」(FIFA) 월드컵 개최를 앞두고 있었고, 2016년 리우데자네이루 하계 올림픽 개최권을 따낸 지 얼마 되지 않았기 때문이다. 나는 룰라 정부 아래서 성장과 번영을 이루어가는 민주적인 브라질이라는 새로운 세계 강국의 부상에 관한 기사를 쓰기 위해 파견됐다.

브라질의 비상이 순탄치만은 않았다. 리우데자네이루가 올림픽 개최권을 획득한 직후, 이 도시의 유명한 빈민촌인 파벨라favela에서 마약 밀매업자들이 경찰 헬기를 격추했다.[1] 특파원인 나는 다음과 같은, 부끄럽고 당황스러울 정도로 미국 중심적인 질문에 답해야 했다. "브라질은 월드컵을 개최할 준비가 됐나?", "리우가 정말 올림픽을 치를 수 있을까?"와 같은 질문들이다. 이런 질문에 답하는 것이 내 일의 일부였다. 현실은 브라질이 아파르트헤이트 치하의 남아프리카공화국 못지않게 세계에서 가장 불평등한 사회 중 하나라는 것이었고, 부유층과 빈곤층을 구분하는 거대한 격차는 너무도 명백한 나머지 아무도 굳이 언급하지 않을 정도였다. 실제로 불평등을 언급하는 것은 예의 바른 사회인에게는 금기사항처럼 보였다. 노동자들은 폭력에 시달렸고, 공공 행정은 턱없이 부족했다.

하지만 룰라가 대통령에 취임한 2003년 후 엄청난 성과를 거둔 것도 사실이다. 수천만 명이 빈곤에서 벗어났고, 부유층 또한 믿기 어려울 정도로 잘살게 됐다. 10여 년 동안 계속된 중국의 건설 호황은 라틴아메리카 원자재에 대한 높은 수요가 유지됐음을 의미했다. 이렇게 확보한 자금으로 룰라는 노동자계급에 더 많은 이익을 분배하는, 소박하지만 효율적인 사회정책을 확대했다. 가장 유명한 것은 빈곤층 가정을 위한 복지정책인 '보우사 파밀리아$^{Bolsa\ Familia}$'로, 이 덕에 아이들은 예방 접종과 학교 교육을 받았다. 페르난두 아다지는 2005년 룰라의 교육부장관으로 정치계에 정식 입문했다. 그는 룰라와 함께 노동자계급의 자녀 세대를 대학에 진학시키는 프로그램인 '프로우니$^{Pro-Uni}$'를 만들었다. 브라질은 이제 전 세계적으로 상당한 명성을 얻었다. 특히 룰라는 규칙을 지키며 권력을 쟁취하고 전 세계와 우정을 쌓아가는 가난한 소년과 같은 긍정적인 이미지를 얻었다. 2009년 당시 미국 대통령 버락 오바마$^{Barack\ Obama}$가 그를 "내 사람"이자 "지구상에서 가장 인기 있는 정치인 중 하나"라고 불렀을 때, 브라질의 기득권과 그들이 소유한 언론 또한 룰라의 성공에 주목했다.[2] 그러나 이러한 성공이 사회주의 혁명의 실현을 의미하지는 않았다. 룰라가 펼친 정책들은 20세기에 수많은 발전 계획을 견인한 '산업구조 개선' 정책도 아니었다. 룰라의 발전정책은 국토에서 원자재를 채취해 다른 나라로 판매하는, 전형적인 제3세계식 관행에 기반을 둔 것이었다. 하지만 룰라의 브라질에서는 이 방식이 효과가 있는 것처럼 보였다. 불평등이 줄어들고 상황이 나아지고 있었다. 두 번째 임기가 끝나갈 무렵, 룰라는 브라질 국민의 83퍼센트라는, 다소 터무니없이 높은 지지율을 얻었다.3

이를 예상한 사람은 많지 않았다. 세계에서 다섯째로 인구가 많은 이 나라의 진보적 개혁은 1964년 미국의 지원을 받은 군사 쿠데타 탓에 폭력적으로 중단됐고, 그 뒤로 좌파가 대통령 자리에 근접한 적이 없었기 때문이다. 2002년 룰라가 마침내 선거 승리를 눈앞에 두고 있을 때, '시장'은 이 전망에 불만을 표시했다. 여론조사에서 룰라가 선두를 달린다는 결과가 나올 때마다 브라질 통화인 헤알화 가치와 브라질 국채 가치는 급락했다. 룰라는 「브라질 국민에게 보내는 편지」(실제로는 글로벌 자본의 대표들에게 보내는 편지였지만)를 통해 카르도주 대통령이 수립한 기본 경제 구조를 유지하겠다고 선언했지만, 투자자 계층은 「노동자당」을 매우 경계했다. 8년 후 그 투자자 계층의 거의 모든 사람이 이전보다 훨씬 더 부유해졌고, 룰라의 접근 방식, 즉 모두에게 더 많은 것을 제공하는 방식은 매우 훌륭해 보였다.

브라질리아에서 중도좌파 정당이 집권함에 따라 남미 국가들은 지역 통합을 새롭게 추진했고, 룰라는 특히 국영 건설업체들을 통해 아프리카에서 브라질의 영향력을 강화하려고 노력했다. 룰라가 보낸 두 번의 임기는 외신에서 선호하는 용어인 '핑크 타이드pink tide', 즉 라틴아메리카에 출현한 여러 좌파 정권의 물결 중 핵심이었다. 자본주의적 권위주의 군사정권이 몰락한 지 한 세대가 지난 후 베네수엘라, 아르헨티나, 볼리비아, 우루과이, 칠레, 에콰도르, 파라과이에서 사회민주주의자 혹은 사회주의자들이 정권을 잡았다. 민주화가 '핑크 타이드'를 가져온 것이 놀라운 일은 아니었다. 미국의 지원을 받은 쿠데타의 시대가 라틴아메리카의 진정한 개혁을 향한 열망을 억압해왔고, 좌파는 스스로 권력을 행사하기보다는 불법적인 권력에 맞서 싸우다 목숨을 잃어왔다. 따라서 좌파들은 라틴아메리카에서 도덕적 혹은 지적인 권위를 가진 경우가 많았다.

브라질 특파원으로서 경력을 시작하면서 나는 베네수엘라에서 익힌 나만의 기술을 활용했다. 즉 현지 음악계에 발을 들여놓고 가능한 한 자주 방문하면서 현지의 언어와 문화를 집중적으로 공부하는 것이었다.

상파울루는 매우 국제적인 도시이다. 내가 다른 나라에서 왔다는 것은 전혀 문제가 되지 않았다. 물론 세계에서 가장 부유한 나라의 시민이자 꽤 멋진 매체 소속 기자인 나는 볼리비아나 세네갈에서 온 이민자들과는 전혀 다른 대접을 받았다. 맨해튼에서 니카라과 사람으로 지내는 것보다 영국인으로 생활하기가 훨씬 쉬운 것과 마찬가지이다. 하지만 뉴욕과 마찬가지로 1~2년 정도 거주하고 지역의 언어를 구사하게 되면 기본적으로 누구나 한 명의 상파울루 사람이 된다. 이상하게 보일 수도 있으나, 나는 매우 빠르게 마치 집에 온 것과 같은 느낌을 받았다.

하지만 기자로서 맞이할 미래는 전혀 확실하지 않았다. 기자(특히 국제부)의 고용이 안정된 시대는 끝났다. 온라인 광고의 등장과 그에 따른 신문사의 쇠퇴는 온라인에서 많은 클릭을 유도하는 기사에 점점 더 많은 예산이 투입됨을 의미했다. 미묘한 차이를 드러낸 국제 기사는 일부 독자를 끌어들일 수는 있지만, 사설이나 통합 블로그 또는 누군가가 책상에 앉아 쏟아내는 리스티클listicle*보다는 비용 대비

---

* '리스트list'와 '기사article'의 합성어로, 특정 주제에 대한 정보를 목록 형태로 나열한 글이다. 예를 들어, '여름에 가기 좋은 여행지 10곳'과 같은 형식이 이에 해당한다.

효율이 떨어졌다. 즉 내 분야는 일이 잘 풀리기를 바라며 과감히 뛰어든 젊은이들이 대부분 어딘가로 이직해야 하는 분야가 됐다는 뜻이다. 해외 통신 업무는 신식민주의의 역학을 재생산하는 경향이 있었지만, 생계보다는 취미로 해외 이주를 계획할 수 있는 특정 부류의 젊은이들만이 할 수 있는 분야가 된 덕분에 상황은 더욱 악화했다. 당시 내가 이해한 범위 안에서 나의 일은 서로 연관되지만 각각 독립적인 세 가지 목표를 달성하는 것이었다. 첫째, 진실에 충실하면서 브라질의 이야기를 전하는 것. 둘째, 브라질에서 오랫동안 머물 수 있는 삶을 구축하는 것. 셋째, 어떻게든 한 성인의 삶을 뒷받침할 수 있는 장기적인 경력을 쌓는 것이었다. 운이 좋아 내가 눈에 띄고 주목받을 수 있다면, 이곳에서 일을 마친 후 다른 직업을 얻을 수 있을 것이었다.

젊은 특파원이 흔히 기대를 받듯이, 나는 2010년 선거 취재 임무를 맡았다. 룰라의 임기는 끝났고, 브라질 대통령은 한 번만 연임할 수 있었다. 차기 「노동자당」 후보인 지우마 호세프에게도 나름대로 오랜 시간 축적된 인상적인 서사가 있었다. 미나스제라이스Minas Gerais 주에서 불가리아 이민자 아버지와 교사인 어머니 사이에서 태어난 젊은 지우마는 브라질의 군사독재정권을 무너뜨리기 위해 마르크스주의 게릴라 단체에 가입했다. 그는 활동 중 체포돼 끔찍한 고문을 당했다. 그 후 경제학자가 된 지우마는 행정가로 다양한 정부 요직을 맡았고, 국영 석유 회사인 페트로브라스Petrobras에서 이사로 활동했다. 그는 강건하고 유능한 기술 관료로 명성을 쌓았다. '지우마'는 브라질 최초의 여성 대통령의 이름이 될 것이었다.

하지만 선거를 분석하는 시각에서 볼 때는 룰라 자신이 국민에게 지우마에게 투표하라고 말한다는 점이 가장 중요했다. 룰라의 성과를 고려한다면, 국민은 룰라의 후계자라면 그 누구에게라도 투표할 상황이었다. 지우마의 압도적 승리가 점쳐졌다. 따라서 2010년에 내가 작성한 가장 흥미롭고, 나조차도 예상치 못한 기사는 한 광대에 관한 기사였다.

나는 브라질에서 나고 자라지 않았기 때문에 티리리카Tiririca로 알려진 유명 연예인을 몰랐다. 그는 「심슨 가족the Simpsons」에 나오는 광대 캐릭터를 의도적으로 우스꽝스럽게 변형시킨 모양새로 등장했다. 하지만 「심슨 가족」에 등장하는 '범블비맨Bumblebee Man'*과는 달리 프란시스코 에베하르두 올리베이라 시우바Francisco Everardo Oliveira Silva는 자기 자신을 잘 이해하는, 매우 영리한 연기자였다. 그는 1990년대부터 이름을 알리기 시작했다. 스스로 문맹이라고 주장한 그는 이제 국회의원 선거에 출마했다. 그의 선거 캠페인은 완벽하게 기획된 일련의 텔레비전 광고에 기반을 두었다. 당연히 이 광고들은 인터넷에서 화제가 됐다. 한 영상에서 그는 밝은색 가발과 빨간 모자, 화려한 바지, 기괴한 문양의 상의를 입은 통통한 중년 남성으로 등장했다. 그는 빙글빙글 돌며 웃고 있었다. 그는 단어들을 지나치게 정확하게 발음하거나 혹은 틀리게 발음하며 웃음을 자아냈다. 그는 "저는 국회의원이 돼 가장 도움이 필요한 사람들, 특히 제 가족을 돕고 싶습니다"라고 말했다. "국회의원은 무슨 일을 하나요? 사실 저도 잘 모르겠어요. 하지만 저에게 투표해주시면 말씀드리겠습니다"라고 운을 뗀 후, 그는 그 유명한 선거 구호를 외쳤다. "티리리카에 투표하세요! 이보다 더 나

---

* 「심슨 가족」에 나오는 '범블비맨'은 멕시코 텔레비전 쇼에 등장하는 우스꽝스러운 인물이다. 그는 노란색과 검은색 줄무늬 옷을 입고 벌처럼 분장한 채로 등장하며, 주로 스페인어를 사용한다. 그의 일화는 대개 불행하거나 우스꽝스러운 사고로 끝나는데, 이 인물은 멕시코와 라틴아메리카의 드라마에서 흔히 볼 수 있는 과장된 연기를 풍자했다.

빠질 수는 없습니다."

그의 선거 광고들이 모두 얼마나 재미있었는지는 아무리 강조해도 지나치지 않다. 표적은 분명했고 조준은 완벽했다. 그는 이 정치 체제가 터무니없이 부패했다고 말하며 텔레비전 속 멍청이가 이미 의회에 진출한 사람들보다 나을 것이라고 설득했다. 티리리카에게 투표하는 것은 기존 정치권을 조롱하는 것이었다.

상파울루 주요 일간지인 《폴랴지상파울루》와 인터뷰하며 그는 브라질을 정말 개선하고 싶다고 말했다. 또한 자신이 한 말은 진심이었으며 의회에서 무슨 일이 일어나는지 정말 모르겠다고도 말했다. 그리고 그는 정말로 브라질 정치가 더 나빠질 수 없다고 믿는다고 말했다.

티리리카는 브라질 역사상 그 어떤 국회의원 후보보다 많은 표를 받았다. 그는 그해 두 번째로 표를 많이 받은 국회의원 후보보다 두 배나 많은 표를 얻었다. 즉 '진짜' 정치인보다 두 배나 많은 표를 얻은 것이다. 그 결과, 티리리카는 2011년 1월 1일에 의회에 입성했다.

지우마도 그날 취임했다. 다른 모든 브라질 대통령과 마찬가지로, 그는 실제로 브라질을 통치하기 위해 (20개가 넘는 정당들이 존재하는) 의회 내에서 까다롭고 다루기 힘든 연정을 무사히 이루어내야 했다. 따라서 전직 광대 한 명이 의회에 입성했다고 해서 그의 업무가 크게 달라지진 않았다. 그의 집권 초기 가장 중요한 정치적 결단 중 하나는 주저 없이 부패를 '쓸어버리려는' 시도였다.[4] 일부 내각 구성원의 부패 혐의가 드러나자 그는 즉시 그들을 해임했다. 수많은 추문이 룰라 정부를 괴롭혔지만, 그리고 이러한 추문들이 아다지와 지우마가 의혹에 휩싸인 사람들을 대신해 권력을 잡는 데 간접적으로나마 도움을 주었지만, 추문이 대통령을 직접 겨냥한 적은 없었다. 임기 초반 지우마의 지지율은 70퍼센트대를 기록했다.

그해 1월 상파울루에서는 레바논계 브라질인인 지우베르투 카사브Gilberto Kassab 시장이 버스요금을 인상했다. 「무상대중교통운동」이 다시 한번 행동에 나섰다. 이 단체가 생긴 지 6년이 지난 지금, 마야라를 포함한 「무상대중교통운동」의 헌신적인 활동가들은 50명도 채 되지 않았지만, 그들은 청년들과 펑크족을 모아 문제를 일으켰고, 주목을 받았다.5 세 달 동안 「무상대중교통운동」이 이끄는 군중이 버스 정류장으로 행진하거나 버스 정류장을 점거했다. 이들은 개찰구인 카트라카catraca에서 뛰어내리거나 개찰구를 부수는 방식으로 요금 회피를 시도하는 '카트라카소catracaço'를 조직했고, 진압에 나선 경찰과 충돌했지만 결국 요금 인상을 막지는 못했다.6 창립 후 수년간 그랬던 것처럼, 이들은 정당이나 위계 조직에 근본적으로 반대하기 때문에 청년들에게 시위에 나타나는 깃발은 찢어버리라고 부추기곤 했다. 결국, 그들의 운동은 아파르티다리오apartidário, 즉 '무정당' 운동이었다.7 하지만 2011년 초, 전 세계가 주목하는 봉기의 현장은 브라질이 아니었다.

4

봉기 이상의 그 무엇

    2010년 12월 17일 정오 직전, 모하메드 부아지지Mohamed Bouazizi가 튀니지의 시디부지드에 있는 한 지방 관청 건물로 걸어가 온몸에 시너를 붓고 불을 붙였다. 그는 특정 공무원에 대한 항의의 표시로 자살을 시도했지만, 그의 친척들조차 모하메드가 진정으로 하고 싶었던 말이 무엇인지, 다음에 무슨 일이 일어날지 예상하지 못했다. 이토록 끔찍하고 동시에 감동적이며 불편한 장면은 결국 그 뒤에 남겨진 사람들이 해석해야 한다. 그 후 며칠, 아니 몇 주가 지나는 동안 그의 죽음은 명백한 정치적 메시지가 됐고, 현대 아랍 역사에서 가장 중요한 사건 중 하나가 됐다.

    26세인 모하메드는 잿빛이 감도는 도심 외곽의 시장에서 과일과 채소를 팔았다. 그는 영업 허가증이 없었기 때문에 지역 당국과 끊임없이 싸웠다. 이런 일은 지중해와 수도 튀니스Tunis에서 남쪽으로 약 240킬로미터 떨어진 도시인 시디부지드에서는 흔한 일이었다. 튀니스는 고대 도시 카르타고Carthage가 위치했던 아름다운 땅에 있다. 아랍 사회주의가 종식된 후, 특히 2008년 금융위기 후 북아프리카 전역에 실업이 만연했다. 튀니지가 프랑스 식민지였던 시절부터 이 지역은 강한 저항의 땅이라는 명성을 얻었다. 부아지지 가문 역시 강인하기로 유명했다.[1]

알려진 대로 모하메드는 지속적인 괴롭힘의 희생자였다. 하지만 한 여성 단속관의 행동은 도를 넘어섰다. 모하메드가 물건을 파는 데 필요한 저울을 압수한 것이다. 모하메드에게는 새 저울을 살 돈이 없었다. 결국 싸움이 벌어졌고 단속관에게 구타를 당한 모하메드는 상황을 최악으로 몰아갔다. 그가 사용한 방식, 즉 자결은 튀니지에서 낯선 저항방식은 아니었다. 몇 달 전 산들바람이 부는 해변 마을 모나스티르Monastir에서 음식을 팔던 또 다른 노점상도 분신한 적이 있었다. 하지만 모나스티르에서는 아무 일도 일어나지 않았다. 이 사회의 특수한 구조에서 볼 때 튀니스와는 전혀 다른 곳에서 일어난 죽음이었기 때문이다.[2]

알제리와 리비아 사이에 위치한 인구 1000만 명가량의 나라 튀니지는 1956년 독립했다. 이 나라의 초대 대통령인 하비브 부르기바Habib Bourguiba는 비교적 자유주의자였고, 여성은 다른 아랍 지역 여성보다 더 많은 권리를 누렸다. 부르기바는 나세르처럼 대담한 반제국주의 태도를 취하지는 않았다. 그는 작은 국가를 통치하고 있었기 때문에 국제사회에서는 몸을 낮췄다. 그러나 이집트가 이 지역에서 지지를 얻게 되면서 튀니지는 다른 많은 아랍 국가처럼 나세르식 사회주의 모델의 몇몇 요소를 받아들였다.

튀니지는 프랑스와 지적知的으로 얽혀 있는 나라이다. 프랑스 철학자 미셸 푸코Michel Foucault는 1960년대 후반 튀니스대학교에 교수로 재직하기도 했다(이때, 그는 미성년자를 성적으로 학대한 혐의로 불명예를 얻었다). 어쨌든 1963년 파리에 거주하던 튀니지의 좌파들은 마르크스-레닌주의 잡지인 《페르스펙티브스Perspectives》를 창간했다. 1968년 5월 파리에서 일어난 일련의 사건으로 그들은 더욱 급진적으로 변했고, 고국의 노동자계급을 겨냥한 아랍어 잡지도 창간했다. 《페르스펙티브스》는 두 개의 정당이 탄생하는 데 영향을 끼쳤는데, 마오주의 정당과 알바니아의 단호한 스탈린주의 지도자 엔베르 호자Enver Hoxha에게 영감을 받은 스탈린주의 정당이 그것이다(한동안 「브라질공산당」도 비슷한 성향을 지녔다). 튀니지가 1970년대부터 사회주의를 포기하고 시장 자본주의를 채택하자 좌파와 노동자들은 파업을 비롯한 각종 저항의 물결로 이에 대응했다. 군대는 저항을 진압하기 위해 미국이 제공한 헬리콥터를 배치했다. 활동가들은 최대 300명의 목숨을 앗아간 유혈 진압을 당시 국가안보국장인 진 엘아비딘 벤 알리Zine El Abidine Ben Ali가 주도했다고 주장했다. 1987년 벤 알리는 당시 대통령이던 부르기바가 의학적으로 행동 불능 상태라고 선언하며 권력을 장악했고, 곧바로 신자유주의 구조조정 프로그램을 가동했다.3

신자유주의와 잔혹한 독재정권이 지배하는 북아프리카 국가답지 않게 2010년 당시 튀니지에는 강력하고 자율적인 노동조합이 존재했다. 「튀니지노동총연맹Union Générale Tunisienne du Travail」은 나세르 시절 국가에 완전히 포섭된 「이집트노동조합연맹Egyptian Trade Union Federation」보다 조금 더 독립적이었고, 어느 정도의 영향력을 유지했다. 물론 노동조합 최고위층은 정부와 잘 지냈지만, 그 아래에는 급진 좌파 성향의 조합원들이 많았다. 튀니지에는 심지어 「졸업생실업자노조Union of Unemployed Graduates」도 있었는데, 이들이 가진 것은 시간뿐이었기에 집권층과 싸움을 벌일 수 있었다.

2008년 광산 지역인 가프사Gafsa에서 "일자리는 권리다, 이 도둑놈

들아!"라는 구호를 내걸고 일어난 시위는 좌파 조직의 도움을 받아 경찰과 노동 당국이 통제할 수 있는 범위를 넘어 확산했다.4 《페르스펙티브스》의 영향을 받아 생겨난 불법 좌파 조직인 「와타드Watad」*와 「튀니지공산주의노동자당Parti communiste des ouvriers de Tunisie」은 절대적인 규모는 크지 않았지만, 혁명이 임박하지는 않더라도 꼭 필요하다고 믿었고, 혁명을 위해 고도로 훈련된 조직원들이 소속돼 있었다.

시골 교사의 딸인 자와헤르 샤나Jawaher Channa는 수도에서 대학교를 다니던 중 (벤 알리에게 가장 단호하게 반대하는 단체로 기억하는) 「튀니지공산주의노동자당」에 가입했고, 곧바로 학교에서 쫓겨났다. 가프사 시위가 발발했을 때 그는 해변 도시 수스Sousse에서 공부했는데, 전국의 다른 동지들과 마찬가지로 모든 것을 내려놓고 이 시위를 널리 알려야 한다는 당의 지시를 받았다. 그는 동료 학생들을 규합하는 방법, 체포 절차, 고문을 견디는 방법 등을 교육받았다. 당원들은 이스라엘의 팔레스타인 정책에 반대하는 시위든, 자국 정부에 반대하는 시위든, 혹은 자본주의 체제 전반에 반대하는 시위든, 언제나 선두에 섰다. 당시 그는 당원들이 "거리의 왕과 여왕"이었다고 자랑하곤 했다.5

그러나 비교적 온건한 이슬람주의 정당인 「엔나흐다Ennahda」**는 훨씬 더 대중적 지지를 얻었는데, 이 정당의 지도자들은 런던에서 망명 생활을 하고 있었다. 야당인 「민주진보당Parti Démocratique Progressiste」과 같은 중도좌파 세속 정당도 2010년 12월에 이르기까지 시민사회에서 중요한 역할을 했다.

모하메드 부아지지의 사촌 중에는 「민주진보당」 당원인 알리Ali도

---

* '투쟁'이라는 뜻이다.
** 엔나흐다Ennahda는 르네상스라는 뜻이다.

4 봉기 이상의 그 무엇

있었다. 그는 사촌의 죽음을 담은 동영상을 온라인에 게시하고 이 지역에서 더 많은 시위대를 모으기 위해 노력했다.6 곧 다른 친척이 현지 언론을 비롯해 알자지라Al Jazeera에 이 사건을 제보했다. 알자지라는 막대한 자금을 바탕으로 지난 몇 년 동안 경험이 풍부한 기자들에게 높은 연봉을 지급하며 세계적 수준의 뉴스 운영을 해온 카타르의 방송사이다. 「와타드」와 「튀니지공산주의노동자당」은 레닌주의 간부들, 특히 가장 젊은 간부들을 다시 한번 동원했다. 학생들은 점심시간에 식탁에 서서 동료들에게 봉기의 시간이 도래했음을 알렸다. 그들은 튀니지 전역에 오래된 구좌파의 구호를 그림으로 남겼다. "노동, 자유 그리고 국가의 긍지!" 또는 "물과 빵 찬성, 벤 알리 반대"라는 구호들이었다. 또한, 학생들은 전국의 학교에서 활동하는 좌파 교사들의 도움을 받았다.7

튀니지의 소규모 블로거 공동체와 미국의 소셜 네트워크인 페이스북Facebook을 사용하는 새로운 사람들이 알자지라와 함께 시디부지드와 그 주변 지역에서 계속되는 충돌 소식을 전하면서 공식 언론의 침묵을 깨는 데 이바지했다. 알리는 사촌의 이야기를 약간 미화하며 그가 대학을 졸업했다거나 여성 경찰관에게 뺨을 맞았다는 굴욕적인 이야기를 덧붙여 모하메드 부아지지를 더 동정받을 만한 순교자로 만들었을 것이다.8 그 이야기는 널리 퍼져 나갔다.9 실직하거나 일자리를 얻지 못한, 그리고 조직도 없는 튀니지인들의 방대한 공동체가 스스로 행동에 나섰다.10 이런 모든 상황 때문에 이 지역에서 일어난 대부분의 봉기와 달리, 시디부시드에서 시작된 시위의 물결은 일주일 후인 크리스마스 당일 수도 튀니스에 도달했다.11

튀니스에선 한 청년 단체가 1968년 프랑스에서 사용한 유명한 문구를 재현한 커다랗고 붉은 현수막을 펼쳤다. 거기에는 이렇게 적혀 있었다. "보도블록 아래, 분노가 있다."12

벤 알리 군부는 수도 튀니스에서 노조원들과 시위대를 탄압했고, 정부는 알자지라가 국가를 공격하기 위해 편향된 보도를 한다며 비난했다.13 12월 28일 튀니지의 변호사 단체가 국립중앙법원 앞에 모였다. 변호사들은 이미 카세린Kasserine 시에서 시위를 벌이는 중이었지만, 이 저명한 전문가 집단이 튀니스 사법 권력의 중심에 우뚝 서면서 저항의 양상이 달라졌다. 2010년 말에 이르러서는 거의 12개 도시에서 변호사들이 시위를 벌였다. 조직된 부르주아들도 저항에 동참하기 시작한 것이다.14

1월 5일 모하메드 부아지지의 장례식에 수천 명의 사람이 모였고, 전국 각지에서 수천 명이 시위를 벌였다. 자와헤르도 마찬가지였다. 그는 5년째 시위를 조직하고 참여했지만, 이번 시위의 군중들은 특별한 에너지로 가득차 있었다. 마치 그들이 역사를 만드는 것처럼 느껴졌고, 그들은 쉽게 물러서지 않았다.

자와헤르는 당연히 맨 앞에 있었다. 경찰이 시위대에게 다가와 노련한 활동가 친구들과 그의 이름을 불렀다. 경찰들은 시위대에게 이제 집에 갈 시간이라고 말했다. "우리는 평화적으로 시위를 하고 있습니다!" 자와헤르는 대답했다. 그는 이 발언이 거부와 도발로 읽히리라는 것을 잘 알았다. 하지만 그는 뒤에 있는 사람들에게 그가 굴복하지 않는다는 것을 보여주고 싶었다. 경찰은 그를 붙잡고 그가 기절할 때까지 길 건너편으로 그를 끌고 다녔다. 그는 경찰서에서 깨어났다.

경찰은 자와헤르를 고문했다. 나무 기둥에 묶어 거꾸로 매달아 구타하는 소위 '회전 통닭구이' 수법을 사용했다. 1970년대 군사독재정권이 지우마 호세프에게 했던 것과 똑같은 방식이다. 브라질에서는 이를 '앵무새의 막대기'라는 뜻의 '파우지아라라pau de arara'라고 부른다

4 봉기 이상의 그 무엇

는 점만 다를 뿐이다. 이런 고문 기법이 겹치는 것은 우연이 아닐 것이다. 1964년 미국의 지원을 받은 군사 쿠데타 후, 브라질의 군 장성들은 워싱턴의 동맹으로부터 더러운 수법들을 배웠다. 그들은 또한 프랑스가 북아프리카에서 대테러 작전 중에 개발한 수법들도 자세히 연구했다.15 경찰이 자와헤르의 옷을 찢기 시작했고, 자와헤르는 경찰이 더 이상 자신을 건드리면 창문 밖으로 뛰어내려 자살하겠다고 말했다.

자와헤르가 아직 감옥에 있던 1월 11일, 거대 조직인 「튀니지노동총연맹」은 모든 소속 조합원이 총파업에 참여할 수 있다고 발표했다. 벤 알리는 이제 평소 온건했던 지도부를 포함해 모든 조직된 노동 세력을 잃었다. 버락 오바마 대통령 직속 미국 대사와 「유럽연합 European Union」(EU)의 외교정책 책임자 모두 이 사태에 우려를 표명했다.16 미국과 유럽의 우려는 매우 심각한 문제였다. 아랍 세계에서 신자유주의 권위주의 정권을 유지하려면 서방의 지원이 꼭 필요했기 때문이다. 「국제앰네스티 Amnesty International」는 곧이어 이번 시위에서 최소 23명이 사망했다고 발표했다.17 전 세계가 주목했고, 독재자가 정당한 요구를 하는 다양한 시민으로 구성된 시위대를 탄압한다는 소식이 퍼져나갔다. 그리고 이는 사실이었다. 하지만 북아프리카에서, 아니 실제로 튀니지에서 이런 일이 처음은 아니었다. 이 사태가 어떻게 끝날지는 아무도 몰랐다.

자와헤르는 예상보다 훨씬 일찍 감옥에서 나왔는데, 「튀니지노동총연맹」의 누군가가 개입해 경찰에게 석방 압력을 넣은 덕분이다. 이상한 일이었다. 독재정권은 이제 공공장소에서 명백히 법을 어긴 공산주의 페미니스트조차 더는 감옥에 가둘 수 없었던 것일까? 자와헤르는 사람들이 거리에서 시위를 계속하지 않으면 벤 알리가 권력을 회복한 후 곧 보복을 가할까 두려웠다. 자와헤르는 자신이 겪은 다른 모든 봉기가 어떻게 끝났는지 알았다. 하지만 이번에는 정말 기회가 있을 거라는 희망을 품기 시작했다.

다음으로 「인권연맹Human Rights League」, 「민주여성협회Association of Democratic Women」, 「고문반대협회Anti-Torture Association」 등 튀니지의 다른 단체들도 시위대를 향한 폭력을 중단하라고 촉구하며 시위에 동참했다. 벤 알리는 복면을 쓴 폭도들 때문에 유혈사태가 일어난 것이라고 비난했다. 동시에 그는 2012년 말까지 30만 명의 대학 졸업생에게 일자리를 제공하겠다고 약속했다. 하지만 이는 효과가 없었다. 시위는 1월 11일 밤까지 계속됐고 전국에 휴교령이 내려졌다. 전 세계에 흩어진 튀니지인들은 고국에서 일어나는 시위를 지지하는 또 다른 시위를 벌였다. 1월 12일, 정부는 수도 튀니스에 야간 통행금지령을 내렸고, 이튿날 벤 알리는 시위대의 폭력 중단을 촉구하며 대통령직에 다시 도전하지 않겠다고 약속했다. 그러나 이 또한 효과가 없었다. 1월 14일, 한 무리의 시민들이 「튀니지노동총연맹」 본부에서 내무부까지 행진했고, 시위대가 도시를 가로질러 이동할수록 시민들의 규모는 계속 커졌다. 밤이 되자 사람들은 대통령궁 바로 앞에서 경찰과 충돌했다. 군대는 시위대를 향한 발포 명령을 거부했다.[18] 벤 알리는 결국 가족을 데리고 사우디아라비아로 피신했다.

23년간 집권한 대통령이 쫓겨났다는 소식은 전 세계로 빠르게 퍼졌다. 동쪽으로 약 2400킬로미터 떨어진 곳, 2300년 전 알렉산드로스 대왕이 건설한 지중해 도시인 이집트의 알렉산드리아Alexandria 근처의 작은 카페에 호삼 엘-하말라위Hossam el-Hamalawy가 앉아 있었다.[19] 오랜 세월 헌신적인 활동가이자 노동운동가였던 호삼은 다이빙 강사인 친구와 함께 물담배를 피우고 있었다. 온라인에서 그는 '3아라바위3arabawy'로 알려졌는데, 이는 '베두인족Bedouin'*을 의미하는 아랍어 단어를 로마자로 표기한 것이다. 그는 사실 사막이 아니라 카이로Cairo 출신이었지만, 이 호칭은 자신의 자랑스러운 아랍인 정체성을 쉽게 드러내는 방법이었다. 호삼은 친구를 설득해 다이빙 강사 노조를 만들려고 했지만 헛수고였다. 그의 친구는 강사 노조라는 것을 믿지 않았다. 갑자기 커피숍이 시끄러워졌고, 모든 사람의 시선이 텔레비전을 향했다. 기자가 튀니지의 벤 알리 대통령이 실각했다고 발표했다. 박수가 터져 나오고 사람들이 소리를 지르기 시작했다. 한 남자가 외쳤다. "다음은 무바라크다!"

18일 후

카이로 중심부의 타흐리르 광장Tahrir Square에서는 수년 동안 시위가 벌어지는 중이었다. 하지만 그 시위가 1981년부터 집권한 호스니 무바라크Hosni Mubarak 대통령을 직접 겨냥한 적은 없었다. 2000년에 팔레스타인 사람들은 이스라엘이 행하는 통제에 반대하는 제2차 인티파다Intifada,** 즉 봉기를 시작했고, 이집트 내 팔레스타인 지지자들은 여기에 연대를 표시하기 위해 광장을 가득 메웠다. 가자Gaza 지구는 이

---

* 아라비아반도와 중동의 사막 지역에서 유목생활을 하는 아랍인 집단이다. 이들은 전통적으로 가축을 기르며, 천막에서 생활하고, 계절에 따라 지역을 옮겨다니는 유목민의 생활방식을 유지하며 살아가고 있다.

** 2000년부터 2005년까지 팔레스타인인들이 이스라엘의 점령에 반대해 벌인 대규모 시위를 의미한다. 인티파다는 아랍어로 '흔들어 깨우다' 또는 '흔들어 벗어나다'라는 뜻이다. 제2차 인티파다는 2000년 9월에 시작됐으며, 이스라엘의 전 총리 아리엘 샤론 Ariel Sharon 이 이슬람 성지인 예루살렘의 성전산Temple Mount을 방문한 것이 직접적인 계기가 됐다. 이 봉기는 폭력 충돌, 시위, 자살 폭탄 테러 등을 포함한 다양한 형태로 진행됐고, 그 결과 많은 사망자와 부상자가 발생했다.

집트의 수도 카이로에서 차로 불과 몇 시간 거리에 있으며, 이스라엘은 건국 이래 이집트인들에게 매우 중요한 문젯거리였다. 이집트는 1978년 '캠프데이비드협정Camp David Accords'을 맺고 영구적인 친서방 노선으로 변경한 결과, 유대주의 국가가 가자 지구를 둘러싼 철통같은 국경을 유지하는 데 도움을 주었다. 그리고 2003년, 시위대는 비록 실패했지만, 이라크 침공과 파괴를 막으려 타흐리르 광장을 가득 메웠다.[20]

수도 출신의 평범한 젊은 여성인 게하드Gehad는 저항이란 팔레스타인의 신조이자 서구 제국주의에 대한 반대라고 인식하며 성장했다. 그의 어머니는 의사였고, 아버지는 팔레스타인의 방대한 군대 조직에 몸담았다. 그의 아버지는 실제로는 석유 탐사 분야에서 일했지만 군대가 그 분야를 비롯해 많은 분야를 통제했다. 부모님 덕분에 게하드는 비교적 넉넉한 환경에서 자랐다. 게하드는 한동안 히잡을 쓰며 스스로 히자비hijabi, 즉 히잡을 자기 정체성의 일부로 여기는 여성이라고 생각할 정도로 신앙심이 깊었으나, 나중에는 히잡을 벗고 더 자유롭고 세속적으로 변했다. 여전히 독실한 무슬림인 어머니는 이 모습에 화를 내기도 했다. 게하드는 조숙하고 별난 10대 시절에 판타지 소설을 많이 읽었고, 친구 대부분이 좋아하는 록이나 팝 대신 오래된 레바논 음악을 들으며 인터넷에서 시간을 보내곤 했다.[21]

게하드는 더 억압받는 이웃을 지지하는 행위가 자신이 속한 세대 전체를 하나로 묶어준다고 느꼈다. 그는 '해방 팔레스타인'이라는 채팅방에 종일 접속해, 그곳에서 정치를 배우곤 했다. 열세 살 때는 학교에 결석하고 제2차 인티파다를 지원하러 가기도 했고, 2003년에는 이라크전쟁에 반대하는 시위를 벌였다. 이집트에서는 이 사건들을 계기로 타흐리르 광장 점령이 자연스레 시작됐다. 그러다 2004년에 새로운 조직이 등장했다. 「케파야Kefaya」*라는 이름의 이 조직은 이집트 엘리트 내부의 불만과 서방에서 일어난 파동 탓에 생겨났다.

나세르의 후계자 안와르 사다트가 서방과 화해를 모색했을 때 모스크바는 충격을 받았다. 공산주의가 시리아를 포함한 아랍 국가들과 동맹을 유지하는 방식은 기본적으로 해당 국가를 실질적으로 통제하지는 않고 돈과 지원을 퍼붓는 것이었기 때문이다. 사다트가 1만 5000명이 넘는 소련 고문단을 추방했을 때, 이집트의 군최고사령부는 당황했다. 소련이야말로 그동안 이스라엘과 지속적으로 벌인 분쟁에서 무기를 공급해준 동맹이었기 때문이었다. 1973년, 사다트는 이집트가 1967년 분쟁을 일으켜 이스라엘에 빼앗긴 시나이Sinai 반도를 되찾으려 했다. 이 시도는 다시 한번 이집트와 이스라엘 간 전면전으로 이어졌다. 전쟁이 진행되는 동안 사다트는 헨리 키신저 미국 국무부장관에게 자신의 계획을 미리 알려 미국 측의 환심을 사려고 했다. 키신저는 이 정보를 이스라엘 측에 전달했다. 군부 내 많은 이들은 사다트가 전쟁을 포기했다고 믿었고, 정부는 이 전쟁에서 승리했다고 주장했지만 많은 이들은 전쟁으로 중요한 기회를 놓쳐버렸다고 생각했다. 전쟁이 끝난 후 이집트 군부(호스니 무바라크라는 충신이 이끄는 취약한 공군을 제외하고)는 지도자에게 심각한 배신감을 느꼈다. 사다트는 좌파를 강력하게 탄압하고, 나세르 혁명의 기반이 된 토지 개혁을 취소해 봉건계급에 많은 재산을 돌려주었으며, 중동에서 가장 인구

---

* 케파야Kefaya는 아랍어로 "충분하다", "이제 그만" 또는 "이제 됐다"라는 뜻이다. 케파야는 2004년 이집트에서 결성된 「이집트변화운동Egyptian Movement for Change」의 비공식 명칭으로 이집트 국민들이 오랜 억압과 부정의에 대해 집단적으로 "이제 그만!"이라고 외친다는 의미를 담고 있다.

가 많은 나라인 이집트에서 아랍식 사회주의를 해체하는 인피타infitah, 즉 '개방'을 시작했다. 이에 이집트 국민은 1977년 전국적으로 진행된 '빵 폭동'*으로 대응했다.22

현대 사회에서 가장 중요한 이슬람주의 단체 중 하나인 「무슬림형제단Muslim Brotherhood」은 1928년부터 존재했기 때문에 이집트공화국 자체보다 더 오래됐다. 이집트 정부는 이 단체를 다양한 방식으로 탄압하고, 좌파에 대항하는 균형추로 활용했다. 그러나 더 작고 급진적인 지하디스트jihadist** 단체도 존재했다. 1981년 그들 중 한 명이 전 국민이 보는 앞에서 안와르 사다트를 살해했지만, 이에 관심을 둔 사람은 많지 않았다.23 이집트의 차기 대통령 호스니 무바라크 치하에서 군대는 한 발 뒤로 물러나고 (이집트공화국에서 항상 중요한 위치를 차지했던) 경찰이 더 많은 권력을 갖게 됐다. 물론 무바라크는 이집트의 친서방 성향을 유지했다.

1980년대 미국 연방준비제도의 기습적인 금리 인상으로 촉발된 전 세계의 외채 위기에 이 지역이 특히 큰 타격을 입었다. 1980년대 중반까지 알제리, 요르단, 튀니지, 이집트는 수출 소득의 30~60퍼센

---

* 1977년 이집트의 '빵 폭동'은 1월 18일부터 19일까지 이틀간 발생했다. 이 사건의 원인은 이집트 정부가 「국제통화기금」의 구조조정 프로그램을 따라 원자재 보조금을 줄이기로 결정한 것이었다. 특히 빵, 설탕, 요리용 기름 등 일상생활에 필요한 식품의 가격이 급격히 오른 탓에 대규모 시위가 일어났다. 당시 안와르 사다트 대통령은 경제개혁의 일환으로 보조금 축소를 시도했으나, 갑작스러운 가격 인상에 따른 국민의 저항에 직면했다. 시위는 카이로를 비롯한 여러 주요 도시로 확산했고, 수천 명이 참여했다. 이 사건으로 수십 명이 사망하고 수백 명이 다쳤다. 폭동은 군이 개입해 진압한 뒤에야 종결됐다. 이 사건 후 이집트 정부는 식품보조금 정책을 재고하게 됐고, 사다트 대통령은 결국 보조금 축소 결정을 철회했다.

** '성전' 또는 '거룩한 전쟁'을 의미하는 아랍어 '지하드jihad'에서 유래한 말로, 이슬람 극단주의를 추구하며 종교적 목적을 위해 무력 행위에 참여하는 개인이나 단체를 가리키는 용어이다.

트를 부자 나라에 진 빚을 갚는 데 썼다.[24] 물론 「국제통화기금」은 곳곳에서 이들 국가를 구제하는 동시에 자유시장 개혁을 추진하라는 압박을 가했다. 미국과 미국 중앙정보국 활동의 일부를 대신 수행하기도 한 「전미민주주의기금」은 이제 이집트에 민주주의를 가져올 힘은 더 강력한 자본주의를 받아들이는 것이라고 선전했다.[25] 그리고 1991년 이집트는 조지 H. W. 부시의 이라크 침공을 지지하는 대가로 막대한 규모의 부채를 탕감받았다. 20세기의 첫해에 이집트는 수십억 달러의 자산을 민영화했고, 그 자산은 새로운 초부유층 자본가 계급의 손에 들어갔다. 그러나 신자유주의 개혁은 자유주의 목적론자들이 가정한 것과는 달리 마법처럼 민주화를 가져다주지는 못했다. 오히려 그들은 신자유주의를 실행하기 위해 1970년대 칠레에서 그랬던 것처럼, 신자유주의를 반대하는 이들을 탄압하라고 요구했다. 실업률은 치솟았고, 경제는 생산 활동보다는 부동산 투기나 사우디아라비아, 쿠웨이트, 바레인 등 부유한 페르시아만 지역 국가들에서 일하는 노동자들의 송금 혹은 쇼핑몰 건설에서 더 많은 동력을 얻는 듯했다. 확실한 것은 더 이상 세계 경제의 지형을 바꾸려는 움직임은 없었다는 것이다.[26]

중동 민주화운동의 일환으로, 조지 W. 부시는 이집트에 민주화 절차를 좀 더 진전시키도록 압박했다. 이에 무바라크는 미국인들이 겁을 먹고 물러나게 만들기 위해 다음 선거에서 「무슬림형제단」이 의석을 차지하도록 허용한 것으로 보인다.[27] 「케파야」도 무바라크가 합법적인 시민사회를 위해 개방한 이 작은 공간에서 성장했다.

무바라크가 아들 가말Gamal에게 국가를 넘겨줄 수도 있음을 시사했을 때, 많은 이집트 국민은 이를 받아들이려 하지 않았다. 자유주의자, 나세르주의자, 세속주의 개혁가, 이슬람주의자, 마르크스주의자 모두 무바라크 정권의 세습에 반대하는 목소리를 냈다. 독재자의 아들 가말은 세계 경제 엘리트의 상징이었다. 그는 런던에서 사모펀드를 운영했고, 측근들로 둘러싸여 있었으며, 이집트를 건설하고 싸워온 혁명적 투쟁과는 아무런 관련이 없었다. 군부는 특히 그가 이집트를 건설하기 위해 싸워본 적이 없다는 점에 자극을 받았다.

당시의 세계적 추세를 반영해 새로 결성된 「케파야」는 '비계급적'이고 '초이념적'이었다.[28] 구성원들은 기사를 쓰고 집회를 조직했지만, 정부에 실질적인 압력을 전혀 가하지 못했다. 무바라크는 평소처럼 계속 통치했다. 하지만 그때 수도 밖에서 '살쾡이 파업wildcat strike'*의 물결이 일기 시작했다. 카이로에 기반을 둔 한 활동가 단체는 이러한 파업에 영감을 받아 2008년 4월 6일 나일강 삼각주의 노동자들과 연대해 전국적인 파업을 조직하려고 했다. 이는 그들의 조직 역량을 넘어서는 일인 탓에 성공하지는 못했지만, 이 조직은 투쟁을 이어갔다.[29] 작은 조직인 「4월 6일 청년운동April 6 Youth Movement」은 미국에 본부를 둔 비정부기구인 「프리덤하우스Freedom House」의 관심과 지원을 받았고, 혁명적 사회주의자 호삼 엘-하말라위 같은 튀니지 좌파의 전통과는 매우 다른 훈련도 받았다.[31] •

그러나 이 단체들은 2008년과 2009년에 큰 저항을 불러일으키지는 못했다. 그러던 중 경찰이 칼레드 사이드Khaled Said를 살해했다.

2010년 6월 알렉산드리아에 사는 평범한 남성 칼레드 사이드가

---

* 공식적인 노조의 승인을 받지 않고 일어나는 노동자들의 자발적인 파업을 의미한다.
• 「4월 6일 청년운동」은 2000년 슬로보단 밀로셰비치를 끌어내리기 위해 서방의 지원을 받아 활동한 세르비아 단체 「오트포르」와 협력했고, 「오트포르」의 표식인 주먹을 들어올린 모습을 상징으로 채택했다. 그러나 「프리덤하우스」의 지원은 그룹 내에서 논란을 불러일으켰다.

인터넷 카페에서 경찰에게 끌려가 구타당한 후 사망한 사실이 알려지면서 전 세계가 충격에 빠졌다. 그의 훼손된 시신 사진을 본 전국의 시민들은 충격을 받았다. 이 사진은 곧 온라인에 퍼지면서 경찰의 잔인한 폭력이 일반 시민들에게까지 미침을 보여주는 상징이 됐다. 한적한 클레오파트라Cleopatra 근교에 살던 유명인사이자 순교자인 그는 실제보다 더 순수하고 영웅적인 존재로 승화됐다.31 그는 좌파도 아니었고 이슬람 급진주의자도 아니었으며, 그의 죽음은 무바라크의 공권력이 거의 모든 사람에게 위협이 된다는 것을 잘 아는 진보와 보수 성향 이집트인 모두의 분노를 일으켰다. 대부분의 이집트 국민은 국가 폭력을 겪은 적이 있었다. 직접 국가 폭력을 목격했거나 가족이 심각하게 부당한 일을 겪은 적이 있던 것이다. 하지만 2010년에 일어난 사건이 새로웠던 점은 수천만 명의 사람들이 폭압의 장면을 즉시 볼 수 있었다는 것이고, 곧바로 집단적인 분노를 공유할 수 있는 페이스북 페이지가 운영됐다는 점이다.

페이스북은 2009년에 아랍어 서비스를 시작했고, 2010년에는 이집트인의 약 4분의 1, 그중에서도 도시의 젊은이들이 많이 사용했다.32 구글의 마케팅 담당 임원인 와엘 고님Wael Ghonim은 "우리는 모두 칼레드 사이드입니다"라는 페이지를 만들었고, 호삼과 함께 약간의 훈련을 받은 전「무슬림형제단」회원인 압델라흐만 만수르Abdelrahman Mansour가 이 페이지의 운영을 도왔다. 튀니지 봉기가 시작되면서 페이지 회원은 늘어났고, 인터넷상의 활동도 활발해졌다. 벤 알리 대통령이 튀니지에서 쫓겨난 지 11일이 지난 후인 1월 25일에 시위를 촉구한 것도 '우리는 모두 칼레드 사이드입니다' 페이지였다. 하지만 이번에도 시위는 이집트 대통령을 직접 겨냥하지는 않았다. 그들은 내무부장관의 해임을 요구했다.

이날은 이집트 국경일 중 하나인 '경찰의 날'이었기 때문에 시위는 경찰의 폭력에 초점을 맞추고 이집트 역사에서 경찰이 지금보다 훨씬 더 영웅적인 역할을 했던 시절을 회상하는 집회를 계획했다. 광장의 이름인 '타흐리르'는 아랍어로 '해방'을 의미하는데 이집트인들이 공식적인 독립을 쟁취한 후 바꾼 것이었다. 그러나 독립 후에도 영국의 비공식적인 통제가 지속됐고, 1952년 경찰 50명이 수에즈 운하 근처에서 영국군과 싸우며 국가의 명예를 지키다 사망했다. 역사 속 경찰의 행동과 지금 경찰의 행태는 분명 대조적이었다.

시위를 기획하는 회의에서 호삼을 비롯한 활동가들은 경로를 정하고 시위를 준비했다. 누군가 "타흐리르 광장에 도착하면 어떻게 할 건가요?"라고 물었을 때, 모두 웃음을 터뜨렸다. 그런 일은 일어나지 않으리라 생각했기 때문이다.

1월 25일 아침, 튀니지의 봉기는 끝날 기미가 보이지 않았다. 벤 알리가 도주했을 때만 해도 앞날은 불투명했다. 정치인들은 헌법 조항을 들먹이며 벤 알리의 측근 중 하나를 대통령으로 임명할 수 있다고 주장했지만, 이는 더 큰 반발을 불러일으켰다. 남은 몇몇 각료들이 같은 인물을 총리로 임명할 수 있는 또 다른 조항을 찾아내 국민통합정부를 구성하려 했다. 엘리트들 사이에서도 다음 단계를 두고 의견이 분분했다. 하지만 새로 촉발된 시위에서 시민들은 이전 정권의 누구도 권력을 차지해선 안 된다고 요구했고, 이들은 1월 23일부터 튀니스의 카스바Kasbah 광장을 점거하고 시위를 벌였다.

1월 25일 오후 카이로에서 열린 '경찰의 날' 시위에는 예상보다 훨씬 많은 사람이 모였다. 시위대는 경찰의 저지선을 뚫고 나아갔고, 경찰은 훈련된 진압 방식에 따라 대응했다. 하지만 경찰은 그날 나온 사람들의 거대한 숫자를 대비하지 못했다. 시위대는 그들을 제치고 광장으로 돌진했다. 호삼은 뒤에 있었는데 앞에 있던 한 동지에게서 전화를 받았다. "여기 거의 100만 명이 모였어요." 그가 말했다. "그게 무슨 약 먹은 소리야?" 인터넷에 올라온 동영상을 확인하기 전까지 호삼은 동료의 말을 믿지 못했다. 하지만 광장에 모인 시위대는 그가 지금까지 본 것 중 가장 규모가 컸다. 게하드는 두려움 때문이 아니라 그날 별다른 일이 일어날 것 같지 않아서 집에 머물러 있었다. 타흐리르 광장에서 이와 같은 시위는 수년 동안 계속됐고, 튀니스에서 일어난 사건을 봤음에도 그는 이번 시위 역시 다른 모든 시위처럼 곧 시들해지리라 생각했다. 하지만 경찰차의 물대포에 맞서는 한 남자의 모습을 본 순간, 그의 마음속에서 무언가가 꿈틀거렸다. 그는 자신이 이 시위에 동참하게 되리라는 것을 알았다. 그는 잘 풀리지 않는 교직 생활을 마친 뒤 앞으로 어떻게 살아야 할지 몰라 몇 달 동안 방황하고 있었다. 이제 그에게는 사명이 생겼다. 1월 25일의 시위는 마침내 소강 상태에 접어들었고, 시위대는 집으로 돌아갔다. 하지만 게하드는 금요일에 계획이 있었다. 사흘 후로 예정된 다음 시위에 참여하기로 한 것이다.

금요일은 '기도의 날'이다. 28일 타흐리르 광장으로 향하던 한 무리의 젊은이와 활동가는 예배를 마치고 모스크 밖으로 나오는 또 다른 인파를 보고 깜짝 놀랐다. 이들은 "빵, 자유, 사회정의!", "국민은 정권 퇴진을 원한다!"라는 구호를 외쳤는데, 노련한 활동가들도 사흘 전에는 생각하지 못한 요구였다. 일부 설교자들은 금요기도회에서 시위를 지지하는 발언을 하기도 했다. 그리고 브라질 파벨라처럼 생긴 빈민가 임바바Imbaba에서 거대한 행렬이 나타나 나일강 다리를 밟으며 시위대에 엄청난 인파를 더했다. 이집트 전역에서 모인 시위대는 이제 누구도 상상하지 못한 엄청난 규모의 군중이 돼 앞으로 행진했다. 마치 시간의 본질 자체가 변하는 것처럼 느껴졌다. 시위대는 현실이라는 구조에 균열을 냈고, 한 걸음 한 걸음 경찰의 방어에 맞서 승리할 때마다 모든 움직임이 말 그대로 역사를 앞으로 이끌고 나아가는 것처럼 느껴졌다. "대기의 기묘한 변화" 또는 "마법 같은 느낌"은 참가자들이 그 느낌을 설명하기 위해 찾은 표현이다. 무슨 일이든 가능한 듯 느껴졌다.[33]

시위의 대상이 아니었던 군대는 시위대와 충돌하기를 피했다. 일부 군인들이 미소를 지으며 시위대를 안아주는 모습이 목격되기도 했다. 일부 시위대는 "국민과 군대는 한편"이라고 외쳤다.

오늘은 호삼도 가장 앞에 서서 도시 중심부를 향해 행진했다. 뒤에 얼마나 많은 사람이 있는지 전혀 감도 잡을 수 없던 그는 멀리 돌아보기 위해 육교 위로 뛰어 올라갔다. 그러고는 곧 눈물을 흘렸다. 사람이 너무 많아서 어디부터 시작되는지조차 보이지 않았기 때문이다. 그는 속으로 외쳤다. "일어나고 있어! 드디어 일어나고 있어! 일어나고 있다고!" 몇 분 후 그는 자신의 정치 참여를 비웃던 오랜 기술자 친구와 마주쳤다. 호삼은 수년 동안 '저항의 시각화'라는 전략을 활용한 활동을 해왔다. 파업 중인 노동자들과 연대하고 저항의 이미지를 최대한 널리 확산시키면서, 일반 시민들이 그 투쟁 안에서 자신을 보고 스스로 세상을 바꿀 수 있다고 상상할 수 있도록 돕는 작업이었다. 이제 그는 시민들이 참여하는 모습을 눈앞에서 보았다. 사람들은 그를 아직도 혁명을 믿는 촌뜨기라고 부르곤 했지만, 그 사람들이 오늘은 그와 함께 있었다. 그러던 중 시위대 속에서 그의 정치 신념을 싫어했던 이슬람주의자 친구를 만났고, 그 친구의 여동생과 어머니까지 보았다. 그 순간 그는 자신이 옳았다는 것을 깨달았다.

1월 28일 시위는 비교적 즉흥적으로 조직됐고 자발적이었으며,

실제로 지도자가 없고 수평적이며 다양한 이념을 포괄했다. 하지만 비폭력 원칙은 지켜지지 않았고, 더는 시위라고 보기도 어려웠다. 그날 수많은 이집트인이 경찰과 전투를 벌였고, 경찰은 패배했다. 경찰 중 일부는 스스로 제복을 벗고 바람 속으로 흩어졌다. 시위대는 그날 밤 경찰서 90여 곳을 불태웠다. 한 무리의 이집트인은 카스르 알-닐Qasr al-Nil 다리에서 경찰과 전투를 벌였다. 그들은 뒤로 밀리고 타격을 입으면서도 한 걸음도 물러서지 않은 채 경찰이 후퇴할 때까지 계속 전진했다. 그때 혁명군은 무엇이든 점령할 수 있었다. 하지만 그들은 첫 목적지였던 타흐리르 광장에 머물기로 했다. 광장은 그저 텅 빈 땅이었고, 점령해봐야 큰 전략적 가치는 없었으나, 가장 눈에 띄는 장소라는 것은 사실이었다.34

타흐리르 광장 점거는 계획에 없던 일이었고, 일부 참가자들은 곧 왜 점거가 일어났는지 반문했다. 실제로 권력의 전당을 점령하고 장악하는 것이 더 합리적이지 않았을까? 텔레비전과 라디오 방송국을 장악해 정권의 선전 방송을 막아야 하지 않았을까? 이 모든 장소가 바로 눈앞에 있었다. 하지만 만약 그렇게 했다면 누가 그 공간을 어떻게 운영할지 책임질 수 있었을까? 1월 28일에 모인 시민들은 혁명적 전위대가 주도한 시위대가 아니라 불과 며칠 전까지만 해도 페이스북의 이벤트 페이지에 모여든 수많은 개인의 집합체일 뿐이었다. 어쨌든 그들은 전략적 공간이 아니라 광장을 점령했다. 그리고 그곳에 머물렀다.35

광장은 사람들로 가득 찼다. 정부는 시위대가 더 늘어나지 못하게 할 심산으로 그날 통신망을 차단했다. 하지만 이는 실수였다. 카이로는 밀집도가 높고 촘촘하게 건설된 도시이다. 수백만 명의 사람들에게 타흐리르 광장은 기본적으로 바로 집 근처 광장이었다. 시위가 어떻게 진행되는지 알고 싶거나 자신들의 자녀가 어떻게 하고 있는지 궁금하다면 그냥 걸어가 확인할 수 있었다. 그리고 많은 사람이 정확히 그렇게 했다. 수십 년간의 독재를 거친 시민사회에는 공식화된 조직이란 것이 없었다. 하지만 비공식적인 조직은 분명히 존재했다. '거리'에서는 모든 사람이 무슨 일이 일어나고 있는지 알 수 있었다.[36] 그 후 18일 동안 타흐리르 광장에서는 이집트 저항의 상징인 무조직과 예시정치의 축제가 벌어졌다.

공산주의자들과 문신을 한 레즈비언들이 근처에 사는 경건한 이슬람교도 그리고 그 아이들과 함께 빵을 나누며 무바라크에 반대하는 단결된 목소리를 냈다. 함께 웃고, 미소 짓고, 고통받고, 희생하고, 함께 일하며 이들은 새로운 작은 사회를 만들었고, 그 속에서 모두를 먹였고, 모두를 안전하고 건강하게 지켰다. 게하드는 살면서 이렇게 살아 있다고 느낀 적이 없었다. 광장에 도착하자마자 그는 "희망"이라고 적힌 팻말을 든 여성을 보았다. 히잡을 썼으며 부유하지도 가난해 보이지도 않는 평범한 여성이었다. 우울감에 빠져 있던 게하드는 며칠 만에 숭고한 경험을 했다. 다른 많은 이와 마찬가지로 그도 집과 광장 사이를 오갔다. 그곳에서 보낸 삶은 '전설적'이었고 '신화' 같았다. 마치 다른 세상에 온 것 같은 경험이었다. 잊을 수는 없지만 동시에 진정으로 그 존재를 믿기 어려운 우주에 속한 것처럼 느껴졌다. 상상할 수 없을 만큼 심오하고 아름다웠다.

서방 국가들은 이 모든 상황에 어떻게 대응해야 할지 몰랐다. 2월 초, 타흐리르가 여전히 인파로 가득 찬 가운데 전 영국 총리 토니 블레어Tony Blair는 오랜 동맹인 호스니 무바라크를 "엄청나게 용기 있고 선한 세력"이라고 공개적으로 옹호했다. 이는 무엇보다 그와 이스라엘 간의 우호적 관계 때문이었다. 버락 오바마 미국 대통령은 협상을 지원하기 위해 국무부를 대표해 최고의 외교관인 프랭크 위즈너 주니어Frank Wisner Jr.—1950년대 미국 중앙정보국에서 비밀 작전을 개발한 프랭크 위즈너의 아들이다—를 카이로에 파견했다.37

하지만 세계 주요 언론사는 어떻게 대응해야 할지 알고 있었다. 그들은 카메라를 타흐리르 광장으로 돌리고 기자들을 카이로로 보냈다. 언론사들은 바로 1989년을 떠올렸다. 이번에는 중동에서 장벽이 무너진다는 점이 세상의 눈길을 끌었다. 영상은 확실히 매우 비슷해 보였다. 냉전 시대에 의도적으로 장벽을 무너뜨리려 했던 미국의 지원을 받는 해방유럽라디오Radio Free Europe는 "1989년 11월 베를린장벽이 무너지며 동독인들이 서독으로 달려가는 환희의 장면 후 전 세계가 이렇게 많은 인파의 행진을 목격한 적은 없었다"38라고 보도했다. '아랍 예외주의Arab exceptionism'*의 모순이 마침내 해결되고, 역사는 이들 나라를 자유민주주의 질서 속으로 이끌어가고 있었다.

하지만 누가 서방 언론에 출연해 무슨 일이 일어나는지, 이 운동이 달성하고자 하는 목표가 무엇인지 설명할 수 있었을까? 이 수많은 사람에게는 공식적인 대표자가 없었다. 그래서 언론은 시청자들이 이해할 수 있는 어휘를 쓰며 영어로 설명할 수 있는 사람을 선택했다. 싸구려 마약에 중독된 채 거리에서 생활하는 10대 청소년을 붙잡아 「데일리쇼Daily Show」**에 출연시키는 일은 일어날 리 없었다. 물론 이 청소년 중 일부가 경찰과 가장 용감하게 싸웠지만 말이다. 그리고

---

*   아랍 세계가 특정한 사회적·정치적·문화적 현상에서 다른 지역들과 구별되는 독특한 양상을 보인다는 점을 표현하는 용어이다.
** 미국 케이블 채널인 코미디센트럴Comedy Central의 유명한 텔레비전 토크쇼이며, 주된 내용은 정치와 뉴스 풍자이다. 1996년에 처음 방송을 시작했으며, 1999년부터 2015년까지는 존 스튜어트Jon Stewart가 진행을 맡아 큰 인기를 끌었다.

(뒤늦게 합류했지만 시위에 확실히 참여한) 「무슬림형제단」이 광장에서 가장 큰 조직이었는데도, CNN은 열렬한 이슬람주의자를 인터뷰하지 않았을 것이다.

언론보도와 자유주의적이고 친서방적인 성향의 혁명적 요소 사이에는 선택적 유사성이 있었다. 1월 미국의 한 정치학자가 《포린 폴리시Foreign Policy》에 기고한 글에서 '아랍의 봄'이라는 용어를 썼는데, 사하라 사막 북쪽 끝에서 봄은 매우 다른 의미이며 원래 시위대 중 누구도 사용하지 않았는데도 전 세계 언론 보도에서 널리 채택됐다. 사실 이집트는 겨울이었지만 '봄'이라는 개념은 공산주의 체코슬로바키아의 '프라하의 봄', 그 이전에는 1848년 유럽 전역에서 일어난 '민중의 봄'을 떠올리게 했기 때문이다. 「데모크라시나우Democracy Now」*의 앵커 에이미 굿먼Amy Goodman은 무바라크를 "베를린장벽"이라고 칭한 칼럼니스트 모나 엘타하위Mona Eltahawy와 대담을 하기도 했다. CNN에서는 앤더슨 쿠퍼Anderson Cooper가 구글의 와엘 고님과 대담을 나누었다. 그는 광장의 모든 이들이 지도자라고 말했다. 하지만 CNN은 곧바로 "역사의 흐름을 다시 한번 정의로 향하게 한 것은 비폭력과 도덕적 힘"39이라고 강조한 버락 오바마 대통령을 다뤘다. 그 후 오바마는 폴란드를 아랍 세계 전환의 모범으로 제안했다.40

평론가들은 인터넷, 특히 미국에 기반을 둔 소셜 미디어가 이 모든 것을 가능하게 한 듯이 보인다는 사실에 놀라움을 금치 못했다. 서방 언론은 이번 봉기의 황홀하고 예시적이며 극도로 민주적인 특

---

* 미국의 독립 뉴스 프로그램으로, 주로 진보적인 관점에서 국제 뉴스, 쟁점, 인터뷰를 다룬다. 1996년에 에이미 굿먼과 두 명의 동료가 창립했으며, 그 뒤로 계속해서 공동 진행자로 활동하고 있다. 이 프로그램은 라디오, 텔레비전, 인터넷을 통해 전 세계에 방송되며, 광고나 기업 후원 없이 운영되는 것이 특징이다.

징에 특별한 관심을 기울였다.41

여러 혁명가와 친분을 쌓은 《가디언Guardian》의 이집트 특파원 잭 쉔커Jack Shenker는 "이집트인들은 무바라크의 국가와는 다른 무언가를 만들어냈다. 그들은 새로운 국경, 새로운 사회적 관계, 그리고 무엇보다 자신들이 누구이며 자신들이 할 수 있는 일과 관련해 새로운 담론을 구축했다. 나를 포함한 모든 사람이 창의적인 식량 공급 및 화장실 시스템, 탈취해서 쓰던 전선과 천막으로 지은 학교, 집안에 생긴 미용실과 활기찬 거리 결혼식에 관한 글을 썼다"고 표현했다. 영어권 독자들에게 이 모든 것은 주어진 길을 고집하는 헌신적이거나 레닌주의적인 혁명이 아니라 열린 진보를 예고하는 일종의 탈중앙화되고 반위계적인 움직임으로 보였다. 아니, 국가를 장악하는 것이 아니라 권력을 변화시키는 것을 목표로 하는 듯 보였다. 쉔커는 이집트의 혁명가들이 "권력을 단지 점령해야 할 '저 밖에 있는 것'으로 보지 않고, 복잡한 국내, 지역, 세계질서 속에 녹아서 확산하는 무엇으로 이해하고 있었다"고 설명했다. 나아가 그는 광장에서 일어나는 혁명이 권력의 작동 방식에 대한 재구상과 그 재구상이 이루어질 수 있는 공간의 개방을 의미한다고 주장했다. 이는 라틴아메리카의 수평주의 운동에서 영감을 받은 것으로, 경직된 위계질서와 이념적 청사진을 배척하고, 카리스마 넘치는 지도자와 그들이 갈망하는 복종을 거부하는 것을 의미했다. 이런 풀뿌리 조직은 "무바라크 집권 반대 운동의 자연스러운 결과물"이라고 그는 말했다.42

2004년부터 '샌드몽키Sandmonkey'라는 필명으로 블로그를 운영하며 우연한 기회에 이 시위의 비공식 대변인이 된 마흐무드 살렘Mahmoud Salem은 다른 방식으로 이를 표현했다. "우리는 스스로 무정부주의자인 줄도 몰랐던 무정부주의자였다."43 마흐무드는 자판 위에서도, 거리에서도 전투에 나섰다. 그는 종종 최전선에서 최루탄을 가로채 경찰에게 던지기도 했다. 그와 친구 두 명은 배를 타고 나일강을 건너 타흐리르 광장 점거에 참여했다.[44]

그리고 결국 이 모든 행동은 효과가 있었다. 물론 군대가 큰 도움을 주었다. 2월 2일 낙타를 탄 사복 경찰들이 광장에 난입해 야만적인 진압을 벌이던 날, 무바라크의 주요 측근들조차 그가 물러나야 한다고 확신했다. 2월 11일, 장군들은 국민에게 발포하라는 명령을 거부했다. 이로써 무바라크 정권은 끝이 났다. 광장에서 긴 밤을 보낸 후 집에서 낮잠을 자던 게하드는 새로운 나라가 탄생했다는 소식에 잠에서 깨어났다. 독재자가 사라졌다는 소식을 접한 이집트의 수도에서는 축구 국가대표단이 골을 넣을 때만 들을 수 있는 함성이 터져 나왔다. 마을 건너편에서 환호의 함성을 들은 호삼은 이를 믿을 수 없었다. 모든 사람이 함께 기뻐서 뛰고 소리 질렀다. 이제 국가는 「군 최고위원회Supreme Council of the Armed Force」가 통제했고, 이들은 곧 민주적인 선거를 실시하겠다고 약속했다.

이것은 전쟁이다

리비아와 시리아 역시 이른바 '아랍의 봄'에 속하는 지역으로 분류되지만, 이 두 나라의 상황은 매우 달랐다. 이곳에서 일어난 시위는 권력 교체를 강제할 만큼 커지지 않았다. 이 책에서 자세히 분석한 다른 사례들과는 달리 리비아와 시리아의 시위는 양적 변화에서 질적 변화로, 수적 성장에서 완전한 전환으로 이어지는 특이한 변화를 스스로 경험하지는 않았다. 두 나라에서 벌어진 시위의 결과는 거리 투쟁의 전술이나 이데올로기와는 거의 관련이 없었고, 역사학도에게는 훨씬 더 익숙한 다른 일과 관련이 있었다. 그러나 두 나라의 시위가 가져온 결과가 이미 진행 중이던 다른 지역의 대중 봉기와 아직 탄생하지 않은 대중 봉기의 미래를 크게 변화시켰기 때문에 그 차이를 설명해야 한다.

튀니지의 정부 광장에서 열린 첫 '카스바' 시위는 완전히 성공하지 못한 채 끝났다. 하지만 시위대는 2월에 다시 카스바 광장을 점령했고, 벤 알리가 사임했다. 임시 대통령은 새 헌법을 제정하기 위해 제헌의회를 소집했다.45

한편, 이집트에서는 무바라크의 갑작스러운 몰락이 번개처럼 빠르게 진행됐다. 마흐무드 살렘은 최근 10여 년 동안 흔해진 방식을 따라, 그러니까 대중문화를 활용해 얼마나 많은 사람이 지도자의 몰락을 보았는지 설명했다. 그는 "마치 「반지의 제왕」 같았어요"라며 할리우드가 각색한 J. R. R. 톨킨의 작품을 언급했다. "모르도르˙와 같은 타흐리르를 점령하면 자연히 사우론, 즉 무바라크를 무너뜨릴 수 있는 거죠." 영화에서는 사우론이 쓰러지면 우주의 모든 어둠의 마법이 사라지고 모든 악의 세력이 사라졌다. 하지만 현실에서는 그런 일이 일어나지 않았다.

무바라크의 이집트에 있던 모든 사람과 구조가 그대로 유지됐지만, 이제 가장 강한 권력은 「군최고위원회」가 쥐었다. 이집트에서 군부는 상당히 혼란스럽고 믿을 수 없을 정도로 복잡한 정치 상황에 직

---

* 「반지의 제왕」에서 모르도르는 중간계의 동쪽에 있는 불모의 땅으로, 악한 세력의 우두머리인 사우론이 그의 힘을 집중시킨 악의 세력이 깃든 곳이다. '반지 원정대' 시리즈에서 모르도르는 중요한 악의 상징으로, 주인공들이 절대 반지를 파괴하기 위해 반드시 거쳐야 하는 결정적인 장소이다.

면했다. '혁명 세력'을 만족시키려면 도대체 누구와 대화해야 한단 말인가?[46] 실제로 광장에 모인 사람들은 몇 명이었고, 그들은 누구를 대표하는 것일까? 나중에 나온 최대 인파를 실증적으로 분석한 결과를 보면, 시위를 두고 펼쳐진 초기에 이루어진 담론이 암시했던 것보다 참여 동기는 더 복잡했다. 대부분 민주주의보다 경제적 문제를 주요 동기로 꼽았고, 광장에 모인 사람 중 약 25퍼센트가 「무슬림형제단」을 지지했으며, 빈곤층과 실업자보다는 중산층이 많았고, 인터넷보다는 텔레비전, 특히 알자지라에서 주요 정보를 얻는 사람들도 있었다.[47] 그러나 이런 사실이 현재 이집트 전역의 권력 구성에 얼마나 중요할까? 가장 시급한 것은 또 다른 무정부 상태의 확산을 막는 것이었다. 놀랍게도 댐이 먼저 무너진 것은 바로 국경 너머였다.

1969년부터 리비아는 서방이 보기에 가장 악명 높은 적 중 한 명인 범아프리카주의 혁명가 무아마르 카다피Muammar Gaddafi가 통치했다. 최근 그는 대량살상무기를 포기하고 북대서양 강대국들과 화해하며, 국제사회가 테러와 전쟁을 벌이는 동안 서방과의 관계를 재정립했다. 그가 건설한 국가는 근본적으로 권위주의 국가였으나, 많은 국민에게 물질적 혜택을 분배하기도 했다. 2010년 「국제연합」이 발표한 「인간개발지수」에서 리비아는 다른 어떤 아프리카 국가보다 높은 점수를 받았다.[48]

2011년 2월부터 그의 오랜 정적 중 일부가 리비아 동부 지역에서 시위를 시작했고, 그 후 무장봉기가 일어났다. 주로 부족 단위와 지역 단위, 그리고 이슬람 세력이 주도하는 반군은 여러 도시를 빠르게 점령했지만, 정부군은 잔인할 정도로 효과적인 반격을 시작했다. 냉전 동안 소련의 영향력을 제어하기 위해 설정된 안보 동맹인 「북대서양조약기구」는 카다피의 자국민 학살을 막기 위해 '비행금지구역'

을 설정하기로 했다.

카다피의 정적들은 명확한 이유 때문에 그가 권좌에서 물러나기를 원했다. 카다피는 국가권력을 재창출하면서 조직적인 탄압을 자행했고, 명백하게 반인도적 범죄를 저질렀다. 서방 세력이 제거한 또 다른 지도자 사담 후세인 역시 마찬가지였다. 「북대서양조약기구」가 리비아에 가한 공격은 명분과 달리 정권교체 작전이었다. 외부의 간섭이 없었다면 카다피는 쉽게 국가를 계속 장악했을 것이다.[49] 「북대서양조약기구」 군대는 군사 행동 및 리비아의 주권을 침해하는 것을 정당화하기 위해 '보호책임'의 원칙을 내세웠는데, 이는 1990년대 르완다와 코소보에서 발생한 비극적인 학살 후 민간인을 보호하기 위해 생겨난 것이었다.[50] 그러나 「북대서양조약기구」 군대가 선택한 목표물들은 그 진짜 목표가 정부 전복이었음을 드러냈다. 일반인들은 짐작하지도 못했을 테지만, '비행금지구역'을 지정한다는 것은 실제로 리비아의 상당 부분을 폭격하겠다는 것을 의미했다. 전투기는 수천 건의 공습을 감행해 수많은 민간인을 죽였다. 카다피의 고향과 같이 카다피 정부를 지지하는 지역 역시 폭격의 대상이 됐다. 카다피 정부의 공격에서 보호받을 필요가 없었는데도 말이다. 「북대서양조약기구」가 원한 것은 오로지 국가 지도자의 몰락이었다.[51] 그리고 카다피는 가장 확실하게, 드라마틱하고 끔찍한 방식으로 무너지고 말았다. 반군은 카다피를 칼로 난도질한 후 그 영상을 인터넷에 올렸다. 전 세계 누구나 리비아의 지도자가 고문당해 죽어가는 모습을 볼 수 있었다.

독재자뿐만 아니라 다른 많은 세계 지도자에게도 이 충격적인 영상은 몇 가지 교훈을 주었다. 첫째, 대량살상무기를 보유했다면 절대 포기해선 안 된다.[52] 둘째, 외세는 합법적이거나 합법적으로 보이는 봉기를 구실로 삼아 자신들의 의제를 밀어붙인다. 셋째, 카다피처럼 되고 싶지 않다면, 이런 종류의 봉기가 승리하도록 내버려두어선 안 된다.

당시 미국 국무부장관인 힐러리 클린턴Hillary Clinton은 무슨 일이 있었는지를 의심의 여지 없이 분명하게 세상에 알렸다. 훗날 텔레비전 기자와 대담하는 자리에서 그는 카이사르Caesar—공교롭게도 그 역시 북아프리카를 공격했다—를 인용하며 웃었다. "왔노라. 보았노라, 그리고 그는 죽었노라."53

떠오르는 강대국인 중국이나 쇠락한 강대국인 러시아는 이 모든 상황을 좋게 볼 수 없었다. 브라질과 함께 그들은 '비행금지구역'을 승인한 「국제연합」 안전보장이사회 결의 1973호에 투표하지 않았다. 중국의 지도자였던 후진타오胡錦濤는 휴전을 촉구하며 "만약 군사 행동이 발생해서 민간인에게 재앙을 가져오고, 인도주의적 위기를 초래한다면 이는 「국제연합」 결의안의 목적에 반하는 것"54이라고 주장했다. 리비아에서 일어난 「북대서양조약기구」의 작전으로 (2008년 드미트리 메드베데프Dmitry Medvedev에게 정권을 맡기고 물러났던) 블라디미르 푸틴Vladimir Putin은 대통령직에 복귀해야겠다고 결심했다.55 러시아 역사상 가장 열성적인 친서방 지도자 중 한 명이었던 푸틴은—그는 2000년대 초 조지 W. 부시의 일명 '테러와의 전쟁'을 지지했고 「유럽연합」 및 「북대서양조약기구」와 협력하려고 노력했다—이제 새로운 안보 의제를 발전시키고 있었다. 이러한 생각은 서구가 냉전 종식 후 형성된 세계질서를 받아들이지 않고, 오히려 불안정화 전략과 불법적 침공을 통해 자신들의 영향력을 계속해서 확대하려 한다는 인식에 뿌리를 두고 있었다.56 2011년, 지우마 호세프는 사상 최초로 「국제연합」 총회를 개회한 여성이 됐고—항상 브라질이 먼저다—이날 연설을 통해 '보호책임' 원리의 문제점을 지적하며 무력 사용은 최후의 수단이어야 한다고 주장했다.57

「북대서양조약기구」의 공습 직전인 2011년 3월, 시리아 시민들은 2000년부터 집권한 바샤르 알 아사드Bashar al-Assad 대통령에 항의하는 시위를 벌이기 시작했다. 원래 런던에서 안과 의사 교육을 받은 그는 형이 교통사고로 사망한 후 아버지인 하페즈Hafez의 뒤를 이어 대통령직을 물려받았다. 이러한 세습은 「바트당Ba'ath Party」이 주창해온 공화정의 원칙을 어기는 것이었다. 물론 신자유주의를 위해 사회주의를 포기하고, 정부가 모든 아랍인이 아닌 특정 민족을 대변하는 것 역시 「바트당」의 공화주의적 이상을 배신하는 것이었지만, 바샤르 치하에서 시리아는 적어도 수사적으로는 서방의 외교정책과 반대되는 태도를 유지했다. 시리아는 이란과 우호적인 관계를 유지했고, 바샤르 알 아사드는 지하드 전사들이 이라크에 가서 미국과 영국의 침략군에 맞서 싸우도록 허락했다.58

남부 다라Daraa에서 소규모 시위가 시작됐고 처음에는 평화롭게 진행됐다. 시위는 북아프리카에서 일어난 사건에서 영감을 받은 것이 분명했고, 일부 시리아인들은 리비아에서처럼 서방이 개입할 것이라고 믿었다.59 그러나 이집트나 튀니지의 상황과 달리 시리아의 왕족들은 종파에 따라 분열되었고, 군부 고위 지휘부의 대부분을 차지하는 알라위파Alawites나 시아파Shia 같은 소수파는 종종 대안 세력보다는 현 정부가 자신들의 이익에 더 부합한다고 느꼈다. 시위가 확산하기 시작하면서 평화 시위와 함께 폭력 사태가 발생했고, 일부 시리아 소수파는 수니파Sunni 무장 세력이 승리하거나 1970년대처럼 알라위파를 학살하면 진제주의 종교 정권이 들어설 수 있다며 우려했다. 잔혹한 진압을 선택한 바샤르 알 아사드는 군경 세력에게 자신의 편을 들라고 요청했다. 그들은 시위에 참여한 세력을 보편적 권리의 확대를 외치며 자발적으로 모인 '민중'으로 보지 않고, 자신들의 이해관계에 반하는 특정 세력의 대표로 간주했다. 시위를 폭력으로 진압한 결과 반군 측은 더욱 급진적으로 변모했다. 한편, 아랍 세계에서 미국의 가장 중요한 동맹국인 사우디아라비아의 지도부는 시리아의 수니파 반군을 지원하는 것이 자국의 이익에 부합한다는 결론에 도달했다.

이 고대 국가의 어느 벽에 적힌 글귀는 정권에 충성하는 자들이 내세우는 간단하지만 강력한 메시지를 상징했다. "아사드 아니면 나라를 불태우겠다."

키스로 끝난 진실

아라비아만의 섬나라 바레인만큼 은유적인 의미의 '봄'이 찾아오길 바랄 이유가 많은 나라는 없었다. 이곳은 지구상에서 가장 더운 곳 중 하나지만, 메마른 모래보다 해안선이 더 많고 사막보다 해변이 더 많으며, 현지인들은 수 세기 동안 숙련된 진주 잠수부로 명성을 떨쳐왔다. 1783년 서쪽의 반도에서 온 수니파 아랍인들이 바레인을 정복했고, 그 뒤로 칼리파Khalifa 왕가가 바레인을 통치했다. 2011년이 시작되면서 사우드Saud 왕가의 가까운 동맹인 하마드 빈 이사 알 칼리파Hamad bin Isa Al Khalifa가 국왕으로 이 나라를 통치했다. 바레인은 시아파가 대다수를 차지했으나, 왕실은 소수파인 수니파에게 체계적으로 특권을 부여했고 시아파는 시민권의 혜택을 온전히 누리지 못했다.

석유 탐사로 형성된 걸프 경제—바레인은 이 지역에서 가장 먼저 석유를 발견했고 또 가장 먼저 석유가 고갈될 곳이다—에서 국영 기업의 일자리는 무엇보다 중요하다. 바레인의 다수를 차지하는 시아파는 요직에 등용되지 못한다. 집권층은 시아파에 치안을 맡기기보다는 파키스탄, 예멘, 시리아 같은 수니파 국가 출신을 공안 기관의 직원으로 채용했다. 아랍 세계 전역으로 봉기가 확산하자, 바레인 사람들이 들고나온 시위의 주제는 이집트와 튀니지 같은 신생 공화국 국민의 불만, 즉 경제정책과 경찰의 폭력, 현 지도자를 향한 불만이 아니었다. 바레인 국민의 불만은 1848년 최초의 '봄' 당시 대부분의 유럽 국가들이 해결해야 했던 종류의 불만인, 다수의 권리를 뻔뻔하게 억압하고 짓밟으며 책임지지 않는 군주제를 향한 불만이었다. 국민을 대표하기 위해 만들어진 국회는 1975년 마르크스주의자들과 이슬람주의자들이 동맹을 맺어 강경한 국가보안법에 반대하자 해체됐다.60

이브라힘 샤리프Ebrahim Sharif는 사회주의 혁명의 꿈을 이루기 위해 탄생한 바레인의 「와드당Wa'ad」, 즉 「약속당」의 겸손하고 쾌활한 지도자이다. 역사적으로 바레인은 걸프만에서 가장 강력한 좌파 운동이 일어난 나라 중 하나이며, 샤리프는 다독가인데다 체 게바라 방식의 긴 게릴라전으로 오만 술탄국을 전복하려다 실패한 도파르Dhofar 봉기의 노병들과 어울린 덕분에 세계 혁명의 역사에 정통했다. 하지만 지난 수십 년 동안 「와드당」의 목표는 훨씬 더 소박했다. 군주제를 전복하고 공화정을 수립하는 것은 이웃 강국인 사우디아라비아를 지나치게 도발할 수 있다고 생각했기 때문에 이 중도좌파 야당은 왕실은 유지하되 국민에게 몇 가지 기본권을 부여하는 민주적 입헌군주제를 요구하는 것으로 목표를 수정했다.61

2001년 당시 젊은 샤이크sheikh인* 하마드 칼리파가 온건한 개혁

---

* 아랍어로 '장로'나 '지도자'를 의미한다. 보통 이슬람 사회에서 종교·부족·정치 지도자를 지칭할 때 사용한다. 이슬람 종교 지도자인 이맘imam이나 학자, 또는 부족의 원로 등을 가리킬 때도 쓴다.

안을 담은 「국민행동헌장」을 국민투표에 붙이면서 이 모든 것이 가능해 보였다. 국민의 98퍼센트가 이 헌장에 찬성했다. 그러나 샤이크 하마드는 국민이 보낸 지지를 완전히 새로운 헌법을 만들어 스스로 권력을 잡으라는 명령으로 해석했다. 샤리프와 같은 좌파, 시아파 정당, 「민주당」, 그리고 절대 군주제에 반대하는 모든 정파가 충격에 빠졌다. 그들은 속아 넘어갔다고 생각했다.

2011년 2월 14일은 국민투표가 실시된 지 10년이 되는 날로, 국민이 마지막으로 자신의 의사를 표현할 수 있는 날이자 아랍 봉기의 물결이 바레인 해안을 덮치기에 딱 맞는 날이었다. 이브라힘 샤리프도 시위에 참석했다. 보통 시위는 시아파가 주도하지만, 「와드당」은 종파를 초월한 야당이어서 당 소속 수니파 및 세속파 의원들도 전통적으로 시위에 참여해왔다.62 그래서 그는 약간의 준비도 없이 진주교차로Pearl Roundabout로 향했다. 바레인 사람에게 이곳은 이집트의 타흐리르 광장과도 같은 곳이었다. 그는 거기서 즉석 연설을 요청받았고 이에 응했다. 하지만 모든 일이 너무 빨리 진행되는 바람에 연설 내용을 생각할 시간이 거의 없었다. 그는 훗날 "제가 무슨 말을 했는지 모르겠지만 '이집트에서 했던 것처럼 우리도 해야 한다'는 정도의 발언이었습니다"라고 털어놓았다. 하지만 캘리포니아의 빅테크 기업 구글이 운영하는 동영상 통합 웹사이트인 유튜브에 그의 연설 장면이 그대로 올라왔다.

얼마 지나지 않아 최대 시아파 정당의 지도자가 그에게 연락을 했다. 그는 살만 빈 하마드 알 칼리파Salman bin Hamad Al Khalifa 왕세자와 이야기할 계획이었지만, 이번 사태가 종파적 봉기라고 주장하려 하지는 않았다. 이는 이 지역의 수니파 지도층이 반대파의 우려를 일축하기 위해 즐겨 사용하는 전술로, 특히 이란이 민중들의 요구 배후에 있다는 주장과 결합할 때 효과적이었다. 물론 언제나 이런 주장에는 근거가 없었다. 시아파는 종파를 초월해 단결된 전선을 제시하고자 했고, 이브라힘 샤리프 같은 수니파 좌파가 그 전선의 일부가 되기를 원했다. 샤리프는 전체 반대파의 회의를 소집했고, 그들은 조용한 교외의 자택에 모였다. 그러나 이 봉기는 협상으로 끝나지는 않을 일이었다.

「걸프협력회의Gulf Cooperation Council」의 회원국인 사우디아라비아와 아랍에미리트, 쿠웨이트는 3월 14일 다리 건너 바레인으로 군대를 보내 작은 섬을 포위했으며, 왕세자가 시위를 진압하고 반대파를 섬멸할 수 있도록 지원했다. 필요 이상으로 많은 군대가 거리에 포진했는데, 그들은 무서운 존재였다. 반대파는 체포됐고, 당국은 특히 이브라힘 샤리프와 함께 '계급을 깨고' 권력을 잡은 소수 수니파와 맺은 잠재적 동맹을 배신한 수니파를 강력히 단속했다. 그들은 진주 교차로를 없애버렸고, 현재는 예전 진주 교차로가 어디에 있었는지 찾을 수 없을 정도로 포장해버렸다. 시아파가 싫어하는 역사적 인물의 이름을 따서 새 거리의 이름을 지었는데, 이는 다수파인 시아파에게 분명 모욕적인 일이었다.63

그리고 그게 끝이었다. 서방에서는 별다른 항의가 없었고 아랍 지역의 언론도 바레인에서 일어난 탄압을 거의 무시했다. 미국과 사우디아라비아 또는 바레인 간의 관계에서 '보호책임'을 두고 언급이 있거나 실제 문제가 발생했다는 이야기도 없었다. 이와 같은 무관심에는 몇 가지 이유가 있다. 첫째, 바레인은 거대한 미국 해군 기지가 있는 제5함대의 본거지이다. 미국은 이란과 우호적일 수 있는, 국민 대다수를 대표하는 시아파 정부에게 바레인을 '빼앗기는' 것을 좌시하지 않았다. 미국은 이미 이라크 침공이 계획대로 진행되지 않아 시아파에게 이라크를 '잃은' 경험이 있었다. 와하비즘Wahhabism*과 시오니즘이 세속적 민족주의와 아랍 사회주의의 매력에 대항하는 최선의 방법으로 육성된 시절에 맺어진 미국과 사우디아라비아의 동맹은 인권과 민주주의에 방해가 되는 것을 참을 수 있을 정도로 너무나 중요했다.64 아랍 연맹이 리비아 침공을 지지하면 미국은 바레인에서 일어나는 일에 침묵을 지키겠다는 협상이 체결됐을 수도 있다.65 이것이 이브라힘 샤리프가 고문을 당하면서도 계속해서 고뇌해야 했던 점이었다.

그들이 하는 행동은 말이 되지 않았다. 그들은 이미 모든 것을 알았다. 그의 연설은 인터넷에 올라 있다. 왜 그를 고문했을까? 그들은 그에게 "그 연설 당신이 한 게 맞아? 사실이야?"라고 물었고, 그는 "네! 동영상이 있어요!"라고 대답했다. 그는 수십 년 동안 존경받는 야당 의원이었다. 그에게 비밀은 없었다. 하지만 폭행은 계속됐다. 그리고 처벌은 육체적인 것만이 아니었다. 매일 아침 체포된 사람들은 사우디아라비아 국왕 압둘라의 초상화를 마주 보고 잠에서 깨어났고, 초상화에 입을 맞추지 않으면 고문을 당했다.

---

* 18세기에 무함마드 이븐 압둘 알와하브Muhammad ibn Abdul al-Wahhab가 설립한 이슬람 교리 및 운동이다. 이 운동은 특히 사우디아라비아에 큰 영향을 미쳐 현대 사우디아라비아의 주요 사상 기반이 됐다. 목표는 가장 순수한 형태의 이슬람교를 복원하는 것이며, 신앙과 실천에서 엄격함과 단순함을 강조한다.

5

세계 곳곳에서

'아랍의 봄'이라는 감동적인 사례, 특히 환상적으로 잘 조명된, 카이로 예시정치의 축제는 사회를 변화시키려는 전 세계적 움직임의 시작일 뿐이었다.

세계에서 가장 강력한 국가이자 많은 시민이 텔레비전 시대부터 '시위'의 의미를 배운 미국에서 시위대는 월스트리트를 겨냥했다. 《애드버스터즈》는 미국에서도 '타흐리르 광장의 순간'이 필요하다고 촉구했고, 곧 수천 명의 사람이 세계 금융의 중심지에서 수평적 진지를 설치했다. 이들의 행동은 주로 언론과 상호작용하면서 미국의 정치 문화에 지대한 영향을 미치게 될 것이었다. 「민주사회학생회」의 첫 의장이자 기업화된 언론을 날카롭게 바라보는 비평가인 토드 기틀린도 그 자리에 있었고, 데이비드 그레이버는 이 시위에 참여한 사람 중 가장 유명한 대중 지식인 중 하나가 됐다.

하지만 그전에 남부 유럽에서 수백만 명의 사람들이 거리로 나섰거나 거리를 점거했다. 여전히 진행 중이던 글로벌 금융위기는 북대서양 지역 자본주의의 구조와 「유럽연합」의 구성 탓에 이들 국가에 특히 큰 타격을 입혔다. 일반 국민은 그 결과 긴축재정과 실업률 상승을 경험했고, 젊은이들은 경제에서 소외됐다. 특히 그리스와 스페인 국민이 가장 큰 타격을 입었다. 아테네Athens에서는 이미 1년 전에 시위가 시작됐고, 세 명이나 목숨을 잃었다. 하지만 5월 15일, 새로 결성된 「이제진정한민주주의를!Democracia Real Ya!」이라는 조직이 마드리드의 푸에르타델솔Puerta del Sol을 점거했다. 이는 서구에 '타흐리르 모델'이 등장한 순간이었고, 언론은 이들을 은행과 정치인, 그리고 그들이 초래한 현실적 폐해에 분노한 시민들을 뜻하는 '인디그나도스indignados'*라고 불렀다. 전국에 100개가 넘는 시위 캠프가 생겨났고, 스페인 시위대는 더 많은 그리스 동지들에게 투쟁에 동참하라고 촉구했다.1

그리스 시민들은 스페인 시위대의 요구에 부응했다. 한 청소년이 페이스북 페이지를 개설해 아테네 시내의 신타그마Syntagma 광장에서 시위를 조직했고, 여름까지 점거 농성이 계속됐다. 아테네 민주주의의 정신을 되새기며 전국 각지에서 집회가 열렸다. 특히 「이제진정한민주주의를!」에 소속된 단체들은 수평주의와 급진적 참여 민주주의를 실현하기 위해 노력했다. 스페인 전역에서 시위대는 완전한 합의를 통한 의사결정 구조를 만들기 위해서 '인민회의'를 열었다. 누구나 자유롭게 이 회의에 참여할 수 있었다.2

저항은 상시 점거된 장소에만 국한되지 않았다. 몇 달 동안 그리스에서 (전체 인구의 3분의 1에 해당하는) 최대 300만 명과 스페인에서 (전체 인구 4500만 명 중) 600만 명이 더 광범위한 행진과 시위에 참여한 것으로 추정된다. 두 나라 국민 대다수는 시위운동의 광범위한 목표에 동의한

---

* 스페인어로 직역하면 '분노한 사람들'이다.

다고 답했다. 그 결과, 이 두 나라에서 일어난 시위는 정부를 붕괴 직전까지 몰고 갔다. 하지만 실제로 정부가 무너지지는 않았다.3

스페인과 그리스는 예멘이나 이집트와는 다른 서방 세계였다. 유럽 국가들은 세계체제에서 예멘이나 이집트와는 다른 위치에 있었으며, 이들 국가의 제도는 체제 붕괴를 방지할 수 있을 정도로 안정적이었다. 「북대서양조약기구」 국가의 군대는 국가가 아무리 약해졌다고 해도 무정형의 좌파 운동에 찬성해 합법적인 민주적 권위체인 국가를 포기하지 않을 것이 분명했고, 「북대서양조약기구」 역시 스스로 회원국을 폭격하지 않을 것은 자명했다. 2008년 후 남유럽 젊은이들의 삶은 매우 어려웠지만, 「유럽연합」 식 자본주의를 거부하기 위해 무기를 들고 싸우다 죽을 수도 있다고 생각한 시위대는 거의 없었다. 대륙에도 억압적 세력은 분명 있었지만, 그들은 합법적 시위가 번성하도록 허용할 만한 자신감과, 국제사회의 비난을 초래하지 않으면서도 불법 행위자들을 폭력적으로 진압할 수 있다는 확신이 있었다. 사회가 실제로 멈추고 경제체제의 재생산이 불가능해지지 않는 한, 제도는 살아남을 수 있었다. 그리고 실제로 살아남았다.4

시위의 규모는 매우 커졌지만, 여전히 시위에 불과했다. 여름이 지나자 인민회의는 줄어들었고, 시간이 지나면서 그 수는 더욱 감소했다. 실업자나 학생들만이 오랫동안 시위 캠프에 남았고, 장기 점거 시위에 참여하는 인구 구성은 이렇게 결정됐다. 그마저도 결국 에너지는 고갈됐다.

제1세계이 점기 시위사를 사이에서 시위 캠프의 의미를 두고 근본적인 갈등이 생겼다. 무정부주의자들에게 시위 캠프는 사회와 독립해 운영되는 자치 공동체, 즉 그들만의 세상으로 성장할 수 있는 씨앗이었다. 반면에 다른 이들에게 시위 캠프는 일시적인 집결지이자 자신들의 주장을 펼칠 수 있는 무대였다.5 그해 가을에 시작된 '월가점령운동Occupy Wall Street'에서는 전자의 많은 측면이 제대로 작동하지 않았고, 후자는 제대로 작동했다.

'월가점령운동'은 반드시 합의를 통해 모든 결정을 내려야 한다고 주장했다. 가장 극단적인 상황을 떠올리면, 소수의 사람이 다수의 뜻을 가로막는 결과를 초래할 수 있었다. 어느 날, 인권운동의 선구자인 존 루이스John Lewis가 이 운동을 지지한다고 선언했다. 미국의 하원의원이었던 그는 1960년대에 마틴 루터 킹 주니어와 함께 행진하며 현대의 저항방식을 몸으로 만들어낸 장본인이다. 임시 회의에 참석한 사람들은 대부분 그가 연설하기를 원했다. 하지만 두 명이 반대 의사를 개진했다. 그중 한 명이었던 어느 백인 대학원생은 "어떤 특정인도 본질적으로 다른 어떤 인간보다 더 가치 있는 존재가 아니다"라고 발언했다.6 그리고 뉴욕에서는 누가 가장 중요한 소셜 미디어 계정을 통제할 것인가를 놓고 다툼이 벌어졌다. 스페인에서도 같은 일이 벌어졌다. 페이스북과 트위터는 시위대가 시위의 의미를 규정하는 공간이었다.7

'월가점령운동'은 10년간 일어난 다른 봉기보다 그 규모가 작았다.8 이 운동은 미 건국 이래 이어져온 공화정 체제의 종말을 강제하려 했던 것도 아니었고, 맨해튼 시내로 매일 출근하는 사람들의 삶 역시 거의 변하지 않았다. 하지만 세계 역사상 가장 강력한 언론기관과 물리적으로 가까운 거리에서 시위가 발생했고, 《뉴욕타임스》 같은 신문사는 처음에는 망설였지만 곧 그들의 메시지를 전달하기 시작했다.9 좌파의 생각을 거의 들어본 적이 없는 세대가 갑자기 현실 세계에서 좌파의 생각을 구체적으로 전달하기 시작했다. 일부 참가자들은 영향력 있는 언론인으로 거듭났다. '월가점령운동'은 미국에서 진정한 담론의 변화를 가져왔지만, 실제 점거는 허무하게 끝났다.

나는 이 모든 것을 브라질에서 보았다. 나도 페이스북과 마이스페이스 계정을 갖고 있었지만, 대학이나 고등학교 시절 친구들의 소식을 확인하기 위한 것이었다. 뉴스를 볼 때는 웹 브라우저를 열고《파이낸셜타임스》, 브라질의《폴랴지상파울루》, (공교롭게도 내 고향 신문이자) 새 직장인《로스앤젤레스타임스》를 읽었다. 우리의 주요 독자층은 캘리포니아의 100만 명에 달하는 인쇄매체 구독자들이었으나, 인터넷은 우리의 업무방식을 급속도로 바꾸었다.

지우마가 대통령에 취임한 첫해 동안 브라질에서는 지각변동을 일으킬 만한 봉기는 일어나지 않았다. 하지만 상파울루 시내에 있는 내 집 근처, '인디미디어브라질'의 옛 사무실이 있던 거리에서 나는 거리의 가벼운 떨림이 시대정신과 연결되는 것을 느낄 수 있었다. 그해 초에는 버스요금 인상을 저지하기 위한 시위가 벌어졌지만, 막지는 못했다. 6월에는 내가 사는 구역을 완전히 압도한 퀴어 퍼레이드가 있었다. 세계적인 기준으로 볼 때 상파울루는 성소수자에 상당히 관대한 곳이고, 퀴어 퍼레이드는 항상 규모가 컸다. 하지만 올해는 400만 명의 사람들이 거리로 몰려들었다. 그리고 마리화나 행진도 있었는데 이 행진에도 매우 다양한 집단이 참여했다. 마야라도 물론 그 자리에 있었다. 비록「무상대중교통운동」이 조직한 것과 같은 소란스럽고 직접적인 대립 양상을 보인 행사는 아니었으나, 자율주의 운동 진영의 다수가 거리에 운집했으며, 그날 행사는 경찰과 충돌하면서 종료됐다. 작지만 매우 잘 조직된 브라질의 우파 자유주의 운동도 그날 거리로 지지자를 불러 모았으나, 경찰과 직접 대치하지는 않았다.

그리고 10월에는 '상파울루를 점령하라'는 뜻의 '오쿠파삼파Ocupa Sampa'가 시청 근처 다리 밑에서 열렸다. 튀니지 민주화운동에서 영감을 얻은 타흐리르 광장에서 다시 영감을 얻은 '월가점령운동'에서 직접 영감을 받은 '오쿠파삼파'는 모인 사람의 수 이상으로 주의를 끌었다. 나는 항상 이 근처를 지나다녔는데, 텐트는 꽤 비어 있어도 항상 눈에 띄었다. 이 지역, 특히 이 거리는 뉴욕이나 카이로보다 훨씬 더 많은 범죄와 폭력이 지배했고, 이 때문에 잠재적 동조자들도 선뜻 참여하기 어려워했다.10

주최자들은 스스로를 분노한 사람들, 즉 '인디그나도스'라 부르며 이 운동이 환경뿐만 아니라 직접 민주주의를 위한 것이라고 말했다. 이 시위 캠프를 설명하기 위해 언론은 탈중앙화된 해커 집단인「어나니머스Anonymous」를 언급했다.11 전복적인 행동으로 알려진 이들은 2005년 미국에서 영화로 제작된 영국의 혁명적인 그래픽노블『브이 포 벤데타V for Vendetta』*의 가면을 쓰는 것으로 유명하다. 그러나 시내 다리 아래의 상황은 매우 처참했다. 이 운동으로 상파울루를 '점령'하기는커녕 정반대의 일이 벌어졌다. 도심의 어둠이 '오쿠파삼파'를 삼켜버렸다. 남미에서 2011년의 정신으로 가장 심하게 흔들린 곳은 남미 대륙의 반대편 태평양 연안이었다.

칠레 학생 시위의 지도자들 사이에서는 그해 겨울에 일어난 사건

---

* 앨런 무어Alan Moore가 글을 쓰고 데이비드 로이드David Lloyd가 그림을 그린 영국의 그래픽 노블이다. 1982년과 1985년 사이에 처음 출간됐다. 이 만화의 주인공 브이는 파시스트 국가를 무너뜨리기 위해 싸우는 무정부주의자 혁명가인데, 영국인이지만 가톨릭 교도로 스페인을 위해 싸우다 1605년 사형당한 귀도 포크스의 가면을 쓰고 다닌다. 이후 전 세계의 반정부 시위에 브이의 가면을 쓴 참가자들이 등장했다.

이 이른바 '아랍의 봄'에서 얼마나 영향을 받았는지를 놓고 의견이 엇갈린다. 이들은 원래 2010년을 목표로 시위를 계획했지만, 그해 지진이 칠레를 강타하면서 시위가 연기됐다.12 결정적으로 이 지도자들은 오랜 조직의 역사를 자랑하는 학생회 출신이었다. 이들의 저항은 사전에 잘 계획된 것으로, 경찰의 폭력이나 전쟁, 혁명 등의 사건에 이어서 '즉흥적으로' 반응한 것이 아니었다. 그러나 이 시위들은 분명 2011년의 사건들에 주목해온 학생 지도자들이 수행했으며, 진보적이고 젊은 에너지의 대규모 분출을 다루는 데 익숙해진 세계 언론이 재해석하고 재생산했다.

미국의 후원을 받아 실행한 쿠데타로 사회주의자 대통령 살바도르 아옌데의 대통령직과 삶을 끝내며 정권을 잡은 아우구스토 피노체트Augusto Pinochet의 독재정권 아래서 상류층 집안에서 태어나지 않은 대부분 학생의 삶은 매우 고달파졌다. 날것의 신자유주의 정신에 충실했던 피노체트는 가능한 한 모든 것을 민영화하고 금융화했으며, 그 결과 많은 가정이 자녀 교육을 위해 파산하거나 엄청난 채무의 위험에 노출되었다. 이는 안락한 중산층에도 영향을 미쳤다.

군부독재정권이 불러일으킨 공포는 효과적이었고, 독재정권 아래의 칠레에서는 시위가 거의 일어나지 않았다. 1983~1985년 북아프리카에 심각한 영향을 미친 세계 경제 위기가 칠레에서도 시위의 물결로 이어진 한 가지 작은 예외적 사건이 있었다. 1990년 피노체트가 국민투표로 축출된 뒤 중도좌파 정당인 「민주주의를위한정당연합Concertación de Partidos por la Democracia」은 너무 많은 문제가 발생할 경우, 또 다른 군사 쿠데타로 이어질 수 있다고 우려하며 급진적인 행동을 자제했다. 그래서 칠레는 다른 라틴아메리카 국가들이 반신자유주의 시위의 물결에 휩쓸릴 때 "저항 정치가 눈에 띄지 않는" 나라로 유명해졌다.13 하지만 2006년 '펭귄혁명'으로 상황은 바뀌었다.

그해에 앞 세대보다 "더 민주적이고 수평적"이지만 여전히 공식적인 구조를 갖춘 새로운 학생 조직이 공공 투자를 늘리고 불평등을 줄이기 위한 일련의 교육 개혁안을 정부에 제시했다. 이 제안이 무시당하자 학생들은 거리 시위를 시작했고, 수십만 명이 산티아고Santiago에서 연좌 시위에 참여했다. 칠레는 스페인에서 독립한 후 유입된 영국 자본의 유산에 영향을 받은 깔끔하고 정돈된 나라이다. 고등학생들은 '핑귀노스pingüinos' 즉 펭귄이라는 별명을 안겨준 흑백색 교복을 입고 시위를 시작했다. 시위가 진행되는 동안 대중의 87퍼센트가 이 작은 펭귄들을 지지했고, 사회주의자인 미첼 바첼레트Michelle Bachelet 대통령은 자문위원회를 구성해 개혁안을 마련하고 이를 의회에 제출했다. 하지만 의원들은 이를 통과시키지 않았다. 그해 많은 학생은 운동이 아직 살아 있을 때 협상에 임해야 한다는 교훈을 얻었다. 이미 운동의 에너지가 소진된 상태라면 기득권은 그들이 원하지 않는 일을 해줄 이유가 없었다.14

'펭귄혁명'이 일어나고 5년이 지난 2011년, 이 혁명의 주축을 이룬 세대는 훨씬 더 웅장한 시위를 시작했다. 억만장자 사업가인 세바스티안 피녜라Sebastián Piñera라는 보수주의자가 대통령이었기 때문에 진보주의자들은 그들의 저항이 정부에 해가 될까 걱정할 필요가 없었다. 시위는 칠레 주요 대학의 학생회 지도자들이 조직했으며, 이윤을 추구하는 신자유주의 교육 모델을 겨냥했다. 시위대는 정식으로 조직을 갖추었고, 가족이나 교수들이 모아준 자금도 확보했으며, 우호적인 언론의 관심도 받았다. 마푸체Mapuche 원주민도 같은 해에 자신들의 권리를 지키기 위해 일련의 시위를 적극적으로 조직했지만, 사회과학자들은 원주민들의 시위가 수도에서 일어난 학생운동에 비해 훨씬 적은 관심을 받았다는 사실을 밝혀냈다. 학생 지도자들은 복면을 쓴 일부 시위대가 일으킨 재산 파괴를 부정하는 한편 영리를 추구하는 언론사가 기꺼이 재생산할 이미지를 만들어냈다. 그들은 속옷 차림으로 행진하거나 '키스 시위'를 하는 등 축제와도 같은, 심지어 감성적인 전술을 사용했다.15

칠레를 포함해 전 세계 언론은 학생들의 시위가 어떤 정당과도 연계되지 않았음을 강조하곤 했다. 하지만 대표적인 예외도 있었다. 칠레 가톨릭대학교의 학생 지도자였던 지오르지오 작슨Giorgio Jackson과 칠레대학교의 떠오르는 스타 가브리엘 보리치Gabriel Boric는 구좌파 정당에 속하지 않은 것이 사실이다. 하지만 보리치는 영하의 칠레 남부 지역에서 온 지저분한 머리를 한 인디록 음악에 열광하는 청년으로, 대학 시절 '자율주의 좌파'의 비당파 그룹을 만드는 데 이바지했다. 칠레대학교 학생회 회장이었던 카밀라 바예호Camila Vallejo는 「칠레공산당Partido Comunista de Chile」의 당원이었다. 바예호는 공산당 내부 교육 체계가 양성한 유능한 대변인이었다. 「칠레공산당」은 1912년부터 두 차례의 우파 독재정권을 거치며 살아남은 정당이다. 탄탄한 조직력을 갖춘 이 당의 젊은 당원들은 마르크스-레닌주의와 실천적 행동주의를 배웠다. 바예호는 또 다른 이유로 세계 언론의 특별한 관심을 받았다. 《뉴욕타임스》는 "세계에서 가장 매력적인 혁명가"라는, 다소 당황스러운 머리기사를 써가며 그를 대대적으로 보도했다. 그는 확실히 옷을 잘 입었지만, 옷에 낡은 눈을 쓰는 사람보다는 좌파 대학생처럼 보였다. 하지만 이 기사가 강조한 점은 첫 문단 끝에 있는 인용문이었다. "그녀는 섹시하다."16 많은 시민이 학생들을 폭넓게 지지했다. 하지만 그들의 영향력이 정책적 성과로 전환하는 데까지 계속 같은 벽에 부딪혔다고 작슨은 고백했다.[17] 그것은 바로 피노체트 치하에서 제정돼 여전히 유효한 1980년 헌법이었다. 칠레의 민주화운동은 이 큰 장애물을 극복하지 못했다. 반면 브라질은 독재정권이 무너진 후 1988년 비교적 진보적인 새 헌법을 채택해 무상 의료와 무료 공립대학 교육을 비롯한 많은 권리를 국민에게 보장했다. 물론 현실의 불평등이 종종 이 야심 찬 약속을 방해하기도 했다.

2011년의 학생운동 후 피녜라는 교육부장관을 세 번이나 교체해야 했다. 결국 피녜라는 학생들의 요구 중 일부를 수용하기로 했다. 가장 중요한 것은 학자금 대출 이자율을 낮추는 것이었다. 하지만 거대한 구조의 문제는 논의 대상에서 제외됐다. 이 문제를 어떻게 해결할 것인가를 두고 운동 세력 내에서 이견이 존재했다. 몇몇 당원은 주로 제도 정치를 통해 양보를 끌어내는 방법을 선호했고, 다른 이들은 거리 행동을 강화하고 급진화할 필요가 있다고 주장했다.

브라질 「무상대중교통운동」의 구성원들은 칠레의 동지들을 주의 깊게 바라보며 자연스럽게 후자에 동조했다. 그들은 해가 갈수록 영향력이 커지는 '자율주의' 세력을 선호했다. 「무상대중교통운동」의 몇몇 회원은 산티아고까지 시위대를 만나러 가서 학생들에게 투쟁 기술을 교육하기 위해 칠레 학생회가 만든 지침서를 가지고 상파울루로 돌아왔다. 하지만 피녜라를 위시한 칠레 정부는 급진적인 변화를 완강하게 거부했다. 시위가 2012년까지 이어지면서 독재정권 붕괴 후 가장 큰 규모의 시위가 조직됐는데도 큰 승리가 임박하지는 않았다는 것은 분명해졌다.

6

소셜 네트워크

2012년 7월, 나는 상파울루에 있는 다른 기자에게 이메일을 한 통 받았다. 뉴욕에서 온 거물급 기자 몇 명과 저녁을 먹으러 가자는 내용이었다. 그리고 그는 "그들이 사람들을 만나러 왔다"고 적었다. 나는 그들이 누군지 몰랐지만, 누군지는 쉽게 알아볼 수 있었다. 데이비드 카David Carr는 《뉴욕타임스》의 미디어 담당 기자로 온라인에서 많은 팔로워를 거느리고 있었다. 앤디 카빈Andy Carvin은 미국 공영 라디오인 NPR의 기자로, 트위터를 사용해 이른바 '아랍의 봄' 사태를 보도하고 동시에 어느 정도 시위에 참여한 경험을 담은 책 『먼 목격자Distant Witness』를 저술했다.

메일을 받기 몇 달 전부터 나는 브라질의 주요 언론인 《폴랴지상파울루》의 보도국에서 일하기 시작했는데, 이 신문이 그들과의 대담을 주최했다. 당시 나는 《로스앤젤레스타임스》의 브라질 특파원이었지만, 더는 사무실을 얻을 수 있는 직책은 아니었다.˚ 나는 작은 침실이 아닌 일할 수 있는 공간을 마련하기 위해 《폴랴지상파울루》와 계약을 맺고, 이 신문사의 웹사이트에 '프롬브라질From Brazil'이라는 영어

블로그를 운영하기로 했다.1

저녁 식사 자리에서 데이비드 카는 나와 아주 잘 통했고, 곧 그가 나를 거둬주려 한다는 느낌을 받았다. 그는 나에게 트위터 계정이 있냐고 물었다. 그는 게시물에 나를 태그하고 싶다고 했다. 나는 트위터 계정이 없다고 말했다. 정확하게는 계정을 만든 적은 있지만 내 이름을 쓴 적은 없다고 대답했다. 솔직히 트위터는 전 세계인이 보는 앞에서 실시간으로 내 인기를 수치화할 수 있는 이상한 존재처럼 보였다. 내가 2002년부터 사용한 다른 사회관계망서비스와는 매우 달랐다. 내가 그동안 사용한 것들은 팔로워를 구하는 것이 아니라 친구들과 '연결'되는 프렌드스터Friendster, 마이스페이스Myspace, 페이스북과 같은 것들로 트위터와는 매우 달랐다. 그때까지만 해도 내 직업에서 소셜 미디어는 아무 소용이 없었다. 나는 편집자들과만 교류하며 내가 브라질의 정치를 잘 다룰 수 있다는 것을 보여주기 위해 최선을 다했다. 물론 브라질의 정치는 결코 대중의 관심을 끌 만한 주제는 아니었다. 하지만 카의 도움을 받는 것이 좋은 출발점이 될 것이라는 생각이 들었다. 나는 공개 트위터 계정을 만들었다. 어쨌든 그는 전문가였으니까.

《폴랴지상파울루》가 주최한 대담의 주제는 소셜 미디어의 힘이었다. 이 주제는 몇 가지 이유에서 의미가 있었다. 첫째, 브라질의 기업형 언론은 중요한 지정학적 이슈를 두고 미국의 언론과 거의 같은 태

- 1964년 미국의 지원을 받은 쿠데타가 일어나기 전까지 내 전임자가 핵심적인 역할을 한 《로스앤젤레스타임스》의 브라질 특파원 자리는 역사적으로 매우 중요했지만, 이제 신문사는 나를 위해 간신히 그 자리를 유지할 수 있을 뿐이었다. 나는 라틴아메리카의 권위주의 정권과 오랜 관계를 맺어온 「포드재단」의 보조금에 의존해 취재비를 부분적으로 충당해야 했다.

도를 취했다. 아르헨티나나 멕시코 같은 국가의 다양한 언론 플랫폼은 미국을 내정에 간섭하는 제국주의 세력 또는 적어도 신뢰할 수 없는 동맹으로 간주한다. 《폴랴지상파울루》에서 기자들은 외국인들에게 자신들이 "브라질의 《뉴욕타임스》"라고 말하곤 했다. 따라서 《폴랴지상파울루》가 데이비드 카와 앤디 카빈의 의견을 듣고 싶어 하는 것은 당연한 일이었다.

둘째, 소셜 미디어는 서방 언론, 미국 정부, 전 세계의 다양한 시민사회단체에 매우 중요한 새로운 이슈였다. 그중에서도 소셜 미디어의 기술 전반, 특히 페이스북과 트위터와 같은 사회관계망서비스가 세상을 더 나은 곳으로 만들 것이라는 데 거의 모든 이가 동의했다. 더 자유롭다면 더 민주적으로 되리라는 것이다.

물론 계몽주의 시대부터 기술 발전은 인류의 발전을 이끌었다. 실제로 기술 역량의 비약적인 발전은 애초에 '진보'라는 개념을 탄생시키는 데 크게 이바지했다.

이 기술들이 단순히 기술만은 아니라는 점을 지적한 사람들은 아주 적었으며, 그들은 대부분 이들 기업을 응원하는 이들에 묻히거나 자금이 풍부한 정부 및 비정부기구들의 무시를 받았다. 그들은 이러한 기술들이 특정한 역사적 상황 속에서 형성된 도구이자 강력한 영리 기업들의 집합이라는 점을 지적했다.

오늘날 우리가 아는 인터넷은 냉전 시대 미군이 만든 것이다. 인터넷의 핵심 구조를 구축한 기관은 「민주사회학생회」와 같은 단체를 감시하거나, 베트남과 같은 곳에서 반란군 진압 작전을 지원하는 역할을 했다. 국가 내에서는 컴퓨터가 민간과 공공 부문의 연구자들 간 통신을 가능하게 하는 연결망을 탄생시켰다. 그러나 인터넷의 뿌리가 미국 군산복합체에 있다는 것보다 더 중요한 사실은 일반 시민들이 자기 삶의 일부를 온라인으로 옮기기 시작한 시기와 장소이다.

로널드 레이건, 조지 H. W. 부시, 빌 클린턴 행정부는 인터넷의 세계를 민영화해 기업화된 미국으로 편입시켰다. 이 시대의 정치인들에게 그보다 더 자연스러운 일은 없었다. 공적 소유는 노골적으로 비미국적인 것은 아니더라도 최소한 야만적인 것으로 여겨졌다.[2] 따라서 영리 기업이 컴퓨터와 온라인 경험을 구축하는 환경을 통제하게 됐다. 프랑스, 베트남, 혹은 이라크와 같은 나라가 인터넷을 구축했다면, 혹은 미국 역사 속 다른 시점[3]에 만들어졌다면, 아마도 우리는 다른 형태의 인터넷을 갖게 됐을 것이다.

하지만 21세기의 첫 20년 동안 전 세계는 대부분 미국 기업이 설계하고 통제하는 공간에서 디지털을 경험했다. 물론 부유층, 특히 젊은 층을 시작으로 점점 더 많은 세계인이 기계화된 연결망에 접속하면서 전체 사용자 중 북미 사용자는 소수가 됐지만, 전체 생태계는 여전히 미국 기업이 구현하고 있다.[4]

이 회사들은 주로 물리적 기반시설이 잘 갖춰진 덕에 정부 사업을 수주하기 쉽고 좋은 대학들이 대거 위치한 샌프란시스코만 지역 외곽의 캘리포니아 실리콘밸리에서 생겨났다. 미국 자본주의의 이 새로운 모퉁이는 문화적으로 시장 자유주의의 이상과 신좌파에 뿌리를 둔 신세대 개인주의적 이상주의의 영향을 받았다. 네트워크 기술의 발전이 모든 계층 구조를 해체하고 분권화가 권력을 분산시키며, 이는 곧 민주화를 의미한다는 것이 이들의 대표적인 사고방식 중 하나이다. 이런 생각을 문자 그대로 받아들이는 사람들도 있었는데, '에코테크놀로지ecotechnology'라는 사이버네틱스 개념으로 운영되는 「시너지아랜치공동체Synergia Ranch commune」*가 한 예이다. 여기서는 조직과

집단행동이 모두 엄격하게 금지됐는데, 실제로는 심각한 학대를 일삼는 권력자가 빠르게 등장했다.5

실리콘밸리 기업의 창업자들이나 《와이어드Wired》 같은 열정적인 대중매체 그리고 미국 정부까지 모두 "기술이 세상을 바꾼다"고 일상적으로 공언했고, 또 그렇게 믿는 듯했다. 물론 그들이 말하는 변화는 더 좋은 방향이었다. 하지만 그들도 돈을 벌어야 했다. 그리고 그들 중 많은 이들이 돈 문제를 해결한 방식은 광고였다. 나 역시 구글의 강력한 이메일 서비스인 지메일Gmail을 사용할 수 있게 됐을 때 매우 기뻤다. 2004년에는 초대장을 받아야 지메일에 가입할 수 있었다. 그때는 지메일의 비용을 누가 어떻게 내는지 생각하지 못했다. 결국, 구글이 사용자를 더 잘 파악하기 위해 사용자의 모든 의사소통을 검색한 후, 다른 회사가 더 많은 물건을 판매할 수 있도록 사용자의 정보를 판매한다는 것을 알게 됐다.

하버드대학교 학부생이 설립한 페이스북 역시 소수의 엘리트만을 위한 서비스에서 시작했다. 이 '소셜 네트워크'는 컬럼비아대학교와 스탠퍼드대학교로, 그리고 다른 명문 대학교로, 그리고 더 많은 사람이 초대받을 때까지 넓은 범위로 확장됐다. 창립자인 마크 저커버그Mark Zuckerberg가 소셜 네트워크를 처음 만든 것은 아니다. 다른 많은 이들이 먼저 비슷한 것을 발명했다. 하지만 광고를 기반으로 수익을 창출하는 사업이라는 측면에서 보면 저커버그 같은 사람은 새천년의 초기에 페르난두 아다지가 설명한 텔레비전 모델로부터 큰 도

---

* 1969년 미국 뉴멕시코주에서 설립된 실험적 생활 공동체이다. 이곳은 생태학적 지속가능성, 창의적 예술 활동, 그리고 협력적 생활방식을 추구하는 공동체로, 여러 분야의 예술가, 과학자 그리고 사상가가 함께 모여 다양한 프로젝트를 진행하는 공간으로 알려져 있다.

약을 이뤄냈다. 소셜 미디어의 지배자들은 굳이 쇼를 만들 필요가 없었다. 시선을 끌기 위해 콘텐츠를 제작하는 대신 사용자들이 직접 콘텐츠를 제작하도록 했다. 사랑하는 사람들과의 소통, 일상을 담은 사진, 문화와 정치에 대한 공개 토론 등 모든 것이 이제 다른 기업의 상품 판매에 도움이 되는 콘텐츠가 됐다. 원래 의도와 상관없이 이러한 역학 관계의 논리에 따라 사용자가 웹사이트에 최대한 오래 머물 수 있도록 설계된 여러 가지 혁신이 이루어졌다. 나는 페이스북이 '좋아요' 버튼을 추가한 날을 분명히 기억한다. 내 네트워크—캘리포니아의 좋은 대학교를 졸업한 친구 중 상당수가 2008년 금융위기로 희망을 잃고 정보기술 회사에서 일했다—는 충격과 역겨움으로 '좋아요' 버튼에 반응했다. 클릭 한 번으로 모든 사람이 서로를 비판하지 않고 오로지 긍정하며, 심지어 이를 정량화할 수 있게 하는 것은 값싼 참여 유도 수법처럼 보였지만, 실제로 효과가 있었다.6 그러나 비즈니스 세계에서 엄청난 수익을 내는 기업으로 성장했는데도 이 정보기술 기업들은 세상을 구하려는 반체제적이고 막연한 반문화적 성향을 유지하고 있었다. 이러한 기업 중 일부에게 그들이 얻은 명성은 단순한 마케팅의 결과물이 아니었다.

트위터는 대안세계화운동에 뿌리를 두고 있다. '마이크로 블로깅' 소셜 네트워크를 만든 기술자 중 하나인 무정부주의자 에반 헨쇼-플라스Evan Henshaw-Plath는 '인디미디어'의 소프트웨어 개발자였다. 1990년대 후반, 그는 '인디미디어' 웹 페이지 상단에 '상태 업데이트' 뉴스 와이어를 구축해 독자들에게 최신 정보를 제공하는 데 도움을 주었다. 이를 통해 시위 중 경찰이 어디에 있고 무엇을 하는지 알 수 있었다. 그리고 이를 문자 메시지로 일괄 전송하는 방법도 개발했다. 이

것이 결국 2006년에 출시된 트위터가 됐다. 트위터 사에 대규모 투자금이 유입됐고 창업자 잭 도시Jack Dorsey(헨쇼-플라스는 그가 일종의 급진 정치에 관심이 많았지만, 이보다는 사업에 더 큰 관심이 있었다고 회상했다)가 등장하면서 트위터는 돈을 벌 방법을 모색하기 시작했다.7 이제 누구나 작은 '트윗'을 보내고 '팔로우'할 사람을 선택할 수 있게 됐다. 이 서비스는 곧 인터넷 전용으로 전환됐고, 프로필이 훨씬 작고 짧은 트윗만 게시할 수 있다는 점을 제외하면, 페이스북과 매우 유사한 서비스가 됐다.

조지 W. 부시 행정부 시절, 미국 국무부는 아시아, 라틴아메리카, 중동에서 사회운동단체에 디지털 도구를 활용한 사회운동 방식을 교육하기 시작했다.8 기술과 소셜 미디어를 활용해 세계를 민주화하는 것이 미국의 국가정책이 됐다. 2009년, 수천 명의 이란인이 부정선거라며 선거 결과에 항의하기 위해 거리로 나섰다. 그들 중 일부는 트위터를 사용했고, 이는 소셜 미디어가 세상을 변화시킬 수 있다는 사실을 확인해주는 듯했다. 앤드루 설리번Andrew Sullivan은 《애틀랜틱The Atlantic》에 "혁명은 트위터로 일어날 것이다"라는 제목의 기사를 게재했다. 《뉴욕타임스》의 니컬러스 크리스토프Nicholas Kristof도 "전형적인 21세기 분쟁에서는 … 한쪽에서는 정부 깡패가 총을 쏘고, 다른 한쪽에서는 젊은 시위대가 '트윗'을 날린다"고 주장했다.9 이란의 이 저항은 별다른 성과를 거두지 못했고, 이란 정부는 실제로 소셜 미디어를 사용해 많은 반체제 인사들을 식별하여 신속하게 체포했다. 하지만 소셜 미디어를 바라보는 주류의 시각은 크게 바뀌지 않았다. 조지 W. 부시 행정부에서 국가안보보좌관을 지낸 마크 파이플Mark Pfeifle은 트위터가 노벨 평화상을 받게 하려고 노력했다.10

영국 총리 고든 브라운Gordon Brown은 한 발 더 나갔다. 중앙아프리카에서 1994년 발생한 르완다 대학살을 언급한 그는 "르완다에서 또다시 대학살이 일어날 수는 없다"며, 그 이유가 "실제로 무슨 일이 벌어지고 있는지를 알려주는 정보가 훨씬 더 빨리 공개되고, 관련 조처를 해야 할 정도로 여론이 들끓을 것이기 때문"이라고 말했다.[11]

2010년 버락 오바마 대통령 정부의 힐러리 클린턴 국무부장관은 인터넷을 더 자유롭게 만들기 위한 노력을 냉전 시대 소련의 반체제 인사를 지원한 일에 비유하며 "네트워크가 전 세계 국가로 확산하면서 눈에 보이는 벽 대신 가상의 벽이 생겨나고 있다"고 말했다. 《인터내셔널헤럴드트리뷴International Herald Tribune》의 로저 코언Roger Cohen은 "이 벽을 허물어라!"가 20세기의 구호였다면, 21세기에는 "방화벽을 허물어라!"가 구호가 될 것이라고 주장했다. 《뉴리퍼블릭New Republic》의 엘리 레이크Eli Lake도 이 비유에 동조했다.

벨라루스의 이론가인 예브게니 모로조프Evgeny Morozov는 공산주의의 종말이 워싱턴 DC와 캘리포니아의 대부분 사람이 생각하는 방식으로 이루어지지 않았다는 사실을 잘 알고 있었다. 심지어 알렉산드르 루카셴코Aleksandr Lukashenko는 1994년부터 벨라루스를 통치했다. 따라서 그는 캘리포니아 기업들*에 무비판적으로 열광하는 물결에 저항하려 노력했다. 그들은 냉전 시대의 역사를 매우 잘못 이해하고 있다고 그는 말했다. 권위주의 정부는 전복되기를 기다리는 수동적인 심복이 아니었으며, 권위주의 정부 역시 스스로 인터넷 사용법을 배울 수 있었다고 그는 지적한다. 부유한 서구인들이 깨닫든 깨닫지 못하든, 내전이나 실패한 국가 등과 같이 안정적인 권위주의 국가의 통치보다 더 나쁜 상황이 발생할 수 있었다. 그러나 기술 부문을 향한 찬사가 쓰나미처럼 쏟아지는 상황에서, 그의 의견이 주목을 받는다

---

* 캘리포니아에 본사를 두고 있는 소셜 미디어 기업들을 말한다.

는 것은 무차별 공격의 대상이 된다는 뜻이었다. 주류 언론에서 인터넷은 거의 항상 선한 편으로 묘사됐다.12

이러한 인식은 매우 깊이 내면화돼, 자본가들은 사회의 '혼란'을 언급하면서도 급진적인 변화가 개선으로 이어질 것이라는 점을 입증해야 할 필요성을 느끼지 않았다. 이는 "보도블럭 아래 해변이 있다"는 논리나, 티리리카가 외친 "더 이상 나빠질 수 없다"는 구호에서 크게 벗어나지 않았다. 사람들은 무언가를 부수면 그 잔해에서 더 나은 무언가가 나올 것이라 믿었다. 이러한 가정은 널리 퍼져 있었다. 2008년 대선 캠페인에서 버락 오바마라는 젊은 상원의원이 '변화'라는 단어로 얼굴을 도배했을 때, 나쁜 일이 일어나는 것도 모두 변화에 포함될 수 있음을 인식하는 사람은 거의 없었다.

이른바 '아랍의 봄' 사건은 자유주의 기술 낙관주의자들의 신념을 재확인했을 뿐이다. 2011년 1월의 사건에서 페이스북이 모종의 역할을 했다는 사실은 부인할 수 없으며, '광장'의 비공식 대변인이 된 많은 이들도 트위터를 활용해 그 역할을 했다. 그 후 10년 동안 미디어 회사, 브랜드 및 모든 종류의 기업은 소셜 미디어에서 어떤 종류의 내용이 참여를 유도하는지를 알아내기 위해 엄청난 돈을 투자했다. 그러나 어떤 이유(명료하고 시끄럽고 흥미롭고 충격적인)에서든 특별한 일부 사람들이 사회관계망 서비스에서 두각을 나타냈다. 이러한 사실은 종종 현장에서 더 영향력이 크거나 기존의 긴 형식의 블로그에서 다수의 팔로워를 확보한 사람들에게는 당혹스러운 일이었다.

힐러리 클린턴 국무부의 디지털정책 담당관이었던 알렉 로스Alec Ross는 "21세기의 체 게바라는 바로 소셜 네트워크"라고 2011년《북대서양조약기구 리뷰NATO Review》에서 주장했다. 브라질 언론의 보도도 크게 다르지 않았다. "북아프리카에서 새로운 형태의 대중 조직들이 휴대전화와 무기를 거래하고 있다"고 그해 글로보네트워크Globo network 에서 제작한 리포트는 주장했다. "페이스북 혁명은 개인이 자신이 이야기하고 있는 바로 그 사실을 스스로 구성할 수 있게 해준다. 그 무엇도 이를 막을 수 없다."13

그러나 이 '광장'이라는 용어의 실제 당사자들, 전 세계의 많은 이들에게 영감을 준 북아프리카의 진보적인 혁명가들에게, 가장 성공적인 봉기가 이루어지는 중에도 상황은 완벽하지 않았다. 튀니지는 미래를 결정하기 위한 지루한 협상에 갇혀 있었다. 이집트에서는 일부 시위대가 "국민과 군대는 한편"이라고 외쳤지만, 무바라크 퇴진 이후 「군최고위원회」는 신뢰를 잃었다. 「군최고위원회」는 일련의 헌법 개정안을 제시했지만, 많은 혁명가는 "「무슬림형제단」과 같이 이미 잘 조직된 보수 정치세력에 유리하도록 이행 과정을 서두르고 있다"며 무바라크 헌법의 개정이라는 빠르고 쉬운 해결책에 반대했다.14

그리고 10월, 이집트의 소수파인 기독교의 콥트교도*가 카이로 시내의 마스페로Maspero 공영 방송국 건물 앞에 모여 남부 이집트의 교회가 파괴된 것에 항의하는 시위를 벌였다. 이집트 군대가 시위대를 진압하면서 최소 24명이 사망했다. 정부 탱크가 시위대를 덮쳤고, 국영 언론은 시위대가 폭력을 선동했다며 비난했다. 이날 일어난 공권력의 폭력은 애초에 봉기를 불러일으킨 것과 유형이 같았다. 하지만 이집트 혁명가들의 화살통에는 단 하나의 화살만 남았다. 바로 타흐리르 광장을 다시 점령하는 것이었다. 2011년과 2012년에는 다양한 유

---

* 이집트에서 가장 큰 기독교 공동체를 이루고 있는 그룹으로, 전통적으로 콥트정교회에 속해 있다. 콥트 정교회는 동방정교회 중 하나로, 초기 기독교 시대부터 존재해온 이집트의 고유한 교파이다.

형의 시위가 발생했으나, 이들이 국가 기능을 다시 한번 마비시키지 않는 한, 단순한 시위 행위에 그치고 말았다. 「군최고위원회」를 축출하고 새로운 혁명정부로 교체하지 않는 한, 예정된 선거 때까지는 협상과 대화에 의존해야 했다. 하지만 광장은 여러 소규모 단체로 분열되었기 때문에 정부 입장에서는 이들을 무시하기 쉬웠다. 「군최고위원회」가 시민사회와 대화하기를 원했다면 신뢰할 수 있는 지지 기반을 갖춘 일관된 단일 조직인 「무슬림형제단」이 눈에 들어올 수밖에 없었다.

2012년 5월에 새로운 선거가 실시됐다. 「무슬림형제단」이 내세운 후보는 무함마드 무르시Mohamed Morsi였는데, 그는 기존 이슬람주의의 기준으로 봤을 때도 경직되고 보수적인 인물이었다. 또 다른 후보인 아흐메드 샤픽Ahmed Shafik은 무바라크의 통치 방식을 계승하는 후보였다. 나세르주의 사회민주주의자이자 「케파야」의 창시자 중 하나인 함딘 사바히Hamdeen Sabahi는 후보로 나서며 연립정부를 구성해 더 공정한 경제와 완전한 민주화를 이루겠다고 약속했다. 여러 인터뷰와 사적인 대화에서 그는 때때로 아랍 세계의 방식과는 많이 다른 발전 전략을 제시했는데, 이는 민주적으로 통치하며 가난한 사람들의 삶을 개선한 브라질의 룰라 대통령에게서 영감을 받은 것이었다.15

게하드는 함딘 사바히가 원래 혁명 슬로건인 "빵, 자유, 사회 정의"를 가장 잘 대변할 수 있는 후보라고 생각했다. 게하드의 약혼자인 아흐메드와 같은 젊은 세속주의 혁명가들은 대부분의 이슬람주의자들보다 진보적이라고 여기시는 「무슬림형제단」의 전 회원인 압델 포투Abdel Fotouh를 지지하기로 했다. 아흐메드는 포투가 혁명을 대표할 수 있는 동시에 이집트 종교계의 지지를 이끌어낼 수 있다는 점에서 전략적으로 좋은 선택이라고 생각했다. 하지만 아흐메드도 함딘 사바히가 승리한다면 이를 매우 기뻐했을 것이다.

　다른 혁명가들은 투표 불참을 요구했다. 어떤 이들은 새로운 억압의 구조로 국민을 '대표'하는 것은 전혀 의미 없는 일이라고 생각했다. 혁명적 사회주의자 호삼 엘-하말라위는 국가권력을 장악해야 한다고 믿었지만, 봉기는 아직 진행 중이며 선거에 참여해 그들의 통치를 합법화하는 것이 아니라 「군최고위원회」를 제거하는 것이 최우선이라고 생각했다. 그들은 무바라크가 몰락한 뒤 파업을 조직하는 데 성공했고, 혁명이 여전히 거리를 통제한다고 확신했다. 블로거인 마흐무드 '샌드몽키' 살렘은 투표용지 훼손을 지지한다고 공식적으로 밝혔다. 그는 "「무슬림형제단」 최고위원회에 엿이나 먹으라"고 하는 것이 자기 견해라고 말했다. 그는 이슬람주의자들과 대화하는 임시 군사정부를 거부했고, 「군최고위원회」가 공정한 선거를 치를 것이라고 믿지 않았다.

　하지만 꽤 많은 이들이 투표했고 선거는 합법적으로 보였다. 1차 투표에서 무르시는 25퍼센트, 샤픽은 24퍼센트, 사바히와 포투는 각각 21퍼센트와 17퍼센트를 득표했다. 세속주의 혁명가들은 충격에 빠졌다. 선거가 「무슬림형제단」과 구정권 간의 결선투표로 귀결됐기 때문이다. 만약 사바히와 포투가 단일 전선을 구성할 수 있었다면, 친무바라크 후보가 얻은 득표율을 쉽게 넘어설 수 있었을 것이다. 결선투표에서는 무르시가 승리했다. 84년 만에 「무슬림형제단」이 국가 운영을 책임지게 된 것이다. 이는 튀르키예에는 희소식이었지만, 사우디아라비아에는 그렇지 않았다. 사우디아라비아는 종교적 극단주의 국가인데도 오랫동안 「무슬림형제단」을 경쟁자로 여겨왔기 때문이다. 무르시의 등장이 어느 정도는 카타르의 승리로 보였다. 카타르는 알자지라가 설립된 뒤 지역 정치에서 큰 역할을 해왔고, 리야드

Riyadh의 군주제보다 「무슬림형제단」에 더 우호적이었다. 무르시의 승리가 이집트인들에게 어떤 의미가 있을지는 분명하지 않았다. 하지만 게하드는 적어도 이집트에는 민주주의가 시작됐고, 무르시 퇴진 후 시민사회 세력이 다음 선거에서 승리하기 위해 저항하거나 재결집할 수 있을 것이라고 생각했다.

한편 시리아에서는 반정부 봉기가 전면전으로 번졌다. 오바마 정부는 동맹국인 사우디아라비아와 같은 태도를 취하며 2012년부터 「자유시리아군Free Syrian Army」을 비밀리에 지원하기 시작했다. 분쟁 초기에 국제사회가 시리아 반군을 지지하게 된 배경에는 온라인에서 매우 유명한 한 인물이 있다. '다마스쿠스의 게이 소녀Gay Girl in Damascus'라는 닉네임을 쓰는 젊고 아름다운 이 여성은 잔인한 아사드 정권에 저항하는 이야기로 서방 추종자들을 열광시켰다. 하지만 그가 시리아 정부에 납치됐을 때, 큰 충격에 빠진 추종자들은 그를 찾아 살리기 위한 캠페인을 시작했다. NPR의 앤디 카빈Andy Carvin을 비롯한 언론인들이 그의 이야기를 조사하기 시작했다. 알고 보니 그는 미국의 어느 무료했던 대학원생이 지어낸 허구의 인물로 밝혀졌다.16

예멘에서는 2011년부터 시작된 대규모 시위로 알리 압둘라 살레Ali Abdullah Saleh가 33년간의 집권 끝에 물러나야 했다. 그러나 북쪽의 강대국 사우디아라비아는 그의 대리인인 압드라부 만수르 하디Abdrabbuh Mansour Hadi가 정권을 이어받을 수 있도록 협상했다. 2012년 초에 그는 단독으로 대통령 선거에 출마했고, 북부와 남부의 반군이 투표를 거부하면서 시위가 다시 시작됐다.17

이 모든 것을 시작한 튀니지는 새로운 헌법의 초안을 작성하는 어려운 과정을 겪고 있었다. 이슬람주의자, 좌파, 자유주의자 등 기존 정당들은 튀니지를 민주주의 세계로 이끌고 국민의 이해를 대변하며 2011년 1월의 정신을 계승할 수 있는 문서를 만들기 위해 노력했다. 그러나 「민주진보당」의 사무총장 마야 지리비Maya Jribi는 이번 봉기가 구체적인 정치적 방향을 제시하지 못했다고 지적했다. 진정으로 새로운 제도를 구축하기보다는 이전에 존재했던 제도를 그대로 사용했다는 것이다. 국민이 직면한 경제 상황에도 큰 변화가 없었다.

"이번 사태는 봉기 이상이지만 혁명이 되지는 못했다"고 그는 말했다.[18]

7

카우보이와 원주민

나는 브라질 특파원으로서 축복받은 삶을 살았다. 브라질을 이해하기 위해 노력한다는 내 임무는 끝을 알 수 없을 정도로 매혹적이었다. 언론인의 유일한 장점은 매우 똑똑하거나 매우 흥미롭거나 매우 중요한 사람들이 신문에 실리고 싶어서, 또는 그것이 그들의 직업이기 때문에 나와 이야기를 나누려 한다는 것이다. 덕분에 나는 상파울루에 살면서 정말 즐겁게 지냈다. 그리고 미국 달러로 급여를 받는 비교적 안정적인 직업 덕분에 대다수 브라질 사람보다 훨씬 더 안락한 삶을 살았다. 취재 대상국의 주재원으로 일하면서 취재 대상과 나의 객관적인 관계를 정확히 파악하지 않으면 이 일을 제대로 해낼 수 없다. 나는 미국인이다. 미국 시민 대다수는 전 세계 인구 중 소득 상위 10퍼센트에 속한다.[1] 대학 교육을 받은, 특히 언론계와 같은 특수 분야의 전문가들은 더욱 희귀한 공기를 마신다. 브라질에서도 미국과 마찬가지로 피부색이 옅으면 삶이 훨씬 수월해진다. 내가 브라질에서 머문 13년 동안 길거리에서 나에게 먼저 말을 건넨 경찰은 단 한 명도 없었다. 그들의 직업은 내가 속하지 않은 다른 인구 집단을 탄압하는 것이었다.

나는 매일 시내의 공화국 광장Praça da República에 있는 아파트에서 《폴랴지상파울루》 사무실까지 걸어서 출근했다. 나는 출퇴근 길에 노숙인들과 마약 중독자들이 모여 사는 크라콜란지아Cracolândia, 즉 '크랙촌Crack Land'의 일부 지역을 지나가곤 했다. 브라질은 가난한 나라가 아니다. 불평등한 나라이다. 내가 상파울루에서 아무리 호화로운 삶을 살았다고 해도 브라질 언론계 동료들의 생활방식을 듣고 놀란 적이 한두 번이 아니다. 그들은 20대 독신이지만 일주일에 세 번 이상 도우미를 불러 아파트를 청소시키는가 하면, 설거지도 할 줄 모르는 고학력의 국제적인 지식인들도 있었다. 《폴랴지상파울루》 기자들의 급여가 그리 높지는 않았지만, 그들은 대부분 유럽계 가정 출신으로 고위층을 위한 사립 교육기관을 졸업했다. 백인은 브라질 인구의 절반도 되지 않는다. 2012년 당시 뉴스룸을 (여러 번) 둘러보았지만, 단 한 명의 흑인 기자도 보지 못했다.

공교롭게도 내가 도착했을 때 브라질의 물가는 전혀 저렴하지 않았다. 어떤 면에서는 내가 2010년까지 살았던 런던보다 비쌌다. 당시 브라질 경제에 내려진 일부 과대평가는 2008년 금융위기 이후 우연히 발생한 세계적 불균형의 결과였다. 폴 볼커 의장이 이끈 미국 「연방준비제도」가 금리를 인상하면서 촉발된 외채 위기 때문에 1980년대에 인플레이션 위기가 왔고, 결국 브라질 정부는 세계에서 가장 높은 실질 이자율을 적용해야 했다. 이 정책은 통화를 안정시키는 데는 효과적이었지만, 룰라 정부하에서도 일반 시민이 첫 세탁기를 구입할 때 엄청난 (그리고 숨겨진) 수수료를 내야 한다는 것을 의미했다.

2008년 금융위기에 대응하기 위해 미국 정부는 재정적 대응책(예컨대 기반 시설이나 공공 서비스에 돈을 지출해 경제를 부양하는 등)을 마련하지 않고 대신 연방준비제도 이사회에 의존했다. 즉 금리를 사상 최저 수준으로 인하하면서 위기를 극복하고자 한 것이다. 이 때문에 (특히 기술 분야에서) 수익을 노리는 자본의 물결이 전 세계로 퍼져나갔다. 브라질의 경우, 금리가 낮은 곳에서 돈을 꺼내 금리가 높은 곳에 넣는 금리 차익 거래 전략이 헤알화의 가치를 부풀렸다. 그 결과, 일반인들이 해외 상품을 구매하거나 처음으로 해외여행을 떠나는 비용이 조금 더 저렴해졌고, 경제의 탈산업화가 일어났으며, 브라질이 세계 6위의 경제 대국이 될 수 있었다.[2]

하지만 실물경제와 경제 통계에서 모두 실제로 변화가 일어났다는 것도 부인할 수 없다. 부유하든 가난하든 많은 이들이 전에는 해본 적 없는 일들을 경험했다. 가난한 사람들은 복지 혜택이 있는 정규직 일자리를 얻거나 생애 처음으로 비행기를 탔다. 중산층 자녀들은 파리나 도쿄, 멕시코시티에서 휴가를 보내기도 했다. 그 결과, 2012년 내내 지우마의 지지율은 약 65퍼센트를 유지했고, 보수 세력은 침묵했다. 분석가들은 보수 세력의 침묵을 '부끄러운 우파 direita envergonhada' 현상이라고 불렀다. 군사정권 시절 좌파는 민주주의를 위해 싸웠고 우파는 독재를 옹호했다는 사실에 거의 모든 사람이 동의한다는 점도 이 사회의 유산이 됐다. 좌파를 바라보는 역사적 기억이 브라질의 그것과는 다른 폴란드에서 나고 자란 《이코노미스트》의 한 동료는 호세프의 첫 임기 동안 등록된 32개 정당 중 26개 정당이 진보적 가치를 표방하는 이름을 가지고 있다는 사실을 지적하며 다소 놀란 어조의 사설을 썼다. 누군가는 《이코노미스트》에 브라질의 정치 지형은 "50가지 분홍색 그림자"*로 구성된다고 말했다.[3]

---

* 2015년에 개봉한 영화인 「그레이의 50가지 그림자 Fifty Shades of Grey」를 빗댄 표현이다.

기자로서 내가 한 일은 대부분 사회 혁명이 아직 완성되지 않았다는 점을 밝히는 것이었다. 나는 가난한 아이들이 처한 열악한 교육 환경을 우려하는 교사들과 이야기를 나누었다. 아다지 교육부장관 아래에서 상황이 다소 나아지긴 했지만, 여전히 갈 길은 멀었다. 리우데자네이루의 빈민가인 파벨라를 악명 높은 곳으로 만든 범죄라는 명백하고도 끈질긴 문제도 다루었다. 나는 취재를 위해 마약 밀매 조직이 주최한 파티에 참석했다. 물론 언론 활동의 일환이었다. 그곳은 「코만도베르멜료Comando Vermelho」* 나 「아미구스도스아미구스Amigos dos Amigos」** 같은 조직이 통제하는 지역으로, 나는 그곳에서 우두머리들과 이야기를 나누었다. 경찰은 그들의 영역에는 어디에도 들어갈 수 없었다. 샌들에 서핑 바지만 입은 채 커다란 자동 소총을 든 10대 청소년들이 치안을 담당했다.

나는 도시를 벗어나는 것을 특히 좋아해서 운 좋게도 26개 주를 모두 취재할 수 있었고, 종종 버스를 타고 전국을 횡단하기도 했다.

아마존 유역의 면적은 647만 5000제곱킬로미터로,「유럽연합」소속 국가들에 인도의 면적을 합친 것과 비슷하다. 브라질은 이 열대우림의 대부분을 관리하고 있으며, 지구 생물다양성의 상당 부분을 품은 이곳은 전 세계의 이산화탄소 농도를 조절하는 데에도 매우 중요한 역할을 한다. 이 열대우림에 들어가면, 이 생물다양성의 대부분인 박테리아, 바이러스, 해충이 우리를 죽이려고 들겠지만, 그렇다

---

* 브라질에서 가장 오래되고 강력한 범죄조직 중 하나로, 주로 리우데자네이루에 기반을 두고 활동하고 있다.
** 리우데자네이루를 중심으로 활동하는 마약 밀매 및 범죄조직이다. 1990년대에 「코만도베르멜료」에서 분리된 조직으로, 주로 리우데자네이루의 빈민가(파벨라)에서 활동하며 마약 밀매, 무기 거래, 강도 등 다양한 범죄를 저지르고 있다.

고 해서 열대우림이 덜 아름답거나 중요하지 않은 것은 아니다. 나는 정글에서 많은 시간을 보내며 왜 그렇게 많은 생물이 사라지는지 설명하려고 노력했다. 토지를 둘러싼 싸움은 브라질이 탄생한 이래로 브라질 정치의 중심에 있었고, 이제는 인류의 미래와도 깊이 연관됐다. 나는 연방정부를 위해 환경 보호 활동을 하는 과학자 단체와 가까워졌다. 「브라질환경·재생가능천연자원연구소Institute of Environment and Renewable Natural Resources」 소속 올라부 페린 가우방Olavo Perin Galvão은 열대우림의 다양성과 그의 팀이 진행한 사업의 내용을 친절하게 설명해주었다. 고도로 훈련됐을 뿐 아니라 무장까지 한 그의 대원들은 위성 데이터를 이용해 확인할 수 있는 광활한 지역 내의 잠재적인 삼림 벌채 현장인, 열대우림 내 의심스러운 구멍을 찾아낸 다음 소형 비행기를 타고 그 상공을 비행한다. 마지막으로 명확한 목표물이 발견되면 헬리콥터를 타고 착륙해 조사에 나선다. 종종 의심스러운 중장비나 소를 키우기 위한 목초지로 바뀐 땅을 발견하기도 한다. 때때로 현장에는 헬기가 지상에 가까워지면 헬기를 향해 총을 쏘는 사람들이 있다고도 했다. 나는 그들과 함께 여러 번 헬기에 올라 작전에 동행했다. 그들은 흩어져서 단서를 찾고 어떤 종류의 산림 파괴가 진행 중인지 즉시 파악했다. 올라부는 지역을 조사해 근처에 보급품이나 중장비가 있는지 추적했다. 일과가 끝나면 나는 뒤로 물러서서 그들이 발견한 모든 것을 불태우는 모습을 지켜보곤 했다.4

「브라질환경·재생가능천연자원연구소」는 연방정부의 허가를 받아 목장주에게 벌금을 부과할 권한을 가진다. 그러나 그들은 브라질 정치경제학의 또 다른 견고한 권력 구조와도 마찰했다. 브라질의 수도 브라질리아에서 통치하는 대통령은 워싱턴 DC의 정치인들이 서부 개척지의 법을 세밀하게 관리하는 것처럼 아마존 현장의 모든 측면을 통제할 수는 없다. 법원을 마음대로 이용하거나 경범죄자의 이름을 도용해 작업을 진행한다면 삼림 벌채로 얻은 이익이 벌금보다 클 수 있다. 즉 실제 아마존에 적용되는 규제와 처벌의 무게를 생각하면, 경제적으로는 열대우림을 벌목하는 것이 합리적인 선택이다. 실제로 아마존 현지의 지역 정치는 삼림 벌채 경제에 전적으로 의존하지는 않더라도, 매우 우호적인 경우가 많았다. 어느 날 황무지를 달리는 트럭 안에서 올라부는 그의 팀이 심각한 협박에 얼마나 많이 시달리는지 이야기해주었다.

많은 이가 숲이 줄어들고 있다는 사실을 안다. 하지만 무엇이 숲이 있던 자리를 대체하는지 아는 사람은 드물다. 짙고 푸른 녹색의 숲 사이에 존재하는 지역사회는 거의 모든 의미에서 '카우보이 전초기지'라 할 수 있다. 이곳의 남성들은 큰 허리띠에 카우보이 부츠, 큰 카우보이 모자를 착용하고 다닌다. 그들은 술집에 들어가 허리춤에 찬 총을 감추지도 않은 채 술을 마시고 컨트리 음악을 즐긴다. 그들의 주요 수입원은 토양을 변형시키고 정글을 파괴하는 소 사육이다. 한 술집에서 도시 사람처럼 보여 눈에 띄어버린 나는 마지못해 (그러나 사실대로) 지역 주민들에게 내가 컨트리 음악과 문화를 취재하러 왔다고 말했다. 이곳 주민들은 도시에서 온 사람들을 자신들의 생계를 위협하는 머리가 텅 빈 몽상가들 정도로 여긴다. 이 지역은 경찰의 추적을 피해 주 경계를 넘나들며 새로운 삶을 시작하려는 범법자들이 들끓는 곳이었다. 그날 밤 후 나는 선술집에서 만난 젊은 여성과 함께 근처의 벌목된 흙밭에서 열린 현지 모터크로스* 쇼를 보러 갔다.

---

* 오프로드 모터사이클 경주로, 흙이나 모래, 자갈 등 비포장도로에서 다양한 장애물과 점프를 포함한 코스를 빠르게 달리는 스포츠이다.

도착하자마자 그는 "떠나야 해요"라고 말했다. 그의 전 남자친구가 거기 있었기 때문이다. "오, 별거 아녜요. 우리가 데이트하는 것도 아니고, 저는 그냥 아무 생각 없는 미국인 기자라고 말합시다"라고 나는 말했다. 하지만 그는 "아뇨, 상황을 이해하지 못하시네요"라며 "그는 여러 주에서 살인 혐의로 수배를 받고 여기로 왔어요"라고 말했다. 나는 모터크로스 쇼 관람을 포기했다.

2010년 룰라 대통령이 (튀르키예 대통령 타이이프 에르도안Tayyip Erdoğan과 함께) 이란 핵 협상을 시도한 것을 두고 미국이 불만을 품은 후 나빠진 브라질과 미국의 관계는 지우마 대통령 집권 후 나아졌다. 미국은 브라질 정부가 베네수엘라의 우고 차베스 정부에 반대하도록 지속해서 압박했다. 지우마는 브릭스를 열렬히 지지하고 '남남 협력' 관계 구축에 전념했다.5 2010년, 브라질이 대규모 해양 유전 개발을 시작하고 세계 역사상 최대 규모의 주식 공모를 진행할 당시, 북대서양 지역의 전문가들은 수익을 지역 산업에 재투자하도록 한 '개발주의' 조항이 해외 기업에 불리할 것이라며 우려의 목소리를 냈다.6

한편 브라질 국내에서 지우마는 군사독재정권이 저지른 범죄를 조사하는 「진실과화해위원회Truth Commission」의 출범을 주도했다. 이는 아르헨티나, 칠레, 남아프리카공화국 등이 활용한 과거사 청산의 성공적 모범을 브라질에서 재현한 것이었다. 이 위원회에 별다른 힘은 없었지만, 군 수뇌부는 이를 조금도 좋아하지 않았다. 2004년 브라질 군대가 「국제연합 아이티안정화지원단Mission des Nations Unies pour la stabilisation en Haïti」의 일원으로 아이티에 파견되면서 군대에 다시 힘이 실리기 시작한 참이었다. 하지만 아이티에서 브라질 군대는 현지 주민, 특히 아이티 여성에 심각한 학대를 저지른 것으로 알려졌다. 한편, 가난한 사람들이 너무 잘사는 것 같다고 부유한 사람들이 불평하는 소리도 슬금슬금 나오고 있었다.˙ 하지만 이 모든 것이 배경 소음, 즉 지배계급이 새로운 현실에 익숙해지기 위해 조용히 중얼거리는 소리처럼 느껴졌다. 이 온건한 사회 혁명이 지속될 것이라는 생각을 상파울루의 새로운 지도자만큼 효과적으로 강화한 이는 없었다.

2013년이 시작되다

페르난두 아다지가 2013년 1월 1일 상파울루의 시장으로 취임했다. 이는 문화적으로나 정치적으로나 상파울루의 진보주의자들에게 놀라운 성과였다. 브라질 경제의 중심지인 상파울루는 지난 두 번의 선거에서 중도우파 후보를 선출했다. 그러나 「노동자당」이 10년 동안 연방정부를 장악한 후, 유권자들은 룰라의 거대한 그늘에서 성장한 사회주의 지식인에게 상파울루 시청을 넘겨주었다. 그는 미국의 힙합 그룹 '퍼블릭에너미Public Enemy'*와 함께 무대에서 기타를 연주했고, 자동차와 오염을 줄이는 도시의 모델을 제안했으며, 상파울루 구도심을 활성화하겠다고 약속했다.7 문화부장관직에 있는 동안 그는

˙ 지우마의 첫 임기 동안 반복적으로 제기된 불만은 가사 노동자들의 임금이 너무 비싸다는 것이었다. 물론 이 이야기의 다른 측면은 노동계급 여성들이 처음으로 나은 임금과 복지 혜택을 요구할 수 있게 됐다는 것이었다. 자세한 내용은 《로스앤젤레스타임스》의 '브라질의 변화가 "하인 문제"를 가져왔다'라는 기사를 참조할 것. 더 노골적인 계급 혐오 사례는 리우데자네이루에 사는 어느 페이스북 사용자가 가난한 브라질 사람들이 비행기에서 보인다고 불평하면서 유명해진 사례이다.

* 1980년대 후반부터 1990년대 초반까지 활동하며 힙합 음악의 정치적·사회적 메시지를 대중화한 미국의 전설적인 힙합 그룹이다.

2011년부터 거리 축제와 시위 행사를 조직하는 젊은이 중 일부와 인맥을 유지했는데, 그중에는 대안세계화운동과 관련 있는 사람들도 있었다. 수치상 그의 승리는 도시의 가난한 외곽 지역의 표심에 힘입은 것이지만, 대학 교육을 받은 예술가, 음악가, 작가 등 좌파 성향의 많은 이들, 솔직히 말해서 나 같은 이들이 속한 사회 그룹의 많은 사람도 그의 승리를 기뻐했다.

그의 짧은 선거운동은 한 편의 드라마 같았다. 한동안 셀소 후소만누Celso Russomanno라는 방송인이 헤드라인을 장식했다. 그는 소비자에게 여러 가지 도움을 제공하고 고객의 권리를 옹호하는 방송으로 유명해진 재능 있는 방송인으로, 늘 텔레비전에 얼굴을 비추는 인물이었다. 찬사를 받든 조롱을 받든, 룰라 정부의 발전 모델은 소비 사회에 참여함으로써 가난한 이들에게 완전한 시민권을 부여하는 것을 의미했고, 소비자를 대상으로 한 도움말과 소비자 권리는 인기 있는 주제였다.[8] 다른 많은 개발도상국과 마찬가지로 브라질에도 쇼핑몰 건설 붐이 일었다.[9] 게다가 더욱 뉴스 가치가 있는 점은 후소만누가 브라질에서 커져만 가는 복음주의 기독교인들에게 직접 호소함으로써 주목을 받기 시작했다는 것이었다. 복음주의 기독교인들의 세력과 영향력은 점점 커지고 있었지만, 이렇게 주목받은 적은 없었다. 나는 직접 교회에서 시간을 보내면서 두 가지를 분명히 알게 됐다.

첫째, 이 교회는 일반인들에게 진정으로 의미 있는 공간을 제공했다. 개신교 목회자들은 거의 대부분 천주교 신자였던 브라질 노동자와 직접 교류했고, 많은 이가 이 새로운 교회에서 예수님을 만난 후 인생의 전환점을 맞이했다고 고백했다. 둘째, 목회자들은 종종 교회 기부금을 주님을 섬기는 선행이 아니라 일종의 투자라고 설명했다. 교회가 시키는 대로 하면 부자가 될 수 있고, 결국 어떠한 투자보다 더 많은 돈을 벌 것이라고 주장했다. 그래서 많은 대형 교회 설립자들이 엄청난 부자가 됐다고 보았고, 왜 앙골라나 마다가스카르 같은 아프리카 국가들이 실제로 교회를 폐쇄했는지 설명할 수 있었다.[10]

아다지는 권력을 잡자마자 도시의 보수 지도층과 그들이 소유한 언론사들을 상대로 보이지 않는 전투를 벌인다고 느꼈다. 소셜 미디어와 전통 미디어 양쪽에서 벌어진 정치 싸움은 종종 시내 자전거 도로를 확장하고 거리의 마약 중독자를 치료하는 데 돈을 쓰는 그의 대표 프로그램을 중심으로 전개됐다. 특히 운전자들이 상파울루는 암스테르담이나 베를린이 아니며 자전거 문화를 밀어붙이는 것은 좌파 사회공학이라고 주장하면서 도로 통제권을 둘러싸고 격렬한 싸움이 일었다. 《베자Veja》의 한 칼럼니스트는 자전거 도로를 빨간색으로 칠한 이유가 사회주의와 노동당의 색채를 전파하기 위한 선전이 아니냐는 의문을 제기하기도 했다. 이 잡지는 그 후 아다지가 "자전거의 탈레반, 두 바퀴를 탄 ISIS"라는 더 기괴한 주장을 폈고, 이는 삽시간에 온라인에서 퍼져나갔다.[11]

영향력 있는 미디어들이 이 모든 진보적인 움직임이 지나쳤다고 느끼는 듯했다. 새 시장은 언론 보도에 깊은 좌절을 느꼈으며, 항상 방어적인 태도로 우파와 맞서 싸운다고 생각했다.

2013년 3월, 나는 브라질의 언론 문화를 다룬 기사를 작성하면서 국내 정치에 초점을 맞춘 적이 있다. 이 기사는 지우마 호세프가 거의 70퍼센트대의 지지율을 누리고 있지만 주요 일간지, 텔레비전 방송국, 온라인매체 중 어느 곳도 그의 행정부를 지지하지 않는 수수께끼 같은 현상을 설명하고자 했다. 정부 관련 보도는 전반적으로 비판적이었다. 1964년에도 거의 모든 주요 언론이 쿠데타를 지지했고, 2013년에도 똑같은 매체와 똑같은 가문이 그 매체를 장악하고 있다는 점에 주목했다. 나는 이 중 한 매체에서 일하고 있었는데, 내 논점을 뉴스룸이 조금 불편해할 수도 있었다. 내 동료들은 자기 상사만 계급적 이해관계에 신경 쓰는 것이 아니라는 점을 인식하는 것이 중요하다고 강조했다. 주요 언론사는 대부분 구독과 광고 수익을 창출하는 독자를 대상으로 한다. 한 편집자는 "상파울루의 변호사를 생각해보세요"라고 말했다. 특히 이 계층은 그들이 자문한 경제학자들과 마찬가지로 지우마의 경제정책이 위험할 정도로 잘못됐다고 믿었다.12

하지만 2013년 5월, 내가 관심을 둔 것은 지자체 문제도, 거시경제학도 아니었다. 슬프게도 익숙한 사건이 일어났다. 마투그로수두술Mato Grosso do Sul 주에서 지역 목장주들이 총잡이를 고용해 테레나Terena 부족 사람들을 살해한 것이다. 물론 이는 땅을 둘러싼 갈등의 결과였다. 분쟁 지역에서는 원주민들이 활과 화살 또는 곤봉을 들고 싸우기도 한다. 한편, 카우보이들은 항상 총을 사용한다. 카우보이들은 연방정부의 인정을 받지는 못하지만 원하는 목표를 이루기에는 부족함이 없었다. 과라니-카이오와Guarani-Kaiowá 공동체에서는 이러한 역학 관계 탓에 원주민들이 서서히 스스로 목숨을 끊었다. 지난 30년 동안 이 부족의 자살자 수는 전국 평균의 60배에 달했다. 2013년 6월이 시작될 무렵, 나는 아우다 시우바 쿠냐 투파 렌디Alda Silva Kunha Tupa Rendyi와 함께 오두막에 앉아 그들이 더는 살고 싶어 하지 않는 이유를 들었다.

8

마이너리티 리포트*

이스탄불의 유럽 쪽 도심을 가로지르는 이스티크랄Istiklal 거리는 이 고대 도시의 중심부를 관통한다. 이곳에는 차가 다니지 않고 여름에는 아이스크림을, 겨울에는 군밤을 파는 노점상과 길거리 카페만 끝없이 이어져 있다. 비잔틴제국의 수도였을 때 생긴 작은 골목길로 내려가면 양고기와 신선한 채소 구이를 먹거나 튀르키예에서 양조한 에페스Efes 맥주 한 병을 마실 수도 있다. 동쪽으로 몇 구역만 가면 보스포루스Bosporus 해협이 펼쳐진다. 여기서는 유람선을 타고 이 도시의 좀 더 보수적이고 종교적인 지역인 아시아 쪽으로 이동할 수 있다. 반면 이스티크랄 거리는 세속적인 상류층 문화의 전통적인 중심지이자 도시 부르주아와 그 아이들의 놀이터이다. 이들은 대부분 무스타파 케말 아타튀르크Mustafa Kemal Atatürk의 근대화 정권 아래서 잘 지냈다. 이스티크랄 거리 끝으로 걸어 올라가면 넓은 탁심Taksim 광장과 나무

---

* 2002년 개봉한 스티븐 스필버그 감독의 SF 영화로, 필립 K. 딕의 1956년 소설 『마이너리티 리포트』를 원작으로 했다. 주인공을 맡은 톰 크루즈가 허공에 띄워진 거대한 컴퓨터 화면들을 손으로 움직여 정보를 얻는 장면이 유명하다.

와 풀이 우거진 소박한 게지Gezi 공원이 나온다. 전혀 특별하거나 시민들이 유독 사랑하는 공원은 아니지만, 이 공원들은 모든 도시의 중앙에 있다.

2013년 초, 활동가들은 환경, 공공의 공간, 그리고 세속적인 생활 방식 전반을 지키기 위해 일련의 개입을 시작했다. 이는 그리 놀라운 일이 아니었다. 이곳은 민주주의 국가였고, 도시는 항상 토론과 저항의 대상이 되는 여러 변화를 겪기 때문이다. 이것이 자유주의 세계화 시대가 작동하는 방식이었다. 수년 동안 튀르키예는 특히 서구인들에게 무슬림 세계의 모범으로 여겨지곤 했다. 2002년 처음으로 총리로 선출된 레제프 타이이프 에르도안 치하에서「유럽연합」은 튀르키예의 가입 가능성을 진지하게 검토하거나 최소한 논의하기 시작했다. 에르도안은 무슬림 다수를 국가 정치에 완전히 통합하는 한편, 열렬한 친서방 성향을 유지하며 튀르키예를 세계 자본주의 경제의 원칙에 부합하는 국가로 만들었다. 1980년 군부 쿠데타를 불러일으켰을 정도로 역사 내내 강력했던 튀르키예 좌파는 이를 신자유주의적 항복이라고 비난하며 불평등이 심화되고 있다고 지적했다. 그러나 에르도안은 광범위한 지지자 연합을 구축했으며, 그의 계획(온건 이슬람주의, 친기업·친서방, 경쟁 선거 등)은 성공리에 진행되는 것 같았다. 2013년 3월 에르도안의 지지율은 약 60퍼센트를 기록했지만, 이스탄불에서는 46퍼센트에 지나지 않았다.[1]

도시의 지식인과 예술가들은 새로운 쇼핑몰을 짓기 위해 자신들이 사랑하는 카페와 역사적인 영화관을 철거하는 것에 반대하는 시위를 시작했다.[2] 하지만 시위를 조직한 활동가들은 실패했고, 쇼핑몰 건설은 계속 진행됐다. 환경운동가들은 이스탄불에 남은 녹지 공간을 보호하기 위해 무엇이라도 하려고 소셜 미디어로 서로 연락을 취했다. 이스탄불 출신의 대학생인 푸르칸Furkan은 이 느슨한 관계망에 합류해 계획을 세우기 시작했다. 다른 많은 동료와 마찬가지로 그는 영감을 얻기 위해 아랍 세계보다 유럽에 더 의존했다. 타흐리르 광장의 사례보다는 서구 환경운동가들이 조직을 운영하는 방식과 2011년 그리스에서 좌파가 거리로 나선 방식에 더 영향을 받았다. 어쨌든 그는 자신의 작은 환경주의자 모임이 이스탄불의 상품화 속도를 늦추는 것 외에는 큰 성과를 거두리라는 희망을 갖지 못했다.[3]

그는 5월 27일 밤에 게지 공원의 나무들을 불도저로 밀어버릴 계획이 있다는 사실을 트위터를 통해 알게 됐다. 대통령은 자연을 약간 파괴할 뿐 아니라 그 자리에 오스만 시대를 기념할 대형 모스크를 지으려 했다. 푸르칸을 비롯해 수십 명의 동지가 공원으로 향했다. 총 85명의 활동가, 15명의 언론인, 친쿠르드 정당 소속 국회의원 한 명으로 구성된 시위대는 불도저를 막는 데 성공했다. 하지만 그 거대한 기계들은 다시 돌아올 것이었다. 시위대는 소문을 퍼뜨렸고, 이튿날 밤 1000여 명의 사람들이 거리로 나왔다. 대부분 다양한 정치적 견해를 가진 열성적인 환경주의자들이었고, 한 가지 공통점이 있다면 아무도 친에르도안 성향이 아니라는 것이었다. 일부 주민들은 한시도 빠짐없이 공원을 지키기 위해 텐트를 쳤다. 5월 29일 한밤중, 이번에는 나무 대신 사람을 치우기 위해 정부군이 도착했다. 경찰이 최루탄을 터뜨리고 텐트를 불태우기 시작하자 푸르칸은 공포에 질려 광장을 가로질러 허둥지둥 도망쳤다. 필사적으로 탈출하기 위해 수십 명의 사람들이 동시에 작은 계단을 내려가려다 굴러떨어졌다. 이 모든 장면은 휴대전화 카메라로 촬영됐다.[4]

5월 30일, 이스탄불 한복판의 탁심 광장이 불타고, 비폭력 환경주의자 시위대를 폭력적으로 탄압하는 경찰의 충격적인 모습에 전국이

들끓었다. 물론 이 사실을 전혀 보도하지 않는 국영 언론을 시청하는 사람들은 예외였다. 하지만 소셜 미디어, 특히 트위터와 외신 덕분에 인터넷에 익숙한 튀르키예인들은 검열을 뚫고 쉽게 소식을 접했다. 그래서 시민들은 희생된 시위대와 연대하고 경찰의 과잉 진압에 항의하기 위해 광장으로 쏟아져 나왔다. 그때 사진작가 오스만 오르살Osman Orsal은 더욱 충격적인 이미지를 만들어냈다. 흐르는 듯한 붉은 드레스를 입은 한 우아한 젊은 여성이 튀르키예 경찰에게 근거리에서 최루 스프레이로 공격을 당하는 장면을 찍은 것이다. 트위터에서 이 사진을 본 많은 이들이 중산층 가정의 시장 상점 주인 하자르Hazar처럼 느꼈다. 그는 이렇게 말했다. "모래폭풍이 일어나고 있습니다. 저는 그 모래알 중 하나가 되고 싶습니다. 사람들을 응원하고 싶어요." 광장은 하루 24시간 내내 사람들로 가득 찼고, 전 세계가 이를 지켜보았다.5

튀르키예의 모델

1922년, 강력했던 오스만제국이 600여 년 만에 마침내 무너졌다. 1453년 정복자 메흐메트 1세Mehmet I가 비잔티움Byzantium을 점령한 후 술탄들은 정복에 착수해 결국 서쪽으로 오늘날의 알제리, 남동쪽으로 아라비아 반도, 북쪽으로 헝가리와 우크라이나에 이르는 광대한 땅을 지배했다. 그들은 백성들에게 튀르키예 언어를 배우도록 강요하지 않았지만 이스탄불에 충성하는 현지 통치자의 연결망을 유지했다. 그들은 아프리카와 유럽의 노예를 모두 거래했는데, 오늘날 우크라이나의 대초원에서 온 코사크족Cossack은 크리미아 항구에서 노예로 팔리기 전에 말을 타고 습격해 노예들을 해방시킴으로써 최소한 슬라브인 사이에서는 영웅이 됐다. 그러나 유럽 제국주의가 등장하고 뒤이어 자본주의가 부상함에 따라 세계가 점점 변화하면서 오스만제국은 서서히 쇠퇴의 길을 걷게 된다.6 1923년 튀르키예공화국이 탄생했고, 초대 대통령 무스타파 케말 아타튀르크는 일련의 근대화·서구화 개혁을 추진했다. 그는 이러한 '케말주의' 조치에 따라 오스만의 칼리프제*를 폐지하고 로마 알파벳을 도입했으며, 튀르키예 국가를 완전히 세속화된 국가로 선언하고, 모든 공공 기관에서 히잡 착용을 금지했다. 많은 튀르키예 여성이 여전히 히잡을 썼지만, 공직에 근무하거나 공립학교에서 가르치는 경우에는 예외였다. 아타튀르크는 볼셰비키혁명을 재현하려는 국내의 세력들을 억압했지만, 소련의 사례에서 무언가를 배우기도 했다. 튀르키예는 중앙 계획경제정책을 썼다. 하지만 소련이 선호한 프롤레타리아 주도의 산업화가 아니라 국가 부르주아와 자본주의 경제를 구축하기 위해서였다. 이집트의 나세르 체제는 경제적으로는 아타튀르크의 체제와 크게 다르지 않았지만, 나세르주의는 케말주의보다 더 좌파적이었고 제3세계의 대의에 더 헌신했다.7 이집트와는 달리, 현대 터키의 영토는 오랜 세월 동안 하나의 통일된 민족국가로 유지되어온 공간이 아니었다. 튀르키예의 국가주의는 배타적이고 파괴적인 폭력에 의존했다. 오스만제국 말기 지도자들은 아르메니아 민족을 대량 학살했고, 튀르키예공화국은 이 새로운 국경 안에 갇힌 것을 한없이 불행하게 생각하는 쿠르드족과 끊임없는 분쟁을 벌이게 됐다.

* 오스만제국이 이슬람 세계의 종교적 지도자인 칼리프 지위를 계승한 체제를 말한다. 칼리프는 이슬람 공동체(움마)의 영적·정치적 지도자를 의미하며, 무함마드 예언자의 후계자로 이슬람 율법과 규범을 수호하는 역할을 한다.

제2차 세계대전 후 스탈린은 튀르키예에 해군 기지를 건설할 수 있을 것이라고 생각했지만, 앙카라 정부는 결국 냉전 중 서방의 편에 서서 1952년 「북대서양조약기구」 가입을 결정했다.8 1970년대에 조직화된 좌파의 권력과 영향력이 커지면서 정부는 극우 민족주의자들과 이슬람주의자들을 지원했고, 1980년에는 군부가 정권을 장악해 의회 민주주의를 종식하고 모든 노동조합을 금지했다. 군부정권에서 사회주의자들을 연이어 처형, 투옥, 고문하면서 사회주의 운동을 말살하기 전까지 정부는 이슬람주의자들과 극우 민족주의자들을 좌파에 대항하는 균형추로 지원했다. 쿠데타는 튀르키예의 종교 단체에 '통제된 개방'을 허용하는 것으로 이어졌는데, 이는 튀르키예에서 신자유주의가 시작됐음을 의미했다. 에르도안 총리의 정당인 「정의개발당Adalet ve Kalkınma Partisi」은 1983년에 창당한 이슬람주의 정당 내 친기업, 친미파로부터 성장해나온 정당이었다. 전임 이스탄불 시장(1994~1998년)은 2003년 집권해 소위 '테러와의 전쟁'에서 튀르키예가 미국의 소중한 동맹국임을 입증했으며, 국내에서도 폭넓은 지지 기반을 유지하고 있었다. 「정의개발당」은 기존 개발 모델에서 소외된 사람들, 즉 보수적인 무슬림뿐 아니라 튀르키예 민족이라면 영세 자영업자들도 포용했다. 사실 이들은 소수 민족이나 조직화된 노동자 계급만큼 정치체제에서 배제되지는 않았다.9 일부 좌파는 에르도안을 권위주의적 세속주의와 극우 민족주의보다 나은, 민주적으로 선출된 진정한 민중주의적 인물로 보고 그를 지지했다.10

2010년, 에르도안은 성공적으로 개헌안을 통과시킴으로써 군대의 힘을 빼고, 「유럽연합」 기준에 부합하는 법치를 확립하며, 경찰이 활동가들을 더 쉽게 진압할 수 있게 했다.11 에르도안 집권 10주년이 다가오면서 1990년대부터 그의 운동이 지지해온 단체들은 더 이상

주변적인 존재로 보이지 않았다. 그리고 이스탄불 시내의 많은 이들, 아마도 세속적 케말주의 근대화의 직접적인 수혜자라고 할 수 있는 이들은 이 도시에서 벌어지는 일들에 불안해했다.

에르도안은 이른바 '아랍의 봄' 때문에 복잡한 처지에 놓였다. 혹은 스스로 자신을 튀르키예의 봄 안에 몰아넣었다. 한편으로는 벤 알리와 무바라크의 몰락이 튀르키예의 영향력을 아랍 세계에서 실질적으로 확대할 기회, 즉 「정의개발당」 모델에 기회를 제공하는 것처럼 보였다. 하지만 시리아 문제가 있었다. 처음에 에르도안은 아사드와 야당 사이에서 중재자 역할을 하고자 했고, 사우디아라비아는 정권교체를 원했다. 그러나 사우디아라비아의 생각이 워싱턴에서 설득력을 얻자 튀르키예도 방향을 바꿨다. 아사드 전복을 목표로 시리아군 출신 탈영병들로 구성된 무장 반군 단체인 「자유시리아군」은 2011년 7월 튀르키예 영토에서 사우디아라비아의 자금과 미국의 지원을 받아 창설됐다. 튀르키예는 「북대서양조약기구」가 리비아에서 수행한 대카다피 작전에 적극적으로 지원을 제공했지만, 동시에 상당히 고민하며 우유부단한 태도를 보였다. 또한 튀르키예 정부는 쿠르드족 운동 전반, 특히 앙카라가 숙적으로 간주하는 호전적인 「쿠르드노동자당Partiya Karkerên Kurdistanê」에 유리하게 작용할 수 있는 모든 상황을 경계하고 있었다.

에르도안은 북아프리카에서 이슬람주의 운동을 지지할 이념적·지정학적 동기가 있었고, 실제로 그렇게 했다. 튀르키예 대통령은 튀니지의 「엔나흐다」를 지지했고 무함마드 무르시가 승리한 후 이집트의 「무슬림형제단」과 가까워졌다. 이는 그가 지난 20년 동안 발전시켜온 '튀르키예 모델', 즉 친서구적이고 신자유주의적이며 온건한 이슬람주의 정부를 다시 만들려는 시도였다. 하지만 이 때문에 그는 이 지역에서 고립됐다. 사우디아라비아는 「무슬림형제단」 정부를 전혀 좋아하지 않았다. 친서방 튀르키예 모델은 제쳐두고, 가장 인구가 많고 영향력 있는 아랍 국가에서 민주주의나 사회 혁명이 성공한다면 아랍 세계가 번영하고 진보적인 이집트나 새로운 버전의 나세르주의 또는 범아랍주의, 심지어 비교적 안정적인 이슬람 민주주의를 지지할 수 있다면 왜 억압적이고 살인적인 군주제가 필요한지 의문을 제기할 것이 분명했다.

2013년 4월, 이집트에서 무함마드 무르시 대통령의 퇴진을 촉구하는 서명을 모으는, 반란이라는 뜻의 '타마루드Tamarod 운동'이 등장했다. 이들은 2011년에 만들어진 혁명 단체의 방식을 활용했다. 즉 이들은 청년이 주도하는 디지털로 조직된 풀뿌리 봉기라고 자신을 소개하면서 매우 빠르게 많은 서명을 수집했다. 「케파야」 시절부터 활동해온 마흐무드 바드르Mahmoud Badr를 공식 대변인으로 내세운 이들은 "이제 그만"이라는 구호를 외치며 세속 지도층뿐만 아니라 혁명가들에게도 호소했고, 무르시가 권력을 남용해 보수적인 종교를 국가에 강요한다고 비난했다. 에르도안은 곧바로 무르시의 편을 들었다.

브라질이여, 저항하라!

빨간 드레스를 입은 여성의 사진이 온라인에서 유명세를 탄 후, 시위 지지자와 에르도안 반대자들이 게지 공원을 가득 채운 장면을 찍은 사진이 전 세계로 송출됐다. 6월 초, 시위대는 탁심 광장에 영구적으로 집결했다. 동시에 게지 공원은 매일 퇴근 후 저녁에 찾아오는 시위대를 환영했다. 해외에 거주하는 튀르키예인들은 며칠 동안 페이스북에 매달렸고, 여력이 있던 몇몇은 비행기를 타고 고국에 와 시위에 동참했다.[12] 이즈미르Izmir, 앙카라를 비롯한 12개 정도의 도시에서 더 많은 시위가 벌어졌지만 2013년 6월의 첫날, 게지 공원은 다양한 정치적 대의를 표출하는 공간이자 경찰과 충돌하는 곳이며 근본적으로 새로운 유형의 공동체적 경험을 할 수 있는 공간이 됐다.

이 모든 것이 미리 계획된 일은 아니었다. 이들에게는 명백한 요구 사항도 없었고, 그들의 고조된 목적의식에 부합하는 어리석을 정도로 명확한 목표물, 예를 들어 수십 년 동안 집권한 독재자도 없었다. 그들의 명분은 참가자들만큼이나 제각각이었다. 튀르키예의 역사적 맥락에서는 이집트와 튀니지에서 일어난 것처럼 군부가 대통령에게 반기를 들게 하는 것은 분명 혁명이 아니라 또 다른 쿠데타에 불과했다. 게지 공원의 시위대는 타흐리르 광장, 델솔 광장, 혹은 '월가점령운동'처럼 '지도자 없는' 수평적 조직이 아니었다. 「탁심 연대Taksim Solidarity」라는 '포괄적인umbrella' 조직이 빠르게 형성돼 저항의 방향을 제시했기 때문이다.13 그러나 그 '우산' 아래 누가 있는지 정확히 알 수 없었기 때문에 실제로는 항상 제대로 된 결과를 얻지 못했다. 누구나 공원에 올 수 있었고 참가자들도 다양했다. 환경운동가들이 이 운동을 시작했고, 처음부터 쿠르드족의 이익을 옹호하는 진보 정당인 「인민민주당Halkların Demokratik Partisi」의 대표들도 참여했으며 「튀르키예공산당Türkiye Komünist Partisi」을 비롯한 조직된 좌파도 광장에 모였다. 대부분의 시민과 달리 「튀르키예공산당」은 2003년 튀르키예 영공을 지나야만 가능했던 미국 전투기의 이라크 공격 반대에 투신한 뒤로 이곳에서 경찰과 싸워왔다. 페미니스트와 성소수자 단체도 광장에서 빠르게 자신들의 존재를 알렸다. 세속적 사회민주주의자, 극우 민족주의(반쿠르드) 세력 등 다양한 성향의 케말주의자들도 모여들었다.14 당황스럽게도 1980년 군사 쿠데타 이전 좌파를 대상으로 삼은 몇몇 테러를 주동한 극우 민족주의자 단체인「회색늑대들Grey Wolves」의 지지자들도 광장에 모였다.15 그러나 그들도 에르도안을 단호하게 반대했기 때문에 진보주의자들은 그들이 광장에 온 이유를 이해할 수 있었다. 최전선에 있던 일부 사람들은 영화 「브이 포 벤데타」에 나오는 가면을 썼고, 참가자들 중에는 뚜렷한 정치 성향이나 경험이 없는 평범한 중산층 시민들도 많았다.

설문조사에 따르면 광장에 모인 사람 대부분은 튀르키예인 전체보다 교육 수준이 훨씬 높았고 인근의 부유한 지역 출신이었다. 반면 농부, 주부, 상인 들은 이 시위를 지지할 가능성이 낮게 조사됐다.16 전문직 종사자들이 세속적 가치를 수호하고 공공장소의 상품화에 반대하며 경찰 폭력에 저항하는 매우 느슨한 연대를 형성한 것이다. 그리고 과격한 축구팬, 즉 훌리건hooligan도 광장에서 만날 수 있었다.

영어에서 '훌리건'은 상당히 불미스러운 유형의 폭력적인 성격을 의미하지만, 영국 이외의 지역에서는 일반적으로 명백한 정치적 이념과 무관하게 자기들끼리 매우 친밀한 극렬 팬들을 지칭하는 단어로 '울트라ultra'를 사용한다. 여러 지역에서, 특히 이스탄불에는 좌파 울트라가 존재한다. 피델 카스트로Fidel Castro에게서 따온 「바모스비엔Vamos Bien」*이라는 이름을 붙인 현지 페네르바체Fenerbahçe 클럽**의 팬들은 이스탄불의 반파시스트, 페미니스트, 사회주의자 울트라 그룹으

---

*   1959년 1월 8일 피델 카스트로가 연설 도중 혁명 동지인 카밀로 시엔푸에고스Camilo Cienfuegos가 나눈 대화에서 자연스럽게 나온 문장의 일부분이다. 이 연설에서 카스트로는 혁명의 승리를 확신하며, 혁명 후의 과업이 더욱 어려울 것이라는 점을 강조했다. 연설 중 카스트로는 동지인 시엔푸에고스를 보며 "내가 잘 가고 있는가Voy bien?"이라고 물었고, 시엔푸에고스는 "우리는 잘 가고 있습니다Vamos bien"라고 답했다. 이 짧은 대화가 역사에 기록됐고, 시간이 지나면서 혁명이 옳았다는 의미를 담은 좌파의 구호가 됐다.
** 일반적으로 페네르바체 또는 구어체로 페너라고 불리는 프로 축구팀으로, 이스탄불을 대표한다.

로, 첫날부터 광장에 있었다. 울트라는 잘 조직된 데다 투쟁 경험이 많으며 탄압에 저항해서 싸우는 법을 잘 알았다. 예컨대, 그전 해 5월 12일 페네르바체 경기장에 있던 팬들은 경찰 헬기가 경기장에 최루탄을 투하한 장면을 기억했다. 「바모스비엔」의 회원들은 중산층으로 구성된 시위대를 히피족을 뜻하는 '플라워피플the flower people'이라고 불렀으며, 이들과 소통하기 어려워했다. 이들은 종종 경험 많은 활동가들의 도움을 받아 게지 공원의 시위에서 최전선에 나섰지만, 그 뒤에 있는 '유약하고 무질서한' 시위대가 자신들의 행동을 이해하는지 알 수 없었다. 실제로 전투에 참여하고, 현실적인 위험을 감수하는 그들은 뒤편에서 일어나는 '소부르주아 문화 박람회'를 보며 좌절감을 느꼈다.17

어느 날 이스탄불의 또 다른 축구 구단인 베식타스Beşiktaş의 지지자들로 이루어진 거대한 행렬이 광장으로 행진했다. 부촌 출신의 예술가인 에렌 센카데스Eren Senkardes는 이 행렬에 깊은 인상을 받았다. 그들은 "BEŞIKTAS"라고 적힌 대형 걸개를 펼쳤는데, 'K'는 공산주의를 상징하는 망치와 낫으로, 'A'는 무정부주의자를 상징하는 원으로 그렸다.

에렌은 한 명의 베식타스 울트라가 나머지 울트라들 앞에 서서 팔을 들어 그들을 지휘하는 모습을 넋을 잃은 채 바라보았다. "정말 미쳤어요. 미친 광경이었어요." 에렌이 말했다. "그의 작은 손동작 하나하나에 팀원 전체가 반응하고 일사불란하게 움직였어요. 그는 군중을 완전히 통제했어요." 그는 2002년 미국에서 제작된 영화에서 주인공이 손가락으로 복잡한 컴퓨터를 제어하는 장면을 언급했다. "마치 「마이너리티 리포트」의 톰 크루즈Tom Cruise를 보는 것 같았죠."

또 다른 밤, 또 다른 행렬이 탁심 광장으로 행진했다. 몇 구역 떨어진 곳에서 리한나Rihanna가 대규모 공연을 하고 있었다. 리한나가 노래를 부르는 동안 VIP 석에 앉은 팬들은 트위터를 통해 광장에서 일어나는 일들을 지켜보았다. 공연이 끝나고 이들은 언덕 위 이스티크랄 쪽으로 몰려가 시위에 동참했다. 에렌의 여자친구도 그 행진에 참여했다. 그들은 자신들이 프롤레타리아 출신이 아님을 알고 있었지만, 모두 도시를 지키기 위해 힘을 합쳤다. 그리고 다른 많은 시위 참가자처럼 에렌도 경찰이 쏜 최루탄에 머리를 맞았다.

이 부상이 그의 인생을 바꾸었다. 상처가 영구적이기 때문만은 아니었다. 병원으로 이동하는 동안 그는 2011년 타흐리르와 1968년 파리에서 많은 사람이 이야기했던, 타인과 조건 없이 깊은 관계를 맺는 경험을 했다. 그는 상처의 크기 때문에 자신이 살아남을 수 있을지 확신하지 못했다. 상처 주변으로 두려울 정도로 강렬한 열기가 고동치는 듯했다. 그는 대기실에서 다른 남자와 눈을 마주쳤는데, 그 남자는 게지 공원 시위 이전에는 한 번도 말을 섞지 않았을 사람이었다. 하지만 그 순간 그들은 형제였다. 그 느낌은 초월적이었고, 머리뼈 뒤쪽의 통증보다 훨씬 강력했다.[18]

대안세계화운동이 발화한 시점부터 디지털 세계에서 조직된 활동가 네트워크의 일원으로 활동한 튀르키예의 사회학자 제이넵 튀페크치Zeynep Tufekci는 뉴욕과 이집트에서 사용된 언어가 거의 동일하다는 사실을 발견했다. 그는 "눈을 가늘게 뜨고 사용되는 언어가 튀르키예어라는 사실을 무시한다면, 이 시위가 21세기의 어느 광장에서든 볼 수 있는 시위임을 느낄 수 있다. 시위는 트위터를 통해 조직됐고, 광장은 최루탄 가스로 가득 찼으며, 시위의 리더는 없지만 서로 느슨하게 연결되었으며, 다소 도취되었고 몹시 취약했다"고 적었다. 그는 또한 음악 축제와 파리코뮌 사이 어딘가에 있는 시위의 이중적 성격에 주목했다. 그레이버와 마찬가지로 그도 저항이 단순히 목적을 위한 수단이라는 생각을 거부했다. 그러나 그의 해석은 예시적 이상향에 근거한 것이 아니라 사람들이 이러한 경험에서 진정한 의미를 도출한다는 경험적 관찰에 근거한 것이었다. 국가가 아닌 광장을 운영한다는 점을 제외하면 이것이 바로 「민주사회학생회」가 꿈꾼 '참여민주주의'의 모습이었다. 튀페크치는 게지 공원이 소외된 일상에서 벗어날 탈출구를 제공하고, 돈 없이도 상품을 교환할 수 있다는 점에서 현대 자본주의 사회의 '상품 물신주의'를 뒤집는다고 느꼈다. 담요나 음식은 항상 필요 이상으로 제공됐다.[19]

한편, 에르도안 정부의 지지자들은 이곳의 상황이 시위대가 주장하는 바와 매우 다르다는 점을 알리기 위해 분주히 움직였다. '탁심 광장은 타흐리르 광장이 아니다'라는 제목의 알자지라 기사에서 두 명의 대학교수는 광장에 급진적인 케말주의자들이 있다고 지적하며 이들이 "우리 사회의 중심과 주변부 간 관계를 혁명적으로 바꾼" 정부를 전복하기 위해 시위를 이용한다고 주장했다. 이는 에르도안의 「정의개발당」을 지지하는 지식인 좌파의 노선과도 같았다. 이들은 "인류학자이자 마르크스주의 학자로서 우리는 「정의개발당」이 여전히 잠재적 혁명의 실질적 주체인 하위 주체subaltern의 지지를 받고 있음을 목도한다"고 썼다. 그는 또 "2002년 후 튀르키예의 주변부에 있던 사람들이 중심이 됐고, 오늘날의 혼란은 이를 역전시킬 위험이 있다"고도 주장했다.[20]

하지만 세계 각지에서는 지지가 쇄도했다. 광장 근처에서 일하던 냉소적이면서도 장난기 많은 과학자 바하르Bahar는 군중 속에서 즐거운 시간을 보내고 있었다. 그는 세속적 가치(특히 과학 방법론)를 수호하고 에르도안에 반대하기 위해 광장에 참여했다. 그에게 게지 광장은 놀라움 그 자체였다. 이스탄불에 자신과 생각이 같은 사람이 이렇게나 많을 줄 몰랐기 때문이다. 또한 그는 처음으로 퀴어와 트랜스젠더를 알게 됐다. 그는 광장에서 남자 친구—'섹스 친구'에 가까웠다고 한다—를 만났다.21

조금 과장해서 말하자면, 그는 말할 때 말고는 항상 트위터를 사용했다. 6월 말에 그는 브라질에서 날아온 트윗을 통해 상파울루의 시위대가 최루탄을 맞고 있다는 소식을 접했다. 그는 브라질 사람들이 "사랑은 끝났다! 튀르키예가 여기 있다!"라고 외치며 공세를 견뎌 냈다는 소식을 읽었다. 그는 지구 반대편에서 벌어진 또 다른 거리 운동과 연대하는 반응들이 튀르키예의 온오프라인에서 꽃피는 모습을 목격했다. 그는 20대에서 30대 사이의 사람들 여덟 명이 브라질 축구팀의 색깔인 녹색과 노란색 종이에 커다란 메시지를 적어 놓은 사진을 찍었다. 그는 이 사진을 온라인에 게시한 후 인터넷에 퍼진 브라질 시위대의 튀르키예 관련 트윗을 처음 올린 브라질 기자, 즉 나에게 링크를 보냈다. 포르투갈어로 쓴 메시지는 약간의 오타가 있었지만 뜻은 완벽하게 통했다.

"전 세계가 상파울루다. 모든 곳에서 저항하라. 브라질이여, 저항하라. 튀르키예가 당신과 함께 있다."

며칠 후, 수천 명이 집회에 모였다. 경험 많고 연로한 활동가들(주로 공원에서 '빅브라더'로 불린 조직된 좌파 활동가)은 자신들이 형성한 영향력을 이용해 제도권 정치와 협상함으로써 이득을 취하고 사태를 마무리짓고자 했다. 젊은 시위대는 그들의 권위에 의문을 제기하고 그들이 자신을 대표하지 않는다고 외치며 그들에게 맞섰다. '빅브라더'들은 힘이 약해졌다. 그들은 자신들이 졌음을 깨달았다.22 결국 튀르키예 정부가 광장을 대신해 협상할 대표단을 초청하려고 했을 때, 실제로 누가 가야 할지 분명하지 않았다.

9

「무상대중교통운동」

2013년 상반기는 버스요금 인상으로 매우 바빴다. 상파울루 시당국은 원래 1월 1일부터 버스요금(및 지하철요금)을 인상할 계획이었다. 하지만 지우마 대통령은 아다지 시장에게 다가오는 인플레이션 문제를 통제하기 위해 6월까지 기다려 달라고 요청했다. 아다지는 이 요청이 말이 안 된다고 생각했고, 수도 브라질리아에서 이 문제로 지우마와 아다지 사이에 작은 갈등이 생겼다. 그는 한 도시의 교통요금이 국가 전체의 물가에 큰 영향을 미친다고 생각하지 않았고, 상파울루는 자금이 절실히 필요하다고 말했다. 하지만 지우마가 이겼다. 아다지가 요금 인상 시점을 늦추기로 하자 「무상대중교통운동」은 대응책을 세울 시간이 몇 달 생겼다.

그리고 그들은 대응책을 마련했다. 「무상대중교통운동」은 8년 동안 이어진 도시정책과 이에 저항한 거리 전술의 효과를 연구했다. 그들은 이전에 효과를 본 것(2004년 플로리아노폴리스)과 효과를 보지 못한 것(2003년 살바도르와 2011년 상파울루)을 돌아보았다. 그들은 일주일에 두 번씩 인권 단체 「더는고문하지말라 Tortura Nunca Mais」의 사무실에 모여 계획을 세웠다.

모든 것은 합의로 결정해야 했기 때문에 그들은 몇 시간 동안 회의를 지속하곤 했다. 방과 후나 퇴근 후 또는 주말에 마야라는 루카스 '레굼' 몽테이루, 페드로 펑크, 법대생 니나 카펠로Nina Cappello, 록 음악가 다니엘 기마랑이스Daniel Guimarães, 당찬 엘리사 '팅커벨' 쿠아드루스Elisa 'Tinkerbell' Quadros, 그리고 20~30명 정도의 다른 회원들과 모였다. 이들 중 다수는 상파울루의 명문이자 무상교육을 제공하는 국립대학, 상파울루대학교에 재학 중이었지만, 오래전에 신상 정보를 언론에 공개하지 않기로 했다. 개인에게 관심이 집중되는 것을 원치 않았고, 누구도 다른 구성원들보다 우위에 서는 것을 원치 않았기 때문이다. 투쟁을 계획하는 일은 흥미진진했지만 쉽지 않았다. 회의는 오전에 시작해도 새벽 두세 시까지 이어지곤 했다.

이들의 목표는 페르난두 아다지 시장이 계획하는 시내버스요금 20센타보* 인상안을 철회하는 것이었다. 그들 중 일부는 이 시도가 더 큰 의미에서 브라질 사회를 바꿀 수 있다고 믿었다. 그들의 운동이 더 많은 이들, 특히 노동자들이 거리에서 직접행동을 통해 정치적 권력을 획득하도록 이끌 수 있기 때문이었다. 공동체로서 그들에게는 하나의 매우 구체적인 목표가 있었고, 그들은 이를 달성하기 위한 구체적인 계획을 세웠다. 6월이 가까워지자 이들은 매일 모였다. 지리학과 학생인 올리베르 카우앙 카우에Oliver Cauã Cauê처럼 수도 외곽에 사는 회원들은 상파울루로 내려와 작전을 준비했다.1

「무상대중교통운동」은 아나시와 「노동자당」이 사회운동과 상호작용할 수 있는 강력한 방식을 개발했다는 사실을 알고 있었다. 아다

---

* 2024년 환율로 한화 약 47원.

지는 대화를 통해 포섭하고, 끌어들이고, 소통하길 원했다. 루카스는 "우리를 회의에 참여시키겠지. 그 회의는 다른 회의로 이어질 거야. 이후 그 회의들에서 위원회가 만들어지고, 그 위원회에서 향후 만들어질 다양한 위원회에 대해서 논의하겠지. 그리고 나중에 만들어지는 위원회들은 미래에 있을 협상에 기반이 되는 의제들을 만들 거야. 대화는 그런 목적이야"라고 말했다. 그들은 상황이 그렇게 될 가능성을 거부하며, 시청에 등을 돌렸다.

「무상대중교통운동」은 자신들이 원하는 만큼 시청을 압박하려면, 이 도시에 약간의 혼란이 필요하다고 생각했다. 그들의 조직은 적절한 혼란을 불러일으킬 만큼 크지 않아 다른 이들의 동참이 절대적으로 필요했다. 그들은 아다지가 항복할 때까지 시위를 몇 번이나 더 해야 할지 계획했다. 물론 그들은 자신들의 개입을 언론에 꼭 알려야 한다는 것을 알고 있었다. 그들은 기업 언론을 깊이 불신했지만—그들의 창립 헌장은 이러한 '과두적' 조직과 접촉할 때 '주의'를 기울이라고 촉구했다—의사소통 전략은 있어야 했다.[2]「무상대중교통운동」의 조직 방식 그리고 그것을 뒷받침하는 그들의 신념은 지정된 대변인을 두는 것을 결코 허용하지 않았다. 그들이 믿는 수평주의에서는 모든 사람이 평등하고 모든 사람이 모든 일을 해야 한다. 그래서 구성원들이 돌아가면서 대변인을 맡았고, 스스로 지도자가 없는 집단임을 강조했다. 그들은 다른 정치 쟁점보다는 운동의 목표만을 놓고 이야기했다. 그러나 그들은 확실히 언론이 좋아할 만한 종류의 기삿거리를 제공했다.

그들은 첫 기습 시위 후 도시의 주요 신문 표지에 실리길 바란 정확한 이미지를 기획하기까지 했다. 그들은 도시의 주요 도로 중 하나인 벤치트레스 지마이우[23 de Maio] 거리를 막고 브라질 급진주의 저항의 고전적 방식을 따라 자동차 바퀴에 불을 붙여 바리케이드를 설치한 다음 거대한 현수막을 펼칠 계획을 세웠다. 현수막에는 다음과 같은 글귀가 적혀 있을 것이다.

요금을 인하하지 않으면, 도시는 멈출 것이다.

운율도 좋고 한 줄의 시처럼 읽힌다. 그들은 결국 경찰의 손에 거리에서 내쫓기겠지만, 이미 언론사가 그 장면을 촬영했을 것이다.

시청 내부에서도 아다지는 아다지대로 경찰과 문제가 있었다. 브라질 경찰은 독재정권의 유산인 군경이며, 가장 중요한 부대는 주정부 소속이다. 중도우파 정당인 「브라질사회민주당Partido da Social Democracia Brasileira」 소속의 제랄두 알키민Geraldo Alckmin 주지사는 지우마와 아다지의 정치적 경쟁자였으며 치안을 바라보는 시각이 매우 달랐다. 아다지는 전임 시장에게 물려받은 예산 문제로 경찰청이 시청과 갈등을 빚고 있다고 생각했다. 게다가 경찰은 노숙하는 마약 복용자들을 범죄자가 아닌 중독자로 취급하는 그의 포용적 치료 프로그램 혹은 '오픈 암스Open Arms' 치료 프로그램에 협력할 것을 분명하게 거부하고 있었다.3 그래서 5월, 아다지가 도시의 미래 비전을 보여주기 위해 개최한 야간 음악 축제인 '비라다 쿨투랄Virada Cultural'의 첫날 밤, 경찰은 행사 기간 내내 '팔짱을 낀 채' 어떠한 치안 활동도 거부했다. 나도 그 축제에 참석했는데, 축제는 그야말로 아수라장이었다. 내 아파트의 발코니에서 무대 중 하나가 내려다보여서 밴드 '라사네그라Raça Negra'의 공연을 관람한 후 아래층으로 내려가서 상황을 확인했다. 마치 경찰이 도시의 모든 잡범에게 축제를 망칠 최고의 무대를 보여 달라고 부탁한 것 같았다.

나에겐 반쯤 부서진 블랙베리 한 개와 카샤사cachaça* 한 병 외에는 아무것도 없어서 걱정이 없었다. 하지만 나와 일행은 10대 소년들이 눈에 보이는 모든 휴대전화, 배낭, 손가방, 지갑을 찢어버리고 끔찍하게 웃으며 달아나는 모습을 경악과 공포에 질린 채 목격했다. 경찰은 벽에 기댄 채 이 상황을 지켜보기만 했다.

「무상대중교통운동」은 6월 6일 첫 시위를 진행했다. 그들은 페이스북에 누구나 참여할 수 있는 그룹을 만들었다. 이들은 시위 날짜에 맞춰 이벤트 페이지를 열었는데, 이는 학교에서 만난 사람들, 지인, 그리고 그들의 운동에 동조하는 다른 활동가들에게 시위가 벌어지고 있음을 알리는 좋은 방법이었다.

그날 밤 약 5000명의 사람들이 거리로 쏟아져 나왔다. 남반구에 위치한 상파울루의 6월은 로스앤젤레스의 겨울보다 춥지는 않지만, 사람들이 집에서 몸을 따뜻하게 감싸고 싶어 할 만큼은 춥고 어둡다. 그래서 운전자들과 특히 경찰은 수많은 학생, 펑크족, 10대 청소년들이 벤치트레스 지마이우 도로로 쏟아져 들어오는 것에 놀랐고, 도로를 즉각 폐쇄했다. 자동차 바퀴에 불을 붙이고 그 위에 나무 개찰구를 설치해 함께 태우자 검은 하늘을 배경으로 화염은 더욱 두드러졌다. 경찰은 곧 지원을 요청했다. 《카르타캐피탈Carta Capital》의 기자인 피에루 로카텔리Piero Locatelli는 최루탄을 맞기 직전에 스스로 군경과 군중 사이의 "전투"라고 묘사한 장면을 목격했다. 언더그라운드 펑크나 소란스러운 시위에 익숙하지 않은 피에루는 상파울루에서 이렇게 많은 경찰이 한 장소에 모인 것은 처음 본다고 말했다. 그리고 그렇게

---

* 브라질에서 유래된 증류주로, 사탕수수를 발효시켜 만든 술이다. 브라질 전통 칵테일인 카이피리냐Caipirinha의 주재료로도 많이 사용된다.

적은 수의 시위대가 그렇게 치열하게 싸우는 것도 본 적이 없다고 했다. 결국 경찰은 후퇴하기 시작했다. 청년들은 "내일은 더 나아질 것이다!"라고 외쳤다.4

이후 나는 브라질의 농업 중심지에서 원주민과 목장주 사이에서 벌어진 갈등을 취재했기 때문에 상파울루에서 멀리 떨어져 있었지만 매일 뉴스를 확인했다. 나는 1년 동안 《폴랴지상파울루》에서 일했기 때문에 보통 그 신문을 먼저 보고 상파울루의 더 보수적인 일간지 《이스타당Estadão》을 보곤 했다. 두 신문 모두 1면에 어두운 밤 춤추는 불꽃 앞에서 길을 막고 메시지를 방송하는 「무상대중교통운동」의 모습이 똑같이 실려 있었다. 그들이 계획한 대로였다.

「무상대중교통운동」은 자원이 거의 없었기 때문에 그날 밤 불태운 현수막과 가짜 나무 개찰구에 예산을 대부분 썼다. 6월 7일부터는 시위에 참여했다 감옥에 수감된 이들을 돕기 위해 모든 자원을 동원해야 했다. 최소 50명이 다쳤다. 그들은 원하는 사진을 보도하긴 했으나 결코 호의적이지 않은 언론과도 싸워야 했다. 한 신문은 시위를 "기물파손 행위"라고 보도했고, 다른 신문은 "재산파괴"라고 보도했는데, 엄밀히 따지면 둘 다 틀린 말은 아니었다.

「무상대중교통운동」은 루카스가 말한 것처럼 일종의 '이중 경기'를 해야 했다. 즉 대중교통요금을 인상하는 정부와 억압적 경찰이 거리의 혼란을 초래했다고 꾸준히 비난하는 동시에 그들이 기획한 혼란이 감당할 만한 수준에 머물도록 관리하는 것이었다. 그들은 6월 7일 페이스북에 첫 번째 무상을 강조하는 글을 올렸다. 그리고 예상대로 시장실에서 연락이 왔다. 시청의 누군가가 지인을 통해 활동가 중 한 명의 전화번호를 알아냈고—이는 매우 아다지다운 행보였다—직접 전화를 걸어 교통정책에 대한 "시민 대 시민 간의 솔직한 토론"

에 초대하겠다고 제안했다. 하지만 「무상대중교통운동」은 이는 자신들이 원하는 대화가 아니라는 이유로 거절했다.5 그리고 그들은 그날 밤 또 다른 시위를 준비했다.

거의 10년 전에 플로리아노폴리스에서 거둔 성공을 되돌아본 「무상대중교통운동」은 성공을 위해서는 강력한 시위가 끊이지 않고 이어지는 것이 중요하다는 결론에 도달했다. 그래서 그들은 이틀 연속으로 거리에 나섰다.

이들이 경찰에게 장담한 것처럼 이날 시위가 전날의 시위보다 더 크지는 않았지만, 그들은 도시의 또 다른 지역을 봉쇄함으로써 허를 찔렀다. 금요일 오후, 도시의 부유한 지역이자 젊은 아다지가 마르크스주의 피자 파티를 연 바로 그 동네인 피네이루스에 약 5000명의 사람들이 모였다. 필요한 인원이 모두 모였음을 깨달은 「무상대중교통운동」 조직원들은 브라질에서 가장 큰 고속도로 중 하나를 점거했다. 브라질 전경 부대인 「트로파지쇼키Tropa de Choque」가 시위대를 조준했다. 반격에 나선 사람들 중에는 임박한 충돌에 대비해 만반의 준비를 갖춘 「블랙블록시위대」가 있었다. 《카르타캐피탈》소속으로 다시 한번 시위를 취재하던 피에루는 그날 밤 한 10대 무정부주의자에게 한 가지 비법을 배웠다. 식초에 티셔츠를 적신 후 그 연기를 들이마시면 최루탄의 효과를 줄일 수 있다는 것이었다. 효과가 있는 것 같았다.6

주말 동안 《이스타당》은 아다지와 진보적 사회운동에 관용적인 태도를 보인 「노동자당」이 '기물파손'과 '폭력'을 옹호한다며 비난했다.7 시장 자신은 상파울루를 떠나 파리로 가서 알키민 주지사와 함께 2020년 세계 엑스포 유치전을 벌이고 있었다. 브라질은 이미 2014년 월드컵과 2016년 올림픽을 개최한 바 있으며, 이번 엑스포는 브라질의 값비싼 거대 행사라는 왕관을 장식할 또 하나의 보석이 될 것이었다. 버스요금에 관해서는 자신이 국민을 속이는 것은 아니라고 생각했다. 그는 선거운동 기간 내내 버스요금을 인상하겠다고 공언했고, 손쉽게 승리했다. 지난 요금 인상에 이어진 전체 물가인상율보다 그가 계획한 인상 폭은 작았다. 그는 버스요금 인상이 도시를 위한 올바른 조치라고 믿었다.

아다지는 「무상대중교통운동」에 점점 짜증을 내기 시작했다. 그들이 정치인 간의 차이를 인정하지 않고, 그가 젊은 반체제 인사 시절 대항해 싸운 보수적인 억압 기관들, 지금은 그의 정부를 방해하는 바로 그 정치 기관들과 자신을 동일시한다고 느꼈기 때문이다. 「노동자당」은 수십 년 동안 사회운동조직들을 의사결정에 참여시키고 거리를 권력의 전당으로 초대하기 위해 개발한 자신들만의 방식에 깊은 자부심이 있었다.8 하지만 「무상대중교통운동」의 청년들은 「노동자당」의 규칙을 따르지 않을 뿐 아니라 규칙이 존재하지 않는 것처럼 행동했다. 그렇다고 이 운동을 완전히 무시할 수는 없었다. 「브라질공산당」 소속 나지아 캄페앙 Nádia Campeão 부시장은 파리에서 급히 돌아와 시내에 머물며 상황을 예의주시하고 있었다.

6월 11일 화요일, 폭우가 쏟아졌다. 그날 오후에 열린 세 번째 시위는 한 장소에 모여 성명을 발표하는 것이 아니라, 거대 도시의 도심에서 폭우 속에 나타났다가 사라지는 일련의 전투 형태를 띠었다. 물 때문에 휴대전화와 확성기를 사용할 수 없었기 때문에 시위는 평소보다 덜 조직적이지 않았다. 시위대는 통근자들이 개찰구를 뛰어넘도록 유도하기 위해 버스 정류장 진입을 시도했다. 경찰은 처음에는 구두경고로, 그다음에는 최루탄과 고무탄으로 대응했.

경찰 한 명이 주 법원 앞에서 벽에 스프레이로 낙서를 하는 청년을 막으려 했다. 하지만 순식간에 오히려 경찰관이 포위당했다. 한 무리의 시위대가 그에게 돌을 던지기 시작했고, 그중 한 명이 머리를 맞혀 경찰은 피를 흘리기 시작했다. 그는 총을 꺼내 청년들을 향해 겨누고 쏠 준비를 했다. 하지만 그는 총을 다시 하늘로 겨누고 두려움에 떨며 뒤로 물러났다. 그 장면만 보면 한 무리의 불량배가 경찰관을 거의 죽일 뻔한 것처럼 보였다. 하지만 이는 「무상대중교통운동」에도 그다지 생산적인 사건은 아니었다. 실제로 경찰을 끌어내고 군중과 분리하기 위해 그를 둘러싼 것은 바로 「무상대중교통운동」의 회원들이었다.9 모든 혼란을 국가 탓으로 돌리며 저항이 범죄화되는 것을 막는 것이 그들이 내세운 노선이었다. 이는 실행하기 상당히 어려운 노선이기도 했다.

　이 장면을 찍은 사진이 그날 신문을 장식했음은 놀랄 일도 아니었다. 언론은 이 경찰에게 압도적인 지지를 보냈다. 알키민 주지사는 그에게 연대를 표하는 성명을 발표했고, 성명에서 그의 이름을 거론하며 용기를 치하했다. 공산주의자인 시의원 오를란두 시우바Orlando Silva는 시위대의 무책임한 행동을 묘사하기 위해 옛 마르크스-레닌주의 정전에서 나온 '모험주의자adventurist'라는 단어를 사용했다. 모험주의자는 국가를 불안정하게 만들고 상황을 악화시킬 뿐 실제로 혁명적 변화를 일으키지는 못하는 자들이다. 「노동자당」의 원로 정치인인 에두아르두 수플리시Eduardo Suplicy는 간디와 마틴 루터 킹 주니어의 유산을 언급하며 정의를 위해서는 비폭력 투쟁을 해야 한다고 요구했다.10 그리고 파리에서 돌아온 아다지 시장은 경찰에게 청년들의 반란에 과잉 대응하지 말 것을 요청했다. 하지만 시위대에 둘러싸여 집단 폭행을 당할 뻔한 경찰관의 사진을 본 경찰은 더는 시장의 말을 듣지 않았다.11

네 번째 시위가 예정된 6월 13일 아침, 상파울루의 신문들은 경찰이 이 단체를 진압해야 한다는 메시지를 분명하게 전달했다. 풍자나 자극적인 보도를 통해 메시지를 전달한 것이 아니라 결단을 내리고 행동할 것을 직접적으로 촉구했다. 《이스타당》은 사설에서 "당국은 처음부터 경찰이 더 엄격한 조치를 취하도록 결정해야 했다"고 썼다. 《폴랴지상파울루》는 '파울리스타^{Paulista} 거리*를 탈환하라'라는 제목의 사설에서 다음과 같이 썼다. "두건 외에는 아무것도 생각하지 않는 것처럼 보이는 소수의 시위대는 경찰의 폭력에 따른 반작용이었다며 자신들의 폭력을 정당화한다. 하지만 이제 그만 멈춰야 할 때이다."[12]

「무상대중교통운동」은 점점 힘을 잃어가고 있었다. 그들은 남미에서 가장 큰 도시의 한 구석을 폐쇄하고 경찰과 싸우며 언론과 페이스북, 트위터에서 자신들의 이미지를 관리하는 것 외에도 다치고 수감된 수많은 동지를 지원해야 했다. 무엇보다 이들은 단계마다 완벽한 합의를 도출하기 위해 끊임없이 회의를 열어야 했다. 잠잘 시간이 거의 없었지만 그들은 6월 13일 시위를 위한 임무 교대 계획을 세웠다. 루카스는 본부에서 법률 지원을 담당할 예정이었다. 마야라는 최전선에서 모든 단속에 맞서며 행진의 방향을 정하는 역할을 맡을 계획이었다.

---

*   브라질 상파울루에 있는 가장 상징적이고 중요한 거리 중 하나이다. 이곳은 상파울루의 금융, 문화, 상업, 정치 중심지로, 브라질 경제의 중심축이기도 하다.

파울리스타 거리 탈환

나는 6월 13일 목요일 이른 아침 상파울루로 돌아왔다. 밤새 버스를 탔고 피곤한 상태였다. 그날 밤 시위에 갈 예정이라 기운을 아끼기 위해 종일 잠을 잤다. 이 시위가 《로스앤젤레스타임스》에 뉴스거리가 될지 알 수 없었지만, 개인적으로는 궁금했다. 가까운 친구인 프리랜서 사진작가 줄리아나는 상파울루대학교에 다니며 대학 내 음악 동아리들과 긴밀한 관계를 맺은 덕에 「무상대중교통운동」을 잘 알았기 때문에 언론보다 더 많은 정보를 얻을 수 있었다.

그날 오후 나는 공화국 광장에 있는 내 아파트에서 이피랑가Ipiranga 거리를 걸어 시립 극장 앞에 모인 사람들에 합류했다. 도착하는 데 10분 정도 걸렸고 광장은 마치 대학 축제처럼 느껴졌다. 「무상대중교통운동」 행사의 반주를 맡은 취주악단 밴드인 '자율주의해방운동 팡파르Fanfarra do Movimento Autônomo Libertário'가 연습 중이었다. 누더기를 입은 아이들이 있었는데, 가난해서가 아니라 정치적 성향을 나타내기 위해 선택한 낡은 복장이었다. 군중의 한 모퉁이에는 몇 개의 서로 다른 깃발이 나부끼고 있었다. 대부분 작은 좌파 정당을 대표하는 깃발이었고, 「노동자당」의 청년 조직을 상징하는 흑백 깃발도 눈에 띄었다.13 경찰은 보이지 않았다.

만약 내가 다른 방향에서 왔다면 아주 다른 경험을 했을 것이다. 사람들은 대부분 나처럼 광장 가까운 곳에 살지 않았고, 원주민 이름을 딴 발리두아냥가바우Vale do Anhangabaú를 통해 광장에 도착했다. 그곳에서 전경들이 시민들을 막은 채 수색하고 있었다. 피에루 로카텔리가 그쪽으로 갔을 때 경찰은 그에게 길옆으로 나오라고 한 뒤 가방을 열어보라고 했다. 경찰은 커다란 플라스틱병에 담긴 식초를 발견했는데, 슈퍼마켓에서 싸게 파는, 올리브 오일과 섞어서 먹는 종류의 것이었다. 그는 만반의 준비를 하고 온 것이다. 경찰은 그를 구금했고, 피에루는 그 사실을 믿을 수 없었다. 그는 공인된 언론인이었고, 식초 한 병은 누구에게도 위협이 되지 않았기 때문이다. 그는 자신이 믿을 만한 전문직 종사자이며 경찰을 존중한다는 것을 보여주기 위해 정중하고 '문법적으로 정확한' 브라질-포르투갈어*를 사용했다. 하지만 소용이 없었다. 결국 그는 체포됐다. 《폴랴지상파울루》의 동료인 또 다른 기자는 그날 내가 직접 만나지는 못했지만 시위대 속으로 들어가는 데 성공했다. 신설된 비디오 부서에서 일하는 27세의 줄리아나 발로니Giuliana Vallone는 시위의 최전방에서 멀리 떨어진 곳에 자리를 잡았다.

마야라는 휴대전화는 있었지만 스마트폰은 아니었다. 식당 점원으로 일하면서는 인터넷에 접속할 수 있는 기기를 살 형편이 되지 않았다. 그는 많은 인파를 이끌면서 다른 조직원들에게 끊임없이 전화를 걸어 시위 상황을 조율해야 했다. 페드로 펑크뿐 아니라 다른 조직원들도 이제 시위를 시작해야 할 때라고 결정했다.

우리는 온 길을 돌아가서 내 집을 지나 파울리스타 거리로 올라갔다. 콘솔라상 거리까지 올라가니 전경 대열이 우리를 내려다보고 있었다.

전경이 우리를 공격한 순간은 내 머릿속에 선명하게 남아 있다. 우리는 도시에서 가장 높은 곳으로 이어지는 언덕 위에 있는 그들을 올려다보고 있었다. 수는 우리가 많았지만 그들이 우위를 점하고 있

---

* 브라질에서는 다양한 형태의 포르투갈어를 사용한다. '문법적으로 정확한' 포르투갈어란 비교적 교육 수준이 낮고 빈곤한 지역에서 사용하는 포르투갈어와 대비되는, 교육 수준이 높은 중산층이 사용하는 포르투갈어를 의미한다.

었다. 그들의 머리 바로 위 하늘은 검고 텅 비어 있었다. 그리고 곧 연기와 불꽃, 요란한 소음, 최루탄, 그리고 하늘로 깜빡이며 날아오르는 빛줄기들이 쏟아졌다. 종말이 온다면 이럴 것 같다는 생각이 들 정도로 이상하게 아름다운 광경이었다. 상파울루는 결코 예쁘지 않지만, 무서울 정도로 아름다울 수 있다. 이 도시는 성경적 의미의 경외심을 불러일으키기도 한다. 곧 붉은 구름이 목표물인 우리에게 다가왔고, 나는 고개를 들어 하늘을 보는 것을 멈췄다.

그다음에 내가 정확히 무엇을 했는지는 기억이 잘 나지 않는다. 몇몇 사람들과 함께 여기저기 빠르게 뛰어다녔다. 경찰이 우리를 쫓아오는지 돌아보고는 겁에 질린 바퀴벌레처럼 구석으로 숨어버렸다. 언론 활동의 의미에서 '취재'라고 할 만한 것이 없었기 때문에 나는 그저 미로 같은 도시를 뚫고 다시 공터로 나갈 길을 찾으려고 계속 땅만 처다보았다.

나와 달리 줄리아나 발로니는 자신에게 일어난 일을 기억한다. 그는 우연히 보헤미안풍의 바와 클럽이 즐비한 후아 아우구스타^{Rua} ^{Augusta} 거리 거리에 들어섰다. 아우구스타 거리는 1970년 지우마가 어느 바에 앉아 있다가 독재정권에 연행된 곳이다. 이후 그는 심한 고문을 견뎌야 했다. 줄리아나는 요령 있게 시위를 취재하고 있었지만 휴대전화가 꺼져 있었고 지친 상태였다. 그때 버스에서 내린 한 노인을 보았는데, 길을 잃고 도움이 절실히 필요해 보였다. 노인은 시위 때문에 시내에 발이 묶인 상태였다. 줄리아나는 노인에게 파울리스타 거리 방향을 알려주었다. 몇 초 후, 그 노인은 "아가씨, 그들이 돌아왔어요!"라고 외치며 그를 향해 달려왔다. 경찰이 커다란 검은색 진압대 차량에서 내려 대열을 정비하고 있었다. 줄리아나는 그들을 보았지만 아무 말도 하지 않았다. 경찰 중 한 명이 팔을 들어 줄리아나의 얼굴을 향해 총을 쐈다. 고무 총알이 그의 두개골을 맞혔다. 그는 바닥에 쓰러졌다. 누군가 그 사진을 찍었다.

피에루 로카텔리와 마찬가지로 줄리아나 발로니는 상파울루 상류층 사이에서 가장 흔한 인종 중 하나인 이탈리아계 브라질인이다. 줄리아나는 27세였지만 더 어려 보였다. 머리는 짙은 갈색에 둥글고 홍조 띤 뺨 덕에 그는 브라질뿐 아니라 다른 나라 기준으로 볼 때도 매우 아름다웠다. 게다가 그는 "브라질의《뉴욕타임스》"라 불리는《폴랴지상파울루》에서 일하고 있었다. 사진 속 그는 길바닥에 앉아 멍하고 슬픈 표정을 짓고 있는데, 마치 눈을 잃은 것처럼 보인다. 이 사진은 수천만 명의 사람들을 충격에 빠뜨렸다. 피에루가 사무실에서 기사를 작성하고 있을 때 뉴스룸에서 고함소리가 들려왔다. 사람들은 그 사진을 보았고, 사진은 소셜 네트워크를 통해 퍼져나가고 있었다. 나는 그 순간 여전히 거리에 있었다.

마야라는 공황 상태에 빠졌다. 그는 최전선을 통제하지 못했는데, 이는 곧 그가 운동을 좌절시켰음을 의미했다. 첫 번째 공격으로 군중이 사방으로 흩어졌을 때, 그는 한 건물의 출입구로 몸을 숨겼다. 그 절망의 순간에 어느 젊은 엄마가 그에게 어린 딸을 맡아달라고 부탁하고는 남편을 구하기 위해 거리로 달려갔다. 그는 깜짝 놀랐지만 순순히 아이를 맡았다. 어린 소녀는 그를 바라보며 "아줌마, 우리 죽는 거예요?"라고 물었다.

아이의 엄마가 돌아온 뒤 마야라는 시위대의 '선두'로 돌아가려고 했기만 이미 그곳에는 아무도 없었다. 그는 시위대에 질서를 부여하고 사람들을 보호하고 흩어진 사람들을 다시 모으기 위해 노력했지만, 경찰들의 공격은 파도처럼 밀려오고 있었다. 마침내 그는 형편없는 작은 휴대전화를 꺼내 본부에서 상황을 조정하던 니나 카펠루^{Nina}

Cappello에게 전화를 걸었다.

"니나, 내 인생에서 이보다 더 끔찍한 일은 본 적이 없어요. 전쟁통에 있는 것 같아요. 어떻게 해야 할지 모르겠어요." 그는 두려움과 죄책감에 사로잡혀 울부짖었다. "어떻게 해야 할지 모르겠으니 제발 무슨 명령이라도 내려주세요."

니나가 대답했다. "아무것도 하지 말아요, 마야라. 전 세계 모든 뉴스 채널에서 폭발적인 반응을 보이고 있으니 맥주 한 잔 마시면서 느긋하게 지켜봐요. 아무것도 할 필요 없어요. 우린 이미 성공했으니까." 마야라는 믿을 수 없었다. 이게 어떻게 성공일 수 있을까? 주변에는 온통 피를 흘리고 부상당한 사람들 뿐인데.

텔레비전 진행자 조제 루이스 다테나José Luiz Datena는《폴랴지상파울루》나《이스타당》보다 훨씬 더 보수적인 사람이다. 그는 범죄를 비난하고 경찰을 찬양하는 선정적이고 매우 인기 있는 프로그램을 진행한다. 거리에서 이 사건이 일어나자 그는 "저는 폭동에 반대합니다"라고 말한 후 "이런 시위에 찬성하십니까?"라는 질문에 시청자들이 휴대전화로 할 수 있는 인터넷 투표를 실시했다. 1000명이 넘는 사람들이 즉시 "예"라고 답했다. 그는 놀란 표정으로 "지금까지는 … 대다수가 찬성하고 있습니다. 나는 반대표를 던질 거예요. 저는 반대표를 던지겠습니다"라며 "우리가 질문을 잘못 만들었을 가능성이 있나요?"라고 물었다. 그리고 나서 그는 새로운 설문조사를 시작했다. "폭동을 동반한 시위에 찬성하십니까?" 2000명이 넘는 시청자가 '찬성'에 투표했다. '반대'에 투표한 사람은 900명이 넘지 않았다. 그러자 그는 "제 생각에는 사람들이 너무 화가 나서 어떤 시위든 지지하는 것 같습니다. 알겠습니다"라고 대답했다. 그의 뒤에 있는 모니터는 계속해서 거리의 모습을 전송했고, 다테나는 재빨리 말을 바꿨다. 이

제 시위는 '민주주의의 상징'이었다.14

내 기억은 집 근처에 도착했을 때부터 다시 또렷해진다. 나는 큰 광장 근처에 살았기 때문에 공간이 비교적 탁 트여 있었다. 최루탄 가스가 공중에 뿌옇게 떠 있었지만 숨은 쉴 수 있었다. 나는 간신히 평정심을 되찾고 건물 경비원들과 이야기를 나누면서 방금 일어난 일을 정리해보았다. 나는 무사했기 때문에 다시 거리로 나가기로 했다. 나는 전설적인 건축가 오스카 니에메예르Oscar Niemeyer*가 설계한 기념비적인 건물인 에지피시우코판Edificio Copan으로 향했다. 거리에서 어떻게든 존재감을 유지하려고 애쓰는 시위대들이 느슨하게 모여 있었다. 그들이 그곳에 있는 것만으로도 전경을 고집스럽게 질책하는 것처럼 보였고, 전경들은 곧바로 도착해 이들을 해산시켰다. 최루탄이 바로 우리 발 아래 떨어지자 시위대는 "사랑은 끝났다! 튀르키예가 왔다!"고 외쳤다. 나는 또다시 패배한 채 허둥지둥 집으로 돌아왔다.

나는 집을 향해 걸으며 휴대전화를 꺼내서 이 구호를 트위터에 올렸다. 아파트에 들어가서 컴퓨터 앞에 앉았다. 뭔가 이상한 일이 일어나고 있었다. 이 트윗은 많은 관심을 받았고, '좋아요'도 많이 받았으며, 전 세계에서 사람들이 리트윗하는 듯했다. 무언가가 사람들의 신경을 건드린 것 같았다. 경찰의 폭력 때문일까? 브라질의 상황을 무슬림 국가의 봉기에 비유한 것 때문일까? 나는 이 상황을 이해할 수 없었다. 나에겐 이런 일이 일어난 적이 전혀 없었다. 캘리포니아의 신문사에서 일하는 젊은 브라질 특파원들은 엄청난 플랫폼을 가지고 있긴 않다. 처음으로 내가 트위터에서 화제가 되고 있었다.

---

* 브라질을 대표하는 세계적인 건축가이자 근대 건축의 거장으로 꼽힌다. 곡선을 활용한 독창적인 디자인으로 유명하며, 특히 브라질의 수도 브라질리아를 설계한 건축가 중 한 명이다.

아직도 그 느낌을 잘 설명하기 어렵다. 마치 내 글이 수천, 수백만 명의 사람들과 한꺼번에 연결된다는 막연하지만 기분 좋은 생각에 온몸이 감전되는 것 같았다. 그 기분은 사라졌다가 넋을 잃은 채 점점 올라가는 숫자를 세며 화면을 뚫어져라 바라보면 다시 생겨나곤 했다. 정말 이상했고 불편했다.

나는 로스앤젤레스에 있는 편집자에게 이메일을 보냈다. 이제 이 사건이 국제적인 뉴스가 될 것이 분명하다고 적었다. 그의 답장을 기다리는 동안 나는 이 느낌에 집중했다. 이런 종류의 관심, 그리고 내가 세계적인 주요 사건을 목격하고 있다는 사실이 내 경력에 도움이 될 것 같았다. 하지만 그보다 더 큰 에너지가 내 안에서 솟구치고 있었다. 나는 그 느낌을 최소한 나 자신을 위해서라도 기록으로 남기려고 문서를 열었다. 정신없이 몇 가지 메모를 입력하고 내 트윗에 적힌 숫자를 스크린샷으로 찍었다. 눈앞에 선명하게 드러나는 왜곡된 보상 체계를 스스로 점검하기 위해 "최루탄을 맞는 것은 참여에 큰 도움이 됩니다"라고 썼다.

뭔가 좋은 일이 있었으면 좋겠다고 생각했다. 왜냐하면 그 후 몇 달 동안 나와 공화국 광장의 시위대들은 거의 매일 밤 이제는 익숙한 화합물인 2-클로로벤질리덴말로노니트릴2-Chlorobenzylidenemalononitrile[*]의 희미한 맛에 잠을 설치게 될 것이기 때문이다.

---

[*] 최루 가스로 잘 알려진 화학 물질 중 하나로, 흔히 CS 가스라고 불린다. 이 가스는 군중 진압이나 폭동 진압 목적으로 사용되며, 사람의 눈과 호흡기에 자극을 주어 눈물, 기침, 호흡 곤란 등을 일으킨다.

10

거인, 깨어나다

6월 14일 금요일, 온 나라가 경찰이 저지른 폭력을 보도하는 뉴스와 함께 잠에서 깨어났다. 사진, 목격자 증언, 언론 보도가 이어졌다. 나는 《로스앤젤레스타임스》에 짧은 기사를 실었다. 《뉴욕타임스》에도 리우의 시위를 언급하는 기사가 실렸고, 다른 해외 언론에서도 전날 밤의 폭력 사태를 다뤘다. 이미 전날 밤 소셜 미디어에 보도된 내용을 바탕으로 재미있는 별명이 만들어지고 있었다. 몇몇 사람은 목요일에 거리에서 가면을 쓴 채 「브이 포 벤데타」를 연기하며 샐러드 재료를 소지한 혐의로 체포된 피에루에게 영감을 받아 이 시위를 '브이포비네거V for Vinegar'(식초를 위한 브이) 운동이라고 불렀다. 하지만 진정 눈부신 변화는 브라질 주류 언론에서 일어났다.

나는 완전히 폐허가 된 상파울루 시내를 지나 사무실로 걸어서 출근했다. 《기디언Guardian》의 자유기고가인 클레어 릭비Claire Rigby가 《폴랴지상파울루》 블로그에 올릴 기사를 보내왔기 때문이다. 물론 그도 다른 사람들처럼 글과 함께 줄리아나 발로니의 사진을 첨부했다. 또 다른 친구이자 블로거인 돔 필립스Dom Phillips는 나중에 시위 관련 동영상을 만들어 게시할 예정이었다. 클레어의 기사를 편집해 트위터에 올린 후, 나는 실제로 브라질 언론이 어젯밤 사건을 보도한 기사들을 읽기 시작했다. 이전의 논조와는 완전히 반대되는 내용들이었다.《폴랴지상파울루》는 목요일 실시된 경찰의 단속을 비난했고, 《이스타당》은 무고한 시민, 출근하는 사람들, 행인, 노동자들과 인터뷰를 했는데, 이들은 모두 경찰의 진압 때문에 고통을 받았다고 말했다. 기자들은 브라질 사람들이 실제로 수입의 상당 부분을 버스와 지하철 요금으로 지출한다는 사실을 알아차리기 시작했다(사실 나도 6월 13일 이전에는 이 문제에 거의 관심을 기울이지 않았다는 죄책감에 시달렸다). 언론사들은 시민들이 지출하는 교통비를 조사하기 시작했다. 줄리아나는 자신의 페이스북 계정에 부상 상황을 공유했고, 이 글은 즉시 수만 번 공유됐다. 하지만 브라질의 신문 구독률은 낮고 기자들은 그리 유명하지 않다. 시위 소식은 텔레비전, 특히 영향력이 큰 글로보네트워크 같은 방송사들이 같은 논조로 보도하기 시작하면서 대륙 전역의 수천만 시민들에게 전달됐다. 「무상대중교통운동」이 다음 시위를 계획한 월요일 밤, 글로보네트워크는 중대한 결정을 내렸다. 시위를 생중계하기 위해 일일연속극 송출을 취소하기로 한 것이다.[1] 처음으로 신문과 방송에서 '선한' 시위자와 '나쁜' 시위자를 구분하기 시작했고, 정직한 시민들이 시위할 권리를 행사하고 있으며 소수의 사람들이 때때로 문제를 일으킨다는 사실을 확인해주었다. 그 결과, 며칠 전까지만 해도 부정당했던 운동의 정당성이 인정받게 됐다.

「무상대중교통운동」은 원칙적으로 선한 시위자와 나쁜 시위자라는 구분을 거부했지만, 그 점에 매달리기에는 처리해야 할 문제들이 많았다. 그들은 주말 내내 회의를 계속했다. 루카스를 비롯한 많은 사람은 시위 때문에 자신들의 메시지가 희석될 위험, 즉 사람들이 각자의 요구 사항을 들고나와 버스요금 인상이라는 초점이 흐려질 위험이 있다고 확신했다. 다행히도 6월 15일 토요일은 브라질리아에서 열리는 「국제축구연맹」 컨페더레이션스컵 개막전이 열리는 날이었다. 2014년에 열릴 더 큰 대회인 월드컵을 위한 일종의 시험 무대였다. 이 행사에 앞서 시위대는 "우리는 월드컵이 아니라 건강과 교육을 원한다"고 외치며 거리로 나섰다. 물론 「무상대중교통운동」 활동가들은 다른 사람에게 무엇을 하라고 말하기를 극도로 싫어했지만, 자신들의 메시지를 계속 전하고자 했다. 그래서 그들은 20센타보의 가격 인상에 철저히 집중하고, 다시 한번 과두적 언론 기관에 협력하기로 했다. 「무상대중교통운동」은 기자회견을 계획하고 다음 시위 중에 니나와 루카스가 주요 인터뷰 프로그램에 출연하기로 결정했다.

6월 17일 월요일, 시위가 시작될 때 청년들이 처음부터 했던 약속이 실현됐다. 시위의 규모는 더 커졌다. 아니 훨씬 더 커졌다. 시위대는 피네이루스 지역의 큰 '감자 광장'*에서 모이기로 했지만 수많은 인파 탓에 그 근처로 가는 것은 거의 불가능했다. 나는 시위 집결지에서 걸어서 30분 거리에 차를 세워두고 시위 현장으로 향했다. 사실, 나는 이미 시위 현장 안에 들어와 있었다. 거리의 다른 사람들도 모두 같은 곳을 향해 걷고 있었다. 그리고 나는 실제로는 아무 곳에도 도착하지 못했다. 걸으면 걸을수록 인파는 점점 더 빼곡해졌고, 어느새 우리는 상파울루를 가로지르는 긴 행렬의 일부가 됐다. 지금 우리가 믿든 이 엄청난 인파라면 두 주 전 「무상대중교통운동」이 전

---

* 프라사베네지투칼릭스투Praça Benedito Calixto 광장의 별명이다. 이 광장은 상파울루 서부에 위치한 피네이루스 지역에 있으며, 주말 벼룩시장과 문화 행사로 유명하다.

투를 벌인 주요 도로의 모든 차량 통행을 쉽게 대체해버렸을 것이다. 오늘 경찰은 어디에서도 찾아볼 수 없었다.

당시 나는 인스타그램 계정이 없었지만, 만약 있었다면 광장으로 가는 길에 알렉스 아탈라Alex Atala*가 올린 게시물을 조금 일찍 봤을 것이다. 상파울루에서 세계적으로 유명하고 매우 비싼 레스토랑을 운영하는 이 유명한 요리사는 "식초를 위한 브이"라고 적힌 셔츠를 입은 채 소셜 네트워크에 등장했다. 그는 브라질 국가 한 소절도 게시했다. "당신은 당신의 아들이 전투에서 도망치지 않는다는 것을 알게 될 것이다." 그의 사진에 브라질의 패션 디자이너 알레산드리 헤르치코비치Alexandre Herchcovitch**는 "나도 거기 있을게요"라고 답글을 달았다.

행진의 목적지는 시내에 있는 내 아파트에서 약 11킬로미터 넘게 떨어진 크고 유명하고 못생긴 다리인 폰치이스타이아다Ponte Estaiada였다. 그 다리의 원래 이름은 옥타비우프리아스지올리베이라Octavio Frias de Oliveira인데 이는 귀족 자산가 집안의 상속자이자 은행가면서 《폴랴지상파울루》의 소유주였던 고 옥타비우 프리아스 지올리베이라의 이름을 딴 것이었다. 하지만 사람들은 이 다리를 '폰치이스타이아다', 즉 '케이블 다리'라고 부른다. 우리는 막연하게 그 다리 방향으로 향한다는 것을 알고 있었지만 실제로는 도로 위를 끊임없이 터벅터벅 걸을 뿐이었다.

---

*   브라질을 대표하는 세계적인 요리사 중 한 명으로, 특히 아마존의 재료와 브라질 전통 요리를 결합한 혁신적인 요리로 유명하다.
** 브라질의 유명 패션 디자이너로, 독특한 디자인과 대담한 스타일로 세계 패션계에서 주목받는 인물이다. 특히 브라질 고유의 문화적 요소를 패션에 접목하면서도 세계적인 유행을 반영하는 방식으로 브라질 패션의 국제적 위상을 높였다.

시위대를 이룬 사람들이 조금 달라 보였다. 여전히 펑크족과 좌파 학생회 출신도 있었지만 새롭게 유입된 이들도 눈에 띄었다. 새로 모인 다양한 사람들을 설명할 수 있는 유일한 특징은 젊고 평균에 비해 경제적 여유가 있어 보이는 상파울루 시민이라는 것이었다. 상파울루 중산층 지역에서 만날 수 있는 것 같은 부류의 사람들이었다.

나는 걸음을 재촉하며 휴대전화를 꺼냈다. 사진작가 친구인 줄리아나가 보낸 페이스북 메시지가 와 있었다. 우리는 케이블 다리를 점령했고, 경찰은 패배하거나 혹은 포기한 상태였다. 그는 크고 투박한 구조물의 사진을 보냈는데, 그 구조물은 (그가 몇 주 동안 동조하는 마음을 품고 취재해온) 시위를 지지하는 사람들로 가득 차 있었다. 줄리아나는 우울증을 앓고 있으며, 공상에 빠지는 성격이 아니다. 그는 끊임없이 얼굴을 찡그리고 어둡고 우스운 영국 인디 록음악을 듣는 무덤덤한 타입의 상파울루인이다. 그래서 나는 그 사진에 붙인 그의 글귀를 결코 잊지 못할 것이다. "내 인생에서 이보다 더 아름다운 것은 본 적이 없는 것 같아."

그러던 중 내가 있는 고속도로의 군중 속에서 전에는 결코 보지 못한 것을 보았다. 시위대 중 몇몇, 분명히 '새로운' 시위대의 일부였던 이들이 참신한 스타일을 선보인 것이다. 그들은 모두 노란색과 초록색의 브라질 축구 국가대표 선수 경기복을 입고 있었는데, 근육질 몸매 덕분에 경기복은 팽팽하게 당겨져 보였다. 게다가 그들은 브라질 국기를 어깨에 두르고 있었다. 이내 이들은 아르헨티나 독일과 경기를 할 때 외치는 애국적인 응원 구호를 외치기 시작했다. "나는 엄청난 자부심과 엄청난 사랑을 품은 브라질인이다Eu, sou Brasileiro, com muito orgulho, com muito amor!"

남루한 옷차림에 피부색이 훨씬 더 어두운 마른 체구의 두 펑크족이 달려와서 그렇게 하는 것은 옳지 않다고 말했다. 그들은 새로 시위대에 들어온 사람들에게 이곳의 상황을 알려주기 위해 친절하게 설명하기 시작했다. 마치 모쉬핏에 있는 친절한 사람들처럼 새로 온 사람들에게 재미있게 즐기되 안전하게 지내는 방법(팔꿈치 구부리기, 작은 사람 밀지 않기, 넘어진 사람 일으켜 세우기 등)을 알려주는 듯한 태도였다. 한 펑크족은 "시위에서 공허한 민족주의는 위험하다"고 말했다. "우리는 구체적인 정치적 목표에 집중해야 합니다"라고도 말했다. 그들은 일부 시위대가 브라질 국기를 보수적인 상징이나 파시즘과 같은 것으로 볼 수도 있는데, 그 이유는 축구 경기가 아닌 시위의 맥락에서 이 나라의 모든 이가 모든 것에 동의한다고 주장하는 것은 잘못이기 때문이라고 인내심을 가지고 설명했다.

건장한 신입생들은 즉시 좌파의 헛소리에 전혀 신경 쓰지 않는다는 것을 분명히 했다. 그리고 일부 펑크족의 정치 이론 강의를 들으러 온 게 아니라는 것도 명확히 했다. 문제가 생겼다고 느낀 청년들은 흩어졌다.

군중은 계속 행진했다. 얼마나 걸었을까? 네 시간? 여섯 시간? 무슨 일이 일어나고 있었을까? 수천, 수만 명이 도시를 가로질러 걷고 있었는데, 그게 다였나? 나는 《로스앤젤레스타임스》에 보낼 기사를 쓰고 다른 인터넷 뉴스를 확인하기 위해 시내의 괜찮은 카페에 들렀다. 고가의 카메라와 헬리콥터를 동원한 사람들에 따르면, 인파의 규모는 어마어마했다. 12개 도시에서 수십만 명이 참가했고, 그 결과 이 시위는 1992년 후 브라질에서 일어난 가장 큰 규모의 시위가 됐다.[2] 브라질은 1984년 대통령 직접 선거를 복원하기 위한 캠페인과 (1989년 룰라를 이기고 대통령이 된) 페르난두 콜로르를 탄핵하기 위한 '카라스 핀타다스Caras Pintadas(색칠한 얼굴)[*] 운동 후 대중적 저항을 경험해본 적이 없었다. 글로보네트워크의 뉴욕 특파원 조르지 폰투알Jorge Pontual 은 인터넷이 이번 대규모 봉기의 원인이라는 생각을 받아들이지 않았다.[3] 나는 집에서 멀리 떨어져 있었고 매우 피곤했으며 사실 좀 당황스러웠다. 이 모든 상황이 매우 맥 빠지는 것이었다. 나는 카페에서 기사를 보냈다.

이튿날 아침, 이제는 익숙해진 새로운 언론 활동을 시작했다. 즉 인터넷에 기사를 게시하고 트위터에서 기사를 홍보하거나 방어했으며, 오늘 일어난 사건을 토론했다. 하지만 또 다른 싸움이 소셜 미디어에서 벌어지고 있었다. 전날 있었던 일들을 놓고 벌어진 것이었다. 사람들은 시위의 목적이 무엇인지, 사람들이 거리로 나온 이유와 그들이 원하는 것이 무엇인지를 두고 싸웠다.

행진 중에 루카스와 니나는 수많은 기자가 말 그대로 초대손님을 둘러싸고 질문을 던지는 인터뷰 쇼인「호다비바Roda Viva」(삶의 바퀴)에 출연했는데, 그들은 놀라울 정도로 잘해냈다. 인터뷰를 하는 기자 중 한 명이 목요일에 경찰에게 맞아 눈이 검게 멍든 줄리아나 발로니였다는 점이 우호적인 분위기를 만드는 데 도움이 됐을 것이다. 그러나 무엇보다 브라질의 교통정책에 관한 해박한 지식으로 패널들에게 깊은 인상을 남겼다. "기자들은 게으르다"고 나중에 루카스는 나에게 농담처럼 말했다. "그래서 조금만 준비해도 그들을 놀라게 해"라고 그는 말했다. 나는 우리 기자들이 줄어드는 자원 안에서 매력적인 콘텐츠를 즉시 생산해야 하는 현대 산업의 경

---

[*] 브라질의 젊은이들이 페르난두 콜로르 대통령의 부패에 항의하기 위해 1992년 조직한 대규모 시위다. 명칭은 이 시위에 참가한 청년들이 얼굴에 페인트를 칠하고 항의하는 모습에서 유래했다.

제학에 묶여 있다고 항변했지만, 그의 지적을 받아들일 수밖에 없었다. 결정적으로, 그들은 시위의 초점인 버스요금 인하에 집중하면서 흔들리지 않고 절제된 태도로 방송에 임했다. 다른 요구를 들고 거리에 나온 사람도 있겠지만, 이들을 하나로 묶어준 것은 초기부터 유지한 대의, 즉 진정한 대의를 향한 지지뿐이었다고 그들은 말했다.

그러나 밖에서는 참가자들과 기자들, 시민들과 공무원들이 엄청나게 다양한 요구를 목격했다. 참가자들이 들고 온 팻말이든, 그들이 외치는 구호 혹은 취재진에게 던진 발언이든, 시위대의 메시지는 명확하지 않았다.

화요일 아침에 트위터를 읽으면서 나는 타흐리르 광장의 참가자들이 불평한 것과 같은 형태의 다양한 해석과 다양한 동력을 보았다. 나는 개인적으로 많은 브라질 언론인을 알고 있었고, 외신 특파원들의 작은 공동체와도 가깝게 지냈다. 나는 기자들이 자신의 편견과 이데올로기에 따라 이번 사건을 해석한다는 사실을 깨달았다. 예를 들어, 나는 이번 시위가 불충분한 공공 서비스에 저항하는 시위라는 점을 강조하는 편이었고, 병원·학교·의료 정책을 바라보는 우려와 공공 안전을 해칠 것이라는 문제 제기는 초기 요구 사항이 변형된 것이라는 점을 강조하곤 했다. 블룸버그의 진지하고 경험이 풍부한 중도 우파 평론가인 또 다른 특파원은 이 시위를 사람들이 부패한 국가를 거부하는 것으로 보는 경향이 있었다. 그것은 「노동자당」이 정부를 운영하기 시작한 이래로 보수주의자들이 가장 좋아하는 화두였다. 그리고 그의 말이 맞았다. 일부 사람들은 「노동자당」을 비난하거나 룰라를 도둑이라고 부르는 현수막을 가져왔다. 또한 범죄 수사 기관의 자격을 두고 기술적인 법률 문제를 다루는 헌법 개정안인 PEC 37을 비난하는 시민들의 사진도 볼 수 있었다. 그 문제는 솔직히 나는 거의 읽지 않는 브라질 우파 간행물이 가장 좋아하는 불만 사항이었다. 돔 필립스는 《폴랴 지상파울루》가 운영하는 작은 블로그에 월요일 시위에 나온 다양한 사람들을 인터뷰하는 동영상을 올렸는데, 여기서 그는 시위대에 참여한 다양하고 때로는 모순되는 이유들을 보여주었다.4 많은 시위대는 이제 「무상대중교통운동」이 제공하는 메시지 자체를 명백히 거부했다. 어느 유명한 구호처럼, "이것은 20센타보에 관한 것이 아니다."*

글로보 방송은 월요일 밤에 나를 놀래킨, 브라질 국기를 사용한 '새로운' 시위 방식이 보여준 애국적인 이미지를 재생했다. 그리고 여러 이유로 글로보는 마른 펑크족보다는 얼굴을 초록색과 노란색으로 칠한, 사진을 잘 받는 백인 여성의 사진을 훨씬 더 많이 내보냈다. 누가 진실을 말하고 있었을까? 아무도 말하지 않았고 동시에 모두 말하고 있었다. 우리는 근본적으로 이해할 수 없는 갈등의 분출을 이해해보려고 노력했다. 이 시위는 수평적 구조를 지닌, 디지털 방식으로 조율된, 지도자 없는 대중 시위였다. 구체적으로 말하자면, 반란에 참여한 이유는 참여자 수만큼이나 다양했다. 어쩌면 더 많을 수도 있다.

언론에 종사하는 우리는 나름대로 개념적 장치와 경험, 무의식적 편견, 그리고 우연히 만난 정보원을 통해 갈등을 중재하고 있었다. 이러한 기사의 근거 또한 앞서 언급한 모든 것을 바탕으로 어느 정도

---

* 2013년 브라질에서 일어난 대규모 시위와 관련된 유명한 구호이다. 2013년 시위가 단순히 20센타보 요금 인상에 대한 반대를 넘어, 그동안 쌓여온 정부의 부패, 공공 서비스의 질 저하, 사회적 불만을 표출하는 시위임을 강조하는 구호였다.

규정되곤 했다. 1996년 (「무상대중교통운동」과 「무토지농민운동」이 수년에 걸쳐 행사를 연) 비건 펑크의 밤인 '베르두라다'를 창설한 채식주의자 음악인 프레데리쿠 프레이타스Federico Freitas가 트위터에서 우연히 나를 팔로우하고 있었는데, 그는 「무상대중교통운동」의 다니엘 기마랑이스를 소개해주었다. 기마랑이스는 펑크밴드 '게하지클라시스'Guerra de Classes'(계급전쟁)를 결성하고 10년 전 플로리아노폴리스에서 일어난 무상대중교통 요구 시위를 주도한 활동가로 유명한 사람이다. 그래서 나는 6월 내내 시위의 원조 격인 운동조직 내에 소식통을 확보하게 됐다. 그 덕에 그 조직의 원래 의도를 추적할 가능성이 더 컸던 것 같다. 나의 그런 분석이 다른 모든 가능한 분석들보다 더 진실에 부합했을까? 모르겠다. 당시에는 전국에서 시위가 일어났지만 내 경험은 오직 상파울루에 제한됐다. 6월 17일, 시위대는 브라질리아의 브라질 국회 경내로 몰려가 지붕 위에서 춤을 추었다. 전경들은 그들을 막지 못했다. 어쩌면 그 사건이 내가 살고 있는 상파울루에서 일어난 그 어떤 일보다 브라질의 미래를 바꾸는 데 기여했을 것이다. 그리고 점점 더 먼 곳에 있는 평론가들이 이 시위를 언급하기 시작하면서 시위의 파장은 점점 더 넓게 형성되기 시작했다. 진보적 성향의 대통령이 인기를 누리는 민주주의 국가에서 일어난 이 시위를 북아프리카 독재자를 무너뜨린 봉기와 비교하는 것은 말이 안 되지만, ABC 뉴스는 '브라질의 봄'이라는 전혀 새로울 것 없는 문구를 재활용했다. 반군부 정서가 강했던 「무상대중교통운동」은 분명 이집트에서 있었던 것과 같은 해결책은 요구하지 않았다.

「무상대중교통운동」의 좌파 무정부주의 성향에 전혀 동의하지 않는 단체들은 이 시위에서 기회를 찾았다. 그중에는 국제적인 뿌리를 가진 단체도 있었다. 브라질에는 작지만 열렬한 급진 자유시장주의 단체가 있었고, 이들은 종종 미국에 기반을 둔 세계적 자유지상주의libertarian 운동과 연계돼 있었다. 브라질의 「자유를위한학생들Estudantes Pela Liberdade」은 미국의 「자유를위한학생들Students for Liberty」의 형태를 취했다. 미국의 「자유를위한학생들」은 「아틀라스네트워크Atlas Network」*와 「카토연구소Cato Institute」**가 자금을 지원하는 자유시장 두뇌 집단으로, 워싱턴 DC에 본부가 있다. 브라질의 「자유를위한학생들」을 설립한 파비우 오스테르만Fábio Ostermann은 2008년 「카토연구소」와 「경제교육재단Foundation for Economic Education」***이 주최한 자유시장 세미나에 참석하거나 억만장자 코크Koch**** 형제가 후원하는 '코크 하계 연구생 프로그램'에 참여하면서 미국의 친자본주의 동료들에게서 몇 가지 교훈을 배웠다. 브라질에서 자유시장 두뇌 집단의 부상을 추적해온 연구자 카밀라 호샤Camila Rocha는 「아틀라스네트워크」를 일종의 신자유주의 코민테른이라고 부른다. 이는 친기업 성향의 슈퍼 비정부기구인 「아틀라스네트워크」가 전 세계에 자신들의 매우 특수한 이념을 홍보

* 1981년에 설립됐으며, 전 세계에서 자유주의와 자유시장경제를 촉진하기 위해 활동하는 비영리 조직이다. 여러 국가에서 자유주의적 정책 연구소나 단체들이 서로 협력하도록 지원하며, 개인의 자유, 작은 정부, 자유시장경제를 옹호하는 단체들을 연결하고 강화하는 역할을 해왔다.
** 미국의 자유지상주의 두뇌 집단으로, 개인의 자유, 자유시장경제, 작은 정부, 그리고 평화주의적 외교정책을 옹호하는 연구 기관이다. 1977년에 설립된 이래, 자유지상주의 철학을 바탕으로 한 연구와 출판, 정책 제안 등을 통해 미국과 전 세계에 영향을 미치고 있다.
*** 1946년에 설립된 미국의 비영리 교육기관으로, 개인의 자유, 자유시장경제, 제한된 정부의 중요성을 교육하고 홍보하는 것이 목표다. 전 세계의 젊은이들을 대상으로 경제교육 등 자유시장주의적 철학을 전파하는 활동을 하고 있다.
**** 미국의 대기업 코크인더스트리Koch Industries를 이끄는 미국의 찰스 코크Charles Koch와 데이비드 코크David Koch를 가리킨다. 코크인더스트리는 에너지, 화학, 석유, 소비재 등 다양한 사업을 펼치는 거대 다국적 기업으로, 미국에서 두 번째로 큰 비상장 기업으로 알려져 있다. 그들은 보수적인 성향과 자유지상주의 가치관을 바탕으로 미국 정치에 큰 영향을 미쳤으며, 특히 기후 변화 관련 규제에 반대하는 것으로 알려져 있다.

하는 단체들에 자금을 지원하고 조율하는 역할을 한다는 점에서, 과거의 공산주의 인터내셔널Communist International과 유사하다는 것이다.5 브라질의 「자유를위한학생들」과 그 관련 단체, 예컨대 「미제스연구소」Instituto Mises*나 「밀레니엄연구소」Instituto Millenium** 등은 뚜렷한 목표의식에 따라 '신자유주의' 사상을 홍보하지만, (일반적으로 남미에서는 그 단어가 갖는 부정적인 이미지 때문에) 단어 자체를 사용하는 일은 피하는 편이다. 그들은 포르투갈어에서는 미국에서와 같은 중도좌파적 의미가 전혀 없는 '리베랄liberal'이라는 단어를 선호한다. 이 단어는 「무상대중교통운동」이 이해하는 것과는 매우 다른 의미의 자유를 의미한다. 즉 그들에게 자유는 '자유시장'을 뜻한다.

브라질의 「자유를위한학생들」은 미국의 「자유를위한학생들」로부터 자금을 지원받아 브라질의 작은 모임들을 지원하는 데 사용했다. 그리고 이 단체가 브라질의 정치 시위에 직접 참여는 것은 현행법상 불법이었다.6 하지만 그들은 예상치 못한 대규모 시위에서 가능성을 보았다. 그들은 시위운동 안에서 '자유주의 전위liberal vangard'를 만들고 싶었다고 오스테르만은 말했다. 그래서 그는 친구에게 연락해 그들의 구호 중 하나를 지금 상황에 맞게 수정하자고 제안했다. 그들은 「자유브라질운동Movimento Brasil Livre」을 만들고 페이스북 페이지를 개설해 사람들에게 '올바른' 목표를 갖고 6월 18일 시위에 참여하자고 독려했다.7

* 브라질의 자유시장경제 및 자유주의 철학을 연구하고 홍보하는 두뇌 집단으로, 2007년에 설립됐다. 이 연구소는 오스트리아학파 경제학자인 루트비히 폰 미제스Ludwig von Mises의 이론을 바탕으로 자유시장과 개인의 자유를 강조하는 경제적·철학적 연구를 한다.

** 브라질의 자유주의 두뇌 집단으로, 2005년에 설립됐고, 자유시장경제, 작은 정부의 가치를 지지하는 단체이다. 주로 경제 자유화와 정부의 역할 축소를 주장한다.

브라질 포르투갈어에서 「자유브라질운동」(MBL)은 「무상대중교통운동」(MPL)과 거의 비슷하게 들린다. 이는 의도적인 것이었다. 오스테르만은 「자유브라질운동」을 만든 것이 「무상대중교통운동」이 주도하는 시위에 뛰어들어 그 시위의 의미를 재정의하려는 시도였다고 말한다. "우리는 「자유브라질운동」이 「무상대중교통운동」과 비슷하게 들리기를 원했어요. 논쟁을 일으키려고요. 우리는 무상대중교통을 원한 것이 아니라 자유로운 브라질을 원했기 때문에 세금 감면과 보조금 폐지, 시장 개방, 경쟁 확대 등 일련의 대안을 내놓았죠."[8]

아다지 시장은 다시 도시로 돌아왔고, 엄청난 압력을 받았다. 「무상대중교통운동」은 이제 시청에서 진행한 회의에 긍정적인 반응을 보였다. 그들은 6월 18일에 자신들의 견해를 설명했고 시의원 대다수의 지지를 받았다. 브라질의 다른 일곱 개 도시도 그날 대중교통 요금을 인하했다.[9] 하지만 아다지는 버스요금을 내리고 싶지 않았다. 그는 일주일 전 다친 경찰관에게 복수하려는 마음에서 비롯된 경찰의 폭력이 전국적 시위를 촉발했음을 알았지만, 그것은 교통정책과 아무런 관련이 없는 일이었다. 굴복한다고 해도 시위는 멈추지 않을 것이었다. "내가 굴복하면 표적은 당신밖에 남지 않을 겁니다." 그는 지우마 대통령에게 이렇게 말했다. "제가 앞장서서 공격받는 게 낫습니다." 마야라는 시청에서 열린 회의에 참석 중이었다. 그는 피곤해서 집중하기 어려웠고 긴장한 상태였다. 그는 아다지가 항상 거만하고 무시하는 태도를 보여왔다고 느꼈다. 하지만 의회에서 그는 「무상대중교통운동」의 전형적인 연설을 무사히 마쳤다. 나중에야 몇 가지 세부 사항을 혼동했다는 사실을 깨달았다. 그는 대중 앞에서 연설하는 것을 좋아하지 않았다. 어쨌든 시 당국은 움직일 생각이 없었다. 「무상대중교통운동」은 거리에서 승리를 위해 계속 노력했고, 6월 18일 화요일, 전국적으로 더 많은 시위가 일어났다. 상파울루의 대표 성당인 세 대성당Cathedral da Sé 근처에서 시위가 시작됐다.10

이제 시위대가 실제로 경찰을 물리친 것이 아니라는 것이 분명해졌다. 경찰들은 그저 멀리 물러섰을 뿐이었다. 경찰은 전날 밤 주지사 관저를 지키기 위한 일부 소규모 개입을 제외하고는 교전하지 않기로 결정했다. 화요일, 거리를 점거한 채로 일부 시위대가 시내 상점을 부수기 시작했고, 또 다른 이들은 시청을 공격했다. 그들은 아다지의 직장에 침입해 가능한 한 많은 것을 부수기 시작했다. 내부에 있던 직원들은 경찰에 지원을 요청했다. 하지만 아무도 오지 않았다. 마야라는 근처 거리에 있었는데 한 나이 든 여성이 그에게 달려왔다. 언론에 나온 그를 알아본 것 같았다. "저들이 시청을 부수고 있어요! 뭔가 조치를 해야 해요. 그만하라고 말해주세요." 마야라는 잠시 생각에 잠겼다. 공공 기관에 난입해 저렇게 집기를 부수고 직원들을 위협하는 것은 정말 좋은 생각이 아니었다. 가서 뭐라고 말해야 할까? 그것은 그가 하고 싶은 역할이 아니었다. 당국에 항의하는 일은 당연히 지지하지만 이런 직접행동을 반대하는 것은 처음 해보는 일이었다. 그는 계속해서 선택지를 고민하다가 다른 일이 일어나는 바람에 생각을 계속할 수 없었다. 바로 옆에서 한 무리의 시위대가 헤코르드Record 방송사* 소속의 텔레비전 뉴스 차량을 둘러싸고 불을 질렀기 때문이다.

---

* 브라질을 대표하는 전국 텔레비전 방송국 중 하나로 1953년 설립됐다.

레제프 타이이프 에르도안 튀르키예 대통령이 지우마 호세프 브라질 대통령에게 전화를 걸었다. 브라질, 특히 「노동자당」 정권하의 브라질은 '개발도상국' 세계의 다른 모든 국가와 좋은 관계를 유지하려고 노력했고, 2011년 호세프 대통령이 이스탄불을 방문한 후 에르도안과 호세프는 서로 잘 아는 사이가 됐다. 지우마는 전화를 받았다. 에르도안은 지우마에게 경고하고 싶었다. 그는 디지털 방식으로 조직된 대규모 시위에서 매우 이상한 일이 일어나고 있다고 생각했고, 튀르키예와 브라질 두 나라가 일종의 불안정화 프로그램의 표적이 됐다고 의심했다. 이는 외국 세력이 쿠데타를 시도하는 것일 수도 있으며, 아마도 현지 딥스테이트 deep state* 나 다른 불온한 세력과 연계해 조직한 것일 수 있다고 생각했다. 지우마는 동의하지 않았다. 그는 억압받던 대중에게 시민권과 그에 따른 사회적 혜택을 제공하면 그들은 더 많은 것을 요구한다고 생각했다. 그것은 당연한 일이었다. 그는 반체제 인사로서 대통령이 됐고, 따라서 반시위 대통령이 될 생각은 없었다. 나중에 블라디미르 푸틴 러시아 대통령도 지우마에게 비슷한 메시지를 전했다. 그는 서방이 취약한 국가를 흔들고 미국의 패권을 확대하기 위해 일련의 '색깔혁명 color revolutions'**을 조직한다고 확신했다.11

---

*   딥스테이트 Deep State는 국가의 공식적인 정치 지도자나 정부와 별도로, 국가 내부에 깊숙이 자리 잡고 실제로 국가의 정책과 방향을 좌지우지하는 비공식적이고 은밀한 권력 집단 또는 네트워크를 의미한다. 딥스테이트라는 개념은 원래 1990년대 튀르키예에서 군부의 정보기관 능 공안 세력이 마약 조직 등과 결탁해 나라를 조종하던 현실에서 유래했다. 대중적으로는 음모론과 자주 연결되며, '그림자 정부 shadow government'라는 표현과 비슷하게 쓰인다.

** 주로 구소련 국가들과 동유럽에서 사회 변화를 요구하며 일어난 일련의 시위를 지칭하는 용어이다. 조지아의 장미혁명(2003), 우크라이나의 오렌지혁명(2004), 키르기스스탄의 튤립혁명(2005) 등이 대표적이다.

6월 18일 화요일, 지우마 대통령은 텔레비전에 출연해 시위의 정신을 칭찬했다. "오늘 브라질은 더 강하게 깨어났습니다. 어제 있었던 대규모 시위는 우리 민주주의의 에너지, 거리의 목소리, 우리 국민의 시민 정신을 증명했습니다"라고 그는 말문을 열었다. 그는 평화적인 시위대와 그들의 애국적인 행동을 칭찬하는 동시에 그들을 다른 파괴적인 소수와 분리했다. 하지만 전반적으로 시위는 가치 있는 행동이었다고 말했다. "어제 정말 흥미로운 포스터를 봤는데, '불편을 양해해주십시오. 우리는 나라를 바꾸고 있습니다'라고 적혀 있었습니다. 저는 우리 정부가 이러한 목소리에 귀를 기울이고 있다고 말하고 싶습니다."

이튿날 댐이 무너졌다. 전날 밤 150여 명의 시위대가 관저 앞에 모였는데도 아다지 시장은 버스요금 인상을 강행할 것이라고 믿은 채로 하루를 시작했다. 하지만 에두아르두 파이스Eduardo Paes 리우데자네이루 시장이 그에게 전화를 걸어 자신은 요금 인상을 포기하겠다고 말했다. 아다지는 수도 브라질리아로 전화를 걸었고, 더는 버틸 방법이 없음이 분명해졌다. 그는 기자회견을 열고 제랄두 알키민 주지사와 함께 요금을 인하하겠다고 발표했다.

몇 주 동안 잠을 거의 자지 못했던 마야라와 「무상대중교통운동」은 승리의 기쁨에 완전히 정신을 잃었다. 그들은 술을 마시고, 울고, 서로 꼭 껴안았다. 마야라는 오랜 친구를 껴안으며 "우리는 결코 포기하지 않았어. 결코 포기하지 않았다고!"라고 말했다. 그들은 10년이 지난 구호를 외쳤는데, 그중 일부는 그들이 벌인 투쟁의 역사를 상징하는 구호였다. "너의 사명은 무엇인가? 요금 인하와 혁명!" 마야라는 약간 술에 취해 에두아르두 수플리시 상원의원에게 전화를 걸어 세계 노동운동의 노래인 「인터내셔널가Internationale」를 불렀다. 그들은 「더는 고문하지말라」사무실에서 그들이 만든 모형 개찰구 중 하나에 불을 붙이고, 손을 잡고 원을 그리며 그 주변에서 춤을 췄다.

1년 동안 치밀하게 준비한 「무상대중교통운동」은 6월 19일에 버스요금 인상을 저지할 수 있을 것이라고 예측했다. 그들은 그날을 정확히 맞췄다.

루카스 '레굼' 몽테이루는 단 한 가지 문제가 있었다고 말한다. "우리는 모든 세부 사항을 계획했죠. 성공하는 시점까지도요. 하지만 그 뒤에 일어날 일은 전혀 계획하지 않았습니다."

「무상대중교통운동」은 6월 20일 목요일에 시위를 넘어선 축하 행사로 마지막 거리 행진을 열었다. 이 행사는 그들이 도착하기도 전에 시작됐다. 「무상대중교통운동」의 회원들은 지치고 피곤한 상태였고, 그들이 깨운 이 거인*과 어떻게 소통해야 할지 몰랐다. 「노동자당」을 비롯한 좌파 단체들은 그날 거리 시위에 참여해야 하는지를 놓고 열띤 토론을 벌였다. 그때까지만 해도 그들이 환영받지 못할 수도 있음을 잘 알고 있었다. 결국 그들은 자신들의 존재를 알리기로 했고, 「무상대중교통운동」은 시위대 주변에 일종의 '통제선'을 설치하기로 했다. 「무상대중교통운동」에는 새로운 방식이었다. 과거에 그들은 종종 젊은 펑크족에게 거리의 시위에서 만나는 모든 깃발을 찢으라고 속삭였다. 하지만 그들은 반정당 조직이 아니었다. 「무상대중교통운동」은 무정당주의와 반정당주의를 혼동했을 때 생길 일들을 우려했고, 결국 그들은 정당 조직들이 6월 초부터 시위에 동참했다는 것을 확인해주는 메모를 게시했다.

* 시민들의 참여로 거대해진 시위대를 의미한다.

전국 100곳 이상의 도시에서 200만 명이 거리로 쏟아져 나왔다. 이는 브라질 역사상 가장 큰 규모의 시위였다.[12] 경찰의 폭력이 있은 지 일주일밖에 지나지 않았지만, 나는 그 일주일 동안 일어난 모든 거리 시위와 그 뒤 온라인에서 벌어진 우여곡절을 생생하게 기억한다. 시간이 느려진 것 같았다. 그리고 그 역사의 궤적이 페이스북, 트위터, 그리고 「무상대중교통운동」 페이지의 댓글에서 쏟아져 나오는 것 같았다. 나는 (디지털) 벽에 쓰인 글을 볼 수 있었고, 상황이 달라질 거라는 걸 알았다. 그날 거리에는 온갖 종류의 사람들이 있었다. 하지만 내가 본 건 싸움뿐이었다.

나는 해 질 무렵 파울리스타 거리에 도착했다. 거리에 도착했을 때 6월 13일 시위의 핵심 참가자였던 사람들이 보였는데, 그들의 눈에는 이제 두려움이 가득했다. 그들은 보라색과 노란색, 빨간색과 검은색 깃발을 조심스럽게 들고 앞으로 나아가려고 했지만 건장한 남성들이 막아서 "무정당! 무정당!" 하며 소리치고 있었다. 점점 더 많은 군중이 합류하며 그들과 맞서 소리쳤다. 「무상대중교통운동」은 어디에도 보이지 않았고, 그들의 '통제선' 계획은 분명 효과가 없었다. 덩치 큰 남자들이 젊은 좌파들을 세게 밀어내기 시작했고, 결국 그들은 젊은 좌파들을 도로에서 골목길로 폭력적으로 쫓아냈다. 내가 있는 거리로 쫓겨온 단체는 의회에서 어느 정도 대표성이 있고 성소수자와 사회적 약자의 권리를 옹호하기 위해 목소리를 내며 헌신하는 「사회주의자유당Partido Socialismo e Liberdade」 소속이었다. 충격에 휩싸인 그들은 고개를 숙인 채 낙담했다. 그들은 무엇을 어떻게 해야 할지 모르는 것 같았다. 눈에는 깊은 슬픔이 가득했고, 방금 무슨 일이 일어났는지 이야기할 힘조차 없어 보였다. 몇 구역 떨어진 곳에는 브라질의 대표 사회운동단체인 「무토지농민운동」의 한 회원이 피신해 있었다. 그는 잠시 서서 피에루 로카텔리에게 말했다. "우리가 졌어요. 우리가 졌어요. 다 끝났어요. 우리가 할 수 있는 건 떠나는 것뿐이에요."13

> 11

다섯 가지 요구 사항과 네 개의 손가락

거리 시위가 폭발하는 한가운데에서 해킹 집단인「어나니머스」는 인터넷에 동영상을 올렸다. 이 동영상들은 항상 같은 방식으로 진행됐다.「브이 포 벤데타」가면을 쓴 한 남자가 책상에 앉아 있었다. 마치 이 단체가 컴퓨터 안에 침투한 것처럼 정적인 모습이었다. 그리고 값싼 동영상 편집 도구로 조작된 남성의 목소리가 들린다.

동영상에서 그는 일련의 요구 사항을 제시했다. 그는 국가가 정치를 제쳐두고 전 국민이 동의할 수 있는, "이념적이거나 종교적이지 않은" 문제를 해결하기 위해 단결해야 한다고 주장했다. 그들이 거리에서 내건 '다섯 가지 요구 사항'은 다음과 같았다. 첫째, 검찰이 아닌 경찰만이 범죄를 수사할 수 있도록 규정하는 헌법 개정안인 PEC 37을 저지하는 것이었다. 수년간 브라질 정치를 꼼꼼히 취재해온 나에게도 이러한 수사권 분쟁의 결과가 어떤 영향을 끼칠지는 그리 분명해 보이지 않았다. 둘째는 헤난 카에이루스Renan Calheiros 상원의회 의장의 해임이었다. 사실 이 요구는 매우 정치적으로 보였다. 셋째, 월드컵 프로젝트의 비리를 조사하고 처벌하라는 것이었다. 넷째, 의회의 부패를 '극악무도한 범죄'로 분류하라는 것이었다(분류법이 달라진다고 현실이 크게 달라지지는 않겠지만). 마지막으로, '특권 법정'의 종식, 즉 현직 정치인에 대한 혐의는 대법원에서 재판을 받아야 한다는 원칙을 폐기하라는 것이었다. 주목할 만한 점은 이러한 요구들은 모두 사법 정의나 엘리트 정치와 관련된 것으로, 이들 중 어느 것도 일반 국민에게 구체적이고 직접적인 혜택을 가져다주지는 않는다는 것이었다. 경제 정의에 대한 요구는 전혀 다뤄지지 않았다.

그 후 며칠 동안 소셜 미디어에는 '다섯 가지 요구 사항'을 지지하는 저항의 표시가 곳곳에 등장했다. 6월 14일부터 그달 말까지 브라질의 거리에서 이 운동을 지지하는 구호를 많이 발견할 수 있었다. 물론 "식초를 위한 브이"도 있었다. "거인이 깨어났다"도 있었는데, 이는 오랫동안 우파 성향의 구호였던 "브라질이여, 일어나라!"와 잘 어울렸다. 시위의 요구가 버스요금 인상보다 훨씬 더 큰 문제라고 선언하는 "이것은 20센타보에 관한 것이 아니다"도 있었다. 마야라를 비롯한 「무상대중교통운동」 회원들이 브라질의 '울트라'들과 협력해 시위에 참여했기 때문에 축구는 빠르게 시위 속에 녹아들었다. 월드컵 주최 측이 건설 중인 (매우 비싼) 경기장에 부과한 엄격한 기준을 비판하며 "우리는 학교와 병원을 「국제축구연맹」 기준에 맞추기를 원한다"는 구호가 적힌 표지판도 내걸었다. 이 문구는 지난 몇 년 동안 내가 브라질에서 목격한 다양한 정서의 본질을 담고 있는 것 같았다. 우리 브라질은 그들, 즉 선진국에 인정받는 것이 아니라 실제로 선진국처럼 살고 싶다는 정서였다. 우리 브라질인들도 월드컵을 관람하는 외국인이 느끼는 편안함과 안정감을 느끼고 싶다는 것이었다. 만약 이러한 주장이 설득력 있게 들렸다면, 6월 시위의 목표가 앞서 언급한 '다섯 가지 요구 사항'과 관련된 것이라고도 말할 수 있을 것이다.

일주일 내내 지우마 호세프 대통령은 거리의 민심을 읽으려는 자신만의 방법을 생각해냈다. 그는 대통령궁에 앉아 시위 현장의 텔레비전 중계(특히 글로보 뉴스)를 음소거 상태로 시청했다. 채널의 진행자가 제공하는 해설을 제거하면 사람들에 집중할 수 있었고, 그들이 든 팻말을 받아 적을 수 있었다. 그는 그들이 직접 메시지를 전달할 수 있도록 노력했다. 물론 글로보라는 대기업이 촬영하고 송출하는 영상에 국한된 것이었지만, 그는 나처럼 군중 사이를 돌아다닐 수도 없었다. 설령 그게 가능하다고 해도 시위가 100개 도시에서 동시에 벌어지고 있었기 때문에 그에게는 이것이 최선이었다. 그래서 그는 앉아서 화면을 주시했다.[1]

아다지 시장이 「무상대중교통운동」에 굴복한 후, 지우마 호세프 대통령은 긴급회의를 소집해 혼란스러운 거리 시위에 대응할 여러 방법을 고려했다. 나처럼 이 모든 것이 근본적으로 더 나은 공공 서비스를 위한 것이라고 믿었다면, 지금 일어나는 상황은 이상한 역설이었다. 브라질 정치의 실제 구조를 고려할 때, 「노동자당」(그리고 그와 가까운 동맹인 「브라질공산당」까지)보다 복지국가 확대를 더 강력하게 밀어붙이는 세력은 없었기 때문이다. 정부가 이미 하는 것보다 더 많은 것을 하라는 외침이 폭발적으로 커지는 듯 보일 수 있었다. 이것이 룰라가 7월 《뉴욕타임스》 기고문에서 내린 기본적인 결론이었다.[2] 그는 "지난 10년 동안 브라질은 대학생 수를 두 배로 늘렸으며, 그중 상당수가 가난한 가정 출신입니다. 빈곤과 불평등이 급격히 감소했습니다. 이는 중요한 성과이지만, 더 많은 것을 요구하는 것, 특히 부모가 갖지 못한 것을 얻게 된 젊은이들이 더 많은 것을 원하는 것은 지극히 당연한 일입니다"라고 썼다.

동시에 룰라와 호세프 대통령은 거리의 반정부 정서, 즉 부패에 대한 비난과 자신들의 정당을 정면으로 겨냥하는 보수적 애국주의자들의 분노를 분명히 확인했다.

마야라와 「무상대중교통운동」 회원들은 6월 24일 브라질리아에서 지우마 호세프와 면담했다. 마야라는 운동의 목표가 분명하고 대통령이 단 한 번의 만남으로 국가정책을 바꿀 수 없다는 점을 고려할 때 회의는 예상대로 진행됐다고 생각했다. 그날 대통령과의 회담장에 도착한 마야라는 정치적 견해는 달랐지만 지우마가 '우리 쪽 사람'임을 깨달았다. 대통령은 지친 활동가들이 배가 고프다는 것을 즉시 알아차리고 그들이 먹을 수 있게 브라질 전통 치즈 빵을 가져오라고 지시했다. 항상 학자 같고 냉담해 보였던 아다지와 달리 지우마는 그들과 마찬가지로 투사의 기질이 있었다.

그러나 회의가 끝난 후 재앙이 닥쳤다. 「무상대중교통운동」은 대변인이 없었고 그래서 모두 대변인이었다. 회의가 끝난 후 그들이 언론에 여러 이야기를 쏟아내던 중 회원 중 하나인 마르셀루 호치므스키Marcelo Hotimsk가 지우마의 대통령실이 대중교통 문제를 논의할 준비가 되지 않았다고 말해버렸다. 순식간에 일어난 일이었고, 마야라는 당황했다. 그는 당연히 언론에서 이 말을 머리기사로 뽑을 거라 생각했다. 그때까지 좌파와 우파 일부 사람들은 나름의 이유로 6월 항쟁이 노동당과 최초의 여성 대통령을 몰아내기 위한 보수적 운동이라고 주장했다. 마야라는 그 말이 옳든 그르든, 그들이 마르셀루의 발언을 통해 자신들의 주장을 뒷받침할 것이라고 생각했다. 그들은 그렇게 했다.[3]

같은 날, 지우마 호세프 대통령은 '브라질과의 5대 합의안'을 발표했다. 그는 국회의 부패를 '극악무도한 범죄'로 지정하라는 동영상의 요구를 지지한다고 선언했고, 의회는 마스크 쓴 남성이 원한 대로

PEC 37을 신속하게 폐기했다. 지우마의 '5대 합의안' 중 가장 중요한 것은 헌법 개정을 위한 국민투표 제안이었다. 이를 통해 그의 정당이 오랫동안 추구해온 '정치 개혁'을 실현할 수 있었다. 이를 추진하려면 브라질의 다른 정치 계층이 함께 지지해주어야 한다. 물론 이는 쉬운 일이 아니었지만 그가 개헌을 제안한 후 몇 주 만에 브라질 국민의 68퍼센트가 그 계획을 지지한다고 답했다.[4]

의회도 자신들이 거리의 목소리에 귀를 기울이고 있음을 보여주기 위해 필사적으로 노력했다. 부패 혐의로 기소됐지만 해임될 리 없던 보수 정당인 「브라질민주운동당Partido do Movimento Democrático Brasileiro」 소속 헤난 카예이루스 상원의회 의장은 정치를 정화하는 대규모 법안을 발의했다. 이 법안 중 하나는 2000년대 초반부터 국제사회의 협력 및 압력의 결과로 수년 동안 준비해온 것이었다. 급격한 변화의 소용돌이 속에서 크게 주목받지 못했지만, 법안 12.850/2013은 '범죄 조직' 수사 규칙을 수정하는 내용을 담고 있었다. 가장 중요한 것은 대상을 정확하게 규정하기만 한다면 형량 감면 또는 형량 협상을 광범위하게 사용할 수 있게 됐다는 점이다.[5]

한편, 주말에 열린 긴급회의에 초대받지 못한 미셰우 테메르Michel Temer 부통령을 비롯한 브라질의 주요 정치 인사들은 지우마가 텔레비전에서 발표한 정치 개혁을 받아들이지 않겠다는 의사를 분명히 밝혔다. 대통령은 조용히 계획을 포기했고, 헌법은 그대로 유지됐다.[6] 하지만 2013년 12월 28일 공포된 법안 12.850/2013은 곧 브라질의 상황을 바꾸어놓았다.

브라질의 법률 체계는 유럽 대륙의 관습법에서 파생된 '민법' 제도를 채택하고 있어 미국의 '관습법' 제도와는 매우 다르다. 특히 브라질의 판사들은 북미의 판사들처럼 '판례'에 얽매이지 않는다. 하급

법원은 판결할 때 폭넓은 재량권을 가질 수 있고, 이를 상급 법원이 항소심으로 뒤집는 경우도 많다. 용의자를 감옥에 가두겠다고 협박한 뒤 다른 사람을 밀고하면 빠져나갈 길을 열어주겠다고 설득하는 방법은 브라질 법조계에선 통용되지 않았다. 브라질이 형량 협상 기법을 채택하게 된 데는 미국의 영향이 컸다. 워싱턴의 압력, 브라질과 미국 법조인 및 관계자들 간의 직접적인 접촉, 그리고 미국의 방식이 늘 더 효과적이라는 일반적인 인식의 결과 덕분에 브라질 경찰 당국은 오랫동안 미국 경찰과 같은 방식으로 수사할 수 있는 권한을 갖기 위해 노력해왔다. 그리고 2013년 후에야 그것이 가능해졌다.[7]

게지 광장에 모인 세력들이 조직화된 튀르키예 좌파 '빅 브라더'의 지도를 받으며 단결하는 데 실패한 후, 에르도안 정부는 독자적으로 협상을 시도했다.[8] 6월 12일, 정부는 지지자 한 무리를 초청했는데, 텔레비전 배우를 포함한 유명 인사들도 포함됐다. 광장은 이 시도를 광범위하게 거부했고, 정부는 광장의 시위와 좀 더 깊은 관계를 맺은 일부 활동가 및 비정부기구로 구성된 또 다른 집단을 초대했다. 전보다는 나은 선택이었지만 여전히 국가가 게지 광장을 대표할 사람을 선택한 것이지, 운동 스스로 자신의 대표자를 선택한 것은 아니었다. 튀르키예의 정치학자 지한 투알Cihan Tuğal은 시위운동의 방법이 아니라 목적을 중요하게 여긴다면 외부자에게 운동의 대표 권한을 양도해서는 안 되며, 적대적인 사람들에게는 더욱 양도할 수 없다고 말했다.

투알은 (이집트, 튀르키예, 그리고 실제로 지난 10년 사이 대규모 시위가 일어난 역동적인 상황을 요약하기 위해) 마르크스의 『루이 나폴레옹의 브뤼메르 18일 Der 18te Brumaire des Louis Napoleon』에 나오는 가장 유명한 구절을 인용했다:

"자신을 대변할 수 없는 자들은 (타인에 의해) 대변될 것이다."9

튀르키예 정부는 이 협상의 결과를 기정사실로 만들었다. 국민투표에서 국민이 찬성하면 시민들이 공원을 계속 사용할 수 있도록 하겠다고 했지만, 그게 다였다. 다른 건 없었다. 받아들이거나 떠나야 했다. 그 제안을 두고 공원에 모인 사람들의 의견은 분분했고, 공동 대응방안을 결정할 방법도 없었다.10 정부 내 많은 이들 역시 협상 상대를 찾지 못해 깊은 좌절감을 느꼈다. 최선의 결과는 국민(또는 적어도 이스탄불의 영향력 있는 사람들)이 원하는 것 중 일부를 주는 것이었을지도 모른다.*

정부가 광장에서 어떤 대답도 듣지 못한 상황에서 어떻게 답을 줄 수 있을까? 결국 수도에서 열린 「정의개발당」 집회에서 총리는 공원 철거 결정을 발표했다. 그리고 정부는 6월 15일에 강제로 공원을 철거했다. 한동안 공원 밖에서 집회와 주민회의가 열리기도 했지만 열기는 점점 식어갔다. 시민들은 다시 일터로 돌아가야 했다. 시위에 참여한 단체들은 구속력 있는 결정을 내리거나 구체적인 행동을 취할 수 없었다.

2013년 6월 29일, 이집트어로 '반란'을 뜻하는 「타마루드Tamarod」는 무함마드 무르시에게 새로운 선거를 요구하는 사람 2200만 명 이상의 서명을 모았다고 발표했다. 이 단체는 처음부터 자신이 2011년 타흐리르 광장에서 거둔 성공적인 민주화운동 정신을 계승했다고 내

---

* 「탁심 연대」는 한때 다섯 가지 요구 사항을 제시했다. 그 내용은 다음과 같다. 1 게지 광장을 공원으로 유지하라. 2 진압에 책임이 있는 관리들을 처벌하라. 3 수감된 시위자들을 석방하라. 4 공원에서 집회를 할 수 있게 허용하라. 5 튀르키예의 공공 공간과 표현의 자유를 보존할 것을 약속하라.

세웠다. 이들은 인터넷을 통해「무슬림형제단」정부의 과도한 권력을 종식시킬 것을 촉구하는 젊은 혁명가들이었다. 6월 30일, 수백만 명의 사람들이 거리로 나섰다.

무르시를 싫어하는 게하드는 시위에 참여하긴 했지만 이 시위가 매우 이상하다고 생각했다. 2011년과는 매우 달랐기 때문이다. 당시에는 시위대가 경찰의 폭력에 맞서는 모습을 보고 행동에 나섰다. 이번에는 경찰이 시위를 지원했고, 시위대는 경찰과 사진을 찍었다. 6월 30일 운동에는 몇 주 동안 쌓인 주요 언론의 지원도 있었다. 봉기라기보다는 축제에 가까웠다. 조직된 민족주의 행사 같았다. 군용기가 상공을 날아다니고 사방에 거대한 이집트 국기와 불꽃놀이가 펼쳐졌다. 뭔가 잘못됐다고 느꼈다. 7월 3일, 압델 파타 엘-시시Abdel Fattah el-Sisi 국무부장관이 오직 자신을 위해 권력을 장악했다. 군사 쿠데타였다.

알고 보니「타마루드」는 생각만큼 풀뿌리 조직이 아니었다. 게하드를 비롯한 많은 이들은 나중에「타마루드」가 걸프 국가들(특히 아랍에미리트), 군부, 부유한 사업가들의 지원을 받았다는 사실을 알게 됐다.[11] 사우디아라비아는 즉시 새로운 시시 정권을 지지했다.[12]

"우리는 속은 겁니다." 게하드가 말했다. "그게 전부예요."

무르시에게는 이집트에서 그가 유일하게 합법적인 대통령 선거에서 승리했다고 주장하는 수백만 명의 지지자가 있었다. 이들은 타흐리르가 아닌 동쪽으로 몇 킬로미터 떨어진 라바아Rabaa의 한 이슬람 사원을 둘러싸고 광장을 점거했다. 언론은「무슬림형제단」이 폭력을 계획하고 있다는 과장된 뉴스를 퍼뜨렸다.[13] 군대가 광장을 급습해 약 1000명이 사망했다.[14] 라바아에서 벌어진 학살에 인권 단체는 충격에 빠졌지만 압델 파타 엘-시시 정권의 상황은 조금도 바뀌지 않았다.「무슬림형제단」은 금지됐고, 이집트에는 독재가 부활했다. "그게 전부였다."

2013년 여름, 에르도안은 라브아 광장(라브아는 아랍어로 '네 번째'라는 뜻)에 연대하는 의미로 네 손가락으로 경례하는 모습을 공개적으로 드러냈다. 에르도안 정부는 게지 공원을 폭력적으로 진압한 후에도 올바른 시위라면 대중 봉기도 지지하는 지도자로 자리매김했다. 그러나 라바아에는 중요한 지지자가 많지 않았다. 압델 파타 엘-시시의 부상은 사우디아라비아 왕실과 2011년 이른바 '봄'이 시작된 뒤 위협받던 걸프 지역 중심의 아랍 정치가 거둔 큰 승리였다.15 튀르키예 모델과 국제적 영향력을 얻으려던 에르도안의 꿈은 무너졌다. 2013년 에르도안은 이집트를 잃었고, 게지 광장 시위로 세속적인 중산층의 상당수를 잃었으며, 이제 시리아의 피비린내 나는 수렁에 깊이 빠져들었다. 튀르키예가「유럽연합」에 가입할 가능성은 더는 없어 보였다. 하지만 그의 통치 자체에는 문제가 없었고, 에르도안 정부는 점점 더 권위주의적으로 변해가면서 선거에서 쉽게 승리할 것으로 예상됐다. 사태가 진정된 지 얼마 지나지 않아 시장에서 노점상을 운영하던 하자르Hazar는 군에 입대했는데, 막사에서 다른 병사들을 만났을 때 크게 놀라고 말했다. 광장에서 그는 전 국민이 자신과 함께한다고 느꼈지만, 전국 각지의 시골에서 지켜보던 이들은 대부분 첫날부터 시위에 반대했다는 사실을 알게 된 것이다.

「무상대중교통운동」은 이제 무엇을 할지 결정해야 했다. 수백만 명이 참여한 6월 20일의 무질서한 시위 후,「무상대중교통운동」은 더는 시위를 요구하지 않았다. 그들 중 일부는 거리의 막대한 에너지를 요금 인하가 아닌 새로운 수요, 즉 완벽한 '무료 교통'이라는 목표를 향해 이끌 수 있을 것이라고 생각했다. 그들은 도시를 걸어다니기만 해도 사람들이 자신들을 응원해줄 것이라는 사실을 깨달았다. 사람들은 그들이 다음에 무엇을 할 것인지 물었다. 그런 결정을 내리려면 모든 구성원의 동의가 필요했다. 합의에 따라 의사를 결정해야 한다면, 완전히 새로운 캠페인 전략을 신속하게 결정하기는 어렵다. 중요한 것은 구성원들이 지쳐 있었다는 것이다. 몇몇은 몸이 많이 아팠고, 체중이 많이 줄어든 사람도 있었다. 마야라는 거리 전투를 조직하고 전국적인 유명 인사가 되는 동안 내내 식당 종업원으로 일하고 있었다.

또한 실제로 아무도 독려하지 않았지만 스스로 조직에 가입하려는 수많은 사람을 어떻게 처리해야 할지도 결정해야 했다. 어떻게 이처럼 끈끈하게 결합한 조직에 새로 가입한 사람들을 모두 통합시킬 수 있을까? 그들은 「더는고문하지말라」의 사무실에서 다시 한번 끝없이 회의했다.

일부 회원은 조직의 인기를 확장하거나 이용하려 할 경우 불가피하게 관료화될지 모른다고 우려했다. 누군가가 모든 사람이 12시간 동안 끝없이 이어지는 회의에 참여해야 한다는 조항을 없애자고 했다. 필요한 사안에는 총회를 열고, 다른 사안에는 소규모 모임을 구성하자는 것이었다. 이는 레닌주의자에게는 용납할 수 없는 것이었다. 루카스 '레큠' 몽테이루는 기본적으로 조직의 기존 구조를 모두 해체하고 싶었다. 끝없는 토론 끝에 다른 의견이 채택됐다. 「무상대중교통운동」은 세간의 이목이 집중되는 도심 한복판에서 벗어나 대학과 언론을 멀리하고 시민과 함께하기로 했다. 그들은 도시 외곽(또는 주변부)의 빈민 지역에서 지원 활동을 하는 데 집중하기로 했다. 브라질의 상황에 맞게 조정되긴 했지만, 이것은 1960년대에 미국의

「민주사회학생회」 초기 지도자들이 언론의 주목으로 많은 관심을 받고 결과적으로 많은 신규 회원들을 얻은 후에 선택한 행보와 정확히 같았다. 루카스는 「민주사회학생회」의 이야기를 들어본 적이 없었지만, 내가 이야기를 시작하자 내 문장을 대신 완성해주고 무슨 일이 일어날지 정확히 예측했다. "그래서 사람들이 미디어 밖에서는 실제로 존재하지도 않는 운동에 참여하려고 나타났다고요?" 그가 물었다. "맞아요." 나는 대답했다. "미친 짓이네요." 그가 말했다.

칠레에서는 2011년 학생운동의 지도자 중 상당수가 정반대의 길을 선택했다. 그들은 제도권 정치에 참여하기로 결정하고 2013년 11월 선거에 출마했다. 카밀라 바예호와 카롤 카리올라Karol Cariola는 「칠레공산당」 후보로 출마해 「칠레사회당Partido Socialista de Chile」과의 정당 연합인 '신다수파Nueva Mayoría'에 합류하겠다고 공약했다. 가브리엘 보리치와 지오르지오 작슨은 「자율주의좌파운동Movimiento Autonomista」과 새로 창당한 「민주혁명당Revolución Democrática」에 적을 둔 무소속으로 각각 출마했다.

네 명의 지도자가 모두 당선했다. 그들은 "한 발은 거리에, 다른 한 발은 의회에" 두겠다고 선언했지만, 거리에서 그들과 함께한 많은 이들에게 그들의 행보는 배신이었다. 그들은 이 사회의 체제에 합류한 것이었다. 바예호와 카리올라가 정부에 입성한 후, 학생 연맹의 동지들은 그들에게 금세 흥미를 잃었다. 네 사람은 이제 무정부주의를 표방하는 칠레 청년운동 조직의 적이 됐다.[16]

2013년, 나는 '다섯 가지 요구 사항' 동영상을 업로드한 남성을 추적했다. 그는 자신의 신분을 '마리오'라고 밝히려 했지만, 자신이 문제의 영상을 올린 유튜브 계정을 운영한다는 사실은 확인해 주었다. 우리는 페이스북 메신저를 통해 그가 어떻게 정치에 입문하게 됐는지, 「어나니머스」를 어떻게 알게 됐는지 잠시 이야기를 나눴다. 그는 그 그룹에 가입한 적이 없다고, 그런 식으로 활동하지 않는다고 말했다. 그는 그저 자신이 본 영상이 마음에 들어서 가면을 구입하고 「어나니머스」 방식으로 영상을 만들었을 뿐이라고 했다.

'다섯 가지 요구 사항'은 어떻게 된 것이냐고 나는 물었다. 「어나니머스」에서 어떻게 그 '다섯 가지 요구 사항'을 결정했느냐는 나의 질문에 그는 "아무도 정하지 않았어요"라고 대답했다. 그는 그저 그 모든 것을 지어낸 것이었다. 그는 페이스북에서 읽은 글들에서 '요구 사항'을 조합해 목록을 만들었을 뿐이다. 다섯 개가 적당한 숫자인 것 같아 보였다.17

사태가 진정된 후, 여론조사 기관인 「다타폴랴Datafolha」는 지우마의 지지율을 새로 조사해 발표했다. 2013년 6월 첫째 주에 브라질 국민의 57퍼센트가 호세프 정부가 "잘한다" 또는 "훌륭하다"고 평가했다. 하지만 같은 달 말에는 그 수치가 30퍼센트로 떨어졌다. 3주 만에 27퍼센트 포인트나 하락한 것이다.18 놀라운 것은 6월 시위를 촉발한 문제 중 어느 것도 연방정부와는 관련이 없었다는 것이다. 버스 요금은 시 당국이 통제하며, 지우마는 사실 가격 인상을 늦추도록 압력을 가했다. 경찰을 통제하는 것은 주 정부인데, 상파울루에서는 보수 야당이 경찰을 장악하고 있었다. 그리고 부패 사건의 최종 중재자는 대법원이다. 호세프 대통령은 거리에서 터져나오는 상반된 메시지에 대응하려고 노력한 것 외에는 아무 잘못도 하지 않았는데도 3주 만에 지지율의 절반을 잃었다. 유권자가 정확한 정보를 바탕으로 합리적으로 행동한다고 가정하는 분석가들에게는 이 상황이 마치 풀기 어려운 수수께끼 같았다. 지지율이 하락한 원인은 무엇이었을까? 지우마나 그가 추진하는 정책에 관한 정보가 공개되지 않았기 때문일 수도 있다. 많은 이가 이 나라에 마음에 들지 않는 점이 많다는 것을 깨달았기 때문이라고도 했다. 또 한 가지 일반적인 설명은 시민들이 그가 폭발적인 시위들에 제대로 대응하지 못했다고 믿었다는 것이다. 하지만 지우마에게 무엇이 올바른 방법이었을까? 또는 정치 현실에서 보이는 언론의 역할을 감안한다면(물론 언론의 중재 없이 존재하는 국가 정치는 없다), 아마도 시민들은 모두 몇 주 동안 언론의 격렬한 정치 참여, 즉 언론이 정부가 무능하거나 악의적이라는 누명을 씌우는 몇 주를 경험했을 것이다. 나는 여전히 이 수수께끼 같은 상황을 설명할 만족할 만한 답을 들어본 적이 없다. 그의 지지율은 그 뒤로 결코 회복되지 않았다.

2부

12

'유로마이단' 시위

아르템 티드바Artem Tidva는 키이우 시내에 있는 햄버거 가게인 맥폭시McFoxy*에 노동조합을 만들고자 했다. 맥폭시는 맥도날드가 아니라 소련이 붕괴한 후 곳곳에 생겨난 값싼 모조품 같은 곳이었다. 서부 우크라이나의 작은 마을에서 자란 아르템은 2012년에 사이버네틱 경제학cybernetic economics**으로 학사 과정을 마친 후 생계를 위해 패스트푸드점에서 일했다. 급여는 형편없었고—시급 2달러를 약속했지만 실제로 받은 것은 1.50달러 정도였다—12시간 교대 근무를 해야 했으며, 업주들은 온갖 법을 어겼다. 그는 크고 저렴한 아파트에서 여러 친구들과 함께 살았는데, 모두 사회운동에 관심이 많았다. 채식주의자, 무정부주의자, 사회주의자 등이었던 그들은 어떻게든 세상을 바꾸려 노

---

* 우크라이나의 패스트푸드 가맹점 식당으로, 맥도날드를 모방한 브랜드이다. 2009년에 설립됐고, 2016년 탈세 혐의로 폐업했다.

** '사이버네틱스'는 제어이론과 정보과학의 융합 학문으로, 사이버네틱스 경제학이란 경제 시스템의 복잡한 상호작용을 사이버네틱스의 관점에서 분석하고 제어하는 학문 분야를 의미한다.

력하고 있었다.

어느 날 그는 집에 돌아와서 구글에서 '패스트푸드 사업장을 조직하는 방법'을 검색해보았다. 그는 피자헛에서 노동조합이 설립된 과정에 관한 정보가 담긴 오래된 미국 웹사이트를 발견하고 그 지침을 따랐다. 하지만 소용이 없었다. 아르템은 두 달 만에 해고당했다. 그래서 그는 키이우 시내의 마이단Maidan(광장), 즉 네잘레즈노스티Nezalezhnosti 광장(독립 광장) 근처에 있는 다른 레스토랑에서 일하기 시작했다.

11월 21일, 일부 사람들이 광장에서 시위를 시작했다. 식사를 하던 몇몇 손님이 아르템에게 "왜 안 가세요?"라고 물었고, 아르템은 "여러분 같은 사람들에게 음식을 나르며 일해야 해서요!"라고 대답했다. 하지만 실제 답은 더 복잡했다. 그는 이 시위가 자신을 위한 것이 아니라고 생각했다.

시위의 규모는 그다지 크지 않았고, 빅토르 야누코비치Viktor Yanukovych 대통령이「유럽연합」과의 연합협정 체결을 거부한 것에 항의하고 있었다. 아르템은 야누코비치를 지지하지는 않았지만, 그가 보기에도 소수의 서방 세계를 지향하는 학생들과 비정부기구 직원들은 정부에 더 적극적으로 신자유주의 체제를 채택하라고 요구하고 있었다. 아르템에게 그 협정은 일반 우크라이나 국민이 아닌 부유한 사람들에게 도움이 되는 것이었다. 이는 소련 붕괴 후 겨우 남은 실낱같은 복지국가의 유산을 더 많이 파괴하는 것을 의미했다.[1] 게다가 대통령 못지않게 과두적 권력관계를 형성하고 있는 야당들도 이 작은 시위를 이용해 자신들의 의제를 밀어붙이려 하는 것처럼 보였다.

11월 30일, 경찰의 단속이 시작됐다. 특수부대가 수도 한복판에서 학생들을 공격하는 장면이 전국에 퍼졌다. 그날 늦게 사람들이 광장으로 쏟아져 나오기 시작했다.

아르템은 이제 연합협정 체결보다 더 중요한 것이 있다고 결심했다. 이제 시위는 경찰 폭력 거부와 집회의 권리를 향했다. 시위가 '유럽'에 관한 것이라면 브뤼셀과 단일 경제협정을 맺는 것보다 더 크고 해석의 여지가 많은 아이디어라고 그는 생각했다. 아르템과 친구들은 광장에 직접 깃발을 들고 가 시위에 참여해야 한다고 결정했다. 그리고 그들은 그렇게 했다.2

연합할 것인가 연합하지 않을 것인가

우크라이나는 구소련의 매우 중요한 한 부분이었다. 「우크라이나공산당Komunistychna partiya Ukrayiny」은 구소련을 구성한 다섯 공화국에서 가장 큰 정당이었으며—러시아 공산당이라는 것은 존재하지 않았다—모스크바 최고지도자 대부분은 우크라이나 출신이었다. 소련의 세 지도자(총 일곱 명 중)인 흐루쇼프, 브레즈네프, 콘스탄틴 체르넨코Konstantin Chernenko는 모두 오늘날의 우크라이나에 뿌리를 두고 있으며, 고르바초프의 어머니가 우크라이나 출신인 것까지 포함하면 지도자 일곱 명 중 세 명 반이 우크라이나에 뿌리를 두고 있는 셈이 된다. 또한 우크라이나는 구소련의 나머지 국가들이 소비하는 곡물, 철강, 첨단 기술의 대부분을 생산하는 농업 및 산업 강국이었다.

1917년 이전 우크라이나 영토는 대부분 러시아제국의 일부였으며, 다른 차르 소유의 영토와 같은 방식으로 소비에트연방에 가입했다. 볼셰비키는 러시아혁명 후 권력을 장악했다. 러시아제국의 여러 지역 마리아 토마크Maria Tomak는 처음부터 그곳에 있었다. 그는 서방의 기부자들이 자금을 지원하는 인권 분야 비정부기구인 「시민자유센터Tsentr Hromadyans'kykh Svobod」에서 일했다. 하지만 그는 소련 내에서 활동한 반체제 인사들의 유산에서 더 많은 영감을 받았다. 당연히 '마이단'은 무대는 있지만 지도자가 없는 수평적이고 '스스로 조직된' 운동이었으며, 그를 비롯한 시위자들은 페이스북을 통해 사안들을 조율했다.[24]

소셜 미디어는 처음부터 중요했다. 초기 시위대는 대부분 중산층이었고 인터넷을 잘 활용했다. 하지만 텔레비전도 중요했다. 이 나라의 언론은 과두 정치가들이 통제하고 있었는데, 종종 특정 인물이나 사업적 이해관계로 얽힌 방송사를 통해 언론을 통제했다. 야누코비치는 자신의 친족을 언론계 고위직에 임명하면서 언론계 일부의 분노를 샀다. 네덜란드, 미국, 조지 소로스가 자금을 지원했고, 무스타파 나옘이 일한 흐로마즈케Hromadske와 초콜릿 업계의 거물 페트로 포로셴코Petro Poroshenko가 소유한 채널5Channel 5 같은 방송사가 처음부터 이 시위를 지지했다. 과두 특권층의 지배를 받는 다른 방송사들은 사태가 진행되는 동안 사주의 이해관계에 따라 오락가락한 태도를 보였다. 하지만 키이우에서 멀리 떨어져 살면서 그 후 몇 달 동안 많은 우크라이나 사람이 그랬던 것처럼 러시아 텔레비전을 시청하는 사람이라면, 광장에서 일어난 일을 완전히 다른 시각으로 바라보았을 것이다.

러시아제국 시절 '흑해의 진주'로 알려진 해변 도시 오데사Odessa 같은 곳에서는 서로 다른 텔레비전 채널을 시청하기 때문에 시위의 근본 원인을 놓고 서로 다른 의견을 보이는 가족이나 연인이 많았다. 하지만 키이우에서 경찰이 크리스마스트리 설치를 구실로 학생 시위대를 진압하자 소셜 미디어와 전통 미디어 모두 이 충격적인 이미지를 널리 퍼뜨렸고, 곧 10만 명이 광장에 모였다.[25]

에서 그랬던 것처럼, 우크라이나에도 다른 방향으로 상황이 진행되기를 바라는 사람들이 분명히 있었다. 내전 동안 백군*과 때때로 동맹을 맺은 세력들이 여러 시점에 걸쳐 키이우를 독립 우크라이나의 수도로 삼기도 했다. 스탈린이 우크라이나 민족주의를 의심하고 탄압하기 시작할 때까지 모스크바는 우크라이나 민족주의를 옹호했다. 이후 우크라이나소비에트사회주의공화국은 1932~1933년의 기근으로 폐허가 됐고, 이 기근과 함께 모스크바가 농업을 집단화하며 곡물을 강제 징발하면서 많은 우크라이나인이 기아로 사망했다. 이 지역 국민은 또한 '붉은군대'로서 중앙 및 동유럽을 점령한 나치 독일에 대항해 용감하게 싸웠고, 히틀러의 군대를 베를린까지 몰아냈으며, 1945년 독일을 물리치고 승리를 축하했다.

현대 우크라이나의 서부 지역은 이와는 매우 다른 방식으로 소련에 편입됐다. 갈리치아Galicia와 볼히니아Volhynia(현재 르비우Lviv와 루츠크Lutsk라고 불리는 도시가 있는 곳) 지역은 전쟁 중 폴란드의 일부였다. 소련과 나치 독일이 맺은 협정인 '몰로토프-리벤트로프협정'** 시대에 스탈린과 히틀러는 폴란드 분할에 동의했다. '붉은군대'는 이 지역을 구한다는 명분으로 침공해 점령했다. 우크라이나는 전쟁 중에 헝가리와 루마니아의 일부도 통합하면서 1945년까지 그 규모가 상당히 커졌다.3

급진적 우크라이나 민족주의가 자리를 잡은 곳은 서부 지역이었

---

* 러시아내전(1917~1922) 기간 동안 볼셰비키가 이끄는 적군에 맞서 싸운 반혁명 세력을 가리킨다.

** 1939년 8월 23일 나치 독일과 소련이 체결한 불가침 조약이다. 양국은 서로 공격하지 않기로 약속했고, 비밀 부속 의정서를 통해 동유럽을 독일과 소련의 영향권으로 양분했다. 또한 폴란드를 분할했다. 이 조약으로 독일은 폴란드 침공을 감행할 수 있었고, 소련도 동유럽 점령을 시작했다.

다. 1930년대 폴란드에서 극우 「우크라이나민족주의자조직Orhanizatsiia ukrainskykh natsionalistiv」의 구성원이었던 스테판 반데라Stepan Bandera라는 사람이 지역 관료들을 공격하는 무리를 조직하기 시작했다. 그는 감옥에 갇혔다가 1939년 히틀러가 침공한 틈을 타 탈출했다. 독일군이 자신들을 우크라이나 연합국을 이끌 수 있도록 도와줄 것이라 믿은 「우크라이나민족주의자조직」은 나치를 해방자로 환영했다. 이들은 나치를 도와 현재 우크라이나 서부에서 유대인 학살을 자행했다. 하지만 히틀러에게는 다른 계획이 있었고, 게슈타포Gestapo는 전쟁 중 반데라를 포로로 잡았다. 나치와 맺은 동맹이 무너진 후 반데라의 파벌(「우크라이나 민족주의자 조직-B」)은 그들이 반역자로 간주한 폴란드인, 더 많은 유대인, 우크라이나인을 학살했다. 1944년 '붉은군대'가 독일을 향해 진격하자 나치는 반데라가 공산군을 괴롭히기를 바라며 그를 석방했다.[4] 1945년 소련이 승리한 후 「우크라이나민족주의자조직-B」와 그 군사 조직인 「우크라이나반란군Ukrayins'ka Povstans'ka Armiia」은 일부 서방 국가의 지원을 받아 공산화된 우크라이나를 상대로 유혈 게릴라전을 벌였다.[5] 소련의 「국가보안위원회Komitet gosudarstvennoy bezopasnosti」(KGB)는 마침내 1959년 뮌헨에서 반데라를 암살했다.[6]

마지막으로 우크라이나 영토에는 또 다른 세 번째 지역이 있었다. 오스만제국의 중요한 무역항이 있는 전략적 요충지인 크리미아반도이다. 크리미아반도는 '러시아와 우크라이나 통일 30주년'을 기념하는 1954년까지 러시아소비에트연방사회주의공화국의 일부였다. 러시아와 우크라이나는 모두 바이킹이 슬라브 땅을 다스린 9세기에 탄생한 키이우 루스Kyivan Rus 문명에 뿌리를 두고 있다. 소련의 공식 선전에 따르면 1654년 차르의 지도 아래 코사크족을 불러들인 '페레야슬라프 회의$^{Pereiaslav\ Council}$'*가 모두를 다시 하나로 통일시켰다고 한다. 니키타 흐루쇼프는 형제애를 상징하는 호화롭고 상징적인 몸짓으로 크리미아반도를 우크라이나소비에트사회주의공화국으로 양도했고, 이제 전쟁으로 황폐해진 크리미아반도의 회복을 돕는 임무도 우크라이나의 몫이 됐다.

소련이 해체된 뒤 우크라이나와 러시아는 한동안 통합 상태를 유지할 것으로 보였다. 1990년 우크라이나 의회는 (분리 독립이 아닌) 주권국임을 선언했지만, 이는 모스크바보다 현지 법이 우선한다는 것을 의미하는 정도였다. 키이우의 정치인들은 국회의사당 근처에서 시위를 금지하는 법을 통과시켰지만, 수십 명의 학생들이 10월혁명 광장으로 내려와 총리의 사퇴를 요구하며 단식 투쟁을 시작했다. 정부가 시위대를 강제 해산하려 하자 5만 명의 우크라이나 국민이 시위대에 합류하기 위해 행진했다. 결국 이는 성공했다. 우크라이나는 시위대의 요구대로 고르바초프가 제시한 새로운 연방조약 협상에서 탈퇴하지 않았지만, 시위대는 텔레비전을 통해 자신들의 주장을 발표할 수 있었고 시위할 권리가 보장됐다. '광장'을 뜻하는 '마이단'이 처음으로 장소가 아닌 저항 행위를 뜻하는 이름으로 사용되었고, 이 광장을 점거하는 것이 우크라이나에서 저항방식으로 자리 잡은 순간이었다.[7]

1991년 3월 국민투표에서 우크라이나 국민의 70퍼센트는 새로 바뀐 소련 체제에 남는 것에 투표했고, 80퍼센트는 국가 주권을 유지하는 상태에서 소비에트주권국가연합에 가입하는 안을 지지했다.[8] 1991년 8월 조지 H. W. 부시 미국 대통령은 키이우의 지도자들에게

---

* 1654년 당시 우크라이나의 코사크 헤트만국이 폴란드-리투아니아 연방의 공격에서 보호받기 위해 러시아 차르의 통치 아래 들어가기로 결정한 역사적 사건으로, 그 후 우크라이나와 러시아의 관계에 중대한 영향을 미쳤다.

러시아와의 새로운 연합체제에 머물 것을 설득했다. 그러나 1991년 8월 쿠데타 시도로 모든 것이 바뀌었다.[9] 강경파 공산주의자들—일부는 거하게 술에 취해 있었다—은 고르바초프가 1980년대에 시작한 과정을 되돌리려고 시도했지만 참담하게 실패했다. 1991년 12월 국민투표에서 우크라이나 국민의 90퍼센트가 완전한 독립에 투표했다. 이는 소련의 종말을 의미했는데, 우크라이나 없이는 소련도 존재할 수 없었기 때문이다. 10월혁명 광장, 즉 마이단은 독립 광장이 됐다.

그러나 훨씬 더 유명한 것은 2004년의 두 번째 '마이단'인데, 이 사건은 전 세계의 대중 저항을 재편하는 데 많은 영향을 끼쳤다. 우크라이나가 독립 국가로 출범한 후, 공산당 관료였던 이들은 자본가로 변신해 권력을 유지했다. 우크라이나는 소련에서 벗어난 대부분의 국가와 마찬가지로 심각한 경기 침체를 경험했다. 1917년 후 수십 년에 걸쳐 벌인 투쟁, 즉 근대화, 산업화, 기술 발전이라는 엄청난 비용을 치른 성과는 연줄로 얽힌 소수의 개인들에게 넘어갔다. 이들은 곧 전 세계에 '올리가르히'라는 이름으로 알려진다. 그러나 우크라이나는 공식적인 선거 민주주의의 권리를 누렸고, 대부분의 잘사는 나라에서 흔히 볼 수 있는 양극화 현상도 나타났다. 정치계급 전체에 부패가 만연했고, 이는 국가 경제의 과두적 통제와 얽혀 있었는데, 적어도 선택할 수 있는 무리는 다양했다.

2004년, 우크라이나 동부 출신의 정치인 빅토르 야누코비치—그는 강도 및 폭행 혐의로 유죄 판결을 받은 전력이 있다—는 친서방 및 민족주의 신념이 지지하는 전 중앙은행장 빅토르 유셴코Viktor Yushchenko 및 그의 지지자인 율리아 티모셴코Yulia Tymoshenko—1990년대 부를 축적한 방법 때문에 '가스 공주'로 알려진 인물이다—와 맞붙었다. 공식 개표 결과 야누코비치가 승리했다는 소식이 전해지자 푸틴은 야누코비치에게 전화를 걸어 축하 인사를 건넸다. 티모셴코는 국민에게 마이단에 나와 시위를 벌일 것을 요청했고, 수십만 명이 키이우의 혹독한 겨울을 견디며 몇 주 동안 야영을 했다. 유셴코는 미국과 긴밀한 사이였고—그의 아내 카테리나Kateryna는 미국 국무부에서 일한 미국 시민권자였다—따라서 모스크바를 의심할 만한 충분한 이유가 있었다(그는 러시아에서 유래했을 가능성이 있는 독극물로 외모가 심각하게 손상됐다).[10] 서방 정치인들과 언론은 시위대의 '오렌지혁명'을 지지했다. 여기서 '오렌지'는 유셴코의 선거 캠페인 색깔을 의미했다.

시위는 성공했다. 대법원은 선거 결과를 무효로 선언하고 새로운 선거를 요구했으며, 결국 유셴코는 52퍼센트 대 44퍼센트로 승리했다. 전 세계 많은 이들에게 이 사건은 '피플 파워people power'(1986년 필리핀에서 미국의 지원을 받은 반공 독재자 페르디난드 마르코스Ferdinand Marcos를 권좌에서 끌어내린 봉기에서 유래한 명칭)의 고무적인 사례였으며, 조지아에서 시작해 구소련이라는 공간에서 일어난 일련의 '색깔혁명' 중 가장 유명한 사건으로 남았다. 그러나 대부분의 다른 혁명과 마찬가지로 오렌지혁명도 우크라이나 경제의 과두적 구조를 변화시키는 데는 아무런 영향을 끼치지 못했다. 집권 후 유셴코와 티모셴코는 사업 모델을 두고 갈라섰으며, 일반 국민의 삶은 여전히 끔찍했다.

하지만 문화 전쟁에는 비용이 들지 않는다. 유셴코는 빵과 버터 문제를 해결하지는 못했지만 민족주의 성향이 강한 우크라이나 국민이 환영할 만한 문제를 제기할 수는 있었다. 2001년 인구 조사에 따르면 국민의 78퍼센트는 자신을 우크라이나 민족이라고 생각하는 반면, 30퍼센트는 러시아어를 '모국어'라 생각했고, 더 많은 이들이 러시아어를 '주요 의사소통 수단'으로 사용하는 것을 선호했다.[11] 새 대통령 아래에서는 공식 정부 업무에서 공식 언어인 우크라이나어만 사용할 수 있게 됐고, 유셴코는 더 많은 우크라이나어 언론을 만들고자 노력했다. 많은 이들은 이 새로운 '우크라이나화'를 국가 정체성의 회복으로 받아들였지만, 다른 사람들은 이를 소수자 권리를 억압하는 것으로 느꼈다.

2006년, 정부는 1930년대의 '기아로 인한 죽음'을 의미하는 홀로도모르holodomor* 사태가 대량 학살이라는 사실을 부인하는 것을 불법으로 만들고자 했다. 기근이 일어난 사실을 부인하는 주요 정치인은 없었지만, 이 때문에 지도층은 분열됐다. 빅토르 야누코비치의 말처럼 정부에 반대하는 이들의 주장은 다음과 같다. "이는 소련을 구성한 국가들 공동의 비극이었다." 즉 비극은 소련이 스스로 초래한 일이지 모스크바가 우크라이나 사람들에게 가한 범죄는 아니라는 것이었다. 스탈린은 조지아 출신이었고 당시 카자흐스탄과 러시아에서도 많은 사람이 굶주림을 겪었다는 것이다. 이러한 지도층 간의 분열, 즉 우크라이나를 향한 애국심이 반드시 러시아를 향한 적대감을 의미하는지를 두고 벌어진 논쟁은 우크라이나라는 국가의 미래를 두고 경쟁하는 두 가지 태도의 차이를 핵심적으로 보여주었다.12 그리고 2010년 1월, 유셴코는 스테판 반데라를 "우크라이나의 영웅"이라고 선언했다. 많은 이들이 10만여 명을 학살한 조직의 우두머리 반데라를 국가 영웅으로 칭하는 것은 과분한 일이라고 여겼다. '붉은군대'에 복무한 가족들의 희생을 소중히 여기는 우크라이나 사람들에게 이는 특히 모욕적인 일이었다. 「유럽의회European Parliament」와 「지몬

---

* 1932~1933년 우크라이나 지역에 일어난 대규모 기근으로, 스탈린 정권의 농업 집단화 정책에 따라 기근 중 식량을 빼앗긴 우크라이나에서 약 390만 명이 사망한 사건이다. 캐나다, 호주, 미국 등 많은 국가가 이 사건을 소련이 우크라이나에 벌인 제노사이드genocide, 즉 대량 학살로 인정하고 있다.

비젠탈센터Simon Wiesenthal Center」(미국 로스앤젤레스에 본부를 둔 유대인 인권 단체)는 모두 우크라이나 정부를 비난했다.13 유셴코는 2009년 4퍼센트까지 떨어진 암울한 지지율로 대통령직을 마감했다.14 그러나 퇴임하면서 그는 자신이 원칙을 고수했으며, 자신의 대통령 임기 동안 「북대서양조약기구」 가입을 지지하는 우크라이나인의 비율이 33퍼센트까지 올랐다고 자축했다.15

2010년 선거에서 야누코비치는 다시 승리했다. 이번에는 국제 감시관들이 선거가 합법적이라고 인정했다. 그가 훌륭한 대통령이었다고 말하는 사람을 본 적은 없지만, 그는 우크라이나 동부에 경제적 이익을 가져다주었고, 국가의 미래에 대한 또 다른 꿈을 품은 국민들에게 최선의 선택으로 여겨졌다. '오렌지색'과는 대조되는 이 '파란색' 투표층은 우크라이나를 본원적으로 다원주의 국가로 보았고, 우크라이나 서부에 기반을 둔 민족주의와 그들의 극우적이기까지 한 전통에 의구심을 품었다. 많은 이들이 소련이 제공한 것들(특히 기본적인 경제 안보)을 유지하기를 원했다. 2013년 갤럽의 여론조사에서 우크라이나 응답자의 56퍼센트는 소련의 몰락이 이롭기보다는 해로웠다고 대답했고, 23퍼센트만이 소련의 붕괴가 우크라이나에 이로운 일이었다고 답했다.16

우크라이나 내 두 진영 간의 분열은 종종 민족적이고 지역적인 분열로 묘사되지만, 실상은 그보다 더 복잡하며, 계급 및 도시화와 관련된 경우가 많았다. 도네츠크Donetsk나 루한스크Luhansk 같이 매우 '푸른' 지역의 마을에서도 우크라이나어를 사용하고 민족주의 또는 우익의 대의에 동조하는 사람들을 만날 수 있었다. 좌파 성향으로 우크라이나 정체성에 더 다원적인 시각을 선호하는 아르템은 밝은 '주황색'의 서부 출신이지만, 2004년 오렌지혁명 당시는 도시가 반으로 나뉘었다. 우크라이나의 정체성은 가족 혈통만큼이나 단순하지 않다. 누가 도시로 이주했는지, 러시아제국 시기에 이주했는지 그 뒤에 이주했는지, 소련 시기에 노동자가 됐는지 아닌지 등등이 현재 우크라이나 내 정치 노선을 형성하는 데 근본적으로 작용하는 요소다. 하지만 2013년까지만 해도 극우 민족주의자들이 주로 서부, 특히 도시 외곽(또는 강경한 태도를 선호하는 우크라이나 교포들이 사는 미국이나 캐나다)에 몰려 있었음은 대체로 사실이다.

푸틴은 유셴코보다 야누코비치를 선호했지만, 그를 그다지 좋아하지는 않았다.17 국내적으로 야누코비치의 정부는 무능한 정실 자본주의crony capitalism의 한 형태였다. 야누코비치의 지지율은 취임 직후 하락세로 돌아섰지만 그의 가족 재산은 늘어났다. 그는 지지자들에게 '오렌지색' 국가정책과 언어정책에 반대하는 것 이상을 제시하지는 못했다. 평범한 사람들의 삶은 여전히 열악했다. 2013년까지 우크라이나는 키르기스스탄과 함께 소련이 붕괴한 뒤 국내총생산이 회복되지 않은 두 개의 구소련 공화국 중 하나였다. 한때 경제 강국이었던 우크라이나는 이제 이라크나 엘살바도르 정도로 경제 수준으로 내려갔다.18 소련이 붕괴한 뒤 수백만 명이 우크라이나를 떠났고, 전체 인구는 1991년 5200만 명에서 2013년에는 4500만 명으로 줄었다. 이주자들이 선호한 목적지는 폴란드—2004년 「유럽연합」에 가입했으며 이민이 법적으로 까다롭긴 하지만 훨씬 높은 임금을 받을 수 있다—와 러시아였다.

지정학적 측면에서 야누코비치는 (키이우의 많은 다른 지도자와 마찬가지로) 브뤼셀과 모스크바의 갈등을 조장했다. 2012년에 「유럽연합」이 제안한 '연합협정'은 임금 인하와 연금 삭감 등을 포함한 자유화를 요구했지만, 이것이 실제로 「유럽연합」 가입을 위한 초대장은 아니었다.[19] 블라디미르 푸틴은 야누코비치가 이 협정을 받아들이지 않기를 원했다. 이 '연합협정'은 우크라이나를 러시아 경제와 멀어지게 하면서 동시에 서방 안보체제에 통합하기 위한 전조로 작용할 수도 있었기 때문이다. 1999년 이후 「북대서양조약기구」가 예상과 달리 점점 더 확장되면서 러시아의 모든 지도자는 불안에 빠졌다.[20] 「유럽연합」은 야누코비치에게 충분한 이유를 제시하지도 않은 채 키이우에 모스크바가 설정한 한계를 넘으라고 요구했다. 주로 지정학적 문제에 관여하는 것을 피해온 젊은 조직인 「유럽연합」이 평소와는 다른 행동을 하는 듯했다. 반면 러시아는 150억 달러와 엄청난 양의 가스 공급을 제안하는 동시에 온갖 종류의 무역 제재와 봉쇄가 가능하다고 위협했다. 야누코비치는 사기꾼이었지만 우크라이나 지도자라면 푸틴의 제안을 받아들이는 것이 합리적일 수 있었다.[21]

갈등의 고조

11월 21일, 빅토르 야누코비치는 유럽이 제시한 협상안을 받아들이지 않겠다고 발표했다. 아프가니스탄계 우크라이나 언론인 무스타파 나옘Mustafa Nayyem은 페이스북을 통해 사람들에게 광장에 모이라고 호소했다. 수백 명, 많게는 수천 명이 모였다.[22] '마이단 3.0'은 1989년 오렌지혁명과 같은 현지의 전통적 투쟁뿐 아니라 최근에 일어난 시위에서도 영감을 얻었다.

첫날 밤, 그들은 마이단 건너편에 있는 허름한 술집에서 모였다. 무스타파는 "이집트에서는 영어로 트위터를 하는 헌신적인 사람들이 있었어요. 우리는 누가 그렇게 해줄까요?"라고 말했다.[23]

아르템과 친구들은 마이단에 자신들만의 상징을 가져왔다. 그들은 붉은 깃발을 가져다가 그 모서리에 「유럽연합」의 별을 꿰맸다. 이는 사회민주주의와 인류 진보, 번영과 경제적 권리를 둘러싸고 유럽 대륙 전체를 조망한다는 의미에서 '유럽'을 지지한다는 뜻이었다. 이들의 우선순위는 직접 민주주의와 '탈과두화'였다. 이들은 경제권뿐만 아니라 결정권도 우크라이나 국민이 손에 쥐길 원했다. 그리고 서쪽의 유럽을 지향한다면, 성차별이나 반 LGBT 입장을 옹호해선 안 된다고 판단했다. 그들의 구호는 "자유, 평등, 자매애"*였다.

이것이 '마이단 3.0' 시위를 바라보는 유일한 해석은 아니었다. 다른 사람들에게 제3차 '마이단'은 매우 다른 의미로 다가왔다. 「유로마이단Euromaidan」은 오렌지혁명이 그랬던 것처럼 선거 결과를 바꾸는 것과 같은 분명한 목적은 없었기 때문에 오렌지혁명보다 요구 사항이 더 광범위했다. 물론 전 세계의 디지털 여건과 이데올로기적 상황은 조직 없는 시위의 가능성을 더 높였다. 튀르키예에서와 마찬가지로 시위를 촉발한 것은 경찰의 강경 진압이었고, '야누코비치 반대' 외에는 이들을 하나로 묶을 명확한 목표가 없었다.26 많은 참가자는 기존 정치 지도층 간 권력 이전에만 영향을 끼친 오렌지혁명의 오류를 반복하지 않기로 했다.

초기에는 마리아 토마크와 같은 '시민사회'의 전문직 종사자를 포함해 서구의 진보적 시각을 가진 이들이 시위에 참여했다. 그의 조직은 페이스북을 사용해 도움이 필요한 시위대에게 자원봉사와 물품을 제공하는 크라우드소싱 디지털 서비스인 '유로마이단 SOS Euromaidan

---

* 프랑스대혁명 정신인 '자유, 평등, 박애'에서 '박애'를 페미니즘에 입각해 재해석한 '자매애'로 변형한 것이다.

SOS'를 만들었다. 광장에 모인 자유주의 진영에는 기술 업계 종사자 또는 베를린 사람들처럼 생활하거나 나와 함께 런던에서 대학원 공부를 한 사람들을 친구로 둔 젊은 전문직 종사자들이 참여했다. 이들은 브뤼셀이 제시한 개혁정책들이 좋은 정책이라고 믿곤 했는데, 그 개혁이 자신의 계급에 도움이 될 것이기 때문이었다. 이들은 (민주주의의 이상을 두고 영어로 대화할 수 있어) 외신 기자들이 가장 쉽게 찾을 수 있는 이들이었을 뿐 아니라, 이들의 조직에는 나와 같은 사람들과 교류하도록 훈련받고 급여를 받는 유능한 정규직 직원들이 있었다.

아프가니스탄전쟁 참전 용사들도 광장에서 눈에 띄는 존재였다. 다른 많은 구소련 공화국 소속 군인들과 마찬가지로 그들도 소련군의 일원으로 아프가니스탄을 침공했다. 야당도 이 시위에 참여할 분명한 명분이 있었다. 2012년 우파인 「자유당Svoboda」은 의회에서 약 10퍼센트의 의석을 차지했고, 광장의 일부를 장악하고 있었다. 이 당은 1991년 르비우에서 히틀러를 연상시키는 복장을 한 「우크라이나 사회민족당Social-nacional'na partiq Ukraïni」으로 창당됐다. 하지만 2004년에 당명을 바꾸고 파시스트의 상징인 볼프스안겔wolfsangel*을 더는 사용하지 않았다. 2012년 대변인은 배우 밀라 쿠니스Mila Kunis가 실제로는 '유대인'이기 때문에 우크라이나 사람이 아니라고 말했을 정도로 여전히 반유대주의적이지만, 「자유당」이 무엇보다 싫어하는 대상은 러시아인이었다. 전직 권투선수이자 친오렌지 성향의 중도우파 정치인 비탈리 클리츠코Vitali Klitschko는 유셴코의 외무장관 아르세니 야체뉴크Arseniy Yatsenyuk와 율리아 티모셴코의 「전우크라이나연합"조국"Vseukrains'ke

---

* 나치 독일과 관련된 상징으로, 현대 독일에서는 사용을 금지하고 있다. 이 상징은 원래 중세 유럽의 늑대 덫에서 유래했으며, 후에 나치 당과 일부 나치 군부대에서 사용됐다.

obiednannia "Bat'kivshchyna"」(「조국당Batkivshchyna」)과 마찬가지로 광장에서 꾸준히 존재감을 드러냈다. 시위를 돕기 위해 기꺼이 자기가 소유한 자동차를 사용하려는 사람들의 느슨한 모임인 「아우토마이단Automaidan」도 있었다. 몇몇 마르크스-레닌주의자들도 광장에서 자신들의 메시지를 전달하려고 노력했다. 또한, 뚜렷한 소속이나 정치적 신념이 없는 시민들도 많이 있었다. 이들은 정부가 도둑질을 멈추고, 시위대를 구타하지 말고, 경제 규모를 25년 전으로 되돌리기 위해 노력하는 등 정부가 최악의 정치를 멈추길 바랐다. 이들은 오렌지색, 즉 민족주의적 성향에 동조하는 경향이 있었지만, 성향이 균일하지는 않았다.

그리고 극우 민족주의 무장 세력도 있었다. 이들은 '신나치'라 뭉뚱그려 불리기도 하지만, 이들을 좀 더 알게 되면 내부에 다양한 계파가 있음을 알 수 있다. 그들은 아마도 "네, 우리 중 일부는 국가사회주의자이고, 일부는 파시스트이며, 일부는 군주제 전통의 극보수주의자이고, 일부는 백인 인종을 수호하는 전사로 자처합니다"라고 말할 것이다.27 그들은 대부분 스테판 반데라를 숭배하면서 단결했다. 민족주의 무장 세력은 시의회 건물에 거대한 반데라 초상화를 세워 그 얼굴이 마이단을 바라보도록 했다.28 일부 선전물의 담론처럼, 2013년에 우크라이나 인구의 상당수가 극우파에 속해 있었다거나 심지어 우크라이나에 이 지역의 다른 국가들보다 극우파가 더 많다고 주장하는 것은 잘못됐다. 그러나 마이단 점령 시위라는 특수한 상황에서 극우 민족주의자들은 자신의 비중을 뛰어넘는 성과를 거두었다. 그들이 두각을 나타낸 이유는 몇 가지가 있다.

우선, 그들은 싸움을 해본 경험이 있었고, 처음부터 폭력이 필요하다고 믿었다. 튀르키예나 브라질의 극렬 축구팬 '울트라'가 좌파라면 우크라이나를 포함한 전 세계 많은 축구팀의 열성 팬은 극우파에 속한다. 실제 군사 훈련뿐 아니라 훌리건 활동은 폭동을 일으키는 방법을 배울 좋은 기회였을 것이다. 둘째, 그들은 이념적으로 일관된 계획에 따라 단결했다. 이들은 어떻게 경제정책을 개선할 것인가를 놓고 서로 생각이 다른 평범한 사람들이 아니었다. 그들은 우크라이나가 더 순수 혈통을 강조하는 나라가 되길 꿈꾸며 대의를 위해 목숨을 바칠 각오를 한 극단주의자들이었다. 그리고 결정적으로 그들은 매우 잘 조직돼 있었다. 이들의 조직은 절대 수평주의 조직이 아니었다. 영국의 정치학자 리처드 사콰Richard Sakwa는 '마이단' 단체를 "다원주의적 선택권을 박탈하고 국가 기관을 약화시키면서 광장을 가로지르는 무장한 남성들의 신레닌주의 단체"라고 불렀다. 물론 그들은 이념적 의미에서 레닌주의자는 아니었다. 그들은 레닌을 싫어했다. 하지만 그들은 엄격하게 조직된 단체였고, 자신들의 임무에 집중했다. 그들은 목적을 위해서라면 어떤 수단이라도 사용할 각오가 있었다.29

가장 중요한 극단주의 단체는 「프라비섹토르Pravyi sektor」(우익섹터)였다. 이 명칭은 그들이 광장에서 실제로 서 있던 위치와 그들의 이념적 성향을 동시에 가리키는 일종의 시각적 말장난이었다. 이 단체의 구성원들은 1990년대부터 이와 같은 상황에 대비해 훈련하고 준비했다.

'마이단' 시위대 내부에는 「소트니아Sotnia」, 즉 '수백hundreds'이라는 뜻의 자위대도 결성됐다. 이 이름은 영웅적인 코사크 반란 당시부터 폭정에 맞서 싸우기 위해 소규모 조직을 결성한 우크라이나 고유의 전통에서 유래한 것이다.

반권위주의 좌파인 아르템과 그의 친구들도 자신들의 「소트니아」를 결성하기로 했다. 그들은 대의를 위해 싸우는 데 몰두했고, 그들만의 자위대는 국가의 미래상에 관한 특별한 계획을 따를 것이었다. 그들은 극우 「우크라이나사회민족당」의 창당인 중 한 명이자 이 당이 「자유당」이 된 2004년에 탈당한 안드리 파루비^Andriy Parubiy가 광장의 시위대가 장악한 우크라이나하우스^Ukrainian House*에서 「소트니아」 '등록'을 감독하고 있다는 사실을 알고 있었다. 1월의 어느 날, 아르템과 그의 친구들은 좌파, 무정부주의자, 페미니스트, 사회민주주의자 60여 명과 함께 모여 임무를 수행하기 위해 출동했다.

건물 앞에서 누군가 소식을 전하러 갔다. 아르템과 친구들은 기다리는 동안 기괴하고 장엄한 광경을 목격했다. 방패와 무기를 든 젊은 이들이 스크럼을 짜고 경찰 저지선을 돌파하는 방법을 연습하는 것이었다. 그들은 작은 혁명 폭동 훈련 부대를 꾸리고 있었다. 무정부주의자들은 '군인처럼 생긴 뚱뚱한 남자'가 싸움을 승인해줄 때까지 기다려야 한다는 것이 내키지 않았지만, 한 시간 동안 그 자리를 지켰다. 그러던 중 정말 그렇게 생긴 남자가 나타나서 "인원이 부족합니다. 100명이 필요해요. 정확히 48시간 후에 비무장 상태로 다시 오세요"라고 말했다. 다른 「소트니아」들도 규모가 비슷했기 때문에 이 남자의 말은 이상하게 들렸지만, 그들은 그 요구가 당연하다고 생각했다.

이틀 후, 그들은 다시 돌아왔다. 이번에는 극우 민병대인 「C14」가 그들을 기다리고 있었다. 「C14」는 「자유당」과 연계된 급진적 청년조직으로, 신나치주의의 'C14'란 이름은 '열네 단어'에서 유래한 이름이다.[30] 그들은 확실히 비무장 상태는 아니었다. 몽둥이나 칼을 들거나 혹은 주먹에 쇠사슬을 감은 그들이 코앞까지 다가와 위협했다. "여기서 나가!" 그들이 말했다. 그들은 아르템의 단체를 좌파이자 반파

---

* 우크라이나 수도 키이우에 있는 대규모 국제 전시 및 컨벤션 센터이다.
• "We must secure the existence of our people and a future for white children(우리는 우리 민족의 존재와 백인 아이들의 미래를 보장해야 한다)"라는 열네 단어의 문장이다.

시스트라며 모욕했다. "너희들은 '유로마이단'에서 환영받지 못해!" 이것은 아르템과 그의 친구들이 예상했던 '등록' 절차가 아니었다.

아르템은 "그들에게는 무기가 있고 우리에게는 없었기 때문에 충돌하는 건 좋은 생각이 아니라고 판단했어요"라고 말했다. 아르템과 동료들은 자리를 떠났다. 극우 세력은 광장에 모인 전투적인 시위대에서 어느 정도 주도권을 장악했다. 그들은 일반 우크라이나 국민의 지지를 얻어서 목표를 달성한 것이 아니라 그들 스스로 광장을 차지하기 위해 싸웠고 승리했을 뿐이다.31

시위대는 광장에서만 무력을 행사하지 않았다. 1월부터 무장 시위대는 르비우의 정부 건물을 점거했다. 무장 세력은 군대 무기고를 점령했고, 매일 수백 명의 무장 세력이 이 지역에서 수도로 쏟아져 들어왔다. 반군은 「인민위원회People's Councils」를 결성하고 우크라이나 서부에서 권력을 장악했다.32

우크라이나의 사회학자 볼로디미르 이쉬첸코Volodymyr Ishchenko는 이번 시위를 자세히 분석해 왜 급진주의자들이 폭력을 행사하는 것이 합리적인 선택이었는지, 왜 극우 민족주의자들이 시위 상황을 잘 이용할 수 있었는지 설명했다.33 이상적으로 저항운동은 파업과 보이콧 등 특별히 효과적인 방법을 사용해 국가에 압박을 가하는 다양한 전술을 쓴다. 이는 미국의 정치학자 진 샤프Gene Sharp의 연구를 바탕으로 한 문헌과 훈련의 핵심 내용으로, '색깔혁명'이 시작된 이래 많은 비정부기구 활동가와 시민사회단체들이 이 정보를 활용했다. 그러나 우크라이나에서는 노동조합 조직이 취약했고, 산업중심지의 상당수가 사실상 '마이단'을 지지하지 않았으며, 태업은 미온적이었다. 2010년부터 시작된 대규모 시위가 계속된 10년 동안 파업과 태업은 대부분 눈에 잘 띄는 대규모 거리 행동에 밀려 뒷전으로 물러났다.

일반적으로, 폭력적인 봉기는 (완벽하게 이길 수 없다면 전향할 수밖에 없는 대상인) 공권력과 국제사회의 외면을 불러일으킬 것이라는 생각이 지배적이었다.34 그러나 수개월간 이어진 교착 상태 끝에 폭력적 방식에 경험이 많은 소수 극단주의자들이 새로운 방식을 제안했다. 그들은 하향식 의사결정을 내렸고, 일관된 전략을 따랐다. 그들은 이미 수년 동안 좌파와 러시아를 상대로 전쟁을 준비해왔다. 우파는 실제로 게릴라전을 시작할 준비를 했으며, 이 경우 마이단 봉기를 진압한다는 것은 서부 우크라이나를 탈환하기 위해 전면전을 일으킨다는 것을 의미했다. 정부의 많은 이들이 이를 알고 있었다.

해외에서도 이번엔 상황이 달랐다. 서방 주요 강대국들은 시위대의 폭력을 비난했지만 정부의 탄압을 비난하는 것만큼 목소리를 크게 내지는 않았다.35 국내외 세력의 이러한 균형을 고려할 때, 더 많은 혼란과 갈등은 오히려 광장 시위대에게 유리하게 작용할 가능성이 높았다. 특히 소수 과격 집단에는 이러한 상황이 해롭기보다는 이롭게 작용할 것으로 보였다. 투표를 통해 갈등을 해소하기보다는 자신들이 통제할 수 있는 거리에서 갈등을 계속 유지하는 것이 그들에게 유리했기 때문이다. '마이단' 시위가 절정에 달한 12월에는 국민 절반 정도가 지지했지만, 2014년이 되자 지지세가 수그러들기 시작했다.36

미국은 봉기를 지지한다는 사실을 숨기지 않았다. 존 매케인John McCain 상원의원은 광장을 방문해 시위대를 향해 "우리는 여러분의 정당한 대의를 지지하기 위해 여기 있다"고 말했다. 영향력 있는 신보수주의자인 로버트 케이건Robert Kagan의 아내이자 국무부 유럽 및 유라시아 담당 차관보인 빅토리아 뉼런드Victoria Nuland는 12월에 야영지를 거닐며 간식을 나눠주었다.37 배우 조지 클루니George Clooney는 "뒤가 아닌 앞을 바라보며 투쟁하는" 우크라이나 사람들을 응원하는 영상을 촬영했다.38 삐걱거리는 '블루' 연합의 정치인들은 만약 무장 시위대가 베를린이나 워싱턴 DC의 정부 청사 앞에 캠프를 차렸다면 국제 사회의 반응은 매우 달랐을 것이라고 지적했다.39

서방 강대국과 주요 언론이 2014년 초 키이우에서 분열된 국가의 특정 정치 세력이 아니라 '민중'의 봉기에 집중한 이유는 무엇일까? 냉소적인 대답은 우크라이나가 러시아에 타격을 입히는 도구로 활용될 수 있기 때문이라는 것이다. 러시아는 2009년 오바마와 클린턴의 '관계 재설정' 시도가 실패한 후 다시 미국의 공식적인 적국이 됐고, 2011년에는 푸틴이 힐러리 클린턴 국무부장관이 자국 내 시위를 선동했다고 비난하면서 양국 관계가 더욱 악화된 상태였다.40 그러나 정치학자 리처드 사콰는 서구의 사건을 해석하는 방식을 형성하는 데 더 깊은 이념적 가정이 있다고 지적한다. 그는 "1991년 후 우리는 자유민주주의의 끊임없는 진보와 '유럽의 선택'을 믿게 됐다"고 썼다. 그는 "마르크스주의적 역사주의는 역사의 목적, 즉 텔로스telos를 알 수 있다는 믿음인 자유주의적 역사주의로 대체됐고, 이 때문에 역사의 목적에 저항하는 사람들은 모두 잘못됐을 뿐만 아니라 어떤 면에서는 근본적으로 악한 존재가 됐다"고 주장했다. 반면에 필연적인 종말을 향해 역사를 밀어붙이는 세력들이 가진 특수성은 보이지 않게 됐다. 급진적 민족주의자들의 추악함은 그들이 세상을 올바른 방향으로 밀어붙이는 한 무시될 수 있었다.

반테러 작전

1월 16일, 우크라이나 의회는 불법 점거 캠프를 중하게 처벌하고,

공공장소에서 마스크 사용을 금지하며, 해외 자금으로 운영되는 비정부기구—마리아가 일하는 비정부기구도 예외는 아니었다—를 압박하는 등 시위를 강력하게 단속하는 일련의 법안을 통과시켰다. 이 모든 상황을 단번에 끝내야 한다는 생각이었다. 하지만 결과는 정반대였다.

광장은 곧 이 법안을 '독재법'이라고 불렀다. 권투 선수 출신 정치인 비탈리 클리츠코와 전 외무부장관 아르세니 야체뉴크를 비롯한 야당 정치인들은 대선의 조기 실시와 개헌을 촉구했다. 그러나 처음부터 마이단은 소위 정치 지도자들의 권위를 항상 거부해왔으며, 이 두 사람에게는 실제로 이러한 제안을 뒷받침할 세력도, 압력을 가할 방법도 없었다. 광장의 시위대는 한 발 더 나아가야 한다고 주장했다.[41]

1월 19일, 과격한 자동차 소유주 단체인 「아우토마이단」은 의회를 향해 행진하자고 주장했다. 행진이 폭력적인 대치 상황으로 치닫자 「아우토마이단」은 한발 물러서며 이 혼란스러운 상황과 거리를 두었다. 그러나 「프라비섹토르」는 이에 굴하지 않고 나서서 (실제로 폭력 사태를 시작하지 않았지만) 이 상황의 책임자임을 자처했다.[42] 3일간의 폭동으로 많은 사람이 목숨을 잃었다. 시위대의 순교 소식은 상황을 혁명적으로 변화시켰다. 마리아는 이러한 죽음에 충격을 받았고, 처음으로 많은 진보적인 동료들이 화염병, 방화, 투석 등 극단적인 축구 팬들인 '울트라'나 극우파가 선호하는 방식을 채택했다고 회상한다. "우리 편이 아니면 적이었어요"라고 그는 말했다.

수도에서 폭력적인 대치 상황이 벌어지는 와중에 우크라이나 정부는 서부 대부분 지역에서 통제권을 잃었다. 이는 역사상 존재한 수많은 내전의 시작처럼 보였다.[43]

2월 18일, 정부는 이번에는 무력으로 광장을 진압하려 했지만 광범위한 시민불복종 때문이 아니라 무장한 소수의 반격 때문에 실패했다. 그날 경찰기동대인 베르쿠트Berkut(검은 독수리) 대원 열 명을 포함해 28명이 사망했다. 2월 19일, 야누코비치는 조기 대선 실시와 개헌을 위해 야당과 협상할 준비를 마친 상태였다. 하지만 2월 20일에 벌어진 사건으로 이는 불가능해졌다.

오전 8시, 광장을 가로질러 총알이 날아다니기 시작했다. 시위대와 경찰 모두 바닥에 쓰러졌다. 저격 사격이었다. 일부 총격은 친마이단 세력이 통제하는 건물에서 발사된 것으로 보였다. 50명 이상이 사망했는데 대부분 시위대였다. 마이단 지지자들과 외신은 이 학살에 경악을 금치 못했다. 경찰들은 야누코비치 정부가 무엇을 원하든 그것을 위해 죽이거나 죽지 않겠다며 탈영하기 시작했다.44 광장에서 극우 세력의 역할을 강조하고 과장하던 러시아 언론은 곧 무장 세력이 정권교체를 도발하기 위해 위장 공작을 벌였다고 주장했다.45

2월 20일은 아르템의 생일이었다. 그전에 이틀 밤을 광장에서 보낸 그는 학살 당일 집에서 쉬고 있었다. 그는 종일 폭력 사태를 전하는 끔찍하고 상반된 보도를 접하며 저격 사건에 관한 온갖 설명을 들었지만, 무엇을 읽어도 아무것도 이해할 수 없었다. 당시 그는 극우파가 '마이단운동'의 주요 세력임을 알고 있었지만 (일부 좌파 친구들이 마이단을 떠나기로 했는데도) 야누코비치 반대가 가장 중요한 대의라고 믿으며 마이단에 남기로 결심했다.

2월 21일, 야누코비치는 「유럽연합」과 주우크라이나 러시아 대표부의 감독 아래 야체뉴크와 클리츠코를 포함하는 야당 세력과 협상을 마무리했다. 늦어도 12월에 새로운 선거가 치러질 때까지 '국민통합' 정부가 국가를 운영할 것이며, 폭력 사태를 조사하기 시작할 것이고, 양측 모두 즉각적인 휴전에 동의했다.

광장은 이 협상안을 전면 거부했다. 총을 쏘거나 총에 맞을 위험을 감수할 용의가 있는 사람들로 구성된, 분명 용감한 집단이었지만 국가 전체를 대표한다고 할 수는 없는 '마이단'은 야누코비치 대통령의 즉각 사임을 요구했다.46 대통령의 목숨이 위험한 상황이었다." 푸틴은 야누코비치에게 도피하지 말라고 엄중히 경고했다. 그러나 그는 어쨌든 탈출했다. 그는 크리미아반도로 내려간 다음 러시아 정부의 도움을 받아 러시아로 건너갔다.47 이로써 그가 모스크바의 꼭두각시이자 반역자라는 오명이 굳어졌다. 1년 전 푸틴이 실제로 그를 얼마나 하찮게 대하고 통제했는지와는 상관없는 일이었다.

국민통합정부가 탄생하는 일은 일어나지 않았다. 의회는 대통령을 해임하기 위한 법적 요건을 모두 충족하지는 못한 채 무장한 군인들을 의회에 배치한 뒤 신속하게 탄핵 절차를 진행했다. 야누코비치는 사임하지 않겠다며 버텼고, 의회는 탄핵에 필요한 표를 모을 수 없었다. 그럼에도 그들은 광장에 구성된 '인민의회'에 대표를 파견해 대화를 시도하면서 완전히 새로운 정부를 스스로 구성하기 시작했다. 이것이 '마이단'에 적대적인 사람들이 '마이단'이 '쿠데타'로 끝났다고 말하는 이유이다. 이 수준에서 분석한다면, '쿠데타'라는 단어는 주로 어떤 함의를 불러일으키고자 하는지, 그리고 정권교체에 얼마나 동조하는지에 따라 그 의미가 달라진다.48 헌법질서에 균열이 생기긴 했지만, 원래 진정한 혁명은 종종 기존 법률과 어느 정도 단절될 수밖에 없다. 그 파괴에 참여한 당사자들에게 때때로 중요한 것은 그다음에 무엇이 기다리고 있느냐는 것이다. 마리아는 당시 우크라이나의 제도가

- 2월에 「급진당」 대표 올레흐 라슈코Oleh Lyashko는 야누코비치가 카다피와 같은 운명을 맞이할 것이라고 말했다.

붕괴 직전까지 갔다고 생각하며, 정치인들이 이를 구할 방법을 찾아낸 것을 감사하게 생각했다. 비록 '쿠데타'라는 용어를 사용했지만, 이것이 언제나 민주주의에서 독재로 이행하는 것을 의미하지는 않는다. 쿠데타는 군주제를 공화정으로 대체하거나, 한 군사정권을 다른 군사정권으로 대체하거나, (우크라이나에서 일어난 것처럼) 한 국가를 결함이 있는 민주주의에서 또 다른 결함이 있는 민주주의로 이행시키기도 한다.

그리고 무엇보다 곧 새로운 선거가 있을 예정이었다. 하지만 현재는 「자유당」이 새 정부의 주요 직책을 맡았고, 우크라이나 동부는 사실상 대표성을 박탈당했다.[49] 「소트니아」들을 조직한 극우 무장 세력의 우두머리인 안드리 파루비가 이제 국가 안보를 책임지고 있었다.

아르템은 곧바로 이 정부가 합법적인 정부가 아니라는 결론을 내렸다. 그리고 그 정부에는 정상적으로 선거를 했다면 절대로 당선하지 못했을 급진적인 인물들, 즉 그가 "괴물 무리"라고 부르는 사람들이 있었다. 그러나 그는 또한 과거 우크라이나 정부가 진정으로 합법적인 정부였는지도 의심스러웠고, 현 정부가 블라디미르 푸틴이라는 어려운 도전 과제에 직면해 있다는 것도 인식했다.

몇 달 전만 해도 많은 이들이 기대한 '탈과두화'는 결코 일어나지 않을 것이 분명했다. 새 정부도 지난 정부와 마찬가지로 기존의 정치경제 엘리트들과 부패한 관행에 묶여 있을 것이기 때문이다. 경제는 그대로였다. 과연 그들이 국민에게 줄 수 있는 '혁명적 승리'는 무엇일까? 수개월간 이어진 투쟁과 수백 명의 죽음을 통해 얻은 것은 무엇이었을까? '마이단' 이후 행정부는 더 당당하게 민족주의적이고 반러시아적인 정부를 탄생시킬 수 있었다. 키이우는 부유한 제1세계 국가들의 동맹으로 돌아갈 수 있었고, 이를 통해 국가에 어느 정도 이익을 가져올 것으로 기대했다. 우크라이나 서부에서 발전한 민족 정체성이 국가 정치의 중심으로 이동했다. 일부 사람들에게 이것은 큰 진전이었다. 2014년 첫 달, 전국에서 군중이 레닌 동상을 부쉈고, 동부와 남부(파란색 반쪽)에서는 단 두 명만 임시 내각에 참여했다.

2010년부터 대규모 거리 시위가 진화하는 과정에서 한 가지 흐름이 나타났다. 시위는 매우 구체적인 것에서 시작해 모든 종류의 사람을 포용하도록 확장되고, 수많은 경쟁적이거나 심지어 모순적인 전망을 수용한다. 마지막으로 해결책은 다시 한번 매우 구체적인 의도를 강제한다. 그 중간에는 무한한 가능성이 존재한다. 마지막 순간에 빠른 사고와 예측할 수 없는 행동과 이에 따른 반응들 속에서 어떤 결론이 나오더라도 실망하거나 소외되는 사람은 있을 것이다. '마이단'이 자발적이고 다원적인 의사 표현이라는 의미를 넘어 대통령이 목숨을 걸고 도망쳐야 하는 상황으로 그 의미가 바뀌고, 종국에는 선거도 없이 민족주의 정부가 집권하는 결과에 도달했을 때, 많은 이들이 '마이단'으로부터 소외됐다고 느꼈다.

최초의 '반마이단' 시위는 2월 훨씬 이전부터 주로 동부 지역에서 시작됐으며, 야누코비치 정부의 지시에 따라 진행됐다. 집권 마지막 몇 달 동안 「지역당Partiia rehioniv」*은 거리와 카메라 앞에 자신들의 지지자들을 세우기 위해 할 수 있는 것을 모두 했다. 하지만 새 정부가 들어서면서 실질적인 지원을 받는 완전히 새로운 시위가 시작됐다. 빅토리아 눌런드와 제프리 파이어트Geoffrey Pyatt 미국 대사 간의 전화 통화 유출 사건은 이 모든 것이 서방의 지원을 받는 정권교체라는 생각을

---

* 1997년 말 창당해 2006년부터 2014년까지 우크라이나에서 가장 큰 정당이었던 친러시아 성향의 정당이다. 2014년 이후 금지됐다.

강화시켰다.50 통화에 따르면, 빅토리아 뉼런드는 야체뉴크가 새 총리로 선출되는 데 도움을 준 것으로 보였다. 또한 소련의 동상을 무너뜨리는 것은 국론을 매우 분열시키는 행위였다.51 의회는 즉시 공식 석상에서 우크라이나어를 제외한 모든 언어를 사용할 권리를 박탈하기로 표결했다. 일반적으로 이 반마이단운동은 '마이단'보다 더 저급했으며 서방 주요 언론의 공감을 얻지 못했다.52 일부 시위대는 새 정부에 반대하는 신호를 보내고 싶어 했고, 다른 시위대는 소수 언어권(대부분 러시아어)을 지키고 싶어 했으며, 또 다른 시위대는 키이우 외 지역에 일부 권한을 이양하는 연방화―5월에 투표가 예정됐으나 나중에 취소됐다―를 원했다. 반마이단운동은 2012년 선거에서「자유당」보다 더 많은 표를 얻은「우크라이나공산당」의 지지를 받았는데, 지지 세력에는 심지어 초기 마이단 시위에서는 반대편에 섰던 급진 좌파도 일부 포함됐다.53

그리고 러시아 정부도 반응했다. 2월 말, 블라디미르 푸틴은 간단히 크리미아반도를 점령했다. 국제법을 노골적으로 위반한 것도 놀라웠지만, 얼마나 쉽게 해냈는지도 놀라웠다. 변장한 군인들을 다른 주권국가에 보내고, 그곳에서 급작스러운 국민투표를 조직한 뒤, 그 영토를 자국의 것이라고 선언하는 것은 국제질서에 정면으로 도전하는 행위였다. 하지만 이기적인 현실 정치의 관점에서 보면 완벽하게 이해되는 일이었다. 크리미아반도에는 (오바마 대통령에게 바레인에 있는 미국 제5함대가 의미하는 것보다 훨씬 더 러시아군에 중요한) 해군 기지가 있었고, 지역 주민들도 침공을 불평하지 않을 것이기 때문이다. 합병은 3월 18일에 공식화됐다. 서방은 푸틴에게 제재를 가했고 푸틴은 이를 견뎌냈다. 크리미아반도 합병은 러시아에서 크게 환영받았다.54

크리미아반도를 빼앗긴 '마이단' 후의 정부 관료들은 반마이단운동 전체를 훨씬 더 쉽게 분리주의자 또는 러시아의 대리인으로 매도했다. 이는 사실이 아니었지만 이제 모든 국민이 갑작스럽고 예상치 못한 패배를 경험했고, 새 중앙정부와 그 지지자들은 크리미아반도를 빼앗겼다고 느꼈으며, 많은 '청색' 시민들은 덕분에 다원주의 국가를 향한 희망이 사라졌다고 생각했다. 이러한 보편적인 분노는 매우 위험했다. 3월 내내 오데사와 하르키우Kharkiu 같은 도시에서 반마이단 시위가 벌어졌다.

4월 초, 시위대는 세 도시에서 지방 정부 건물을 점거했다. 모스크바의 음모라는 공포가 추가됐지만, 기본적으로 이는 몇 주 전 서부 우크라이나에서 사용된 것과 동일한 전술이었다. 아르센 아바코프Arsen Avakov 신임 내무부장관은 자신의 페이스북 페이지에서 정부가 이런 종류의 저항을 단속할 것이라고 선언했다.55 동부 돈바스Donbas 지역에서는 반마이단운동 이후 대중의 상당한 지지를 받는, 체계가 갖춰지지 않은 자원 부대가 생겨났다. 지역 주민은 대부분 '쿠데타'가 일어났다고 생각했고, 많은 이들이 우익 극단주의자들의 폭력적인 공격이 두렵다고 답했다.56 4월에도 많은 주민은 여전히 우크라이나 법에 따라 사태가 평화적으로 해결되기를 희망했다. 연초만 해도 한때 우크라이나 경제의 중심이었던 이 지역 주민은 대부분 분리주의를 언급하지 않았다.57 사람들은 대부분 우크라이나에 머물기를 원했다. 그러나 러시아 민족주의자 이고르 '슈터' 스트렐코프Igor "Shooter" Strelkov가 외인 참전 용사로 구성된 특공대를 이끌고 이 지역에 나타났을 때, 이 지역의 운명은 결정된 것처럼 보였다.58 더는 우크라이나 형제자매들끼리 이 문제를 해결할 수 없었다. 정부는 미국의 지원을 받아 대테러 작전을 시작했다.59

현실은 불과 몇 년 전까지만 해도 서구의 지도자들이 상상했던 디지털 세상과는 거리가 멀었다. 사방에서 나쁜 일들이 일어나고 있었고, 인식 제고만으로는 이를 충분히 막을 수 없었다.

하르키우에서는 반마이단 시위대가 빠르게 체포됐다. 하지만 산들바람이 부는 해안 도시 오데사에서는 4월 말까지 시위가 계속됐다. 그러던 5월 2일, 친마이단 극렬 축구팬인 '울트라'가 경기 당일 도시로 내려와 반마이단 시위대와 충돌했다. 「프라비섹토르」—안드리 파루비가 도시에 와 있었다—가 이끄는 훌리건은 반마이단 시위대를 소비에트 시대에 사용한 노동조합 건물로 몰아넣었다. 화염병이 건물에 불을 질렀고, 탈출을 시도한 사람들 중 일부는 곤봉과 칼에 맞아 사망했다. 나머지는 건물 안에서 불에 탔다. 거의 50명이 사망했고 우파 지도자들은 이날을 "우리 민족 역사에 또 하나의 밝은 날"이라고 선언했다. 오데사의 반마이단운동은 극우파가 좌파 또는 친러파로 인식되는 사람들을 계속 위협하자 두려움에 떨며 어둠 속으로 사라졌다.[60]

'마이단' 사태 후 정부는 '저격수 학살' 당일인 2월 20일에 실제로 무슨 일이 일어났는지를 파악하려는 재판과 조사를 실시했다. 이는 아직 완료되지 않았다.[61] 2014년 한 설문조사를 통해 어떤 유형의 우크라이나 사람들이 '마이단' 봉기에 참여했다고 답했는지 파악할 수 있는 그림이 그려졌다. 시위 참가자들은 대부분 40대 이상으로 이집트나 튀니지의 시위 참여자들보다 나이가 많았고, 대다수가 오렌지 혁명에 참여한 경험이 있었다. 시위 참가자들은 대부분의 우크라이나 국민보다 부유한 편이었지만, 폭력을 피해 일부 부유층이 이탈해 2004년 시위에 참여한 이들보다는 덜 부유한 편이었다. 집에서 우크라이나어를 사용하는 시민이 그렇지 않은 사람들보다 광장으로 나올 가능성이 5배 더 높았고, 참가자의 52퍼센트가 다당제 민주주의를 지지했으며, 42퍼센트가 집시들의 우크라이나 거주를 허용해야 한다고 믿었고, 62퍼센트가 "강력한 지도자가 법과 토론보다 국가를 위해 더 많은 일을 할 수 있다"는 주장에 동의했다.[62]

그해 하반기에 국제 유가가 폭락했다. 이는 러시아 경제에 명백한 타격이었기 때문에 일부 사람들은 미국과 사우디아라비아가 푸틴을 응징하기 위해 공모한 것이 아니냐고 물었다.[63] 하지만 그동안 일어난 제재와 마찬가지로 이 또한 우크라이나를 제외한 나머지 국가에는 영향을 미치지 못했다. 유가 폭락은 균형 잡힌 브라질 경제의 발목을 잡았고, 특히 국영 석유 회사 페트로브라스에 심각한 문제를 일으켰다. 우크라이나에서 푸틴이 벌인 행동을 이유로 미국은 지우마 호세프에게 푸틴을 비난하거나 또는 7월에 예정된 브릭스 정상회의에 그를 초청하지 말라고 압박했다. 그는 미국과의 우정보다는 동맹을 선택했고, 브라질과 미국의 관계는 10년 만에 가장 나빠졌다.[64]

러시아 정부는 인정하지 않았지만 이제 러시아는 돈바스 지역의 자원 부대들을 분명히 지원하고 있었다. 시위는 일종의 혁명이 됐고, 혁명은 내전이 됐으며, 이제는 끝이 보이지 않는 피비린내 나는 국제적 수렁으로 변했다. 일부 사람들, 특히 러시아와 반드시 단절해야 한다고 믿은 민족주의자들에게 마이단은 일종의 승리를 안겨주었다. 마이단의 방향성에 자주 실망한 아르템조차도 마이단이 토론과 독립 언론을 위한 공간을 가져다주었다고 믿었다. 그러나 이제 상황은 거의 모든 사람이 광장에 모여 유럽다운 미래가 무엇을 의미하는지 말할 수 있던 불과 몇 달 전과는 매우 다르게 느껴졌다.

13

「자유브라질운동」

2014년 6월, 브라질은 월드컵 개막전을 개최했다. 「무상대중교통운동」을 시작한 지 정확히 1년이 되는 날이었다. 나는 언론인 입장권을 구해 지하철을 타고 새로 지은 이타케라^{Itaquera} 경기장으로 향했다. 새 경기장은 집에서 멀지 않은 곳에서 코린치앙스^{Corinthians} 경기를 보곤 했던 시내의 오래된 파카엠부^{Pacaembu} 경기장만큼 마음에 들지는 않았다.[*] 대형 이벤트를 위해 특별히 지어진 크고 비싼 새 경기장은 완공된 지 얼마 되지 않았다.

일어나선 안 되는 일이었다. 적어도 지난 열두 달 동안 떠돌던 (그리고 벽에 낙서된) 밈에 따르면 더 그렇다. 그 밈은 Não Vai Ter Copa, 즉 "월드컵은 없을 것이다"였다. 「무상대중교통운동」과 동일한 방식으로 시위를 벌인 이들은 이타케라 같은 경기장을 짓기 위한 막대한 지

---

* 우연치않게도 코린치앙스는 룰라가 가장 좋아하는 팀이다. 노동자 계층이 주를 이루는 이 팀의 팬은 오랜 역사 동안 독재에 반대해왔는데, 가장 주목할 만한 것은 1980년대 미드필더 소크라테스가 이끈 '코린치앙스 민주화운동'이다. 막대한 비용이 든 새 경기장은 코린치앙스의 새로운 홈 구장이 될 예정이었다.

출에 항의하며 대회 개최를 중단시키겠다고 주장했다. 그전 해에도 시위는 계속됐지만, 규모가 작아지고 전술이 과격해졌으며—노란색과 녹색의 애국주의자들보다 '흑색 블록' 참가자가 더 많았다—시간이 흐를수록 주류 여론의 지지를 잃었다. 브라질은 「국제축구연맹」이 요구한 것보다 더 많은 총 열두 곳의 경기장을 준비했고, 심지어 주요 축구팀이 없는 도시에 새로운 경기장을 건설하기도 했다. 2013년 6월에 등장한 월드컵 반대 운동의 중요한 주장 중 하나는 축구가 아니라 기초 사회 서비스에 자원을 투자해야 한다는 것이었다. 2010년 이후 상황은 많이 달라졌지만, 나는 여전히 브라질이 초대형 스포츠 행사를 치를 준비가 됐느냐는 다소 공격적인 질문을 취재의 핵심 주제 중 하나로 삼았다. 그래서 나는 브라질 전역의 건설 현장을 둘러보았다. 그들은 확실히 비용을 아끼지 않았다.

「무상대중교통운동」은 쉽지 않은 한 해를 보냈다. 2014년 상반기에 마야라를 비롯한 많은 친구들은 완전히 우울해하지는 않더라도 최소한 의기소침하거나 불안해했다. 그들은 정부가 시위대와 반체제 인사를 더 강하게 탄압한다고 느꼈다. 월드컵 대회를 앞두고 지우마 정부는 끔찍한 '테러방지법'에 힘을 실었고, 마야라가 10년 동안 거리에서 알고 지낸 많은 이들을 단속하기 위해 기존 법률을 활용했다.[1] 한 명씩 직접행동을 했다는 이유로 체포되기 시작했다. 그가 속한 「무상대중교통운동」은 거리에서 대규모 시위를 일으켰을 때 최고조의 흥분을 경험했고, 그 후 몇 주 동안 그 열기는 정점에 올랐다. 그들은 도시 곳곳에서 환영과 찬사를 받았으며, 가난한 동네에서 열린 소규모 시위에서 영웅으로 환영받았다. 하지만 뒤이은 추락은 마야라가 상상한 것보다 훨씬 더 깊은 충격을 남겼다.

실제로 월드컵이 시작될 때가 되자 온 나라가 축구를 보기 위해 모인 것 같았다. 어쨌든 월드컵은 열릴 것이다. 몇 달 동안의 정치적 공방과 동료 언론인들이 만들어낸 저급한 공포감에도 불구하고 나는 별다른 어려움 없이 경기장에 도착해 현장을 둘러보았다. 아무것도 무너지지 않았고 팬들의 입장을 막는 분노한 시위대도 없었다. 관중은 주로 브라질을 방문 중인 고위 인사들과 부유한 브라질 사람들이었다. 월드컵 경기 입장권은 저렴하지 않았다. 거의 모든 관중이 대표단의 밝은 노란색 경기복을 입고 있었고, 나만큼이나 백인이었다.

　개회식 도중 지우마 호세프 대통령에게 야유가 쏟아졌다. 적어도 그렇게 들렸다. 나는 직접 듣지는 못했는데, 관중석을 돌아다니거나 휴대전화를 들여다보는 등 주의가 산만했기 때문일 수도 있다. 하지만 잠시 후 트위터를 통해 브라질과 크로아티아가 인상적인 경기를 펼쳤다는 소식이 퍼지는 것을 보았다. 그러다 이야기가 갑자기 새로운 방향으로 전개됐다. 개막전에서 국민들이 지우마를 거부했다는 것이었다.

　마야라는 개막일에 상파울루에서 가장 가까운 관광 지구인 빌라 마달레나Vila Madalena에서 미국인들에게 맥주를 나르며 일해야 했다. 그도 다른 사람들처럼 자신만의 맥주 한 잔을 마시며 경기를 보고 싶었다. 하지만 무정부주의자든 아니든 맥줏값은 어떻게든 스스로 내야 한다고 그는 항상 말했다. 경기 당일, 그는 끔찍한 소식을 들었다. 운동가 친구 몇 명이 아침 일찍 체포돼 감옥으로 끌려갔다는 소식이었다. 그는 일하면서 이 사실을 마음속에서 지우려고 노력했다.

　경기가 시작되자 경찰차 다섯 대가 도로를 질주하다가 갑자기 그의 일터 앞에 멈춰 섰다. 마야라의 표정을 본 상사는 그의 손에서 쟁반을 빼앗았다. 마야라는 화장실로 뛰어갔고, 동료들은 그를 안에 숨겨주었다. 잠시 후 동료들이 문을 두드리며 경찰이 갔다고 했다.

그저 무언가를 주문하고 방금 떠났다는 것이었다. 하지만 마야라는 여전히 충격에 빠진 상태였다. 그는 움직일 수 없었다. 화장실 밖으로 나갈 수도 없었다. 결국 그는 밖으로 나와 카샤사를 한 잔 크게 들이켰다. 상사는 그곳에서 빠져나가라고 말하며 그를 택시에 태워 보냈다.

「무상대중교통운동」 회원들도 경기를 관람하고 있었다. 하지만 그들은 개막 며칠 후 무상대중교통에 다시 초점을 맞추기 위해 시위를 조직하기로 했다. 루카스 '레굼' 몽테이루는 이것이 재앙이었다고 말했다. 그들은 대회 기간에 불필요한 충돌을 피할 수 있도록 정부에 경찰을 투입하지 말아 달라고 요청했다. 그들은 도로 한복판에서 축구 경기를 여는 계획을 세웠다. 하지만 결국 그들이 끌어모은 군중들이 흩어지며 고급 자동차 대리점을 완전히 파괴하고 부숴버렸다. 이제는 너무 흔해진 그들의 저항방식은 통제할 수 없었고, 시위가 범죄와 다르지 않다는 생각을 강화하는 역할을 했을 뿐이라고 그는 말했다. 그는 대회 후반, 리우에서 열린 경기를 보러 가는 길에 반월드컵 시위대가 또 다른 자동차 대리점을 부수는 모습을 보았다.

나는 7월 8일 상파울루 시내에서 브라질과 독일의 준결승전을 관람했다. 나는 1년 전 피에루 로카텔리가 식초를 소지했다는 혐의로 체포된 바로 그 안항가바우Anhagabaú 계곡의 대형 스크린 앞에 모인 수많은 군중 사이에 서 있었다. 상파울루주 출신의 젊은 스타 네이마르는 부상으로 빠졌지만, 팬들은 기죽지 않았다. 온 국민이 승리에 몰두해 있었다. 브라질은 역대 월드컵에서 다섯 차례나 우승을 차지했고, 이번 월드컵은 홈그라운드에서 열렸다.

독일이 한 점 앞서 나갔다. 별거 아니었다. 그런데 경기 시작 23분 만에 독일이 다시 득점했다. 관중은 조용해졌다. 준결승전에서 2 대 0

으로 뒤지는 것은 심각한 문제였다. 그리고 독일은 또다시 득점하고 또 득점했다. 브라질은 경기하는 법을 잊어버렸거나 혹은 경기 자체를 포기한 것처럼 보였다. 두 번째 골부터 다섯 번째 골까지 들어가는 15분 동안 관중들의 감정 변화를 내가 적절히 설명할 수 있을지 모르겠다. 그것은 인간의 마음 깊은 곳으로 들어가는 여정이었다. 처음의 실망감은 곧 공포에 질린 충격으로 바뀌었고, 충격은 다시 이 현실을 믿지 못하는 불신으로 바뀌었으며, 팬들은 이제 독일을 공개적으로 응원하면서 미친 듯이 기뻐하며 웃음을 터뜨리는 일종의 광적인 상태가 됐다. "독일의 골입니다!" 아나운서가 외쳤다. "독일의 골입니다! 독일의 골입니다! 독일의 골입니다! 독일의 골입니다! 독일의 골입니다!" 경기 결과는 7 대 1. 독일이 월드컵 우승을 차지했다.

10월, 지우마 호세프 대통령은 재선에 도전했다. 그의 강력한 경쟁자는 2002년, 2006년, 2010년에 2위를 차지한 같은 당 후보 아에시우 네비스Aécio Neves였다. 다소 바람둥이처럼 보였지만, 그는 민주화 운동에 기여한 명망 있는 가문의 후손이었다. 그의 할아버지는 1964년 미국의 지원을 받은 쿠데타로 축출된 대통령 주앙 '장구' 굴라르트João 'Jango' Goulart 정부에서 근무하며 브라질의 민주화에 큰 역할을 한 인물이다. 나를 포함한 대부분의 외신기자는 지우마를 '중도좌파' 대통령으로, 아에시우를 '중도우파' 도전자로 분류했다. 브라질은 많은 부유한 국가에서 흔히 보이는 양당 구도에 안착한 듯 보였다.

국제사회의 관점에서 볼 때 두 후보 사이에는 큰 차이가 없었다. 지우마 진영은 상대 후보가 「노동자당」이 이룬 모든 사회적 이득을 후퇴시키고 부유한 엘리트에게 나라를 돌려주려 한다고 비난했다. 2014년 「국제연합」이 심각한 영양실조로 고통받는 국가를 보여주는 기아 지도에서 브라질을 마침내 삭제하고, 지난 10년 동안 브라질이 크게 개선됐다고 칭찬한 것도 그의 주장에 힘을 실었다.[2] 하지만 아에시우는 지우마가 경제를 잘못 관리했으며 자신이 더 잘할 수 있다고 말했다. 그의 계획은 전 세계적으로 논란의 여지가 없는 '시장 기반'의 해결책을 요구하는 것이었다. 그러나 아에시우 선거운동본부와 그의 수많은 지지자는 자신들이 '우파'라는 주장을 단호히 거부했다. 브라질에서 '우파'라는 표현은 냉정한 묘사라기보다는 비방에 가까운 것으로 여겨졌다. 여기서 '우파'는 여전히 반민주적이고 반동적인 것을 의미했다.

그리고 세 번째 후보가 있었다. 아마존 출신의 환경운동가이자 「노동자당」 당원이었던 마리나 시우바Marina Silva이다. 그와 함께 시간을 보낸다면 순수하다는 결론에 도달하지 않을 수 없을 것이다. 그는 마치 온화한 여사제 같았다. 그러나 적어도 그를 비판하는 이들이 보기에는 두 가지 문제가 있었다. 순수한 마음을 가진 사람은 일반적으로 정치에 적합하지 않을 수 있으며, 특히 실물경제의 문제에 직면한 브라질 정치에는 적합하지 않을 수 있다는 것이다. 아에시우가 브라질의 진보가 멈췄다고 말한 것이나, 많은 경제학자가 지우마의 통치를 비판한 것은 틀리지 않았다. 2014년에 경제 성장은 거의 정체 상태에 이르렀고, 예리한 관찰자들은 폭풍이 다가오고 있음을 알았다.

마리나에게는 뒤를 받쳐주는 강력한 정당도 없었고 의회 내 지지세력도 없었다. 브라질의 정치체제를 고려할 때 마리나가 단독으로 당선한다면 정부를 유지하기가 매우 어려울 수 있었다. 그런 시도를 한 마지막 대통령은 1992년 부패 혐의로 탄핵된 페르난두 콜로르였다. 게다가 시우바는 복음주의 기독교인이었다. 지우마의 지지자들은 이 점을 공격했고 성공했다.

이러한 역학 관계는 디지털 시대가 완벽하게 만들어낸 전형적이고 황당한 미국의 개입으로 이어졌다. 영화「어벤져스」시리즈에서 헐크를 연기한 미국 배우 마크 러팔로Mark Ruffalo는 마리나 시우바를 지지하는 동영상을 제작해 인터넷에 올렸다. 그는 열대우림을 보호하는 후보가 진보적인 선택이라고 생각했고, 클릭 한 번으로 수억 명의 사람들에게 마리나에게 투표하라고 말했다. 그러나 그는 마리나가 성소수자의 권리를 지지하지 않으며 지우마야말로 진정한 진보 세력의 후보라는 브라질 사람들의 트윗을 접하게 됐다. 러팔로는 즉시 사과하고 지지를 철회했다.3

현지에서는 운동이 매우 빠르게 가열됐다. 2013년에는 일부 좌파 시위대가 브라질 언론을 겨냥했다. 나는《폴랴지상파울루》사무실 밖에서 한 무리의 사람들이 신문사가 엘리트 지주계급인 라티푼디리오latifundário의 소유이며 독재자의 억압을 돕는다고 외치던 모습을 생생하게 기억한다.4 하지만 2014년 운동은 내가 우파의 공격을 처음으로 보고 느낀 때였다. 소셜 네트워크에서 점점 더 많은 브라질 사람들이 정부와 언론 기관의 정당성에 의문을 제기했다.

선거가 임박할수록 지우마가 실제로 패배해 브라질「노동자당」이 차지한 12년간의 대통령 재임 시절이 끝나는 것처럼 보였다. 지우마의 선거운동본부는 승리를 위해 담론과 행정적 측면 양쪽에서 운동을 극한까지 밀어붙였다. "무다 마이스Muda Mais", 즉 "더 많이 변화하라"라는 선거 표어는 더 강한 사회개혁을 약속하는 것이었다. 이는 룰라가 새삭년《뉴욕타임스》사설에서 주장한 것과 같은 대응이었다. 그리고 정부 또한 예산과 임금을 조정하는 어려운 일을 선거 뒤로 미루는 등 당장의 고통을 줄이기 위해 최선을 다했다.5

「무상대중교통운동」의 많은 회원은 무정부주의자거나 원칙적으로 선거 참여를 거부하는 사람들이다. 「무상대중교통운동」은 어떤 종류의 정치운동에도 견해를 밝히지 않았다. 하지만 그들 중 많은 이들이 다가오는 선거를 두려워했다. 1998년 이후 처음으로 우파가 실제로 승리할 것으로 보였기 때문이다. 좌파의 많은 이들은 아에시우가 집권하는 것을 세상의 종말로 보았다. 이는 「무상대중교통운동」 활동가들이 결코 받아들일 수 없는 결과였다. 그래서 그들은 지우마에게 투표했다. 마야라는 조금도 의구심을 느끼지 않았다. 그는 지우마 호세프에게 투표했다. 결선투표에서 아에시우는 3퍼센트 차이로 패배했다.

지우마가 승리한 직후, 브라질이 사회주의혁명을 경험하지는 않을 것임이 분명해졌다. 그는 대부분의 좌파가 신자유주의자로 간주하는 사람을 재무부장관으로 임명했다. 예산 삭감이 다가오고 있었다.

그 충격적인 축구 경기 스코어인 7 대 1은 문화적 밈이 됐다. 월드컵이 끝난 후에도 나쁜 소식이 쌓이기 시작하자 브라질 사람들은 "매일 7 대 1이 일어난다"고 말하곤 했다. "버스가 늦었어, 또 7 대 1이네.", "지우마가 사회복지비 지출을 삭감할 예정이라니, 국가적으로 또 7 대 1이네요."

비록 당선은 했지만, 지우마는 브라질 정치에서 중요한 다른 권력 핵심의 지지를 확보할 필요가 있었다. 이러한 움직임은 국내외 '경영계'에 그가 상황을 잘 통제할 것이라는 신호로 여겨졌다. 그러니 투자를 철회하지 말라는 메시지였다. 하지만 「노동자당」은 항상 아슬아슬한 줄타기를 하고 있었다.

훨씬 더 충격적인 것은 선거 패배 후에 보인 아에시우 네베스의 반응이었다. 그는 인터넷 우익 커뮤니티에서 떠도는, 선거를 도둑맞았다는 의혹에 신빙성을 부여했다. 그의 정당은 과거에는 지루하고 점잖기만 했지만, 이번에는 선거 결과를 공식적으로 조사하라고 요구하며 강경한 태도를 보였다.

나는《폴랴지상파울루》사무실에서 최종 개표 결과를 지켜봤는데, 기자들의 지지는 양분된 것처럼 보였다. 물론 선거는 극적이었지만 어느 쪽도 결과에 울음을 터뜨리진 않았다. 하지만 우익, 특히 수년간 자유주의 사상을 전파하기 위해 노력해온 잘 조직되고 자금력이 풍부한 기관은 상황이 달랐다. 그들은 이번 선거의 패배를 심각하고 충격적으로 바라보았다. 「노동자당」은 세 번의 임기 동안 집권했다. 과연 그들은 떠날 것인가? 남부 히우그란지두술Rio Grande do Sul 주에서 열린 어느 선거 파티에서 패배의 소식은 청천벽력과 같이 전해졌다. 주최자는 화장실로 달려가 문을 걸어 잠그고 울기 시작했다. 나는 전혀 모르던 페이스북의 어느 구석에서 그들은 계획을 세우기 시작했다.

지우마가 승리한 지 6일 만에 그들은 탄핵을 요구하는 시위를 열었다. 이 행사는 미국에 거주하는 비밀스러운 반동 철학자이자 온라인에 열성적인 지지 기반을 가진 올라보 지카르발류Olavo de Carvalho의 지지를 받았고, 그들은 2000명이 넘는 사람들을 거리로 끌어내는 데 성공했다. 나는 트위터에서 브라질의 유명 언론인들이 이 모든 어리석음을 비웃는 것을 보았다. 그냥 일부 괴짜들의 화풀이일 뿐이라고 생각했다. 첫 번째 시위에 참여한 유일한 정치인은 극우 성향의 시위꾼이자 오랜 기간 국회의원을 지낸 자이르 보우소나루의 아들 에두아르두 보우소나루Eduardo Bolsonaro였다. 이 모든 것이 우스꽝스러워 보였다. 아직 두 번째 임기를 시작하지도 않은 사람을 탄핵할 수는 없는 노릇이었다.

2013년 6월에 탄생한 우파 자유시장주의 시위 단체인 「자유브라질운동」이 다시 살아났다. 파비우 오스테르만은 「자유브라질운동」의 동지들을 불러 모아 조직을 이용해 반지우마 운동에 참여하자고 제안했다. 이는 효과가 있었다. 곧바로 그들은 새로운 시위 물결의 두드러지는 지도자로 인정받았다. 2014년에 이들이 기업인 및 우익 전문가들과 함께 설립한 단체인 「거리로나오자 Vem Pra Rua」도 있었다.6 「자유브라질운동」처럼, 「거리로나오자」 역시 「무상대중교통운동」에서 따온 말이었다.* 젊고 첨단기술에 능숙한 거리운동 단체인 「자유브라질운동」은 자신을 표현하는 데 탁월했다. 대중 앞에 직접 나서는 사람들은 대부분 25세 미만이었고, 특히 온라인에서 사람들을 열광시키는 데 탁월한 능력을 발휘한 킴 카타기리 Kim Kataguiri는 고작 18세였다. 아에시우의 파티에 모인 대부분의 사람들과 달리 그들은 음악이 뭔지 아는 것처럼 옷을 입었다. 스페인의 신문사 《엘파이스 el País》의 특파원인 한 동료는 이 단체에 대해 다음과 같은 제목으로 기사를 썼다. "인디록 밴드가 아니라 반지우마 선봉대다."7

「자유브라질운동」과 「거리로나오자」는 분명히 2013년 전 국민의 의식 속에 자리 잡은 저항의 언어, 태도, 방식 들을 차용하고 있었다. 하지만 이들은 반권위주의적이고 자급자족하는 펑크족이 아니었고, 남들에게 이래라저래라하기보다는 차라리 존재하지 않는 편을 선택하는 수평주의자들도 아니었다. 그들은 브라질에서 가장 부유한 사람들과 미국에 기반을 둔 우익 기관의 지원을 받으며 분명한 정치적 목표를 추구했다. 저항의 문화 코드를 차용하느냐 마느냐는 중요하지 않았다. 그들의 메시지 전략은 효과적이었다. 워싱턴 DC의 '신자유주의 코민테른'으로 불리는 「아틀라스네트워크」는 대규모 시위가

* 시위에 관해 피에루 로카텔리가 2013년 펴낸 책 제목이 #VemPraRua이다.

끝난 후 시위를 조직하고 "브라질의 자유를 가로막는 장벽을 허물기 위해 노력한" 「자유브라질운동」을 공개적으로 치하했다.[8]

한편, 「무상대중교통운동」은 많은 압박을 받고 있었다. 거리에서 에너지를 발산할 수 없게 되자 조직은 자신을 돌아보기 시작했다. 이 운동이 더 나은 사회를 미리 그려보자는 취지였다면, 브라질 사회에 존재하는 남성우월주의적이거나 인종차별적인 역학 관계를 재생산하는 것처럼 보이는 일은 용납할 수 없다고 생각하는 사람들도 있었다. 내부적으로 싸우고 있던 그들에게 이 새로운 시위운동의 등장은 뱃속 깊은 곳에 칼을 꽂아넣는 것과 같았다. 「자유브라질운동」이 이 사람들을 속이기 위해 그들의 정보를 훔치고 있었고, 그것은 분명히 효과가 있었다.

"1920년대 파시스트들이 사용한 전형적인 수법이에요. 그들은 좌파의 요소를 가져와 그 의미를 뒤집습니다"라고 루카스 '레굼' 몬테이루는 말했다. 새로운 「자유브라질운동」은 심지어 지도자 없는 조직을 만들겠다는 약속을 이행했다. "그들은 반체제적인 자세를 취하고, 반세계화운동의 미학을 채택하며, 당적은 없다고 말합니다. 그러나 그들은 정치인들의 돈을 받고 하나의 정당, 즉 지우마의 「노동자당」을 파괴하는 것을 목표로 삼고 있었습니다"라고 그는 말했다.

마야라는 가족 행사에서 고모를 만났다. 고모는 보수적인 사람이었는데, 마야라가 어렸을 때 정치적 성향을 이유로 그를 비판한 적이 있다. 놀랍게도 고모는 그를 향해 웃으며 이렇게 말했다. "사실 네가 주최하는 행사 중 하나에 시위하러 나갔어." 마야라는 당황했다. "정말요, 어떤 시위였나요? 작년? 6월에 있었던 시위요?" 고모는 대답했다. "아니, 아니." 고모가 참석한 시위는 지우마 탄핵을 촉구하는 최근 시위 중 하나였다.

14

내 우산 아래에서

베니 타이Benny Tai 홍콩대학교 법학과 교수는 대중 시위를 제안하는 칼럼을 발표했다.1 그는 베이징北京이 곧 발표할 예정인 선거 개혁이 홍콩에 의미 있는 민주주의를 보장하지 못한다면, 시민들이 행동에 나서야 한다고 주장했다. 미국의 '월가점령운동'에서 영감을 받아 '도심점령Occupy Central', 즉 1997년부터 중화인민공화국의 특별행정구였던 도심 업무지구를 '점령'해야 한다고도 썼다. 그는 동료 교수 한 명, 침례교 목사 한 명과 함께—이들은 후에 '점령 삼총사'라고 불린다—이를 준비하기 위한 조직을 만들었다. 이 임시 시민단체인「사랑과평화의중완점령운동Occupy Central with Love and Peace」*은 홍콩 정부 내의 공식적인 반대 세력인 '범민주파'보다 앞서 나갔다.2

2014년 8월 31일, 베이징에서 열린 '전국인민대표대회'에서 예상대로 개혁안이 발표됐다. 홍콩의 기이한 식민지배 후의 통치 구조 속

---

* 「사랑과평화로중완점령하기」로 번역하기도 하지만, 한국에서는 일반적으로「중완점령운동」으로 알려져 있다.

에서나 존재하는 최고 직책인 행정장관은 이제 보통 선거권을 통해 선출하되, 후보자는 지명위원회에서 선출하게 됐다. 이 방식은 '삼총사'가 염두에 둔 것은 분명 아니었다. 「사랑과평화의중완점령운동」은 공산주의 중국이 탄생한 날인 10월 1일에 도심 점령을 시작할 것을 촉구했다.

「학민사조Scholarism」* 와 「홍콩학생연맹Hong Kong Federation of Students」이라는 두 학생 단체가 그들보다 먼저 행동에 나섰다. 9월 26일 금요일, 시위를 마친 조슈아 웡Joshua Wong과 다른 홍콩 청년들은 정부 본부 밖에 있는 시민 광장Civic Square으로 담을 타고 들어가 농성을 벌였다. 9월 28일 일요일, 베니 타이는 무슨 일이 일어났는지 깨달았다. '도심점령'은 이미 예정보다 일찍 약간 다른 장소에서 시작됐고, 이미 진행 중이었다. 학생들이 '점령 삼총사'보다 앞서 나가고 있었다.3

점점 더 많은 시위대가 영국 해군이 이 해역을 통치하던 시절에서 그 이름을 딴 유명한 애드미럴티Admiralty 해안으로 몰려들기 시작했고, 8차선 고속도로가 인파로 넘쳐났다. 당황한 경찰은 최루탄을 쏘며 군중을 해산시키려 했다. 홍콩은 아시아에서 매우 부유하고 질서가 잘 잡힌 지역으로, 시민은 대부분 1960년대 이후 이런 종류의 탄압을 본 적이 없었다. 텔레비전, 소셜 미디어, 해외 언론은 경찰이 시위대를 진압하는 충격적인 장면을 생중계하고 재방송했다. 더 많은 시위대가 거리로 나왔다. 특히 가슴을 울리는 한 장의 사진이 눈에 띄었다. 작은 우산 두 개를 든 한 남성이 최루탄 구름을 뚫고 등장한 것이다.

---

* 2011년 당시 15세였던 조슈아 웡과 아그네스 초우Agnes Chow 등이 설립한 홍콩의 학생운동 단체로, 홍콩의 민주화와 자치권 확대를 위해 활동하며 2014년 우산혁명 등 주요 시위에서 중심적인 역할을 했다.

군중은 점점 더 많이 모였다. C. Y. 렁C.Y.Leung 행정장관은 경찰에 해산을 명령했고, 경찰은 시위대에 거리를 양보했다. 시위대는 애드미럴티 해안 중심부에 사다리와 널빤지로 '중앙 무대'라고 불리는 임시 연단을 만들었다. 이제 홍콩 도심에서는 실제로 봉기가 일어났고, 전 세계 언론이 '우산운동Umbrella Movement'이라고 부르는 시위가 시작되었다.4

영국은 1842년 이 작은 땅을 점령했다. 빅토리아Victoria 여왕의 침략군이 중국 영토에서 중독성 약물을 판매할 영국의 권리를 성공적으로 주장한 제1차 아편전쟁의 결과, 청 왕조는 협상을 통해 홍콩을 넘겨줄 수밖에 없었다. 당시 여왕은 더 많은 것을 얻어냈어야 했다고 불평했다. 프랑스와 영국 연합군이 자유무역에 제한을 두려는 중국의 새로운 시도를 분쇄한 제2차 아편전쟁 후 실제로 영국은 더 많은 것을 얻어냈다. 영국은 이제 가우룽반도까지 장악했고, 1898년에는 더 많은 영토를 차지했다. 이 '신계New Territories'*는 영구적으로 양도된 것이 아니라 단지 99년 동안만 임대됐으며, 1997년에 임대 기간이 만료될 예정이었다.

영국은 홍콩을 민주적으로 운영한 적이 없으며, 제2차 세계대전이 끝날 때까지 사업 장소로 선호하지도 않았다. 아시아라는 수집품 목록에서 서양을 향한 보석과도 같은 장소인 상하이上海는 1923년 「홍콩상하이은행」(HSBC)이 본점을 둔 곳이기도 하다. 그러나 제2차 세계대전에서 패한 일본이 물러나고 마오쩌둥의 「공산당」이 미국

---

* 1898년 영국이 청나라로부터 99년 동안 조차한 홍콩의 북부 지역으로, 홍콩섬과 가우룽반도를 제외한 나머지 육지와 주변 섬들을 포함하며, 1997년 홍콩이 중국에 반환될 때 임대 기간이 만료됐다.

의 동맹인 「국민당」을 밀어내며 전진하기 시작하자 자유분방한 자유시장의 기운은 남쪽으로 이동하기 시작했다. 이 시기 홍콩에는 돈뿐만 아니라 본토 출신 이민자들도 들어왔다. 패션 디자이너, 영화 제작자, 상인, 조직폭력배 등 다양한 사람들이 홍콩으로 이주했고, 물론 일자리를 찾는 일반인들도 몰려들었다. 중화인민공화국은 1949년 본토를 장악했지만 「국민당」이 장악한 타이완이나 홍콩을 차지하지는 못했고, 새로운 사람들이 섞이면서 홍콩은 나름대로 안정적인 사회로 정착하기 시작했다.5

1950년대 영국 경찰은 시위대를 죽이기보다는 다리에 상처를 입힐 목적으로 나무 총알을 발사하기 시작했다.6 북아일랜드공화국에서 더 많은 실험을 진행한 뒤에 이 방법은 고무 총알로 발전했다. 최루탄은 제1차 세계대전 당시 프랑스군이 북아프리카에서 저항을 진압하기 위해 사용한 것이 그 시초이다.

마오쩌둥이 혁명으로 구축한 관료적 권위 구조를 흔들기 위해 1966년 시작한 문화대혁명 동안 홍콩은 격렬한 논쟁을 겪었다. 친베이징 성향의 노동조합 연맹인 「홍콩공회연합회Hong Kong Federation of Trade Unions」는 홍콩인조화회사Hong Kong Artificial Flower Company가 노동자들의 임금과 복지 혜택을 줄이려 하자 연쇄 파업을 주도했다. 베이징 대표자들과 홍콩 내 동조자들은 식민지체제 자체에 초점을 맞추는 한편, 혁명시위대는 마오쩌둥의 홍서紅書*를 흔들며 시위에 참여했다. 충돌은 의문의 폭탄 테러로 이어졌고 수많은 사람이 체포됐다. 그러나 영국 제국주의는 수 세기에 걸쳐 몇 가지 요령을 터득했고, 당국자들은 단속과 함께 시위대와 일부 타협하는 모습을 보였다. 식민 당국은 시위

---

* 마오쩌둥 어록을 의미한다.

직후 식민지체제를 자유화해 노동 시간을 단축하고 보건 및 안전 규정을 도입했다. 식민지 관료들은 또한 당시에는 상당히 생소했던, 중국과 구별되는 홍콩의 새로운 정체성을 장려하기 위해 노력했다.7

그러나 영국이 홍콩에 민주화 조치를 도입하기 시작한 것은 마거릿 대처Margaret Thatcher와 덩샤오핑鄧小平이 1997년 마지막 정권 이양 조건을 타결한 뒤였다. 마지막 홍콩 총독은 반환 직전 일련의 개혁을 추진했고, 베이징의 많은 이들은 그가 식민지 주민의 기본권을 보장하는 것보다는 홍콩의 반환 및 체제 전환을 방해하는 데 더 관심이 있다고 생각했다.8

대처는 역사상 가장 확고한 자유주의 목적론자 중 한 명으로, 자본주의의 흐름이 당연히 자유민주주의 체제의 도래를 의미한다고 믿었다. 그는 또한 홍콩에서 영국으로 사람들이 대거 이주하는 등의 불협화음을 피하고 싶어 했다.9 마오쩌둥 사후 일련의 시장 개혁을 도입한 덩샤오핑은 중국 사회에서 당이 우위를 유지해야 한다고 믿었고, 중국이 당시에는 결코 서구를 따라잡을 수 없다고 생각했다. 반환 당시 홍콩의 인구는 중국 전체 인구의 0.5퍼센트였지만, 중국 국내총생산의 거의 20퍼센트를 차지했다. 두 지도자는 '일국양제一國兩制'*라는 불안한 개념과 '기본법Basic Law'이라는 것을 힘들게 만들어냈다. 이를 통해 영국의 이상한 식민지체제를 일부 유지하면서 궁극적으로 행정부와 입법회 선거에 보편적 참정권 제공을 모호한 표현으로 약속했다.

1980년대 후반, 중국 정부가 몇 년 후 러시아에서 시행된 것과 비

---

* 일국양제는 중국이 홍콩, 마카오, 그리고 타이완과 통일하기 위해 제안한 정치적 원칙으로, 하나의 국가 안에서 두 정치·경제체제를 허용하는 것이다. 1980년대 초 덩샤오핑이 타이완 통일을 위해 처음 제안했고, 1997년 홍콩, 1999년 마카오에 적용됐다.

숱한 신자유주의적 '충격요법'을 도입한 개혁을 실험하기 시작한 이래 중국 본토에서도 저항의 시위가 발행했다. 1989년 학생들과 시위대가 톈안먼天安門 광장을 가득 메웠을 때, 홍콩 시민들은 시위에 적극적으로 참여했다. 자유주의자든 좌파든 자본가든 많은 시민이 홍콩의 미래가 중국 본토의 미래와 얽혀 있다고 느꼈고, 베이징의 시민들과 연대하기 위해 행동했다. 베이징 중심부에서 시작된 시위는 사망한 후야오방胡耀邦 전 당서기를 추모하는 행사로 시작됐고, 한동안 중국 국영 언론의 많은 기자도 이를 지지했다. 이 시위에는 더 많은 자유화를 요구하는 목소리와 옛 사회주의 체제의 일부를 옹호하는 목소리가 함께 있었지만, 해외 언론은 종종 이를 단순히 서구식 체제를 요구하는 것으로 읽거나 그렇게 보이도록 하는 목소리만을 추적했다.10 홍콩 시민들은 시위대를 위한 자선 콘서트를 열고 톈안먼 광장에 자원을 쏟아부었다. 중앙정부는 이 운동을 진압하기 위해 움직였고, 광장에 모인 시위대를 폭력적으로 진압했다. 결국 이는 홍콩에서 대규모 시위를 촉발했다. 하지만 당은 여전히 확고한 통제권을 유지했다.

중국은 결코 충격요법을 완전히 수용하지 않았고, 시장경제에 참여하기 위한 유연하고 조심스러운 접근 방식을 선택했다. 중국의 경제학자들은 이를 "돌을 더듬어가며 강 건너기摸著石頭過河"*라고 불렀다. 느리고 신중하며 끊임없이 상황에 맞게 조정하는 이 방식은 구소련에 강요된 방식보다 훨씬 효과적이었다. 21세기에 들어 중국은 1980년대에 경제적 측면에서는 누구도 예상하지 못한 속도로 서구를 따

---

* 덩샤오핑이 남긴 유명한 말로, 중국의 경제개혁 접근 방식을 설명하는 데 사용했다. 이는 불확실성이 높은 상황에서 조심스럽게 전진하면서 경험을 쌓아가는 접근 방식을 비유적으로 설명한 것으로, 중국의 경제개혁정책뿐만 아니라, 새롭고 불확실한 상황에 대처하는 일반적인 방식을 설명할 때도 쓴다.

라잡았다.

1990년부터 2017년까지 세계 국내총생산에서 러시아의 비중은 절반으로 줄어든 반면 중국의 비중은 6배나 증가했다.[11] 이러한 성장은 룰라 시대 라틴아메리카의 성과(중국에 비해서는 훨씬 더 소박하지만 의미있는)를 뒷받침하는 데 큰 역할을 했다. 남미 국가들은 원자재를 중국에 수출했고, 중국은 이를 기반시설 건설에 활용했다.[12]

「중국공산당中國共産黨」은 지난 60년 동안 마오주의 인민전쟁, 문화대혁명의 부침, 수억 명을 빈곤에서 벗어나게 한 경제 성장을 통해 본토 국민과 깊은 유대 관계를 맺으며 발전해왔다. 「중국공산당」은 국가 계획을 수행하기 위해 1989년과 같은 억압적 방식에 의존하지만, 몽둥이만으로 통치하지 않는다. 「중국공산당」은 9000만 명 이상의 당원으로 구성된 거대한 조직으로, 시민들은 당원들과 쉽게 소통할 수 있다. 그들은 어느 정도는 시민들의 요구 사항에 대응하는 법을 배운다. 2003년부터 2020년까지 「하버드애쉬센터Harvard's Ash Center」에서 실시한 연구에 따르면, 중국인 대다수가 중앙정부에 만족하는 것으로 나타났다. 이는 미국보다 훨씬 높은 수치였다. 하지만 지방 공무원에 만족하는 수치는 미국보다 낮았다.[13]

홍콩특별행정구와 중국의 관계는 서부 우크라이나와 소련의 관계와 다르지 않았다. 냉전을 상징하는 주요 공간이었던 홍콩은 뒤늦게 중국의 일부가 됐고, 우크라이나 주민들처럼 홍콩 주민들은 중국 사람들이 이해하는 역사, 어휘, 오랜 사회주의 투쟁의 승리와 비극을 거의 공유하지 못했다.[14]

2010년대가 시작되고, 전 세계에서 디지털로 조직된 시위가 거세질 무렵에도 홍콩의 정치 시스템은 발전을 이루지 못한 상태였다. 입법회 의석의 절반은 특수 이익단체에 직접 배분돼 있었다. 예를 들어, 부동산 및 건설 업계와 회계 업계는 각각 1석을 차지했고, 금융 업계는 2석을 차지했다. 이러한 '기능적 선거구' 제도는 영국이 통치하던 1984년에 도입된 것으로, 대부분의 부유한 민주주의 국가에서는 적어도 이면에 숨겨야 하는 노골적인 정실 자본주의 체제이다. 홍콩 입법회의 나머지 절반은 지역구 단위로 선출됐고, '범민주파'는 2012년 선거에서 전체 의석의 약 3분의 1을 차지하며 중요한 입지를 유지했다.15

홍콩 사람들에게는 본토 사람들에게는 있는 당의 조직망도 없고, 서구 민주주의와 유사한 것도 없었다. 객관적으로 특별행정구는 본토를 비롯한 다른 지역보다 훨씬 더 부유한 특권을 누리고 있었다. 그러나 의미 있는 대표성이라는 관점에서 보면 '일국양제'는 최악의 조건이었다. 거대 부유층인 '재벌'(다른 곳에서는 '과두 정치인'이라고 부르는)은 건재했지만, 홍콩이 중국 경제 전반에서 차지하는 비중은 점점 줄어들었다. 2014년, 홍콩은 중국 전체 국내총생산에서 차지하는 비중이 3퍼센트 미만이 됐고, 점점 더 현지인들이 살기 힘든 도시가 됐다.16 일국양제를 신뢰하는 비율은 2008년 78퍼센트에서 2014년 9월에는 37퍼센트로 추락했다. 홍콩의 진보는 정치적으로나 경제적으로나 멈춰버렸다.17

1950년대에 소수의 영국 시위대가 우산을 핵 파괴에 대한 인간 저항의 허무함을 상징하는 데 사용했다면, 홍콩에서 우산은 국가 폭력에 맞서는 용감한 저항을 상징하게 됐다. 그러나 첫날 밤 이후로 '우산운동'은 경찰과의 격렬한 충돌로 이어지지 않았다. 실제로 많은 홍콩 시민들은 경찰과 마주치는 것이 불쾌했다거나 경찰에 부정적인 감정을 느끼는 일은 전혀 없었다고 답했다. 이러한 태도는 광둥어를 사용하는 다수와 시민권을 가진 현지인들에게만 국한된 것일 수 있지만, 이집트, 브라질, 미국 같은 곳에서는 이해하기 힘든 것이었다. 홍콩은 수년 동안 무협 영화에서 경찰을 영웅시하는 것으로 유명했고, 2014년 내내 국제 언론은 홍콩 시위대와 현지 경찰 간의 관계에 놀라기도 하고 기뻐하기도 하며 보도하곤 했다. 《뉴욕타임스》는 '홍콩 시위는 지도자는 없지만 질서 정연하다'라는 머리기사를 통해 젊은이들이 "부지런히 청소"하고 심지어 쓰레기를 스스로 줍는 등 "매우 예의바르다"고 보도했다.[18]

서방 언론은 특히 조슈아 웡을 좋아했는데, 그는 언론에 "세계적인 초강대국에 맞서는 10대"라는 서사를 주었다.[19] 그는 "시위의 얼굴"로 《타임》의 표지를 장식했다. 그러나 칠레의 카밀라 바예호가 즉각적인 유명세를 얻은 것과 달리, 독실한 루터교 신자였던 그는 뚜렷한 이념이나 규율이 있는 정당 조직도 없었고, 또한 탄탄한 학생회를 이끌도록 선출되지도 않았다. 그는 2011년 14세 때 소수의 학생들과 함께 홍콩 행정장관이 톈안먼 사태를 무마하기 위해 도입한 새로운 '도덕 및 민족 교육'에 반대하는 「학민사조」를 결성하면서 전국적인 주목을 받았다. 이들은 2012년 대규모 평화 시위를 주도했고 홍콩 행정장관이 교육 개혁안을 철회할 때까지 일주일 동안 정부 본청을 점거했다. 홍콩의 특별한 정치체제가 무엇이든 시위는 효과가 있는 것 같았다.

그러나 2014년 '우산운동'은 무대가 있었기 때문에 진정한 의미의 '지도자 없는 운동'이 될 수 없었다. 조슈아 웡과 '점령 삼총사' 및 몇몇 다른 학생 지도자들이 이 플랫폼을 통제했고, 따라서 비공식적으로 이 운동도 주도했다. 이들은 직접 연설을 하거나 연설할 사람을 결정했다. 실제로 일부 참가자들에게는 '무대'라는 개념이 지도력 그 자체를 상징하기도 했다. 브라질의「무상대중교통운동」이 정치적 투쟁에서 '수직적' 구조를 거부하는 것처럼, 일부 홍콩인들은 수평주의와 같은 의미를 담아 '무대 없음'을 요구하기도 했다. 결국 무대는 말 그대로 군중 위에 있는 것이었다. '우산운동'은 또한 현대 사회가 사랑해 마지않는, 국가를 색깔로 양분하는 구도를 만들어냈다. '노란색'은 친민주주의적이고 서구 지향적인 진영을 대변하는 반면, '파란색'은 친베이징적이고 경찰을 지지하는 진영이 되는 구도가 공고화됐다.

거리에 나온 대부분의 사람들과 달리 은퇴한 교사이자 오랫동안 활동가로 살아온 아우룽유Au Loong-Yu는 2014년 이전에도 저항 시위에 참여했다. 그는 특별행정구에서 비교적 안전했던 1989년에 톈안먼 시위 연대 활동에 참여할 만큼 나이가 많았다.[20] 2005년에는 그를 비롯한 다른 좌파 성향의 홍콩인들이「세계무역기구」에 반대하는 홍콩의 대안세계화운동에 동참한 적이 있었다. 당시 막 생겨난 (그리고 민주주의를 지지하는)「홍콩공회연합회」에도 참여했고, 한국과 같은 나라에서 온 시위대도 참가했다. 경찰은 최루탄을 사용했지만, (헌신적이고 이념적이며 시끄러운) 시위대가 대부분 노동자계급 외국인인 탓인지 경찰의 탄압은 홍콩 사회에 광범위한 반발을 불러일으키지 못했다. 미국의 역사학자 제프 워서스트롬Jeff Wasserstrom은 2014년 비무장 학생들에게 최루액이 사용됐을 때는 상황이 매우 달라졌다고 썼다. "최루액이 사용된 순간 운동의 수동적인 관찰자였던 많은 이들이 순식간에 강력한 동조사가 됐다"[21]고 분석했다. 아우룽유도 학생들과 함께 거리로 나섰고 6월 초에 체포됐다.

아우룽유는「좌파21Left21」이라는 단체를 이끌며 계간지를 발간하고 있었다. 오랫동안 세계 정치를 연구해온 그는 공식 야당 조직과 시민사회단체 그리고 노동조합운동의 조직력이 매우 미약하다는 사실을 뼈저리게 느끼고 있었다. 가장 큰 '노란색' 성향의 정당은 몇 년에 한 번씩 선거에서 승리했지만, 실제 당원은 1000명도 채 되지 않았다. '우산운동'은 정부에 어떤 피해도 끼칠 능력을 갖추지 못했다. 대규모 파업을 조직하려는 시도는 실패로 돌아갔다. 중국 당국은 본토의 13억 6000만 명을 대변했고, 특별행정구의 통치 규범을 바꾸라는 광범위한 압력은 전혀 없었다.

'우산운동'은 처음에는 튀니지의 성공에서 영감을 받은 타흐리르 광장을 모방한 '월스트리트 점령'을 다시 모방하려고 했지만, 전 세계의 다른 저항방식도 적극 활용했다. 그들은 '레넌의 벽Lennon Wall'을 세웠는데, 이는 1980년대부터 그래피티graffiti를 허용한 프라하의 한 장소(영국 팝 가수 존 레넌의 이름을 딴)를 모방한 것이었다. 홍콩 시민들은 시위의 이유를 설명하는 다채로운 접착 메모로 벽을 뒤덮었다. 근처에 설치된 프로젝터로 전 세계에서 보내온 연대의 메시지가 상영됐다. 그들은 또한 분명히 현대의 외국 언론에 소개된 다른 전략도 채택했다. 미주리주Missouri 퍼거슨Ferguson에서 경찰이 마이클 브라운Michael Brown을 살해한 후, 미국의 초기 '흑인생명존중운동Black Lives Matter' 지지자들이 양팔을 들고 "손을 들었다. 쏘지 마라Hands up, don't shoot"라고 외치자 홍콩 시위대도 이 몸짓을 취했지만, 일부는 그 출처를 몰랐다.22 그리고 할리우드의 영향도 있었다. 일부 시위대는 손가락 세 개를 들어올리기 시작했다. 이 몸짓은 다른 도시에서 유래한 것이 아니라 미국의 영화 시리즈 「헝거 게임Hunger Game」에서 (제니퍼 로렌스Jennifer Lawrence가 연기한) 주인공 캣니스 에버딘Katniss Everdeen이 독재정권에 항의하는 의미로 손가락 세 개를 들어 올리는 장면에서 유래한 것이다.

홍콩의 인구는 고작 700만 명이지만, 많은 서구 기업의 본사가 있는 곳이기 때문에 일부 시위 참가자들은 시위에서 사용하는 상징과 전술이 미디어를 통해 끊임없이 피드백을 받으며 선택되고 있다는 사실을 깨달았다. 청년들은 인터넷에서 널리 퍼지게 되리라 생각되는 무언가를 선택할 것이고, 실제로 유명해진 상징이나 전술은 이를 실제로 사용한 청년들의 수보다 더 많은 이들을 대표하기도 했다. 결국 이들은 미디어에서 성공했다고 여긴 접근 방식에 끌리게 됐다.

구체적으로 말하면, 많은 참가자가 이 운동이 베이징 당국에 메시지를 전달하는 것이라는 사실을 깨닫게 됐다. 홍콩 인구의 상당수가 서방 국가들이 대통령을 뽑는 것과 같은 방식으로 행정장관을 선출하기를 원했고, 서방 언론은 자연스럽게 이 주장을 우호적으로 보도하며 증폭했다. 하지만 중국은 이미 이 모든 것을 알고 있었다. 이것이 수십 년 전부터 '범민주주의' 정치가 시작된 근본적인 원동력이었기 때문이다.

아우룽유는 무대에 올라 연설했고, 홍콩 시내에서 열린 임시 '거리 포럼'에서 교육자로도 활동했다. 점령이 장기화되면서 그는 이 운동에서 몇 가지 분명한 분열이 나타나고 있음을 눈치챘다. "일부 '본토주의자localist'들이 소위 '줘자우左膠'로 불리는 사람들을 공격하기 시작했습니다"라고 그는 말했다. "결국 본토주의자들이 우산운동의 주요 수혜자로 떠오르게 된 것이죠."23 이 '본토주의자'와 '줘자우'라는 두 용어는 모두 영어로 완벽하게 번역되지 않아 약간의 설명이 필요하다. '본토주의本土主義' 운동은 국경을 넘나드는 개발에서 (소중한 옛 부투를 시작으로) 홍콩의 전통적인 건축물을 지키기 위한 운동에서 시작했다. 그러나 이 운동에 참가한 이들 중 일부는 중국의 홍콩 투자나 심지어 중국 자체를 거부하게 됐다. 본토주의 운동 구성원 중 전부는 아니지만 일부가 노골적인 외국인 혐오 정치를 표방하며 중국에서 이주해온 노동자들을 인종차별적으로 공격했다. 원칙적으로 이들은 그들이 '줘자우'라고 부르는 이들에 반대했다. 아우룽유에 따르면 '줘자우'는 영어로 'left pricks' 또는 'plastic leftists'*라고도 번역할 수 있다. "이는 언제나 일관된 주장이라기보다는 공격이나 허수아비 논리에 가까웠죠. 홍콩에는 좌파가 거의 없었어요. 이 도시는 난민들의 도시로 시작했고, 자본주의적 식민지 전초기지가 됐고, 결국 강력한 '각자도생' 도시가 돼버렸거든요." 특히 우파 본토주의자들은 「홍콩학생연맹」이나 저명한 활동가들을 좋아하지 않았고, 그들이 '우산운동'을 배신할 것이라고 경고했다.

본토주의자들은 '무대'와 지도력, 그리고 대표성이라는 개념 전반을 가장 강력하게 공격한 이들이었다. 그들은 거리에서 어떠한 깃발이나 구조물을 사용하는 것도 반대했다. 이 모든 것은 문자 그대로이면서 동시에 은유적인 의미를 가진 구호로 요약됐다. "중앙 무대를 무너뜨려라."

홍콩 정부는 2012년과는 다른 방식으로 거리의 압력에 대응했다. 정부는 '우산운동' 대표들을 2014년 10월 21일 생방송으로 진행된 토론회에 초청했다. 한쪽에는 「홍콩학생연맹」 소속의 회원 다섯 명이 앉았고, 맞은 편에는 캐리 람 Carrie Lam 행정장관이 다섯 명의 정부 관리와 함께 앉았다. 이들 정치인 대부분은 선거를 통해 선출되지 않았고, 학생들 역시 선출된 이들이 아니었다. 어쨌든 사람들은 애드미럴티 해안에서 대형 화면을 통해 학생들을 응원하며 지켜보고 있었다. 그리고 아무 일도 일어나지 않았다. 정부는 학생들의 목소리에 귀를 기울였지만 공개 선거를 요구하는 핵심 요구 사항에는 반응하

* 각각 '좌파 얼간이', '가짜 좌파'라는 뜻이다.

지 않았다. 그 사안은 이미 베이징에서 고심 끝에 결정을 내린 사안이었다. 11월, 수많은 택시와 미니버스 회사가 시위대의 도로 점거를 막아달라고 요청했다. 12월 11일, 정부는 도로를 정리했다.

15

신은 없고, 대표도 없다

2015년 초, 내가 일하는 신문사의 편집자는 브라질에서 가능한 한 많은 시리아인을 만나보라고 당부했다. 시리아에서 '아랍의 봄'으로 불리는 첫 봉기가 일어나고 그것이 진압된 지 4년이 지난 때였다. 수백만 명의 사람들이 폭력을 피해 피난을 떠났으며, 전쟁은 계속되었다. 이들은 새로운 삶의 터전을 찾아 전 세계 곳곳으로 떠났다. 브라질도 여기 포함된다. 우리 신문사는 이것이 진정 국제적 뉴스이며, 난민의 물결이 전 세계를 변화시키고 있다는 메시지를 전하고자 했다.

상파울루에는 시리아인이 꽤 많았고, 나는 시내 동쪽의 노동자계급 지역에서 열리는, 라마단 금식 기간의 저녁 식사인 이프타르iftar에 참석하기 시작했다. 나는 특히 피라스Firas와 가까워졌는데, 시리아 북부 출신의 재치 있고 유머감각이 뛰어난 남자인 그의 이야기는 아랍 이민자를 향한 외국인 혐오적이고 자유주의적인 고정관념을 모두 정면으로 반박하는 것이었다. 그는 화학공학 석사학위를 받았으며, 특별히 신앙심이 깊지도 않았다. 브라질 사람들은 친절하지만 브라질에 머물고 싶지는 않다고 그는 말했다. 공립학교는 끔찍했고 범죄가 너무 많이 일어나기 때문이었다. 그는 미국으로 가려 노력하고 있었다. 이것은 《로스앤젤레스타임스》의 취재였고, 따라서 난민에 우호적인 성향은 예상되는 일이었으나, 그는 분명 진보적이라 자부하는 캘리포니아 사람들이 '이민'이라는 단어에 떠올리는 그런 감상들을 재현할 생각이 없어 보였다. 그는 자유의 땅을 찾고 있었을까? 더 나은 삶을 누리고 있었을까? 이런 기회에 감사하고 있었을까? 답은 그렇지 않다는 것이었다. 그는 시리아에 남고 싶었지만 분쟁과 범죄에 가까운 외국의 개입으로 시리아는 파괴되었다. 북유럽에는 난민을 위한 최고의 의료 서비스와 교육 프로그램이 있었지만 안타깝게도 미국이야말로 그가 고를 수 있는 제일 나은 선택지였다고 그는 말했다. 시리아에서 아이들을 찾아오려면, 아이들을 위해 할 수 있는 최선은 정말 부유한 나라로 가는 것이었다. 그런 의미에서 브라질은 그에게 적합하지 않을 것이다. 나는 그와 이야기를 나누는 동안 내내 큰 소리로 웃었지만, 이런 이야기는 기사에 실리지 않을 것이란 사실도 알고 있었다.

일부 시리아인은 상파울루에 머물기로 했고, 큰 어려움 없이 그렇게 했다. 세계 기준으로 볼 때 브라질은 사실상 이민이 거의 없는 나라이다. 다른 곳에서 태어난 사람들이 약 100만 명 정도 있지만, 이는 전체 인구의 1퍼센트에도 미치지 못한다. 여러 면에서 미국과 브라질은 구조가 비슷하다. 두 나라 모두 서유럽의 식민지였으며, 인종적 위계가 매우 뚜렷하다. 맨 위에 백인이 있고, 그 아래 최근에 들어온 이민자 집단이 있으며, 수 세기 동안 공식적으로 백인 사회에서 배제된 노예 민족의 후손과 살아남은 원주민들이 인종 구조의 변방에 살고 있다. 하지만 브라질의 인종화는 미국과는 약간 다르게 진행된다. 상파울루에서 아랍인의 역사는 오래되었다. 브라질에서 가장 인기 있는 패스트푸드점 중 하나는 하빕스Habib's이다. 시장인 페르난두 아다지는 레바논 출신이다. 브라질의 주류 정치권에 반이민 정서는 별로 없었다.

브라질의 난민 이야기는 세계에서 가장 부유한 나라들의 이야기와 매우 달랐다. 그 나라들은 수많은 신규 입국자들을 어떻게 처리해야 할지 몰라 당황했다. 유럽 대륙에서는 자신감 넘치는 정치인인 독일의 앙겔라 메르켈Angela Merkel 총리가 이민자 100만 명을 받아들이기로 했지만, 다른 국가들은 지중해에 보이지 않는 국경선을 설치했다. 미국에서는 상상력이 풍부하지 않지만, 언론에 정통하고 끝없이 재미를 주는 한 텔레비전 출연자가 보이지 않는 국경에 관심을 쏟고 있었다. 부동산 기업 상속자인 도널드 트럼프Donald Trump는 많은 멕시코 이민자를 "강간범"이라고 부르며 대통령 선거에 출마했고, 주류 언론이 비판해도 물러서지 않았다. 그가 트위터에서 늘어놓는 충격적이고 뉴스에 실릴 만한 발언과 그가 시청률을 높이는 데 좋다는 사실을 알고 있는 프로듀서들이 그의 선거운동에 힘을 실어줬다. 뉴욕 사교계에 정통한 사람들에 따르면 트럼프는 언론을 조작하는 방법을 알고 있었거나 적어도 텔레비전에 출연하는 방법을 알고 있었다. 트럼프는 자신의 대통령 선거운동본부 출범식 때 연기자를 고용해 지지자인 척하게 했다(심지어 그 연기자에게 돈도 주지 않았다고 한다).1 영국에서는 보수 정치인들의 느슨한 연합이 영국의「유럽연합」잔류 여부를 결정하는 다소 예상치 못한 투표에서 도발적인 입장을 선택했다. 데이비드 캐머런David Cameron 총리는 자신의 진영이 쉽게 승리할 수 있도록 국민투표를 소집했고, 자신은 계속 총리직을 수행할 수 있을 것으로 예상했다. 그를 반대하는 브렉시트Brexit 찬성론자들은 일종의 역逆 십자군처럼 한 무리의 무슬림이 영국으로 행진해오는 것을 묘사한 정신 나간 광고를 내보냈다.

넓은 의미에서 보면 제1세계의 반이민 정서는 이른바 '아랍의 봄'이 남긴 반향이나 문화적 차이, 심지어 북대서양 사회에 뿌리 깊게 박힌 인종차별적 태도 때문만은 아니다. 공식적인 탈식민지화와 제3세계 운동이 시작된 지 70년이 지난 지금, 지구가 매우 불평등한 곳이라는 것은 객관적인 사실이다. 수십 년 동안 급속한 성장을 경험한 공산주의 중국을 제외하고, 글로벌 사우스의 모든 대국은 제2차 세계대전 직후에 물려받은 제1세계와의 관계를 여전히 변함없이 유지하고 있었다.[2] 인간 삶의 물질적 윤곽은 기술, 운, 노력보다는 태어난 곳에 따라 결정된다.[3] 미국과 같은 나라는, 한 세대 전 미국의 지원 아래 독재정권이 수십만 명을 죽인 과테말라보다 약간 더 부유한 나라가 아니다. 미국의 1인당 국내총생산은 중앙아메리카 국가들의 국내총생산을 합친 것보다 15배나 크다. 이집트의 최저임금은 월 100달러도 되지 않는다. 계몽주의적 이상 속에 탄생한 자유주의가 21세기 초 일종의 세계적 지배력을 누리는 듯 보이지만, 전 지구적 기회균등이라는 이상은 현실과 너무 괴리돼 논의조차 이루어지지 못했다. 유고슬라비아 출신의 경제학자 브랑코 밀라노비치Branko Milanovic가 지적했듯이, 이러한 글로벌체제의 구성을 고려한다면, 많은 이들이 국경을 넘어 인생의 운명을 바꾸려고 필사적으로 노력할 것이라는 점은 충분히 예측 가능한 일이며, 부유한 국가의 시민들이 자신의 특권을 열정적으로 지키려고 하는 것도 놀라운 일이 아니다.[4]

자유주의 언론과 정치권에 큰 충격을 안겨주며 브렉시트 투표에서 영국 국민의 52퍼센트가 「유럽연합」 탈퇴에 찬성했다.

반정치

브렉시트 운동에는 외국인 혐오적인 태도 외에도 정치 분석가들을 놀라게 한 또 다른 요소가 있었다. 많은 전문가가「유럽연합」탈퇴가 실제로 영국 경제에 해로울 것이라 믿는다고 지적한 한 기자에게 마이클 고브Michael Gove 대법관이 한 답변으로 이러한 태도를 요약할 수 있다. 고브 대법관은 "이 나라 국민은 무엇이 최선인지 자기네가 알고 있다고 말하는, 약어로 불리는 단체 소속 전문가들에게 이미 질려 있다"고 말했다. 브렉시트는 단순한 정책의 문제를 넘어 영국의 기틀을 흔들 기회였다.

2003년 아널드 슈워제네거Arnold Schwarzenegger가 캘리포니아 주지사로 당선됐을 때부터 브라질의 희극배우 티리리카가 압도적인 승리를 거둘 때까지, 지난 10여 년간 이런 기회가 주어질 때마다 시민들은 언제나 그 기회를 잡았다. 영국에서는 '대법관'이라는 직함을 가진 중년의 정부 관료가 이런 정서를 전달했다는 사실은 중요하지 않았다. 사람들은 그저 그 정서 자체를 반겼다.

2010년대 중반, 학자들은 정치에 무관심할 뿐만 아니라 정치의 모든 공식적·제도적 표현에 적극적으로 반대하는 태도에 주목하기 시작했다. '반反정치'라는 용어는 2010년대 들어 전 세계에 큰 영향을 미친 현상을 일컫는 말이 됐다. 이는 단순한 분위기나 전문가들이 감지한 느낌이 아니었다. 경험적 연구를 통해 확인된 실제적이고 점점 더 강해지는 국제적 추세였다. 2014년 전 세계 60개 나라를 대상으로 실시한 설문조사에 따르면, 대다수의 사람이 더는 정부나 정당을 크게 신뢰하지 않는 것으로 나타났다.[5]

반정치와 영어권에서 등장한 신자유주의 이념 사이에는 어느 정도 겹치는 부분이 있다. 로널드 레이건 미국 대통령은 "영어에서 가장 무서운 아홉 단어는 '저는 정부 소속이고, 도와주러 왔습니다I'm from the government, and I'm here to help'입니다"라는 유명한 말을 남겼다. 하지만 이는 일상생활에 국가가 개입하는 것을 거부한다는 표현이다. 그러한 세계관에서도 정치는 여전히 지도자를 선택하고, 자유시장이 가동할 조건을 시행하고 재생산하며, 무기를 구입하고, 지정학적 경쟁자를 위협하는 데 사용되는 등 제자리를 지켰다. 1980년대 이후 미국(그리고 영국)의 정치인들은 선거에 출마할 때는 자신을 '외부인'으로 소개하곤 했고, 당선 후에는 "정치를 하고 싶지 않다"고 단호하게 선언하는 것을 좋아했다. 버락 오바마의 당선은 이러한 담론에 어느 정도 힘입은 바가 컸다. '희망'과 '변화'를 내세운 그는 워싱턴 DC에서 거의 시간을 보내지 않았고, '내부자'로 인식되지 않았기에 출마하라는 요청을 받았다.6 그러나 수년에 걸쳐 반정치적 정서는 완성도가 더 높아졌고, 더 광범위하고 치명적인 것이 됐다. 극단적으로는 민주주의 자체를 거부한다는 것을 의미할 수 있다.

브렉시트 후에 발표된 심층적 연구에서 정치학자 닉 클라크Nick Clarke, 윌 제닝스Will Jennings, 조너선 모스Jonathan Moss, 게리 스토커Gerry Stoker는 20세기 중반 이후 반정치적 태도의 범위와 강도가 모두 강화됐다는 사실을 발견했다. 사람들은 이론적으로는 제도 정치의 대안으로 시민사회운동 참여, 자원봉사 등 '비공식 정치'를 지지하면서도 실제로는 비공식 정치에도 그다지 많이 참여하지 않았다. 남은 것은 정치 전반에 느끼는 혐오감, 특히 눈에 잘 띄는 정치인의 모습에서 느끼는 혐오감뿐이었다. 최근 몇 년 동안 "정치인은 다 똑같다"고 말한 뒤 곧바로 "정치인들은 그만 싸우고 일을 해야 한다"는 모순된 말을 이어서 하는 이들을 쉽게 찾아볼 수 있었다. 네 명의 연구자들은 주로 영국 정치에 초점을 맞추었지만, 이는 상파울루의 택시에서도 흔히 볼 수 있는 태도이다. 또 다른 놀랍도록 공통되는 의견은 정치인은 웃음거리라는 것이다. 그들은 모두 광대이고, 광대가 더 나은 정치인이 될 것이다.

클라크와 그의 동료들은 소셜 미디어와 대중매체가 특별한 방식으로 정치인을 묘사하지 않았다면 이 모든 일이 불가능했을 것으로 보았다. 이제 이윤을 극대화하려는 사기업들이 소유한 대형 언론사들은 정치인 개인을 향한 매우 구체적이고 또한 매우 까다로운 기대치를 키웠다. (과거에는 대부분 남성이었던) 오늘날의 남녀 정치인은 정책을 논의하고 연설할 때만 대중의 눈에 띄곤 했다. 이제 24시간 내내 인간성과 전문성을 발휘할 길이 열렸다. 위의 어느 하나에서라도 부족한 모습을 보이면 언론에 쉽게 포착될 수 있었다. 그 사이 눈에 잘 띄지는 않지만 매우 중요한 구조적 문제는 뒷전으로 밀려났다.[7]

2013년, 많은 「무상대중교통운동」 회원들은 자신들의 '무정당' 태도가 결국 폭력적으로 변질된 '반정당' 태도와 혼동되었음을 알았다. 2015년이 되자 그들 중 다수는 '반정당' 물결이 전국을 휩쓰는 훨씬 더 큰 '반정치' 운동으로 변질되거나 확대됐다는 사실을 깨달았다. 이러한 경향의 가장 눈에 띄는 징후는 「무상대중교통운동」의 유산을 강탈한 「자유브라질운동」과 「거리로나오자」 같은 단체가 조직한 탄핵 시위로 나타났다. 2015년에 진행한 어느 여론조사에 따르면, 이러한 시위에 참여한 사람의 96퍼센트가 브라질의 정치체제에 만족하지 않는다고 답했으며, 대다수는 브라질의 문제를 해결하려면 '정치 밖'의 누군가가 필요하다고 대답했다. 그리고 처음부터 일부 시위 조직자들은 지우마 정부를 종식하기 위한 군사 개입, 즉 쿠데타를 요구했고, 강직한 자유주의자들은 불안에 떨었다. 군부 독재는 사실상 기존 정치를 붕괴시킴으로써 정치 문제를 해결하는 하나의 방법이 될 수 있다. 그리고 대체로 2015년 집회에 참석한 거의 모든 정치인은 야유를 받았다. 하지만 단 한 명의 예외가 있었다.[8]

자이르 보우소나루는 군인의 봉급을 올리기 위해 리우데자네이루에서 위장 폭탄 테러를 계획한 혐의로 기소된 후 불명예 전역한 육군 장교였다.[9] 그는 경찰에게 더 많은 월급을 지급하기 위해 노력하고, 사라진 군사정권의 유산을 홍보한 것 외에 의회 활동을 거의 하지 않았다. 그러나 언론에 비친 그는 독재정권이 붕괴한 뒤 발전한 정치체제의 모든 것에 극우적 주장을 펼치는 것으로 유명해졌다. 그의 자극적인 발언은 확실히 주의를 끌었다. 1998년 텔레비전 인터뷰에서 그는 군사정권이 사람을 충분히 죽이지 않았다고 언명했다. 그는 이렇게 말했다. "투표는 이 나라에서 아무것도 바꾸지 못할 것입니다. 절대 아무것도! 불행히도 이곳에서 내전이 시작되고 독재정권이 하지 못한 일을 마저 한 후에야 상황이 바뀔 것입니다. 3만 명 정도를 죽이고, FHC부터 시작해서요. 무고한 사람이 죽어도 괜찮습니다." 그가 언급한 'FHC'는 당시 대통령 페르난두 엔히키 카르도주로, 그는 현 대통령의 사형을 요구한 것이었다. 이보다 더 반정치적인 발언은 없었다.

자기야, 내 차를 세차해도 돼

2015년, 브라질의 정치계에 두 명의 새로운 인물이 등장했지만 두 사람 모두 정치인은 아니었다. 한 사람은 법원에서 강단 있는 판사로, 다른 한 사람은 거리에서 멋진 경찰로 활동했다. 이 두 사람은 이 나라를 정화하는 임무를 수행하면서 유명세를 얻고 규칙을 어겼으며, 그 결과 언론의 사랑을 한 몸에 받았다.

민주주의가 다시 도입된 뒤 브라질 정치계에는 부패가 만연했다. 실제로 독재정권 시절에도 부패가 만연했지만, 그 방식이 달랐기에 사람들은 거의 알지 못했다. 그럴 만한 이유가 있었다. 1979년, 한 저명한 외교관이 은퇴 후 자신이 회고록을 쓰는 중이라고 발설했는데, 여기서 그는 군사정권이 자행한 부정부패를 언급했다. 일주일 후 그는 비밀경찰에 납치돼 고문을 당한 끝에 살해되고 시신이 유기되었다.[10] 1988년 헌법이 도입된 이래 모든 정부는 특정 유형의 부패와 함께 존재해왔다. 집권당은 의회에서 다루기 힘든 연립정부를 유지하기 위해 수십 개의 다른 정당에 정치적·경제적 자원을 배분했다. 내각 직책, 공공자금 지원 계획, 정치자금은 연립을 구성한 정당뿐만 아니라 잠재적 경쟁자에게도 분배됐다. 이 체제는 합법적이든 불법적이든 높은 비용이 발생하는 선거운동에 자금을 조달했으며, 그 자금은 종종 대규모 정부 계약에서 얻어낸 돈으로 충당했다. 카르도주, 룰라, 지우마 정부에서도 이런 일이 벌어졌다. 이들 대통령이 개인 부패 혐의로 유죄 판결을 받았다는 증거는 아직 나오지 않았지만, 부패가 관행처럼 굳어진 체제의 정점에 이들이 있었던 것은 분명하다.

2013년 6월 이전에는 브라질 국민의 약 5퍼센트가 브라질이 직면한 가장 큰 문제로 부패를 꼽았다. 6월에 시위대의 규모와 시위를 촉발하는 원인들까지 폭발적으로 증가하면서 이 수치는 꾸준히 증가했다. 2년 후, 그 수치는 21퍼센트까지 올라갔다.[11] 하지만 2015년이 되자 부패를 우려하는 국민이 늘어난 이유가 더는 시위에서 표출되는 역동성이 아니라는 것이 분명해졌다. 곧 부패를 우려하는 국민이 늘어나게 된 원인은 '라바자투 작전Operação Lava Jato', 혹은 '세차 작전'으로 불리는 반부패 수사 작전과 거의 매일 텔레비전에 등장하는 세르지우 모루Sergio Moro 연방판사라는 사실을 누구나 알게 됐다.

브라질의 새로운 민주주의에 항상 부패가 있었던 것처럼, 정치체제에 대한 공격을 시도하는 판사, 예비 자경단원도 항상 존재했다. 그러나 이러한 시도는 대개 상급 법원이 차단했고, 상급 법원은 늘 그러한 시도가 법의 범위를 벗어났다고 판결했다. 다른 시대였다면 세르지우 모루도 이런 실패한 시도를 한 이들 중 하나였을 것이다.12

'세차Car Wash' 또는 '제트 워시Jet Wash'라는 뜻의 '라바자투'는 작전의 발단이 된 작은 주유소 사기 사건의 이름을 딴 것이다.13 2014년에 출범한 이 작전은 야심 차고 강력한 수사 기관으로 빠르게 성장했다. '라바자투 작전'은 크게 두 가지 이유로 이전의 시도들과 차별화됐다. 첫째, 2013년 6월 시위에 대한 반응으로 통과된 법안 12.850/2013로 가능해진 관행을 충분히 활용했다는 점이다. 그들은 면담을 목적으로 사람들을 체포하고, 모든 법 수단을 동원해 엄중히 처벌하겠다고 위협했으며, 더 큰 물고기, 즉 더 심각한 범죄자를 잡게 해주는 대가로 양형 거래를 제안했다. 둘째, 그들은 언론을 충분히 활용했다.

2004년에 세르지우 모루 판사는 1990년대 이탈리아에서 일어난 반부패운동인 '마니풀리테Mani Pulite 작전'*을 다룬 논문을 쓴 적이 있다. 모루 판사는 '마니풀리테 작전'이 실제로 이탈리아의 부패를 줄이지 못했다는 사실은 무시한 채, 이탈리아 사람들이 대중매체를 전략적으로 활용해 성공에 필요한 압력을 만들어냈다는 점을 높이 평가했다. 그는 "언론 보도는 대중이 사법 조치를 지지하도록 보장했

---

* 1990년대 초 이탈리아의 대규모 정치 부패 수사를 지칭하는 용어이다. 이 수사를 계기로 이탈리아의 기존 정당체제가 붕괴되고 정치 지형이 크게 변화했다.

고, 유명 인사들이 판사들의 업무를 방해하는 것을 막았다"며 "체포, 자백, 언론 보도라는 선순환을 일으켰고, 이탈리아에서 거둔 엄청난 성과를 설명할 수 있는 유일한 요인이다"라고 썼다.14 1998년 미국에서 공부한 뒤 세르지우 모루는 미국에서 다양한 인맥을 쌓았고, 이러한 마니풀리테와 같은 유형의 작전에서 활용할 수 있는 모든 최신 국제적 전술, 즉 미국이 브라질 법률 체계에 적용하기 위해 오랜 기간 압력을 행사한 양형 거래 방식도 잘 알게 됐다.

'라바자투 작전'에는 브라질 언론이 기꺼이 협력자 역할을 자처했다.15 매일 아침, 텔레비전 시청자와 신문 독자들은 정치인이나 주요 기업인이 감옥으로 끌려가는 충격적인 장면을 접했다. 브라질 주요 기업들과 계약하는 과정에서 유용한 것으로 추정되는 돈의 규모가 점점 더 커진다는 소식이 전해졌고, 가장 충격적인 것은 국영 석유 회사인 페트로브라스에서 수십억 달러에 달하는 금액이 유용됐다는 것이었다.

체포 장면은 반부패 액션 피규어라는 작은 문화적 밈을 만들어냈다. 백발의 일본계 브라질 연방 경찰관 한 명이 작전에 자주 등장했다. 늘 커다란 레이밴 선글라스를 착용한 그는 항상 침착하게 권력층 인사들을 체포했다. 이렇게 해서 '일본인 연방경찰Japonês da Federal'은 인터넷에서 인기를 얻게 됐다. 그리고 세르지우 모루의 피규어도 있었다.

모루 판사는 말할 때 그리 인상적이지는 않았다. 그는 자신감 넘치는 지방 변호사 특유의 억양·속도·발음으로 말했으며, 항상 크고 인상적인 단어를 찾다가 틀린 단어를 쓴다는 사실을 깨닫지 못하곤 했다. 하지만 사진으로 보면, 만화 속 초능력 영웅처럼 강한 턱과 굵은 머리카락이 두드러졌다. 그리고 언론은 실제로 그를 영웅처럼 대했다. 그의 사진은 잡지 표지를 도배했고, 인기는 전국적으로 급상승했다.

'라바자투 작전'이 법의 한계를 뛰어넘어 수사를 진행하고 유죄 판결을 끌어냈다는 것은 잘 알려진 사실이다. 그래서 사람들은 종종 이 작전을 '십자군 작전'이라고 부르며 용기 있는 행동으로 칭송했다. 하지만 한 발짝 물러서서 보면, 모루는 군대나 사법부 내의 부패는 언급하지 않은 채 정치인과 전략적 국영 기업 간의 부패에만 초점을 맞추었다. 그리고 자세히 들여다보면 이미 그들이 법의 테두리를 모두 넘어선 것이 분명했다. 사건 관할권을 유지하기 위해 정보를 숨기고, 이유 없이 사람들을 체포하고, 특정 정당을 겨냥한 수사를 진행했다.16

당시 나는 이 모든 것을 전혀 몰랐다. 나는 '라바자투 작전'을 바라보는 특별한 통찰력도 없었고, 그 내부 사정을 조사하지도 않았다. 대부분의 다른 외신 기자들과 마찬가지로 나도 끝없이 쏟아지는 언론의 기사 폭탄 행진에 반응할 뿐이었다. 외신 기자 대부분은 막후에 접근할 수 있는 권한이 주어졌다고 해도 수사의 복잡한 법적 문제를 이해할 전문 지식이 없었다. 하지만 내게는 '반부패 십자군'을 해석하는 약간 다른 이데올로기적 장치가 있었다. 2013년 말 나는 《폴랴지상파울루》 블로그에 언론의 묘사가 종종 잘못됐다는 글을 썼다. 부패는 분명 심각한 문제이지만 이는 국가와 공직 생활에 기업이 미치는 영향력을 통해서 구체적으로 드러나는 것이지, 언론에서 자주 묘사되는 것처럼 일부 정치인이 거대한 가방에 현금을 가득 채우고 달아나는 것은 아니었다. 일반인들의 삶은 정치인들이 실제로 보유한 돈의 액수보다는 대형 건설사와 은행이 부패로 얻은 특권과 우려스러운 아마존 열대우림의 황폐화에 훨씬 더 큰 영향을 받는다. 하지만 이런 기업들은 계속 수익을 내며 정부에 자금을 제공해왔다. 게다가 나는 당시 브라질에서 있던 처벌이 어떻게 사회의 근본적인 재구성으로 이어질지 잘 알지 못했다. 기껏해야 이런 종류의 작전은 엘리트 정치 수준에서 의자

뺏기 놀이를 강요하는 정도의 성공을 거두곤 했을 뿐이었다.[17]

그래서 나는 개인적으로 '라바자투 작전'을 칭찬하는 글, 이 작전이 브라질을 정화하는 방법을 호의적으로 바라보는 글을 쓰지 않았다. 그 덕에 브라질과 영어권 대부분의 주요 매체와 차별화할 수 있었다. 그렇다고 처음부터 '라바자투 작전'을 비판한 것은 아니었고, 사실에 입각한 논조로 다루면서 무슨 일이 일어날지 지켜보고 기다렸다.

2016년 초, 상황이 걷잡을 수 없이 악화되는 것처럼 보였다. 나는 《폴랴지상파울루》 블로그에 '전쟁의 안개-부패와 브라질의 언론'이라는 제목으로 글을 써달라고 알렉스 콰드로스Alex Cuadros에게 의뢰했다. 글은 반부패 열풍 탓에 저널리즘의 엄격성이 떨어지고 있다는 우려를 담았고, 특정 언론사의 이름을 언급했다. 편집자들은 우리가 신문사 내규를 어겼다고 말했는데, 다른 언론사를 직접 인용할 때는 그 언론사에 먼저 알려야 한다는 것이었다. 다른 브라질 언론사들도 반발했다. 나는 이러한 내규를 들어본 적이 없었지만, 앞으로 이런 종류의 글을 쓸 때 미리 보여주겠다고 약속했다. 물론, 우리는 예전처럼 블로그를 꾸준히 관리하지 못하고 있었다. 일주일 후 《폴랴지상파울루》로부터 4년 만에 나의 블로그 프로젝트가 중단된다는 소식을 들었다.[18]

브라질 안팎에서 '라바자투 작전'에 환호하는 보도가 이어졌다. 2016년 초, 범미주 영어권 간행물인 《아메리카스쿼터리Americas Quarterly》는 라틴아메리카의 반부패 활동을 대대적으로 보도하는 특집 기사를 냈다. 《아메리카스쿼터리》는 라틴아메리카의 자유무역을 촉진하는 기업 단체인 「미주협의회Council of the Americas」의 지원을 받는 간행물이다. 표지에서 세르지우 모루는 양성자 무기로 유령을 물리치는 「고스트버스터즈Ghostbuster」의 등장인물처럼 자세를 취했다. 헤드라인에는 '부

패 척결자Corruption Busters'라고 적혀 있었다.19

대표성의 위기

20세기가 끝나갈 무렵, 구좌파의 구조가 무너지고 대표성representation과 이어진 연결고리가 분명하게 약해지면서 일부 사상가들은 이 위기를 기회로 전환할 방법을 찾았다. 가장 유명한 것은 이탈리아 자율주의의 전통을 이어받은 사상가들이 사회 변화를 위해 대중이 유기적으로 연결되거나 대표 기관과 관계 맺을 필요가 없는 '다중multitude'으로 대체됐다고 주장한 것이다. 이러한 논리의 한 극단에는 모든 대표성은 왜곡이거나 권위주의적 강요라는 주장이 있었다. 이는 늘 어떤 의미에서 거짓된, 진정한 민주주의에서는 설 자리가 없는 주장이었다. 자율주의의 이러한 주장이 역사의 진보를 낙관적으로 바라보는 태도인지는 논평가들이 판단할 일이겠지만, 최소한 우리가 그 어느 때보다 분열됐다는 것은 분명해 보였다.20

대표성을 재구성하기보다는 완전히 거부하는 이러한 주장은 타흐리르 광장에서 시작된 대부분의 대규모 시위가 어느 정도 공유하는 현상이었다. 이집트와 스페인("그들은 나를 대표하지 않는다No me representan"),* 그리스, 칠레, 튀르키예, '월가점령운동', 브라질 등에서 자

---

* "그들은 나를 대표하지 않는다"는 2011년 5월 15일에 시작된 스페인의 '15-M운동'(또는 '인디그나도스'운동)의 핵심 구호 중 하나였다. 이 구호는 당시의 정치체제와 정치인들이 시민들의 이익과 요구를 진정으로 대변하지 않는다는 불만을 표현한 것으로, 진정한 민주주의를 향한 요구를 간결하게 담아냈다. '15-M운동'은 글로벌 금융 위기와 그에 따른 긴축정책에 대한 저항으로 등장했으며, "그들은 나를 대표하지 않는다"라는 구호를 통해 경제 문제를 정치체제 전반에 대한 광범위한 비판과 연결시켰다.

율주의자들의 사상과 유사한 주장들이 등장했지만, 실제로 이런 생각을 가진 사람들의 수는 시위마다 달랐다.*

칠레의 정치학자 후안 파블로 루나Juan Pablo Luna는 2016년에 정치 체제에서 대표성이 위기에 처했다고 주장했다. 자유민주주의 정치의 뿌리라고 할 수 있는 국민과 국가 사이의 연결고리가 갈수록 약해지고 있으며, 심지어 무너지는 경우도 종종 발생한다는 것이다. 점점 더 강해지는 진정한 연결고리는 정부와 기업이라는 이해집단 사이에서 발견할 수 있었다. 그에 따르면 사람들은 기존 정당을 신뢰하지 않았고, 새로운 정당은 생겨나자마자 쉽게 사라졌다. 최근 몇 년 동안 라틴아메리카에서는 수백 개의 정당이 생겨났고 사라졌다. 칠레의 경우 2008년에는 어떤 정당도 지지하지 않는다는 유권자가 53퍼센트였지만, 2016년에는 83퍼센트에 달하게 됐다. 하지만 루나는 이것이 단순한 국가적 위기가 아니라는 점 또한 지적했다. 그는 이것이 "매우 심각한 문제가 지역적으로 표출된 것"이라며 "제2차 세계대전 후 자리 잡은 전 지구적 모델의 수명이 다한 것"이라고 했다.[21]

언론의 왜곡이나 공허한 볼거리, 기업의 왜곡된 의도가 없어도, 정치인들이 유권자를 충분히 대변하지 못한다는 감정은 이제 자연스러운 것이 되었다. 모든 것을 고려하더라도, 그들 탓에 대표성이 위기에 봉착했다고 볼 수는 없다. 선진 사회의 정치 시스템이 그동안 그들에게 권력을 부여해온 주권자인 국민에게서 멀어졌다는 데는 광범위한 합의가 이루어진 상태이다. 라틴아메리카 및 기타 글로벌 사우스의 자유주의 정치인들이 기준으로 삼는 미국에서 이루어진 한

---

* 특히 북아프리카에서는 스스로 자신을 수평주의자라고 규정하지는 않았으나, 구체적인 방식에서 오히려 더 수평주의적인 운동들이 발생했다.

유명한 연구는 "경제 엘리트와 조직화된 이익단체는 공공정책에 상당한 영향력을 행사하지만 일반 대중은 공공정책에 끼칠 독립적인 영향력이 거의 또는 전혀 없다"고 지적했다. 프린스턴대학교와 노스웨스턴대학교의 연구자들은 부유한 행위자와 강력한 이익단체가 원하지 않는 한 일반 시민이 원하는 것이 정부 형태에 영향을 미치는 일은 거의 없다는 사실을 발견했다.[22]

2010년대 중반까지만 해도 영어권에서 '대표성'에 관해 묻는다면, 임명된 대표가 실제로 우리의 의사를 대행할 수 있는지보다는 특정 인종이나 정체성 집단의 구성원이 대중 소비를 목적으로 제작된 엔터테인먼트 제작물에 출연하는지를 묻는 경우가 더 많았다. 내가 신뢰하고 또 어느 정도 통제할 수 있는 누군가에게 나를 대신해 행동하도록 권한을 부여한다는 발상은 참으로 기이해 보였다.

전 세계에서 제대로 작동하는 정치체제 중 「중국공산당」의 통치만큼 미국의 정치체제와 확연히 다른 방식은 없다. 그러나 톈안먼 시위 참여자이자 현재 중화인민공화국의 '신좌파' 중 가장 설득력 있는 목소리를 내는 왕후이王輝는 「중국공산당」 또한 '대표성의 붕괴'를 겪었다고 말한다. 원래 인민전쟁의 원칙과 실천을 위해 당이 만들어졌으나 이제는 관료적 행정 기구에 가까워졌고, 인민과의 강력한 연결고리를 잃었다. 이는 문화대혁명이 끝난 후 「중국공산당」이 탈정치화되며 시장 개혁을 감독하는 임무를 맡게 되면서 생긴 변화였다. 따라서 2016년에 왕후이는 「중국공산당」이 서구의 정치 형태와 매우 다르기는 하지만, 중국 역시 "탈정치화의 결과라는 점에서 국제 정치에서 일어난, 신자유주의의 산물인 대표성의 위기"의 일부가 됐다고 결론내렸다.[23] 마오주의자들과 덩샤오핑주의자들도 이 특별한 병폐를 피하지 못한 듯하다.

대중적인 정당이나 노조의 참여가 없다면, 국가에 압력을 가하는 것은 비정부기구의 몫이 된다. 하지만 누군가는 이 단체들에 비용을 지원해야 한다. 우크라이나에서는 자랑스러운 「시민자유센터」의 마리아 토마크와 '유로마이단 SOS' 모두 불행히도 자국의 '시민사회' 단체 대부분이 서구 기부자들이 후원하는 비정부기구로 구성돼 있다고 인정했다. 앞으로 그가 바라는 것처럼 더 많은 시민이 국가 정치에 참여하게 되더라도, 일반 우크라이나 시민들은 진정한 부자들의 힘을 결코 당해낼 수 없을 것이다. 2014년 '유로마이단' 과도정부 이후 치러진 선거에서 유권자들은 ─현재 크리미아반도와 돈바스 지역 시민들은 선거에서 배제됐다─초콜릿 산업 출신의 과두 정치인 페트로 포로셴코Petro Poroshenko를 선택했다. 그가 운영하는 채널 5는 2013년에 시작된 반정부 봉기를 가장 초기부터 가장 일관되게 지지한 미디어 중 하나였다. 포로셴코는 수십억 달러의 부를 축적하는 동안 러시아와 좋은 관계를 유지했지만, 이제 자신을 민족주의자로 내세우며 유로마이단의 후계자로서 정권을 잡은 것이다.[24] 부패는 줄어들지 않을 것이었고, 일반 국민의 살림살이도 나아지지는 않을 것이었다.

인도 작가 아룬다티 로이Arundhati Roy는 「저항의 비정부기구화The NGOization of Resistance」라는 유명한 글에서 비정부기구들이 종종 가치 있는 일을 하기도 하지만, 신자유주의 시대에 국가가 후퇴하면서 생긴 공백을 메우는 것이 비정부기구의 더 넓은 역할이라고 주장했다. 하지만 그는 비정부기구들이 그 공백을 완전히 메우지 못하며, 그들은 시민이 아닌 후원자들에게만 책임을 다한다고 주장했다. 그는 비정부기구들이 "사람들이 당연히 받아야 할 권리를 원조나 자선이라는 이름으로 나눠주고 있다"고 썼다. "마치 신자유주의의 폐해가 커질수록 비정부기구가 더 많이 생겨나는 것과 같다. 미국이 한 국가를 침공할 준비를 하면서 동시에 그 폐허를 청소할 비정부기구를 준비하는 현상보다 이를 더 신랄하게 보여주는 것은 없다"25고 그는 덧붙였다." 이집트에서 2011년에 등장한 「무슬림형제단」이 다른 시민단체와 달리 더 잘 조직된 이유 중 하나는 이 이슬람 단체가 다른 많은 글로벌 사우스 국가들에서 비정부기구가 하는 역할을 했기 때문이다.26

루나는 칠레에서 학생운동이 해마다 2011년을 재현하려 시도하고 실패하는 고리에 갇혔다고 지적했다. 하지만 사람들은 더는 그 문제에 관심을 기울이지 않았다. 어쨌든 2011년 당시 칠레 학생운동이 주목받은 가장 큰 이유는 그들이 견고한 좌파 정치를 추구했기 때문이 아니라 반기득권 정치를 상징했기 때문이다.27

2015년, 가브리엘 보리치와 카밀라 바예호는 모두 의회에서 활동했다. 보리치는 하원의원으로 취임할 당시 지저분한 이모록Emo-rock** 스타일의 머리에 트렌치코트를 입고 넥타이를 매지 않은 차림으로 등장해 사람들의 이목을 집중시켰다. 이 때문에 약간의 비난을 받았지만, 28세의 그는 신경 쓰지 않는다고 말했다. 이는 그가 새로운 세대와 새로운 문화에서 온 사람임을 분명히 보여주었다. 하지만 그는 곧바로 국회의원 업무를 시작했으며, 항상 모든 국회 회의에 출석하는 것에 긍지를 갖고 있었고, 칠레 국민 사이에서 인기를 얻었다. 바

---

* 인용한 2014년 연구는 주로 부유한 국가의 국민들이 정치를 바라보는 시각에 초점을 맞췄지만, 인류학자 제임스 퍼거슨James Ferguson은 1990년 초에 「미국국제개발처」와 같은 기관이 수도하는 국제 개발 체제를 옛 제3세계에서 작동하는 '반정치 장치anti-politics machine'라 불렀다.

** 이모록Emo-rock은 감정적인Emotional 표현을 강조하는 록 음악의 하위 장르로, 이모록 스타일의 머리 모양이란 2000년대 중반 이모Emo 문화와 함께 유행했던 독특한 헤어스타일이다. 한쪽 눈을 가릴 정도의 긴 앞머리와 불규칙한 레이어 컷으로 감정적인 분위기를 강조한다.

예호는 잘 조직된 「칠레공산당」에 확고한 입지를 다진 뒤, 미첼 바첼레트Michelle Bachelet의 집권 연합에 속하게 됐다. 라틴아메리카의 마르크스-레닌주의 정당들이 흔히 그랬듯이, 그는 장기적으로는 사회주의 이상을, 단기적으로는 구체적인 통치에 전념했다. 보리치는 무소속이었고 공식적으로는 '자치주의자'였다.

「무상대중교통운동」은 대표성을 가장 노골적으로 거부한 단체 중 하나이다. 수평주의는 어떤 의미에서는 반反 대의정치와 동의어이다. 따라서 실력을 발휘해 대중의 신뢰를 얻은 사람이 있고 심각한 실수를 저지른 사람이 있는데도 대변인을 계속 교체했다.

2015년 '라바자투 작전'이 브라질의 민주주의 시스템에 구멍을 냈을 때, 루카스 '레굼' 몽테이루는 파괴적인 메시지를 담은 공개서한을 발표했다. '「무상대중교통운동」은 끝났나?'라는 질문을 제목으로 택한 그의 글은 곧바로 판결을 내렸다. 「무상대중교통운동」은 '끝났다'는 것이었다. 이것은 운동조직이 스스로 내린 결정이 아니었다. 그는 다른 사람들의 동의 없이 언론에 운동을 대표해 발언한 것이다. 이보다 수평주의와 먼 행동은 상상할 수 없었다.[28]

그는 '낡은 좌파'와 레닌주의적 관행을 거부하려는 자신들의 원칙이 엄격한 교조가 됐다고 썼다. 그는 조 프리먼Jo Freeman의 유명한 글 「무구조의 폭정」을 상당히 떠오르게 하는 언어로, 「무상대중교통운동」이 형식적인 합의에 집착하면서 되려 몇몇 활동가들이 비민주적인 영향력을 행사할 기회를 준 강력한 사회적 압력을 가했다고 주장했다. 그런 다음 그는 「민주사회학생회」의 창립 회원인 토드 기틀린이 한 말과 놀랍도록 유사한 맥락에서 친밀한 개인적 우정을 바탕으로 한 조직에 새로운 구성원을 받아들이는 것은 불가능하다고 주장했다. 운동의 다른 구성원들은 댓글과 언론 기고를 통해 「무상대중교통운동」이 끝났다는 사실을 격렬하게 부인했다. 하지만 그의 글은 치명적이었다. 「무상대중교통운동」의 과거뿐 아니라 미래의 분열 때문에 마야는 우울증에 빠졌다.

튀니지에서는 이제 의회와 총리, 대통령이 국민을 대표하고 있었다. 의회에는 12개의 정당이 있었고 정부는 그다지 안정적이지 않았다. 2016년에 이집트는 혁명 후 일곱 번째 정권이 들어섰다.[29] 이집트는 적어도 국제 무대에서만큼은 명확한 대표자가 있었다. 국가 원수 시시는 2013년부터 권력을 굳건히 지키고 있었다. 방문 중이던 이탈리아 연구원이 체포돼 고문을 당하고 살해된 2015년에도 그 상황은 변하지 않았다. 시리아인들은 누구를 원망하고 있었을까? 거주 지역에 따라 그 답은 달라질 것이다. 어떤 지역은 아사드 자신이 통제했고, 다른 지역은 좌파 쿠르드 민병대, 혹은 ISIS, 또는 튀르키예와 미국의 지원을 받는 세력이 통제했다. 사우디아라비아의 지원을 받는 수니파 무장 세력이 지역을 장악하기도 했다. 예멘에서는 4년 전에 세워진 취약한 질서가 처참하게 무너졌다. 대중적 지지 기반 없이 사우디아라비아가 강제한, 지도자 문제를 해결하기 위해 마련된 '국가대화회의 National Dialogue Conference'는 수년간 교착 상태에 빠졌고, 결국 2011년 이전부터 중앙정부와 갈등을 빚던 북부의 무장 단체인 「후티 Houthis」가 수도의 일부를 장악할 때까지 대화는 진전이 없었다. 이후 사우디아라비아는 「후티」 반군이 이란의 지원을 받는다는 점을 내세워 미국의 후원 아래 이들을 공격했다. 그렇게 길고 치명적인 내전이 시작됐다. 그리고 리비아인들에게는 대표성이라고 할 수 있는 것이 전혀 없었다.

16

두 개의 탄핵 이야기

대한민국 대통령에게는 비밀 보좌관이 있었다. 그는 연설문을 작성하고, 주요 정책을 입안하고, 기밀 문서를 읽었다. 두 사람은 1970년대에 만났는데, 보좌관의 아버지는 자신이 총격에 의해 암살당한 대통령의 어머니와 소통할 수 있다고 말했다. 여기서 문제가 된 고인은 1961년 쿠데타로 독재체제를 수립하고 1979년 술자리에서 부하가 쏜 총에 맞아 사망한 박정희 전 대통령의 부인이다. 그리고 그의 딸 박근혜가 2013년에 대통령에 취임했다. 박근혜는 영매의 딸인 최순실과 내내 가까운 관계를 유지했다. 박근혜는 재임 중 최순실에게 혜택이 돌아가는 재단이 수백만 달러를 모금하는 데 도움을 주었다. 그 돈 중 일부는 독일에 있는 가족 소유의 말을 구입하는 데 사용됐다.

이 모든 사실이 언론을 통해 공개된 직후 최순실은 검사에게 "죽을죄를 지었습니다. 용서해주세요"라고 말했다.

이 이야기의 초자연적 요소와 최순실이 박근혜에게 휘두른 권력 때문에 언론은 '라스푸틴Rasputin*과 같은 인물'이 한국 정치의 가장 높은 곳에 침투한 것일 수 있다고 말했다. 수만 명, 수십만 명, 그리고 100만 명 이상의 사람들이 거리로 나왔고, 그 뒤로 이들의 시위는 '촛불 시위'라고 불렸다. 박근혜에 대한 지지율은 5퍼센트까지 떨어졌고, 그 뒤에는 그보다 더 낮아졌다. 서울의 정치 엘리트들은 탄핵에 뜻을 모았다. 그들은 박근혜를 대통령직에서 퇴진시키기 위해 움직였다.

하지만 박근혜 탄핵이 2016년에 일어난 탄핵 중 가장 이상하거나 가장 큰 영향을 미친 탄핵은 아닐 수도 있다. 남미 최대 국가인 브라질에서 지우마 호세프 대통령이 퇴진했기 때문이다. 몇 년이 지난 지금까지도 탄핵의 여파는 완전히 해결되지 않았다.

기밀 누설

브라질 정치계의 악명 높은 인물들 중에서도, 그리고 라틴아메리카의 부패한 정치인들을 통틀어 봐도, 에두아르두 쿠냐Eduardo Cunha는 특히 악랄하기로 손꼽히는 인물이다. 한편으로는, 일반인들의 삶을 개선하기 위해 그 더러운 시스템을 상대하는 사람이 있다. 그들은 자신을 위해 돈을 받지 않고 스스로 청렴하려고 노력하지만, 목적을 이루기 위해서는 필연적으로 약간 더러워질 수밖에 없다는 것도 알고 있다. 다른 한편에는 시민들의 삶을 악화시키고, 이기적인 이유로 대의 제도를 남용하며, 자신들이 노력한 것보다 훨씬 더 많은 것을 취

---

* 라스푸틴은 20세기 초 러시아제국의 마지막 황제 니콜라이 2세와 그의 가족에게 큰 영향력을 행사한 러시아의 신비주의자이자 신앙 치유자였다. 그는 특히 혈우병을 앓던 황태자 알렉세이의 고통을 완화하는 능력으로 유명했으며, 이를 통해 황실의 신임을 얻어 정치적 영향력을 행사했다. 방탕한 생활과 정치적 개입으로 많은 논란을 불러일으켰다.

하는 사람들이 있다. 2016년 브라질 하원의회 의장을 지낸 에두아르두 쿠냐는 후자에 속한다.

복음주의 기독교 신자였던 쿠냐는 지우마를 지지하는 의원들로 구성된 무질서한 연합을 주도한 인물이다. 이 남녀 의원들(대부분 남성인)은 룰라를 좋아하는 것만큼 지우마를 좋아하지는 않았다. 그들은 지우마가 전투적이고 독단적이며 스스로 대통령으로서 (반부패운동을 포함한) 의제를 설정할 수 있다고 지나치게 강하게 주장한다고 생각했다. 반면, 룰라는 브라질을 구성하는 모든 중요한 사람들이 자신을 특별하다고 느끼게 만드는 데 달인이라고 여겼다. 2015년 초, 쿠냐는 자유시장 운동 단체인 「자유브라질운동」의 회원들을 접견했고, 이들이 계속 자신들이 '무정당' 운동이라고 주장한 것과는 상반되게도, 그 자리에서 그들은 지우마 호세프 탄핵을 요구했다. 하지만 2015년 말, '라바자투 작전'이 불러온 소용돌이가 쿠냐 그 자신을 집어삼킬 것이라는 점이 분명해졌다. 수사관들은 그가 단순히 돈을 여기서 저기로 건네면서 바퀴에 기름칠하는 데에 그치지 않았다는 사실을 발견했다. 에두아르두 쿠냐는 스위스 비밀 은행에 비밀 계좌를 가지고 있었으며, 자신의 교회 중 한 곳을 이용해 돈을 세탁해서 수천만 달러를 유용한 것으로 의심됐다. 국회 윤리위원회는 그의 의원직을 박탈하는 절차에 착수했다.

쿠냐는 사적으로 그리고 심지어는 공개적으로 형량 거래를 시도했다.1 「노동자당」이 윤리위원회 조사를 무산시켜 그의 신변을 보호해주면 그를 아군으로 둘 수 있었다. 그렇지 않으면 그는 탄핵 찬성 운동을 시작하겠다고 협박했다. 지우마는 이 요청을 비웃었다. 이는 절망적인 상황에 처한 사람의 거친 위협에 불과했고, 아무도 탄핵을 진지하게 받아들이지 않았다. 무슨 이유로 그를 탄핵할 것인가? 그는 '라바자투 작전'에도 연루된 적이 없었다.

당시 지우마의 두 번째 임기가 결코 순조롭게 흘러가지는 않았다. 비록 지우마는 인정하지 않았지만, 모든 사람이 예상한 대로 2014년 말 경제 상황은 훨씬 더 악화했다. 그리고 '라바자투 작전'은 정치 계급을 향한 신뢰를 떨어뜨리고 있었다. 두 번째 임기 출범 1년 만에 지우마의 지지율은 급락해 단 12퍼센트만이 그가 잘한다고 답했고, 65퍼센트는 부정적으로 평가했다.2

「노동자당」은 에두아르두 쿠냐 수사를 진행하기로 했다. 같은 날, 그는 자신의 협박을 실행에 옮겼다. 그는 의회 복도에서 열정적인 기자회견을 열고 탄핵 절차를 시작한다고 발표했다.3

브라질 헌법에는 대통령을 탄핵하려면 '직무상 중대범죄crime de responsabilidade'를 저질러야 한다고 규정돼 있다. 미국에서는 비슷한 범죄를 '중대범죄high crime'라 부른다. 일종의 재판이 열리고 하원과 상원에서 대통령 해임을 두고 표결을 실시한다. 탄핵 요청이 공식화됐을 때, 탄핵의 주요 혐의는 지우마 호세프 대통령이 예산 규정을 위반했다는 것이었다. 지우마 정부는 공공은행에 대한 지급을 지연함으로써 실제보다 재정 상태가 더 건전해 보이게 만드는 일종의 창의적 회계 기법을 사용했다. 이러한 관행을 '페달라다스 피스카이스pedaladas fiscais'라고 부르는데, 이는 일종의 재정 조작으로 1990년대부터 꽤 흔하게 이루어졌다. 일종의 조작임은 분명하지만 절도는 아니다. 불법이 아닐 가능성도 크다.4 이것이 탄핵 사유가 되는 '직무상 중대범죄'라고 주장하는 것은 내단한 무리수였다.

동시에 두 번째 임기가 시작되기 전부터 외곽 분파에서 시작된 탄핵운동도 이제 명분을 얻게 됐다. 2014년 말부터 활동해온 「자유브라질운동」, 「거리로나오자」와 기타 우파 단체들은 이제 기회를 잡은 것이다. 이들이 해야 할 일은 정치권이 탄핵안에 찬성표를 던지도록 압력을 가하는 것이었다. 어떻게 그렇게 할 수 있을까? 물론 이들은 2013년 6월부터 브라질에서 사용된 것과 동일한 방식을 사용했다. 즉 대규모 시위를 조직해 거리를 점령하는 것이었다. 특히 이들은 상파울루의 파울리스타 거리를 점령했다. 그들의 힘을 보여줄 대규모 시위의 날은 2016년 3월 13일로 정해졌다.

하지만 먼저 3월 4일, '라바자투 작전' 측은 룰라를 심문하기 위해 연행했다. 이른 아침에 집에 찾아가 그를 연방정부 차량에 태워 공항으로 이송했다. 매우 이상한 상황이었다. 특별수사팀이 보통 증언을 거부하는 핵심 증인들을 다룰 때 쓰는 법적 수단을 여기에 적용했기 때문이다. 그러나 그들은 연행 전에 룰라에게 심문을 통보하지도 않았고, 그는 증거 제공을 거부한 적도 없었다. 이 모든 것이 「노동자당」의 적들에게 주는 화려한 선물이자 '라바자투 작전'이 룰라마저 체포할 힘이 있다는 것을 과시하기 위한 것처럼 보였다. 물론 '라바자투 작전'에 우호적인 모든 언론은 이 사실을 미리 비밀리에 통보받았다. 룰라는 이 거짓 체포를 '불꽃놀이 쇼'라고 불렀다.[5]

그리고 예정대로 탄핵운동은 브라질의 거리 시위로 이어졌다. 2013년 이후 처음으로 「무상대중교통운동」이 일으킨 6월 시위를 넘어선 숫자가 모였다. 이 시위는 이제 브라질 역사상 가장 큰 규모의 시위가 됐다.[6]

물론, 들끓는 군중은 노란색에 약간의 초록색이 섞인 브라질 축구 국가대표단 경기복을 입고 있었다. 이 경기복, 즉 축구 국가대표단의 경기복은 우파 성향의 거리 시위대가 가장 선호하는 복장이 됐다. 이제 수백만 명의 사람이 2013년 6월에 내가 보았던, 10대 펑크족과 의미 없는 대화를 이어가던 그 두 사람처럼 옷을 입었다.[7]

하지만 2013년 당시 거리에 나섰던 사람들은 이 시위를 낯설게 느꼈다. 2013년과는 모든 것이 달랐다. 당시에는 시위대가 경찰의 폭력에 맞서는 모습을 보고 사람들이 행동에 나섰다. 하지만 이번에는 경찰이 시위를 지원했다. 탄핵 시위는 주요 언론의 지지도 받았는데, 이 지지는 몇 주 동안 계속됐다. 이번 시위는 봉기라기보다는 축제, 잘 조율된 민족주의 행사에 가까웠다.

오랜 세월 시위에 참여한 이들은 2013년 6월 카이로에서 게하드가 느낀 것과 같은 감정을 느꼈다. 그들은 소셜 네트워크에서 벌어지는 사건을 당황한 표정으로 지켜보았다. 이제 시위대는 더는 국가에 맞서 싸우지 않았다. 이들은 경찰과 사진을 찍었다. 모든 것이 매우 잘못됐다고 느꼈다.

파울리스타 거리 시위는 브라질에서 열린 수십 개의 시위 중 가장 규모가 컸다. 이 운동의 상징 중 하나는 룰라 대통령을 흑백 죄수복을 입은 모습으로 형상화한 거대한 풍선 인형이었는데, 그 아래 군중이 모여들었다. 그들은 "세르지우 모루 만세!", "라바자투 만세!"를 외치며 환호했다.

며칠 후, 세르지우 모루 판사는 이들에게 또 다른 선물을 주었다.

지우마 호세프는 룰라를 자신의 참모로 정부에 복귀시키려 했다. 물론 이는 그가 곤경에 처해 있고 조력자의 도움이 필요함을 인정하는 것이었다. 하지만 더는 의문의 여지가 없었다. '라바자투 작전'은 그에게서 아무런 혐의도 찾지 못한 듯했지만, 행정부 주위로 빠르게 물길이 밀려오고 있었다. 모두가 힘을 합치는 것이 최선이었다.

2016년 3월 16일, 모루는 글로보 미디어 그룹에 녹취록을 보냈다. '라바자투 작전'이 룰라와 지우마가 나눈 전화 통화를 도청한 내용이었다. 모루는 룰라가 정부에 입성하는 것과 관련한 대화를 녹음했고,

이를 공개했다.

    이 전화 도청은 사전에 승인되지 않았으며, 설령 승인됐다 하더라도 이렇게 얻은 증거는 수사 과정에서 보호돼야 하며, 공공의 영역에서 정치적 도구로 사용돼서는 안 된다. 모루는 대통령이 사적인 대화를 나눌 권리를 침해했을 뿐만 아니라 언론에 그 대화를 어떻게 해석해야 하는지도 알려주었다. 그들은 룰라는 자신이 감옥에 갈 수도 있다는 것을 알고 있었고, 그가 감옥에 가지 않도록 지우마가 그에게 정부 직책을 제안했다는 사실을 밝혀냈다고 주장했다. 그들에 따르면 룰라가 내각 직책을 맡는 순간 룰라 사건의 관할권은 모루에게서 대법원으로 이관된다.

    정말 그 대화가 실제로 룰라의 의도나 지우마의 계획을 입증하는 증거였을까? 그렇지 않다. 사실, 녹취록에는 그런 내용이 없었다. 하지만 이 사건은 정부 핵심부에서 폭발했고, 국민은 지우마 정부가 무너진다는 인상을 받았다. 국가 내 경쟁 세력이 누군가를 공격하기 위해 통화를 녹음하고 유출한다면, 어떻게 국가를 통치할 수 있을까?

    나는 이 일이 일어났을 때 내가 어디에 앉아 있었는지 정확히 기억한다. 그 사건은 브라질 법체계를 예의주시하던 우리에겐 마치 시공간 연속체가 파괴되는 것과도 같은 사건이었다. 나는 로스앤젤레스 시내에 있었고, 브라질에서 보내는 시간(당시로는 약 5년)이 끝났을지도 모른다는 생각을 하고 있었다. 하지만 지우마의 통화 녹음이 공개됐다는 소식을 듣고 바로 상파울루로 돌아갔다.

    상파울루에 도착했을 때 나는 이미 술을 엄청나게 마신 친구들을 만났는데, 그들은 내가 자신들보다 더 많은 것을 알고 있을 거라 생각하며 나에게 물었다. "도대체 무슨 일이 일어나고 있는 거지? 이게 사실이야?" 그들이 물었다. "쿠데타라도 일어나는 건가?"

이 질문에 대한 답은 빠르게 진행됐다. 대법원은 연방 수사를 방해할 수 있다며 룰라를 지우마 행정부의 장관으로 임명하는 것을 막으려는 움직임을 보였다. 그리고 4월 8일, 중도우파인 「브라질사회민주당」이 탄핵을 지지한다고 발표했다. 여기에는 아에시우, 페르난두 엔히키 전 대통령, 제랄두 알키민 상파울루 주지사도 포함되었다.[8] 의회는 실제로 이 사안을 표결에 부칠 예정이었다.

그달, 어느 여론조사 기관에서 브라질 국민에게 정치 위기 해결을 위한 세 가지 선택지를 제시하며 그중 무엇을 원하는지 물었다. 25퍼센트는 지우마의 잔류를 원한다고 답했다. 62퍼센트는 새로운 대통령 선거를 원한다고 답했다. 법적으로 이 선택지는 2014년 선거에 부정이 있었다고 선거법원이 판단할 경우에만 실행할 수 있었다.[9] 그러면 선거 결과를 무효로 하고 새로운 투표를 요구할 수 있다. 그러나 이는 정치계급이 4월부터 합의를 모아간 선택지가 아니었다. 이들은 지우마를 탄핵하고 부통령이자 기득권 세력인, 에두아르두 쿠냐와 같은 중도 성향의 「브라질민주운동당」 출신 미셰우 테메르에게 대통령직을 넘기려고 했다. 같은 여론조사에서 이 선택지를 선호한다고 답한 브라질 국민은 8퍼센트뿐이었다.[10]

'쿠데타'라는 단어를 쓰는 것을 둘러싼 논쟁은 심각하게 정치화됐다. 이 단어는 라틴아메리카에서 매우 깊은 의미를 담고 있다. 법률적인 세부 사항의 차원에서 보면, 핵심 쟁점은 헌법이 의회에 그들이 원하는 어떤 것이든 '직무상 중대범죄'로 선언할 수 있는 권리를 부여했는지, 아니면 그 용어가 어떤 객관적인 법적 기준을 내포하고 있는지에 관한 것이었다. 더 큰 역사적·함축적 의미에서 일어난 논쟁은 이 과정을 미국 국가정보국의 지원을 받은 살바도르 아옌데 전복이나 지우마 자신을 고문한 독재정권이 수립된 군사 쿠데타와 같은 범주에 넣어야 하는지를 놓고 벌어진 것이었다. 최근의 브라질 역사를 고려할 때 이 질문은 심각한 의미를 담고 있었다. 일반적으로 브라질의 주류(중도우파) 언론은 탄핵운동과 관련해 이 단어를 사용하는 모든 사람을 정부의 열렬한 지지자로 묘사했다. 해외 언론도 대체로 마찬가지였다. 저명한 외국 언론은 이를 '쿠데타'라고 부르지 않았고, 적어도 한 명의 기자는 대통령에 우호적 시각을 드러낸 소셜 미디어 게시물로 경영진의 호출을 받았다.[11]

내가 탄핵을 바라보는 방식은 '라바자투 작전'을 취재할 때와는 달랐다. 나는 신중하게 중립적인 태도를 취하지 않고 처음부터 이 과정을 비판적으로 보도했다. 노골적으로 쿠데타라고 주장하지는 않았지만, 쿠데타로 볼 수 있는 해석의 여지를 분명하고 신빙성 있게 제시했고, 용어 논쟁보다 더 중요하다고 생각되는 두 가지를 지적했다. 첫째, 이것은 기술적인 문제를 구실로 대통령을 해임하려는 정치적 동기가 있는 공격이다. 3월 28일, 나는 '브라질 대통령 탄핵에 투표한 정치인들은 대통령보다 더 많은 부패 혐의를 받고 있다'는 제목으로 《로스앤젤레스타임스》에 취재 결과를 발표했는데, 대다수 의원이 심각한 범죄 혐의로 기소되거나 조사를 받고 있었으나, 정작 호세프는 그렇지 않았다. 둘째, 탄핵은 명확한 민주적 정당성이 없는 정부를 탄생시킬 것이라는 점이다. 이는 독재정권이 끝난 지 불과 25년 만에 일어나는 매우 심각한 일이었다. 선거를 통해 선출된 지도자를 의회가 자신들이 선호하는 인물로 교체하는 것을 전 국민이 분명히 보게 될 것이었다.

게다가 이 모든 행동의 동기는 자신의 목숨을 구하기 위한 것일 수도 있었다. 지난 3월, 호메루 주카$^{Romero\ Jucá}$ 상원의원은 전 페트로브라스 고위 임원인 세르지우 마샤두$^{Sergio\ Machado}$와 전화 통화를 했다. 그들은 정치계에서 "출혈을 막기 위한" 계획에 관해 논의했다. 마샤두는 "가장 쉬운 해결책은 미셰우가 거기서 … 대국민 협정을 맺는 것이죠"라고 말했다. "대법원, 그리고 여러분 모두와요." 주카가 말했다. 이는 룰라와 지우마의 대화에서 나온 그 어떤 것보다 더 치명적이었지만, 이 전화 통화는 탄핵 표결이 끝날 때까지 유출되지 않았다.12 주카 상원의원의 책략은 정치계 일부가 '라바자투 작전'이 그들을 집어삼키는 것을 막기 위한 필사적인 시도로 탄핵을 바라보고 있음을 보여주었다. 그들은 지우마를 희생양으로 바치고 그것이 효과가 있는지 지켜보고자 했다. 그들은 잃을 게 없었다.

카메라를 향한 미소

브라질 국회의사당은 전설적인 브라질 건축가 오스카르 니에메예르가 설계했다. 평생 공산주의자였던 니에메예르는 인류가 원하는 대로 세상을 변화시킬 수 있고, 삶을 완전히 다른 것으로 바꿀 수 있다는 모더니즘 사상을 포기하지 않았다. 브라질리아의 많은 건물과 마찬가지로 의회 건물은 마치 다른 행성에 있는 것처럼 보이며, 유토피아적 미래를 향한 인간의 희망을 콘크리트와 강철로 표현했다. 동시에 니에메예르는 자신의 디자인 중 상당수가 여성의 신체 곡선을 모방했다고 말했다. 의회는 마치 「제트슨 가족The Jetsons」*에 나오는 건물들을 더 우아하고 육체적으로 꾸민 것처럼 보인다. 상원의회 건물

---

* 1962년에 처음 방영된 미래를 배경으로 한 만화영화 시리즈이다. 이 시리즈는 우주 미래 도시에 사는 제트슨 가족의 일상을 그리는데, 로봇 가정부, 우주 자동차, 홀로그램 등 미래의 기술로 가득한 세상에서 벌어지는 유쾌한 일화들을 담고 있다.

은 거대한 흰색 돔이고, 하원의회는 그 반대편에 있는 거대한 찻잔을 닮은 원통형 건물에 있다. 하늘은 항상 선명한 푸른빛을 띠고 있다. 모든 업무는 지하에서 이루어진다.

2016년 4월 17일, 우리는 모두 국회의사당으로 모여들었다. 하원의회에서 탄핵 절차를 진행할지를 투표할 시간이었다. 이후 상원의회로 넘어가 승인을 받아야 했지만 그 부분은 형식적인 절차에 불과했다. 그러니 탄핵 여부는 오늘 결정되는 셈이었다.

하지만 어떻게? 언론에 종사하는 우리는 전혀 몰랐다. 막판 거래, 열성적인 로비, 필사적인 구걸, 협박, 비밀 약속 등이 있었다는 소문만 들었을 뿐이다. 이것이 실제로 일어날 수도 있다는 사실을 국민은 아주 최근에야 깨달았다. 몇 달 전만 해도 말도 안 되는 극단적인 농담처럼 보였던 일이다.

기자들은 복도를 돌아다니며 국회 안에서 만나는 사람이라면 누구에게나 말을 걸었다. 브라질리아는 의도적으로 외진 곳에 지어졌다. 광활한 나라 한가운데 있는 섬처럼 느껴질 정도다. 그래서인지 2013년 6월의 봉기로 정부가 실제로 기능을 멈춘 적은 없었고, 이곳에는 사람이 많지 않았다. 일단 국회에 들어가면 정치계급과 어울리기가 아주 쉽다. 나는 복도에서 자이르 보우소나루 의원과 이야기를 나누며 이번 투표가 국제사회에 끼칠 영향은 무엇인지 물었다. 그는 냉전 시대의 광적인 반공주의 정서가 깃든 답을 했는데, 내 기사에는 적합하지 않아 보였다. 그는 여기서 중요한 인물이 아니었고, 어쨌든 모두 이미 보우소나루가 어떻게 투표할지 알고 있었기 때문이다. 나는 다른 국회의원 무리를 향해 다가갔다.

투표가 진행되는 동안 복도에 있을 예정이었지만 그런다고 큰 차이는 없었다. 본회의장을 직접 들여다보거나 화면을 통해 볼 수 있었고, 투표가 끝난 후 바로 사람들과 대화할 수 있었다. 하지만 어떻게 된 일인지 「자유브라질운동」은 실제로 의회에 들어가는 입장권을 획득한 듯했다. 그들은 인디 록 뮤지션 복장이 아니라 건물에 들어가기 위해 필요한 정장과 넥타이를 착용하고 있었다.

나는 밖으로 나와 브라질 고원의 뜨거운 열기 속으로 들어갔다. 경찰은 그날 열릴 두 개의 서로 다른 '찬성 시위'를 위해 명확한 경계를 설정하고 바리케이드를 설치했다. 왼쪽에는 탄핵을 지지하지 않는 사람들이 모여들었다. 오른쪽에는 탄핵을 지지하는 사람들이 모여들었다. 물론 오른쪽에 있는 사람들은 노란색과 초록색 옷을, 왼쪽에 있는 사람들은 빨간색 옷을 입을 것이다. 이 규칙은 이제 당연한 것이 되었다. 3년 만에 브라질은 서로 모순되는 시위 방식이 중첩된 나라에서 거리 행동을 알려주는 명확한 규칙이 있는 나라로 변모했다. 분명 어떤 언론매체가 드론이나 헬리콥터에 카메라를 부착해 군중을 비교한 사진을 전송할 것이고, 어느 쪽이 승리했는지 모두에게 보여줄 것이다. 나는 멍하니 군중들 사이로 걸어가 수많은 인파를 바라보았다. 나는 스스로 물었다. 정말 이게 무슨 상황일까? 둘 중 한쪽이 원하는 것을 얻게 된다면, 두 집단 모두 시위를 하고 있다고 볼 수 있을까? 아마도 시위라는 말보다는 여기서는 포르투갈어인 '마니페스타송이스manifestações' 또는 스페인어인 '데몬스트라시오네스demonstraciones'가 더 적합할 것 같았다.* 지금 여기서 일어나는 일은 시민불복종이나 직접행동은 아니었다. 누구도 권력자에게 어떤 대가를 강요하지 않았다. 그늘은 집계되기 위해 나온 사람들이었다. 하지

---

* 두 단어 모두 시위를 뜻하지만 '저항protest'의 의미보다 '보여주다' 혹은 '시연하다'의 의미가 강하다.

만 모든 성인은 적어도 이론적으로는 선거에서 이미 집계되고 있다. 또는 공식적으로는 아니지만 여론조사에서도 마찬가지이다. 지금쯤이면 전국의 거의 모든 사람이 자신만의 의견에 따라 탄핵 투표 절차를 바라보고 있을 것이다. 그렇다면 여기 나온 두 집단은 얼마나 많은 이 지역 지지자들을 집 밖으로 끌어낼 수 있는지, 혹은 그들의 집단 중 얼마나 많은 이들이 수도로 여행을 떠날 여유가 되는 사람들인지를 보여주고 싶은 것일까?

나는 다시 안으로 들어갔다. 진짜 쇼가 시작됐기 때문이다.

그날 국회가 지우마가 저지른 범죄가 얼마나 심각한지 의견을 제시하거나 직무상 중대범죄의 본질을 신중하게 분석하리라 생각했다면, 큰 착각이었다. 국회 토론은 서커스였다. 의원들은 연이어 마이크 앞으로 걸어 나와 하고 싶은 말을 아무렇게나 쏟아냈다. 한 의원은 "도적들이 어린이들의 성性을 바꾸고 브라질을 파괴하려 한다"며 "찬성"이라고 말했다. 또 다른 의원은 손녀의 생일을 축하했다. 일부는 세르지우 모루나 '라바자투 작전'을 칭찬했다. 회의장 밖에 모여 있던 취재진은 놀라움을 감추지 못했다. 분명 그들은 이 상황이 좋지 않다는 것을 알고 있었다. 그리고 전체적으로 엉망이었다. 하지만 개별적으로 보면 의원들은 우리보다 더 영리했고, 절차의 본질을 파악하고 있었다. 그들은 모두 귀중한 자원을 얻었는데 그것은 바로 언론에 노출될 기회였다. 몇 초 동안은 소속된 주나 정당이 아무리 작아도 전 국민이 그들의 말에 주목할 것이었다. 그들은 주목 받는 순간을 잘 활용했다.

길고 이상한 쇼가 지나치게 반복되다 보니 몇몇은 주의를 기울이지 않았다. 그러자 복도에서 웅성거리는 소리가 터져 나왔고, 고함소리가 들려왔다. 티리리카가 탄핵 찬성에 투표한 것이다! 2010년에 당선된 후, 그는 넥타이를 매고 의회 업무를 진지하게 수행해왔으며, 모든 회기에 출석한 유일한 의원 중 하나라는 점을 자랑스러워했다.[13] 그는 수년 동안 이어진 선거에서 계속 인기를 얻어 비교적 중요한 정치적 자산이 됐다. 그리고 오늘 아침까지만 해도 그는 확실한 무소속 후보로 여겨졌다. 무언가 또는 누군가가 그의 선택을 바꾼 것이 분명했다. 이런 일이 많이 있었다. 빨간색과 녹색의 작은 숫자로 표시된 실제 전광판은 사람들이 편을 바꾸고 브라질 최초의 여성 대통령을 포기하는 중임을 보여주었다. 회의실 안에서는 남성들이 "차우, 케리다Tchau, querida"라는 글자가 새겨진 작은 노란색 팻말을 흔들며 영어로 "잘 가, 자기야Bye-bye, sweetie"라고 외쳤다. 이 메시지는 두 가지 목표를 동시에 달성했다. 하나는 지난 3월 세르지우 모루가 유출한 지우마와 룰라가 나눈 통화에서 룰라가 지우마에게 통화를 마치며 한 인사를 조롱하는 것이었고, 다른 하나는 이 탄핵 절차가 얼마나 성차별적인 것인지를 분명히 드러내는 것이었다.

그리고 결과적으로 내가 틀렸다. 사실 우리는 자이르 보우소나루가 어떻게 투표할지 몰랐다. 그는 마이크를 잡고 미리 준비된 연설을 했다. "지우마 호세프에게 공포를 주었던 카를루스 아우베르투 브릴랸치 우스트라Colonel Carlos Alberto Brilhante Ustra 대령을 추모하며, 군대를 위해, 무엇보다 브라질을 위해, 그리고 모든 것 위에 계신 하나님을 위해 저는 찬성표를 던지겠습니다." 그는 독재정권 시절 지우마 호세프를 고문한 인물에게 자신의 한 표를 바쳤다. 이는 브라질 민주주의의 심장을 찌르는 발언이자 독재정권이 붕괴한 후 국가적 가치로 확립된 모든 것에 기습 공격을 가하는 것이었다. 이를 듣는 국민 중 일부는 말 그대로 물리적인 충격을 경험했다. 브라질 최초의 공개적인 동성애자 의원인 지앙 윌리스Jean Wyllys 의원은 이성을 잃었다. 그는 보우소나루에게 달려들어 소리를 지르며 그의 얼굴에 침을 뱉으려고 했다. 남성들이 서로 물리적으로 대치하기 시작하면서 회의장 안은 소란스러워졌다. 보우소나루는 확실히 시간을 잘 활용했다. 7선 국회의원인 보우소나루는 언론 앞에서 벌인 단 한 번의 예리한 연행으로 외부자가 됐다. 한 번의 폭력적인 도발로 브라질 정치체제에 성전을 선포한 것이다.

투표 결과가 나왔고, 그들이 이겼다. 「자유브라질운동」의 가장 유명한 구성원들이 기자, 카메라, 토크쇼 진행자가 모인 곳 바로 옆에 모였다. 그들의 표정은 진지했고, 약간 긴장되고 당혹스러워 보이기까지 했다. 그들은 분명 무언가를 계획하고 있었다. 왜 그들은 굳이 그 장소에 모인 걸까? 답은 곧 분명해졌다. 그들은 크게 과장된 미소를 지으며 인파를 밀치고 나가 모든 카메라 앞에 섰다. 그들은 포옹하고, 환하게 웃고, 주먹을 하늘로 치켜들었다. 그들은 마치 실제로 승리를 거둔 것처럼 환호하며 서로를 껴안았다. 하지만 이는 미리 계획된 축하 행사에 불과했다. 예상대로 카메라는 그들에게로 향했고, 수년간의 싸움 끝에 이 정부를 무너뜨린 젊은이들이 새로 창설한 단체의 모습이 기록됐다.

나는 이런 종류의 일들을 바라볼 때 냉정하고 객관적이어야 한다는 것을 알고 있었다. 나는 온종일 주의 깊게 관찰하고 최대한 많은 정보를 수집하려고 노력했으며, 신문사에 전문가다운 기사를 보냈다. 하지만 그 장면을 본 뒤 모든 것이 바뀌었다. 뱃속부터 심장과 폐, 그리고 머릿속까지 분노가 끓어올랐고, 머릿속과 마음은 뜨겁고 붉은 분노의 물결로 가득 찼다. 나보다 조금 어린 이 친구들이 우익이라고 해도 상관없었다. 하지만 그들은 거짓말을 하고 있었다. 그들은 「무상대중교통운동」 회원의 가족을 포함한 여러 사람을 속여 자신들이 비슷한 것을 지지한다고 믿게 했다. 그들은 자신들이 비정치적이고 초당적이라고 속였다. 그들은 단체의 성격과 운동 자금의 출처를 숨겼다. 그리고 이제 그들은 사람들이 보고 싶어 한다고 생각하는 쇼를 하면서 자신들의 감정을 속이고 있었다.

5월, 미셰우 테메르는 완전히 새로운 정부를 구성한다고 발표했다. 그는 당선되자마자 지우마 호세프가 구성한 내각 전체를 해임했다. 브라질에서는 형식적 지지를 얻기 위해 다른 당에서 부통령 후보를 선택하는 것이 매우 일반적이며,「브라질민주운동당」소속인 테메르는 2010년과 2014년 선거 기간 동안 눈에 띄는 행보를 하지 않았다. 아다지와 마찬가지로 레바논계 브라질인인 테메르는「노동자당」과 함께 출마하기 전에도 나름대로 경력을 쌓았지만, 유권자들에게 국가의 미래를 위한 대안을 제시한 적은 없었다. 그러나 이제 지우마가 의회에서 탄핵되면서 그는 훨씬 더 보수적인 행정부와 함께 국가를 완전히 새로운 방향으로 이끌었다. 그의 정부는 그 어떤「노동자당」정부보다 '친시장적'이었고, 이러한 변화에 담긴 급진적 성격을 숨기려 하지 않았다. 사진 한 장만 봐도 알 수 있다. 22명으로 구성된 그의 새 내각은 모두 백인 남성이었다.[14]

이 사태를 설명할 단어는 많지만, 이 모든 것을 의회의 '쿠데타'라고 부른 사람들의 말은 틀리지 않았다.* 아무도 테메르의 새로운 행정부에 투표하지 않았고, 앞으로도 그럴 것이다. 그게 요점인 것 같았

---

* '쿠데타'라는 난어가 군사력을 동원한 정권 탈취나 장기적인 민주주의 폐지를 의미할 경우 여기에서 사용하기에는 오해의 소지가 있으며, 라틴아메리카적 맥락에서는 상당한 역사적 짐을 안고 있는 단어이다. 하지만 제도질서의 파괴 특히 대중의 의지를 전복하고 엘리트를 돕는 것을 나타내는 용어로 이 단어를 사용하는 것은 정당하다고 생각된다. 쿠데타를 칭하는 다른 단어인 골페Golpe는 포르투갈어로 '타격' 또는 '사기'라는 뜻으로 자주 쓰는데, 이 단어도 적절하다고 생각한다.

다. 경제 엘리트들이 원하는 대로 국가는 오른쪽으로 기울었고, 일반 국민은 할 수 있는 일이 없었다. 물론 시위가 있긴 했다. 큰 시위가 있었다. 하지만 이들은 이미 당파적이고 친「노동자당」 성향의 악마 집단으로 낙인찍혀 있었다. 언론은 이들에게 2013년 6월 하반기에 시위대에게 했던 것처럼 '국민'을 대변할 권리를 부여하지 않았다. 이 붉은 집회는 역사로 기록되지 않았고, 특정 정당을 지지하는 뻔한 시위로 여겨졌다. 놀랄 일도 없었고 주요 뉴스로 취급되지도 않았다.

2016년 8월 5일, 리우데자네이루 올림픽 개막식 당일, 나는 다른 외신 기자들과 함께 그 유명한 마라카낭Maracanã 경기장으로 향하는 버스 안에서 트위터를 훑어보고 있었다. 2009년 브라질이 이 올림픽 개최권을 땄을 때, 그것은 룰라의 성공과 세계 무대에 위대한 민주주의가 도래했음을 상징했다. 이제 이 대회는 전임자의 뒤통수를 치고 그를 밀어낸 후 전적으로 백인, 전적으로 남성으로만 구성된 행정부를 출범시킨 사람이 관리하게 될 것이었다. 경기장에 다가갔을 때 나는 트위터에 브라질은 이제 '임시' 대통령(테메르)이 통치하고 있다고 썼다. 절차가 공식화되면 그가 권력을 유지하겠지만, 보편적인 민주적 정당성을 누리지 못할 것이라는 널리 퍼진 견해를 암시하기 위해 '임시'라는 단어를 따옴표로 묶은 것이다. 《이스타당》 신문의 한 칼럼니스트는 내 글에 분노했다. 이는 전문가답지 못한 당파성을 보여주는 것이었다. 그는 내 편집장에게 나를 해고하라는 메시지를 보냈다.

우리는 경기장에 도착했고, 개막식은 아름다웠다. 미셰우 테메르는 2년 전 지우마 호세프를 맞이한 야유를 간신히 피했다. 그는 얼굴을 드러내지 않았고 아나운서들은 그의 이름조차 말하지 않을 만큼 영리했다. 그들은 테메르를 호명하면 어떤 일이 벌어질지 알고 있었다. 그들은 국민이 테메르 '임시' 대통령을 어떻게 생각하는지 알고

있었다.15

그해 6월, '일본 연방경찰'인 뉴통 이시이Newton Ishii가 부패 혐의로 체포됐다.

소와 양초

대한민국 정부는 제2차 세계대전에서 미국이 한반도 남부를 점령한 후인 1948년에 수립했다. 냉전의 최전선에서 탄생한 대한민국의 친서방적인 개발정책은 처음부터 민주주의의 도입보다는 공산주의의 위협에 훨씬 초점이 맞춰져 있었다. (미국에 거주하던 기독교인) 이승만은 정부에 반대하는 좌익 세력의 저항을 진압했고, 그 과정에서 최소 10만 명 이상이 목숨을 잃었다. 한국전쟁(1950~1953년) 후에도 그는 대중의 지지를 얻기 위해 노력하거나 사회주의자 정적들과 경쟁할 필요가 없는 일종의 당파적 '민주주의'를 계속 실천했다.16 그의 정권은 1960년 4월 혁명, 즉 경찰이 부정 선거에 반대하는 학생 시위대를 사살한 후 시작된 대규모 시위로 전복됐다. 그러나 1년 후 박정희 장군은 쿠데타를 일으켜 짧은 기간의 정치적 불안정을 종식했고, 1960년 일어난 '아래로부터의 봉기'의 연속이라고 주장하며 자신의 독재 체제를 구축했다.

봉기, 탄압, 시위가 반복된 결과 찾아온 1980년대 민주화운동 이후 가장 중요한 대규모 시위는 2008년 대안세계화운동의 일환으로 일어났다. 당시 수십만 명의 한국인이 미국산 쇠고기의 수입을 막기 위해 거리로 쏟아져 나왔다. 일부 개혁가들은 브라질의 「노동자당」처럼 대중을 정당 정치에 참여시키려 했지만, 한국의 선거법은 정치 엘리트들이 후보를 선출하도록 했으며 선거운동 기간 후보와 대중의 접촉을 엄격하게 제한했다.

밝혀진 바에 따르면 당시 한국의 국정원장은 2012년 대통령 선거를 앞두고 직원들에게 독재자의 딸인 박근혜를 지지하라고 지시했다. 추문이 터지기 전에 국가 정치의 최고위층에 있는 많은 이들이 박근혜와 최순실의 깊고 불법적인 관계를 알고 있었을 것이다. 그러나 언론은 2016년 10월에야 이 범죄를 주로 다루었고, 이에 따른 당연한 반응은 대규모 항의 시위였다. 시민들은 소셜 미디어를 통해 매주 시위를 조직하고 서울 도심에서 촛불을 들고 노래를 부르는 등 8년 전 대안세계화운동 때와 같은 시위 방식을 실천했다. 시위는 기성 정치의 공식 통로 밖에서 벌어졌고, 「녹색당」과 중도좌파 「정의당」 같은 군소 정당들이 박근혜 퇴진 시민운동에서 두각을 나타냈다. 하지만 실제로 박근혜를 무너뜨린 것은 거리가 아니었다. 야당인 「더불어민주당」이 박근혜 퇴진 운동에 동참하면서 국회에서 탄핵이 성사됐다. 지우마 호세프에게 일어난 사건과는 달리 박근혜가 법을 어겼음을 입증하기는 매우 쉬웠다. 결정적으로, 박근혜의 당이 분열되면서 많은 정치적 동맹들도 박근혜와 거리를 두었다.

인권변호사 출신이자 민주화운동의 대표적 인물 중 한 명인 문재인은 2017년 5월에 대통령으로 당선했다. 그는 당선 직후 남북한이 궁극적으로 통일되기를 희망하며 북한에 손을 내밀었다. 엄밀히 말하면 한국전쟁은 끝나지 않았다. 많은 이들은 어렵더라도 하나의 대한민국을 다시 만들기를 원하지만, 다른 많은 이들은 단지 전쟁과 공포 대신 평화와 우정에 기반한 북한과의 관계를 원한다.

나는 2018 평창 동계올림픽에도 참석했다. 문재인의 제안으로 남과 북은 한 팀이 돼 응원했다. 남한의 산악지대인 평창에서 관중들은 한반도기를 흔들었다. 조선민주주의인민공화국 응원단은 남북 단일 팀으로 출전한 여자 하키 선수단을 응원하는 노래를 불렀다.[17]

17

나는 212에 있었다[*]

2016년 11월, 부동산 상속자이자 리얼리티 쇼가 배출한 스타인 도널드 트럼프가 힐러리 클린턴을 꺾고 미국 대통령이 됐다. 미국의 자유주의자들은 큰 충격을 받았다. 트럼프는 이겨서는 안 되는 인물이었다. 선거운동 첫날부터 인종차별적 발언을 한 것만으로 그는 경선에도 참여해서는 안 되는 후보였다. 하지만 모든 예측은 틀렸고, 21세기에 미국이 무엇을 상징하는지를 놓고 이루어진 모든 가정을 재검토해야 했다.

주요 인사들은 급진적 변화의 원인을 찾기 시작했다. 그들의 시선은 인터넷, 그중에서도 특히 10년 전부터 주목받기 시작한 캘리포니아 소재 소셜 미디어 플랫폼들에 집중됐다. 이들 플랫폼에서 일어

---

* 여기서 '212'는 이 장에서 소개되는 반공산주의적이고 보수적인 정치 시위인 인도네시아의 '212 시위'를 의미한다. 동시에 아젤리아 뱅크스Azealia Banks의 노래 「212」도 참조한 것이다. 노래 제목에서 '212'는 뉴욕시 맨해튼의 지역 번호를 의미하는데 가사의 'I Was in the 212'는 '나는 뉴욕 중심부에 있었다' 혹은 '나는 중요한 곳에 있었다'라는 뜻을 암시한다.

나는 활동들이 이 모든 혼란의 원인일 수 있다고 본 것이다. 어색하게도 실리콘밸리의 많은 기업은 오바마 행정부의 저명한 전직 인사들을 고용하고 있었는데, 이들은 정치를 떠난 직후 막대한 수익을 내는 이들 기업에 입사했다.[1] 유튜브와 페이스북 같은 기업의 직원들은 자사의 시스템이 가장 높은 참여도를 보이는 콘텐츠를 홍보한다고 비난했다. 그들이 깨달은 바로는 '헛소리가 매우 높은 참여를 도출하기' 때문이다.[2] 연구자들은 도덕적 분노만큼 사람들의 관심을 끄는 것은 없다는 사실을 발견했다. 그러나 미국의 자유주의자들은 특히 러시아에 주목했다. 그들은 이러한 소셜 미디어 플랫폼에서 기사가 널리 공유되는 웹사이트를 살펴본 후 인터넷에서는 무엇이든 쓸 수 있음을 깨달았다. 또한, 대중은 자신이 본 것은 무엇이든, 혹은 원하는 것은 무엇이든 믿을 수 있다는 것이 분명해졌다.

지금은 「민주당」, 그리고 힐러리 클린턴 자신도 인터넷이 세상을 미국답게 만들 것이라고 믿은 2010년, 2011년과는 아주 멀어졌다. 이제 인터넷은 악의적인 외국 세력이 미국의 계획을 약화시키는 데 악용할 수 있는 존재가 됐다. 2016년 말,《폴리티코Politico》*의 전 최고경영자 짐 밴더헤이Jim Vande-Hei는 페이스북 창업자이자 최고경영자인 마크 저커버그가 대통령 선거에 출마해야 한다고 말했다. 이제 역사상 가장 강력한 국가가 이 회사들이 실제로 어떻게 운영되는지 살펴보기 시작했다.[3]

내가 인구 기준으로 세계에서 네 번째로 큰 나라의 수도 자카르타에 도착한 서사적 맥락은 바로 이런 것이었다. 나는《워싱턴포스

---

* 2007년에 설립된 미국의 정치 전문 매체로, 정치와 정책에 관한 뉴스, 분석, 의견을 제공하는 세계적 미디어 기업이다.

트》를 위해 인도네시아를 중심으로 동남아시아 전역을 취재할 예정이었다. 물론 미국의 온라인 소매업체 아마존의 최고경영자 제프 베이조스Jeff Bezos가 2013년 이 신문을 인수하지 않았다면 이런 일은 일어나지 않았을 것이다. 내가 2011년에 《로스앤젤레스타임스》에 입사했을 때만 해도 이 신문은 《워싱턴포스트》보다 전 세계적으로 더 큰 영향력을 발휘했다. 하지만 베이조스가 2억 5000만 달러, 즉 자신의 순자산의 1퍼센트에 달하는 금액을 주고 신문사를 인수한 뒤 《워싱턴포스트》는 보도 범위를 넓혀가고 있었다.

내가 자카르타에 도착했을 때, 무슬림이 대다수인 이 나라에서는 페이스북에서 촉발된 또 다른 대규모 시위로 도시들이 요동치고 있었다. 그러나 우리는 이른바 '아랍의 봄'을 촉발한 타흐리르 광장이나 '우리는 모두 칼레드다' 페이지의 세계와는 아주 멀리 떨어져 있었다. 불과 6년 전만 해도 '샌드몽키'나 '3아라바위' 같은 진보주의자나 좌파는 상상하기 어려웠을, 디지털 방식으로 조직된 봉기의 모습이었다.

1965~1966년 미국의 지원 아래 약 100만 명의 대량 학살이 일어난 뒤 인도네시아는 냉전 시기 서방의 가장 중요한 동맹국 중 하나가 됐다. 군인이었던 하지 모하마드 수하르토Haji Mohammad Suharto는 학살을 감독한 후 해외 원조와 투자로 보상받았고, 1990년대까지 기록적인 수준의 부정부패를 저지르며 편안하게 통치했다. 그러나 1997~1998년 아시아 금융 위기가 인도네시아를 강타하면서 독재체제가 흔들리기 시작했고, 그를 향한 지지도 역시 약해지기 시작했다.[4]

32년에 걸친 그의 임기 마지막 순간에 전국적으로 폭동이 일어났고, 1998년 5월에는 일부 사람들이 자카르타 북부에 거주하는 중국계 주민들을 겨냥해 폭동을 일으켰다. 중국계 인도네시아인 소수민족은 오래전부터 쉬운 희생양이었고 간헐적인 폭력의 대상이었다. 1960년대 초 미국의 지원을 받은 탄압으로 일부 국민이 망명을 떠났고, 극도로 반공산주의적이었던 수하르토 정부가 국내의 모든 중국어 자료를 금지하기 이전부터 이러한 상황은 지속됐다. 수하르토의 독재가 무너지면서 수많은 민족 및 종교 단체가 권력을 차지하기 위해 경쟁하기 시작했고, 중국인은 다시 한번 반역자 또는 세계 금융 카르텔의 일원으로 낙인찍혔다. 1998년에 약 1000명이 목숨을 잃었고, 더 많은 이들이 인도네시아를 떠났다. 수하르토가 몰락한 후 인도네시아는 민주주의의 길을 밟기 시작했고, 인도네시아의 총 1만 8000여 개 섬 중 거주 가능한 6000여 개 섬에 걸쳐 불완전하지만 온전히 작동하는 민주주의 시스템을 구축했다. 브라질과 마찬가지로 경제질서는 독재 시절에 확립된 것과 대체로 동일하게 유지됐지만, 인도네시아에서는 군부의 영향력이 더 컸다.

2012년, 전직 가구 제조업자였던 조코 '조코위' 위도도Joko 'Jokowi' Widodo가 자카르타 주지사로 선출돼 인도네시아에서 가장 저명한 정치인 중 한 명이 됐다. 조코위는 독재정권 후에 출현한 군부나 전통적인 정치 엘리트 출신이 아닌 최초의 정치인이라는 점에서 인도네시아의 룰라라고 불릴 수 있었다. 하지만 조코위는 오바마와 매우 닮았을 뿐만 아니라 통치 방식도 비슷해 오바마와 비교하는 것이 더 낫다. 조코위는 인도네시아 건국의 아버지로 여겨지는 수카르노Sukarno 전 대통령의 딸이자 '다양성 속의 통합'을 국가 기조로 삼은 메가와티 수카르노푸트리Megawati Sukarnoputri와 마찬가지로, 선명한 붉은색의 「인도네시아민주항쟁당Indonesian Democratic Party of Struggle」 당원이었다.

선거 당시 조코위의 부주지사 후보는 바수키 차하야 푸르나마

Basuki Tjahaja Purnama였지만, 사람들은 그를 객가계* 중국인의 별칭인 '아혹Ahok'으로 불렀다. 애초에 그의 이름이 바수키 차하야 푸르나마였다는 사실 자체가 미국의 지원을 받는 독재정권 시절에 공식화된 반중 정서가 얼마나 깊었는지를 알 수 있는 대목이다. 많은 중국계 시민들은 자바인이나 무슬림처럼 들리는 이름으로 개명해야 했다.

조코위는 인도네시아 정치계에서 두각을 나타내며 2014년 대통령 선거에 출마해 당선했다. 조코위가 당선한 뒤 부지사였던 아혹이 자카르타 주지사로 취임하면서 1000만 명이 넘는 주민이 거주하는 자카르타 특별수도지역은 이제 '이중 소수자'가 주지사를 맡게 됐다. 아혹 주지사는 중국계인 데다 기독교 신자이기 때문이다. 인도네시아 국민의 약 87퍼센트가 무슬림이지만, 헌법상으로는 다민족·다종교 국가이다. 발리의 힌두교도, 다약의 가톨릭교도, 그리고 순다의 무슬림도 모두 동등한 권리를 가진 시민이다. 하지만 정치적으로 중국인이자 기독교인이 자카르타를 운영한다는 것은 까다로운 일이다. 나는 종종 미국인에게 무슬림이 뉴욕 주지사 선거에 출마한다고 상상해보라고 말하곤 한다. 당선은 어려울 수도 있다. 하지만 당선 후 일을 잘한다면 호평을 받을 수도 있다. 아혹이 바로 그런 경우이다. 그는 2016년에 70퍼센트가 넘는 지지율을 기록했다. 서방에서 보기에 그의 성공은 인도네시아의 관용과 다원주의적 민주주의를 증명하는 것처럼 보였다.

그가 재선에 도전하기 전까지는 그랬다. 선거 유세에서 그는 『쿠란』을 언급했다. 그는 이렇게 말했다. "여러분 중 일부는 「수라알마이다Surah Al- Maidah」 51장에 실린 거짓말 때문에 저에게 투표하지 않을

---

* 중국 내 한족 하위 그룹인 객가인客家人을 지칭한다.

수도 있습니다." 일부 무슬림은 이 구절이 기독교인에게 투표하는 것을 금지한다고 믿고 있다. 그는 이어서 말했다. "그것도 여러분의 권리입니다."5 아혹은 이슬람교가 신자들이 자신에게 투표하는 것을 허용한다고 믿는다고 말한 것이다. 그렇지 않았다면 그가 자카르타에서 출마하는 것은 아무 의미가 없을 것이다. 그의 선거운동본부는 자바섬 북쪽의 군도인 사우전드아일랜드Thousand Islands의 작은 마을에서 있었던 특별한 것 없는 그의 연설을 선거운동 유튜브 채널에 올렸다. 그런데 누군가가 이를 편집한 것을 페이스북에 올렸다. 이 동영상에서는 그가 『쿠란』 자체가 거짓말을 담고 있다고 말한 것처럼 보였다. 이 영상은 금방 퍼져나갔다. 보수주의자들은 인도네시아 사회에서 악명 높은 범죄인 '신성모독죄'로 그를 구속해야 한다고 요구하기 시작했다.6 그는 살해 협박을 받기 시작했다. 그리고 수만 명의 사람들이 체인지닷오아르지change.org 청원을 통해 그를 공격하거나 옹호했다. 「인도네시아울라마협의회Majelis Ulema Indonesia」는 아혹이 신성을 모독했다는 공식 판결, 즉 파트와fatwa를 선언했다. 나중에 한 핵심 성직자는 동영상을 실제로 보지 않고 파트와에 서명했다고 인정했다.7

반발이 일어날 것에 대비해 이슬람주의, 보수주의, 혹은 반아혹 세력은 전 세계적으로 널리 활용되는 방식, 즉 언론의 주목을 받기 위한 저항의 방식을 사용하고자 했다. 소셜 미디어에서 반향을 일으키기 위해 대규모 시위를 계획한 이들은 모두 같은 색의 옷을 입고—이 경우에는 경건한 흰색이 당연한 선택이었다—독립 광장Independence Square에 모일 예정이었다. 그리고 그들의 시위에 해시태그를 붙이기 편한 제목을 붙이고 이를 온라인에 게시할 생각이었다. 이 모든 것이 가능하다는 것은 매우 분명해 보였다. 도시 전체가 주지사의 재임 여부를 묻는 투표를 앞두고 있었지만, 그들은 이 기회를 통해 스스로 국가를 대표해 투표할 수 있었다. 물론 모든 사람의 관심을 끌 수 있을 것이다.

그들은 10월에 첫 번째 시위를 조직했다. 하지만 친아혹 세력이 '반대 시위'를 계획하자, 그들은 대규모 시위 날짜를 12월 2일(혹은 현지에서 날짜를 적는 방식에 따르면 2/12)로 정했다. 모두 이를 "212"라고 부르게 됐다.

이 운동을 '지도자가 없는' 운동이라고 부르는 것은 옳지 않은데, 그 이유는 부분적으로는 이것이 실제로 '운동'이 아니었기 때문이다. 이것은 뚜렷한 목적에 따라 이루어진 소규모의 개별 행동이었을 뿐이다. 조직된 행사에는 누구나 참여할 수 있었고, 참가자들은 행사가 끝나면 집으로 돌아갔다. 그게 전부였다. 하지만 이 행사를 통해 인지도를 높인 주최자와 저명한 인사들이 있었다. 「인도네시아 울라마협의회」 산하 「파트와수호국민운동The National Union of Fatwa Guards」이 첫 시위를 조직했다. 카이로에 있는 광장의 이름(타흐리르)을 딴 「해방당Hizbut Tahrir」이라는 단체는 자신들이 이 작전의 배후라고 주장했다. 대량 학살을 자행한 독재자 수하르토의 아들인 토미 수하르토Tommy Suharto는 '212'를 지지했으며, 이 나라에 이슬람의 물결을 조성하는 것이 자신의 정치 왕조에 도움이 될 것이기 때문에 행사 조직에 금전적 지원을 했다.8 그리고 「이슬람수호전선Front Pembela Islam」은 시위 동안 상당한 악명을 얻었다. 이 단체의 지도자인 리지크 시하브Rizieq Shihab는 인도네시아 화폐에 공산주의의 상징인 망치와 낫이 숨겨져 있다고 주장해 곧바로 언론의 주목을 받았다. 나 역시 이 이야기를 보도했다. '212'는 '즉흥적으로' 일어났을까? 분명 시위대는 매우 빠르게 모였고, 그 존재감을 드러냈다. 하지만 10년이 지난 시점에 이르러, 똑

똑한 사람들은 그 단어가 과연 무언가 의미 있는 것을 뜻했는지 의문을 제기하기 시작했다.9

아혹은 재선에 실패했다. 주지사직은 전통적인 인도네시아 정치인인 아니스 바스웨단Anies Baswedan에게 돌아갔다. 자카르타에서 외국 기자들과 주로 교류하는 부류의 사람들(영어를 구사하는 엘리트층, 고액 연봉을 받는 비정부기구 활동가, 국제적 감각을 지닌 자유주의자, 즉 초기 마이단 시위에 참여한 이들과 대체로 비슷한 부류의 사람들)에게 이는 그들이 꿈꾸던 인도네시아의 모습에 실질적인 타격을 주는 일이었다. 하지만 상황은 곧 더 나빠졌다. 5월에 아혹은 징역형을 선고받았다. 신성모독죄로 유죄 판결을 받았다.

2017년은 인도네시아에서 놀라운 반동의 해로 남을 것이다. 9월, 소수의 학자와 활동가가 1965년의 대량 학살에 관한 학회를 개최하려던 중이었다. 폭도들이 이들이 모인 자카르타의 「자카르타법률구조재단Jakarta's Legal Aid Institute」을 포위했고, 참가자들은 생명의 위협을 느꼈다. 인도네시아에서는 이제 급진적 반공주의 운동과 급진적 이슬람주의 운동이 거의 완전히 겹쳤다. 소문에 따르면, 극단적인 반공산주의자들이 왓츠앱WhatsApp 서비스—2014년부터 페이스북이 소유하고 있으며, 미국 외 지역에서 널리 사용된다—를 통해 이 소문을 퍼뜨렸다고 한다. 그들이 퍼뜨린 소문의 내용은 이 학회가 사실 「인도네시아공산당Partai Komunis Indonesia」을 재건하려는 노력의 일환이라는 것이었다. 이는 반공산주의 악살이 시작된 지 52년이 지난 시점에도 여전히 불법일 뿐 아니라 매우 터무니없는 주장이었다. 소문은 거짓말이었지만 사람들을 끌어내 겁에 질린 역사가들과 생존자들을 공격하도록 하는 데는 효과적이었다. 「무슬림사이버군대the Muslim Cyber Army」라는 단체는 특히 이런 종류의 디지털 전쟁에 능숙했고, 나 역시 곧 그들의 표적이 됐다. 인도네시아 전역에서 가짜 뉴스와 온라인 공격이 흔한 정치 방식이 됐다.

가까운 필리핀에서는 로드리고 두테르테Rodrigo Duterte 대통령을 열렬히 지지하는 사람들이 소셜 미디어에 몰려들었고, 나도 곧 그들의 눈에 띄었다. 이들은 러시아, 사우디아라비아, 이스라엘, 튀르키예 등의 일부 사람들처럼 돈을 받고 이런 종류의 일을 하는 것으로 밝혀졌다. 이는 저렴한 디지털 노동력으로 높은 효과를 내는 정치적 전략이었다. 미얀마와 같은 국가에서는 언론인과 인권운동가들이 캘리포니아에서 통제하는 컴퓨터를 통해 국가 차원의 소통이 이루어질 때 어떤 대가를 치르는지 알게 됐다. 페이스북에 퍼진 인종차별적인 가짜 뉴스에 부추겨져 살인적인 폭동이 계속해서 일어났고, 절박한 현지인들은 이 웹사이트를 관리해야 할 책임자를 찾으려 애썼다.10

2017년 후반에 이르러, 인도네시아의 보수 세력들이 대통령 자신을 상대로도 '빨갱이 낙인찍기' 전략을 사용할 의지가 있다는 것이 분명해졌다. 그들은 필요에 따라 조코위가 어떤 식으로든 공산주의자라는 암시를 퍼뜨렸다. 조코위 대통령은 아혹에 대한 이념적 공세가 성공적으로 진행되자 분명 공포를 느낀 듯했다. 그가 처음 선거에서 승리했을 때 많은 인권 단체들이 기대했던 것처럼 그가 1965~1966년 대량학살 조사위원회나 '진실과 화해'를 위한 위원회 같은 것을 구성하지는 않으리라는 사실이 분명해졌다. 또한 그가 군부 세력이나 보수적인 종교 세력에 맞서지 않으리라는 것도 자명해졌다. 그의 옛 동료는 감옥에서 쇠약해졌다.

하지만 아혹은 이 상황을 극복할 방법을 찾은 듯했다. 감옥에서 그는 성경을 열심히 읽고 젊은 경찰관과 사귀기 시작했다. 그들은 곧

결혼했다. 나는 개인적으로 현대 뉴스에서 눈을 돌려 1965년 반공 대량 학살의 유산을 조사하기 시작했다.

18

신화적 존재

2016년에 룰라가 임박한 체포를 피하려고 지우마 정부에 합류하려 했다는 소문에는 한 가지 문제가 있었다. 그가 지우마 정부에 입각하지 않았을 때는 세르지우 모루와 '라바자투 작전' 부대가 그를 체포하려 했다는 수많은 증거가 있는데도 아무도 그를 체포하지 않았다. 분명히 그들은 체포할 근거가 없었다. 나중에 밝혀진 바에 따르면 룰라는 동지들이 거듭 도움을 요청한 후에야 지우마 정부에 합류하기로 동의했다고 한다.[1] '라바자투 작전' 부대가 정말 그의 통화 내용에 주의를 기울였다면, 그들도 그 사실을 바로 알아차렸어야 했다.

2018년 초, 대선을 앞둔 상황에서 세르지우 모루와 '라바자투 작전' 부대는 전직 대통령을 수사하기 시작했다. 그들은 수년 동안 축적해온 수사력을 총동원하고 해외 기관들과도 자주 접촉했지만, 상대적으로 약한 혐의를 적용하기로 했다. 이 전략을 옹호하는 사람들은 이것이 바로 미국이 알 카포네Al Capone를 무너뜨린 방법이며, 어떻게든 룰라를 잡아야 한다고 말했다. 좀 더 추궁하자, 그들은 작전 마감일이 있었다고 인정했다. 즉 브라질 국민이 룰라를 대통령으로 재

선시키기 전에 그를 구속해야 한다는 것이었다.2

　소박한 해변 마을인 과루자Guarujá에는 브라질의 대표 건설 회사 중 하나가 바다가 내려다 보이는 건물을 소유하고 있었다. '라바자투 작전' 부대에 따르면, 이 회사는 룰라에게 줄 선물로 3층짜리 아파트를 개조했고, 그들의 말에 따르면 룰라는 해변에 주택을 구매할 계획이었다. 많은 상파울루인이 해안에 별장을 가지고 있지만 정신없고 혼잡하며 무너져가는 과루자에 집을 사는 부자는 거의 없었다. 이 사건은 형량 협상을 대가로 어느 기업 임원이 진술한 내용에서 비롯되었다. 그 임원이 수사관에게 말한 회사의 계획이 진실이라 하더라도, 룰라는 그 장소를 사거나 사용하지 않았다. 즉 실제로 룰라는 어떤 혜택도 받지 않은 것이다.3

　세르지우 모루는 체포 영장을 발부했다. 이는 최종 항소권이 행사되기 전에 피고인을 구금할 수 있도록 허용한 최근 대법원 판결에 따라 가능한 일이었다. 분석가들은 그 판결이 모루가 '성전'을 벌이는 동안 그가 한 성공적인 언론 홍보 활동과 판사들에 대한 대중의 압력에 힘입은 결과라고 평가한다.

　그들이 모루의 행보를 기다리는 동안, 룰라는 자신이 공직 생활을 시작한 단체의 본부에 틀어박혀 마지막 날들을 보냈다. 에보 모랄레스Evo Morales 볼리비아 대통령이 선물한 원주민 문양이 새겨진 외투를 입고 상파울루 외곽의 「ABC금속노동자연맹Sindicato dos Metalúrgios do ABC」에서 우호적인 시위대에 둘러싸인 그는 변호사들과 함께 이 상황에 어떻게 대치할지 논의하고 있었다.4 일부 지지자들은 그가 가까운 나라로 망명하거나 체포에 맞서 물리적인 저항을 해야 한다고 생각했다. 사실 어려운 일은 아니었다. 하지만 룰라는 스스로 출두하기로 했다. 룰라는 처음부터 '라바자투 작전'의 본거지였던 쿠리치바Curitiba

의 감옥으로 끌려갔다. 그곳 법원은 브라질 역사상 가장 인기 있는 대통령이 감옥에 있는 동안 언론 인터뷰는 허용되지 않는다고 선언했다.5

마야라는 상파울루에서 힘든 시간을 보내고 있었다. 그는 여전히 활동가의 영역에 깊이 뿌리내리고 있었지만, 브라질의 상황을 견디기가 점점 더 힘들어졌다. 그는 좌파 언론과 2013년 당시 현장에 있지 않았던 사람들에게 자신과 「무상대중교통운동」의 동료들이 쿠데타에 책임이 있다는 말을 듣는 데 지쳐 있었다. 특히 「노동자당」의 열성 당원들이 선호하는 이런 서사는 이제 흔한 이야기가 됐고, 그는 이런 이야기에 거의 미칠 지경이었다. 그는 거리에서 분출된 에너지가 우파 때문에 방향이 바뀌거나 전용되거나 정복됐다는 데 동의했지만, 그것은 그들의 잘못이 아니었다. 「노동자당」의 잘못이라고 그는 말했다. 「노동자당」은 봉기를 진압하는 불가능한 일을 고집하기보다는 봉기를 이용해야 했다. 그해 6월 거대한 물결이 일어났고, 그들도 그 물결에 오래 버티는 데 실패한 것은 맞았다. 하지만 「노동자당」은 쓰나미를 막으려 하지 말고 그 파도에 올라타야 했다.

특히 「무상대중교통운동」이 여러 조각으로 분열되기 시작한 후 그는 심각한 우울증을 겪었다. 그 결과 그는 과거에 일어난 일을 이성적으로 생각하는 데 어려움을 겪기 시작했다. 기억이 흩어지거나 심지어 사라지기도 했다. 그리고 사람들이 브라질의 현 상황을 놓고 자신을 비난하는 것에 지쳐버렸다.

'7 대 1'이라는 작은 문화적 밈은 사라지지 않았다. 실제로 브라질 사람들은 2014년 독일과 치른 월드컵 경기의 유산을 되새길 기회를 너무 많이 맞이했다. 심각한 경제난의 시작? 또 7 대 1. 테메르 정부?

또 다른 7 대 1. 테메르의 정부는 직접 선출된 역대 어느 대통령보다 인기가 없었다. 2018년 그의 지지율은 4퍼센트를 기록했다.

극우 세력이 점점 더 커지면서 탄핵을 지지하고 테메르를 집권시킨 기성 중도우파 정당의 지지도도 무너졌다. 2018년 3월에는 경찰 폭력에 반대하는 목소리를 낸 흑인 퀴어 시의원 마리엘리 프랑쿠Marielle Franco가 리우데자네이루 한복판에서 총격범에 살해당하는 사건이 발생했다. 이를 '7 대 1'이라고 부르는 것은 잔인한 농담일 것이다. 테메르 정부 시기에 나는 또 다른 사람을 잃었다. 나를 이 나라 곳곳으로 안내해주곤 한 아마존의 수호자 올라보가 탄 비행기가 정글에서 추락한 것이다.6 그의 가족은 그가 받은 수많은 살해 협박 중 하나를 누군가 실행한 것으로 의심한다. 정글의 상황은 블랙유머조차 구사하기 어려울 정도로 나락으로 떨어지고 있었다. 마야라는 이 상황을 해결할 방법을 알지 못했고, 그는 이 모든 것에 지쳤다.

그래서 마야라는 지인이 있는 칠레로 이주했다. 그는 칠레에서 두 가지를 꼭 하고 싶었다. 스페인어를 더 잘하는 것과 안데스산맥을 자주 오르는 것. 산티아고 시내 중심가 바로 외곽에 멋진 하이킹 코스가 있었고, 조금 더 외곽으로 가면 정말 엄청난 코스가 있었다. 그는 불법 이민자 신분으로 온갖 잡일을 했지만 삶은 근사했다.

그는 이 새로운 환경에서 몇 가지가 눈에 띈다는 것을 깨달았다. 첫째, 칠레는 매우 신자유주의적인 국가였다. 신자유주의가 일상생활에 스며든다는 것을 알고 있었지만, 그는 칠레에서 신자유주의가 일상을 피고드는 방식에 충격을 받았다. 그의 또래 친구들은 대학 교육비를 마련하기 위해 엄청난 빚을 지고 있었다. 또한 복잡하고 비싼 민간 의료 체계와도 싸워야 했다. 브라질은 1988년부터 헌법에 따라 공립대학과 의료 서비스는 모두 무료로 제공됐기 때문에 누구도 이

두 가지를 걱정하지 않았다. 또한 그는 산티아고 사람들이 신자유주의적으로 행동하는 것도 눈치챘다. 모두가 술을 마시는 파티에서 그는 누군가 담배를 사겠다고 제안한 후 무대 바로 옆에서 잔돈을 건네며 실제로 담뱃값을 지불하는 것을 보았다.* 브라질에서는 상상도 할 수 없는 일이었다. 하지만 칠레 사람들은 아주 작은 교환도 현금화했다. 또는 누군가의 집에 저녁 식사를 하러 갔는데 수술이 필요한 아주머니를 위해 기금을 모으려 한다며 돈을 기부해달라고 요청할 수도 있었다. 그는 믿을 수 없었다. 정말 끔찍한 일이었다! 그는 그런 일은 미국 언론에서만 볼 수 있는 일이라고 생각해왔다.

하지만 칠레에는 신자유주의에 반대하는 흥미로운 저항의 전통이 있었다. 누구도 2011년에 있었던 거대한 시위의 폭발을 재현할 수 없었지만, 2018년 초 칠레 여성들은 성폭력 및 폭력에 반대하는 일련의 시위를 시작했고, 이는 '마요 페미니스타Mayo Feminista(페미니스트의 5월)'로 절정을 맞이했다. 2011년 대통령직을 수행했던 우파 성향의 억만장자 세바스티안 피녜라Sebastián Piñera가 다시 대통령에 취임했다. 그는 광범위한 사회적 요구에 부응하기 위해 적당한 수준의 개혁 법안을 제시했지만, 현 정부에 몸담은 전직 학생운동 지도자들은 불충분하다고 비난했다. 2016년부터 시작된 노골적인 반신자유주의 시위이자 민간의료보험 거부 시위인 '노마스AFPNo más AFP'**는 칠레의 민간 사회보장제도를 계속 겨냥했다. 하지만 마야라가 브라질 정치를

---

* 누군가에게 담배를 '빌리는' 것이 아니라 담배를 '사겠다'고 하고, 또 담배를 '빌려주는' 사람이 담뱃값을 받는 장면을 묘사한 것이다.

** 칠레의 AFP는 스페인어로 Administradoras de Fondos de Pensiones의 약자이다. 한국어로 '연금기금관리회사' 또는 '연금기금운용회사'를 의미하며, 노동자의 연금 기금을 관리·운용하는 민간 기업을 가리킨다. '노마스AFP'란 민간 연금 시스템을 거부하고 연금 체제를 국영화할 것을 요구하는 시민운동이다.

잊을 수 있었던 것은 아니다. 고국의 대통령 선거 상황이 갈수록 참담해지자 그는 칠레의 브라질 이주민 공동체에 참여하기 시작했다. 대사관 앞에서 시위를 벌여 10월에 투표할 것을 촉구하는 등 고국의 선거에 영향을 미치기 위해 할 수 있는 모든 일을 하고 싶었다. 그들은 페르난두 아다지를 당선시키기 위해 필사적으로 노력했다.

2018년 내내 여론조사에서 룰라가 재선에 성공할 것이라는 전망이 우세하게 나왔다. 8월 여론조사에서 룰라는 1차 투표 예상 참여자 중 득표율 39퍼센트를 기록했다. 2013년 6월 시위 당시 상파울루 주지사였던 중도우파 「사회민주당」의 제랄두 알키민은 같은 조사에서 6퍼센트를 얻을 것으로 예상됐다. 그의 당은 2016년 탄핵을 지지한 후 심각한 타격을 입었다. 이번 대통령 선거에서 의미 있는 도전자이자 강력한 추진력을 가진 후보는 극우 선동가 자이르 보우소나루였다. 그가 지우마 탄핵 청문회에서 했던 "모든 것 위에 브라질, 모든 사람 위에 신"이라는 구호는 이제 선거 구호가 됐다. 같은 여론조사에서 브라질 국민의 19퍼센트가 보우소나루에게 투표하겠다고 답해 룰라에 이어 2위를 차지했다.7

하지만 룰라는 감옥에 갇혀 있었고, 감옥에 계속 있으면 출마할 수 없었다. 「노동자당」은 룰라가 공식 후보라고 주장했지만, '라바자투 작전'으로 룰라가 투옥된다면 다른 후보를 찾아야 했다. 룰라는 아다지를 쿠리치바로 초대했다. "당신이 후보가 될 것입니다"라고 룰라는 그에게 말했다. 아다지는 "제가 수행해야 할 임무라면 수락하겠습니다"라고 대답했다.

분명 쉽지 않은 일이었다. 아다지는 수감된 그리고 더 인기 있는 후보를 대신해야 했기 때문이다. 그는 막판에 교체되었기 때문에 실제 선거운동을 할 시간이 거의 없었다. 미셰우 테메르의 배신을 겪은 터라 그들은 반대 진영에서 부통령 후보를 선택할 위험을 감수하지 않았다. 그는 충성도가 높은「브라질공산당」의 마누엘라 다빌라Manuela d'Ávila와 함께 출마했다. 보우소나루는 1년 내내 공세를 펼치며 대통령 선거를 공격적인 도발의 장으로 만들었다. 미국 우파 정치에서 영감을 받은 보우소나루와 그의 지지자들은 습관적으로 두 손으로 기관총 모양을 만들어 보였고, 이는 보우소나루가 원한 총기류의 증가를 상징하는 것이었다. 더 중요한 것은 보우소나루가「노동자당」을 "총으로 쏴 죽이겠다"고 했다는 점이다. 룰라가 경선에 참여하지 않는 여론조사에서는 보우소나루가 1차 경선에서 가장 많은 표를 얻을 것으로 예상됐다.

마야라는 이런 사람이 브라질을 이끌 수도 있다는 것은 상상도 하지 못했다. '식초를 위한 브이' 시절부터 이어진 아다지와의 오랜 숙적 관계는 그다지 중요하지 않았다. 그리고 그는 단 한순간도 정치적인 투쟁을 포기한 적이 없었다. 2013년 6월 운동의 트라우마를 겪은 뒤 브라질의 한 세대가 시위 자체를 포기한 것처럼 보였다. 마야라는 달랐다. 그는 산티아고에서 많은 브라질 사람들과 친해졌고, 10월에 있을 대선에서「노동자당」후보를 지지하는 시위를 조직했다. 이는 그에게 새롭고 흥미로운 종류의 활동이었다. 그가 칠레에서 만난 브라질인들은 평소 그의 지지층과는 거리가 먼 사람들이었다. 일부는「노동자당」을 열렬히 지지하는 사람들이었고, 다른 사람들은 정치적 이념이 완전히 형성되지는 않았지만 보우소나루를 좋아하지 않는 '진보적 중도층'과 온건파에 속하는 사람들이었다. 그들은 자신들이 벌이는 운동을 몇 달 전 리우에서 살해돼 이제는 LGBT와 좌파의 순교자가 된 정치인의 이름을 따서 명명했다. 그것은「마리엘리

프랑쿠 투쟁위원회Comitê de Luta Marielle Franco」였다.

9월, 보우소나루는 미나스제라이스주에서 수많은 지지자를 만났다. 휴대전화 카메라는 모든 각도에서 그 순간을 포착했다. 영상에는 그가 팬들의 어깨에 올라타 거리를 행진하는 모습이 담겨 있었다. 그런 다음 모든 영상에 한 남자가 그에게 다가와 몸통을 찌르는 장면이 나온다. 여러 영상 중 하나만 재생해도 '내 당은 브라질이다'라고 적힌 밝은 노란색 셔츠를 입은 자이르 보우소나루가 고통스러워하며 배를 움켜쥔 채 앞으로 쓰러지는 장면을 볼 수 있었다. 지지자들은 즉시 가해자인 아델리우 비스푸 지올리베이라Adélio Bispo de Oliveira라는 남성을 체포했다. 아델리우는 자신이 '신의 사명'을 받았다고 말하며 정신적으로 불안정한 사람이라는 인상을 주었다. 하지만 그는 사회주의 정당의 당원이었다. 좌파의 암살 시도에서 살아남았다는 서사 덕분에 새로운 보우소나루 지지 운동이 결집하는 데는 그리 오랜 시간이 걸리지 않았다. 이 이야기가 완전히 조작된 것은 아니었고 분명 살인 미수였지만, 모든 정황은 편집증적 망상을 앓던 아델리우가 혼자 행동한 것이었다. 하지만 이 시점까지 브라질 우파는 소셜 미디어를 활용해 자신에게 가장 효과적인 메시지를 전파하는 데 탁월한 능력을 발휘했다. 곧 보우소나루의 가족—그의 세 아들 모두 정치인이었다—은 병상에 누워 기관총을 든 후보의 사진을 소셜 미디어에 올렸다.

보우소나루는 소속 정당이 없었다. 오히려 그는 지난 30년 동안 정당의 공식 이념과 무관하게 이 당 저 당 옮겨 다니며 지냈다. 그는 이제 아홉 번째 신서에 출마하고 있었다. 티셔츠에 적힌 표어에서 알 수 있듯이 보우소나루 지지 운동 전체가 일종의 '반反 정당' 혁명의 틀에 갇혀 있었다. 그는 분열과 '정치'를 극복하고 애국적 상식 아래 단결하자고 선언했다. 하지만 대통령 선거에 출마하려면 여전히 정당에 소속돼야 했고, 그는 규모가 작은 「사회자유당Partido Social Liberal」을 선택했다. 브라질의 정치 광고 시간은 당의 규모에 따라 나뉘어 있었기에 그는 텔레비전에 출연할 수 있는 시간이 많지 않았다. 텔레비전 광고가 대통령 선거의 결과를 좌우한다는 것은 모두 아는 상식이었다.

2018년, 더 이상 텔레비전 광고는 중요치 않다는 것이 밝혀졌다. 보우소나루는 선거운동에 트위터나 페이스북 같은 소셜 미디어를 활용했다. 온라인에 글을 올리면 친보우소나루 성향의 봇이 올리는 수많은 응답을 받곤 했다. 하지만 실제 행동은 왓츠앱에서 일어났다. 주마다 왓츠앱에서 거대한 지지자 모임이 형성됐고, 지지자들이 모든 친구와 가족에게 메시지를 전송했다. 나는 이 중 두 개를 몰래 살펴보면서 새로운 이데올로기의 부상을 목격했다. 보우소나루 지지 메시지를 자동으로 대량 발송하는 작전들도 실행됐는데, 이는 분명히 불법이었고 확실히 많은 자금이 투입됐다. 이러한 메시지는 대부분 조작된 것, 즉 미국에서 유래한 개념인 '가짜 뉴스fake news'였다. 예를 들어, 한 동영상에서는 페르난두 아다지가 유아들에게 성기 모양의 플라스틱으로 된 우유를 마시게 하는 '고추 젖병dick bottle'을 배포하고 있다고 주장했다. 영상에 따르면, 그 장면은 「노동자당」이 청소년들이 구강성교를 하도록 준비시키는 것이었다. 이런 얘기는 이를 믿는 사람들을 만나기 전까지는 터무니없고 엉터리 같은 소리로 들린다. 보우소나루의 열성 지지자들은 브라질 인구 중 소수이긴 했지만 보우소나루의 사명을 믿고 있었다. 그들은 그를 '신화' 또는 '전설'이라는 뜻의 '오 미투o mito'라고 부르곤 했다.

자이르 보우소나루는 다른 후보들과 함께 아다지와 토론을 할 예정이었다. 하지만 테러 후 건강이 좋지 않아서 참석할 수 없다고 말했다. 그는 다시 언론 홍보 활동을 하고 있었기 때문에 이 말은 그다지 설득력이 없어 보였다. 보우소나루는 여론조사에서 1위를 달리고 있었다. 아다지는 룰라와 달리 브라질 전역에 널리 알려지지 않았다. 이제 막 선거에 뛰어든 아다지는 전국적인 무대에서 보우소나루와 맞붙을 기회를 간절히 원했다. 대신 아다지와 다른 후보들 간의 토론이 방영되는 동안 보우소나루는 복음주의 기독교인들이 소유한 채널인 TV 헤코르드에서 일대일 대담을 진행했다.

예상대로 보우소나루와 아다지가 결선에 진출했고, 보우소나루가 1위를 차지했다. 아다지는 필사적으로 그와 토론하려고 했다. 애원하기도 하고, 도발하기도 하며, 심지어 비겁하다고 몰아세우기까지 했다. 필요하다면 병원에서라도 하겠다고 했다. 이번에도 보우소나루는 거절했다.

당시 나는 선거를 취재하기 위해 브라질로 돌아와 있었다. 나는 상파울루의 중상류층 거주 지역부터 리우데자네이루에서 가장 가난한 외곽에 이르기까지 주요 인구 밀집 지역의 투표소에서 많은 유권자를 만났다. 보우소나루 지지자와 보우소나루에게 투표한 사람들을 구분하는 것이 중요하다. 보우소나루 지지자는 백인 중산층 중심의 극우파이며, 보우소나루가 등장하기 훨씬 전부터 브라질에 존재한 폭력적인 반민주주의 흐름을 대표한다. 여성보다 남성이 훨씬 더 많았다. 하지만 그저 보우소나루에게 투표한 다른 이도 많았다. 네 번의 「노동자당」 정부를 거치면서 새로운 변화를 원한 평범한 브라질 국민이었다. 이들은 보우소나루가 범죄를 줄이겠다고 해서, 또는 더 나은 경제를 약속해서 그를 뽑았을 뿐이다. 이에 속하는 꽤 많은 이들은 보우소나루의 이념에 특별히 동의하지 않았고 언론이 보우소나루라는 사람을 과장한다고 믿는 경우도 많았다. 이들은 종종 가족이나 교회 또는 기타 그들이 신뢰할 수 있는 출처로부터 왓츠앱을 통해 보우소나루를 긍정적으로 보는 뉴스를 전해 들었다고 했다. '어떻게 하는지 지켜보자'는 태도는 특히 노동자계급에서 흔히 볼 수 있었다. 대답도 마찬가지였다. "룰라가 출마했다면 그에게 투표했을 거예요."[8]

「자유브라질운동」 회원들은 이제 보우소나루를 지지했다. 그들도 직접 선거에 출마하기도 했다. '비정치적 노선'이라는 말이 무색할 정도였다. 두 명의 저명한 운동가가 의회에 진출할 목적으로 브라질에서 가장 오랜 전통을 자랑하는 우파 성향의 「민주당」 소속으로 출마했다. 다른 한 명은 이미 상파울루 주의회의 의석을 차지했다.

마야라는 마지막 순간까지 아다지가 승리하리라는 희망을 버리지 않았다. 모든 여론조사 결과에도 불구하고 그는 패배주의에 굴복하지 않았다. 그러던 중 산티아고에서 선거 결과를 들었다. 보우소나루가 55 대 45로 승리했다는 소식이었다. 마야라는 눈물을 흘리며 친구를 꼭 껴안았다. 마야라의 새 남자친구 판초^{Pancho}를 포함한 칠레 사람들은 브라질 사람들만큼 표현을 하지 않기 때문에 마야라 자신과 나머지 브라질 공동체 사람들의 탄식이 그날 밤 술집에 있던 현지인들에게 큰 충격을 주었다고 생각했다. 주위의 칠레 친구들은 이 외국인들을 위로하려고 애썼다. 나는 리우데자네이루의 바닷가에 있는 한 아파트에 앉아 기사를 작성하며 아래쪽의 다양한 동네를 바라보고 있었다. 분위기가 순식간에 바뀌었다. 종일 여성들이 "아다지/마누엘라"라고 적힌 보라색 스티커를 몸통에 붙인 채 거리를 걷거나 지저분하고 작은 술집에서 뉴스를 보고 있었다. 결과가 발표되자마자 부유하고 헬스장에서 근력 운동을 열심히 하는 것이 분명해 보이는 남성 한 무리가 여성들을 쫓아내며 소리를 지르기 시작했다. "공산주의자! 공산주의자!" 룰라는 여전히 감옥에 있었다.

보우소나루는 세르지우 모루가 새 행정부에 합류할 것이라고 발표했다. 그는 파라나Paraná라는 작은 주의 판사직을 그만두고 법무부 장관이 될 것이었다. 사실상 그는 법무부장관직과 함께 별도의 공안부장관이 수행하던 직무를 모두 수행하며 두 가지 역할을 맡게 됐다. 모두가 그를 "슈퍼 법무부장관"이라고 불렀다. 반부패의 십자군, '라바자투 작전'의 주인공은 높은 정치적 직책으로 보상을 받았다.

이것은 그 자체로 명백한 부패였다. 2018년 이전에도 모루 후보가 자신이 규정한 정의를 추구하면서 법을 어겼다는 것은 분명했다. '라바자투 작전'은 분명히 보우소나루의 승리를 도왔고, 모루는 선거 초반에 그의 주요 정적인 선두 주자를 감옥에 넣었다. 그리고 이제 그는 매우 공개적으로 이익을 얻고 있었다.9

극우 행정부의 직책을 수락하면서 그의 '성전'에 정치적 목적이 있다는 의혹—그는 늘 선거에 출마하지 않겠다고 약속했다—이 사실로 드러났고, 자유주의 언론 내에 있는 그의 지지자들은 실망했다.10 하지만 상황은 금세 더 악화됐다. 2019년 《인터셉트브라질Intercept Brasil》*에서 발표한 일련의 충격적인 폭로를 통해 그가 사람들이 생각했던 것보다 훨씬 더 부도덕한 사람임이 드러난 것이다. 그는 규칙을 유연하게 적용한 것이 아니라 부수고 있었다. 모루는 유죄 판결을 확보하기 위해 검찰과 적극적이고 은밀하게 협력하고 있었다. 기소가 진행되는 동안 '라바자투 작전'이 미국 정부, 특히 법무부 및 연방수사국(FBI)과 긴밀한 관계를 유지했다는 사실이 이 폭로를 통해 확인됐다.11

보우소나루는 환경부를 폐지하겠다고 발표했다. 이것은 그의 도발

---

* 《인터셉트브라질》은 미국의 온라인 뉴스매체인 《인터셉트The Intercept》의 브라질 지부이다. 2016년 8월에 출범했으며, 비판적이고 독립적인 시각으로 브라질의 정치적 위기와 사회 문제를 다룬다. 주류 언론이 다루지 않는 이슈들을 심층적으로 보도하는 것으로 알려져 있다.

적인 반정치 표어가 현실과 충돌한 첫 사건이었다. 정치적 올바름에 얽매이지 않고, 동성애자들의 권리나 열대우림 보호 그리고 좌파적 환경과학자들의 주장을 무시하면 국가가 부유해질 수 있다고 믿을지 모르지만, 그런 믿음이 곧 현실이 되는 것은 아니다. 브라질의 농업계는 이미 브라질의 현재 체제에 상당히 만족하고 있으며, 환경부를 폐지하는 것은 그들의 이익에 반하는 일이라고 그에게 말했다. 그래서 그는 환경부를 폐지하지 않았다. 그러나 그는 원주민의 권익 및 환경 보호를 업무로 하는 기관들의 예산을 고갈시켰으며, 아마존의 자원개발 세력과 노골적으로 손잡고, 불법 광부와 벌목업자들이 거대한 아마존 열대우림 곳곳에서 폭력적인 방식으로 세력을 확장할 수 있도록 묵인했다.

공식 보우소나루주의는 자신만의 '시위' 방식을 빠르게 구축했다. 이들은 기본적으로 행정부를 지지하는 집회를 열었지만, 항상 대법원이든 의회든 다른 누군가를 겨냥했다. 이들 기관은 보우소나루 일가가 공개적으로 해체를 논의한 기관들이다. 파울리스타 거리에서 보우소나루 지지 행사를 우연히 보게 되면 이제 쉽게 식별할 수 있다. 노란색이나 초록색 셔츠는 물론이고 수많은 깃발도 눈에 띄었다. 하지만 브라질 국기만 있는 것은 아니었다. 그들은 미국 국기를 좋아했다. 라틴아메리카 역사에서 미국 정부는 항상 반공주의 세력을 지지하는 것처럼 보였고, 보우소나루 일가는 도널드 트럼프 미국 대통령을 열렬히 지지했기 때문이다.˙ 이스라엘 국기도 볼 수 있었다. 보

• 언론과 인터뷰할 수 있는 권리를 되찾은 룰라는 '라바자투 작전'이 브라질 건설회사와 산업을 약화시키려는 미국 연방수사국과 미국 국무부의 사주를 받았다고 주장했다. 이 글에 따르면 미국의 목표는 워싱턴의 전통적인 반좌파 정책이 그랬듯 「노동자당」을 공격하는 것이 아니라 경제적인 것이었다. 그는 '라바자투 작전'이 브라질의 '국가 영웅'이 될 수 있던 많은 이들을 폐허 속으로 떨어뜨렸다고 말했다.

우소나루 일가도 이스라엘을 사랑했고 이스라엘의 군사주의를 존경하며 취임 첫해에 폭발한 아마존 화재를 처리하기 위해 이스라엘 전문가를 브라질에 데려오기도 했다.

집회 현장에서는 우크라이나 국기가 눈에 띄기도 했다. 하지만 단순히 우크라이나 국기만이 아니었다. 일부 시위대는 「프라비섹토르」라는 극우 단체의 깃발을 들거나 망토처럼 두르고 있었다. 이 단체는 2013년 우크라이나 마이단혁명 당시 등장해 나중에는 준군사 조직과 정당으로까지 발전한 단체였다. 한편 보우소나루 대통령이 다른 정부 기관들과 갈등을 빚기 시작하자, 그의 열성 지지자들 사이에서 "브라질을 우크라이나처럼 만들자"라는 과격한 구호가 나오기 시작했다.

물론 이 급진적인 보우소나루 지지자들이 초창기 마이단과 '유럽'을 지지하고 경찰 폭력에 반대하는 다양한 시위에서 영감을 받은 것은 아니었다. 그들은 거리 시위가 점점 급진화되는 것을 환영했으며, 브라질에도 무장 민병대를 만들자고 주장했다. 우크라이나에서 혁명으로 기존 체제를 완전히 뒤엎은 것처럼, 이들은 브라질의 정치 기득권도 '싹 쓸어버릴 수 있다'고 믿었다. 이 운동의 핵심 인물들은 키이우에 살고 있는 브라질인과 연락을 주고받았으며, '전직 페미니스트'로 유명한 브라질 활동가 사라 윈터Sarah Winter는 심지어 우크라이나에서 훈련을 받았다고 공언했다. 결국 이들의 목표는 명확했다. 폭력적인 극우 쿠데타를 일으키는 것이었다.12

보우소나루 대통령의 셋째 아들인 에두아르두 보우소나루Eduardo Bolsonaro는 2015년부터 의원으로 활동한 의회에서 새로운 법을 제안했는데, 이는 우크라이나에서 영감을 얻은 것이었다. 아버지가 대통령이 된 후 그는 '공산주의 옹호'를 불법화하는 법안을 추진했다. 이는 정치적 반대파의 상당수를 범죄자로 만들겠다는 것을 의미했다.

그는 법안 발의를 위해 주로 마이단 봉기 후에 진행된 우크라이나의 '탈공산화' 과정을 참고했다고 말했다. 페트로 포로셴코의 우크라이나 정부는 고령의 유권자들을 지지 기반으로 삼은, 과거 영향력 있던 「공산당」을 금지했을 뿐만 아니라 망치와 낫 같은 좌파 상징물을 비롯해 오래된 '붉은군대' 관련 기념품을 모두 불법화했다.[13] 뿐만 아니라, 한 인터뷰에서 에두아르두 보우소나루는 1965~1966년 동안 공식적으로 공산주의를 불법화하며 약 100만 명을 대량 학살한 인도네시아의 사례도 언급했다.

막상 우크라이나에서는 2019년 초에 국민이 새로운 지도자를 직접 선출할 기회를 얻었다. 러시아어를 사용하는 유명한 유대계 희극 배우인 볼로디미르 젤렌스키Volodymyr Zelensky가 출사표를 던졌다. 그의 정당인 「국민의일꾼Sluha narodu」은 그가 우크라이나 대통령이 된 평범한 남자로 출연한 텔레비전 쇼의 제목이기도 했다. 선거운동 기간 동안 그는 전통적인 언론매체를 피하고 자신의 유명세와 유튜브, 스탠드업 코미디를 활용해 유권자들에게 직접 호소하며 자신이 부패한 기성 정치권에 맞설 새로운 종류의 정치인이라는 메시지를 전했다. 물론 과두정치인인 이호르 콜로모이스키Ihor Kolomoyskyi의 막대한 자금도 지원받았다. 선거운동 기간 동안 젤렌스키는 프랑스 대통령 에마뉘엘 마크롱Emmanuel Macron과 자이르 보우소나루에게 가장 큰 영감을 받았다고 말했다.[14]

젤렌스키는 돈바스 지역에서 계속되는 분쟁을 종식하겠다고 약속했다. 그의 텔레비전 쇼는 우크라이나의 극단적 인종 기반 민족주의자들을 조롱했다. 현 대통령 페트로 포로셴코와 포스트 마이단 정치계급의 상당수, 그리고 《포린폴리시》는 그가 위험할 정도로 친모스크바 성향을 보인다고 주장했다.15 그는 대선에서 압승을 거뒀고 5월에 대통령에 취임했다. 극우 브라질인들이 자신들의 급진적인 사상을 대변하기 위해 우크라이나 국기를 들기 시작했을 때, 젤렌스키 정부의 대변인은 키이우 정부가 실제로 무엇을 지지하는지 브라질 언론에 신속히 설명해야 했다.16

젤렌스키의 승리는 2010년대 전 세계를 강타하며 모든 종류의 소위 '외부인'에게 높은 공직을 준 '반정치' 물결의 일부로 볼 수 있다.* 일반적으로 이러한 인물들은 실패한 후 인기를 잃고 다음 선거에서 경험 많은 내부자로 교체되곤 했다. 하지만 선거 후 우크라이나에서는 우왕좌왕할 여유가 없었다. 젤렌스키는 곧 여러 가지 심각한 도전에 직면하게 됐다.

---

* 보우소나루와 마찬가지로 에마뉘엘 마크롱도 인터넷이 주도하는 반정치 물결의 일부로 간주할 수 있다. 투자 은행가였던 그는 2016년에 완전히 새로운 정당을 창당했고, 그 후 프랑스를 '스타트업 국가'로 만들고자 한다고 선언했다.

19

두 번의 시위 이야기

2019년, 세계는 거리로 나온 사람들의 수만 놓고 보면 2011년에 버금가는 또 다른 시위의 물결을 목격했다. 인도, 레바논, 아이티는 말할 것도 없고 수단, 이라크, 알제리, 호주, 인도네시아, 라틴아메리카 전역에서 대규모 시위가 일어났다. 그해에 37개 이상의 국가에서 대규모 시위가 발생하며, 인류 문명의 역사상 그 어느 때보다 대규모 거리 시위가 많았던 지난 10년을 마무리했다.

하지만 2019년 전 세계에서 일어난 시위 중 두 차례의 대규모 시위가 두드러진 것은 두 사건 모두 10년 전 일어난 첫 미완의 시위에 직접적으로 기반을 두고 있기 때문만이 아니다. 이 두 시위가 각국의 정부를 한계점까지 밀어붙이며 기존 질서의 재구성을 이끌어냈기 때문이다. 그 중요하고 결정적인 반란의 순간에 우리가 20세기부터 추적해온 운동의 기술과 조직에 관한 문제, 즉 수직주의 대 수평주의, 위계질서 대 '자발적' 자기 조직, 대표성, 의미, 기술적 중재의 문제들이 두 곳에서 격렬한 논쟁의 대상이 됐고, 결국 이 두 지역의 역사를 만들어냈다.

그리고 두 운동은 매우 다른 두 가지 결과를 경험했다.

우리가 불타면 당신도 불탄다

2019년 캐리 람Carrie Lam은 '우산운동'을 주도한 '황색' 진영이 기대한 방식이 아니라 2014년에 중국이 제안한 방식에 따라 홍콩의 최고 행정 책임자로 선출됐다. 그는 '우산운동'이 한창일 때 '친중' 진영을 대표해 텔레비전 방송에 나와 학생 대표들과 맞붙은 바로 그 여성이었다.

2월, 홍콩 정부는 새로운 범죄인인도법안(송환법)을 도입했는데, 정부는 이 법안이 그렇게 큰 반향을 불러일으키리라 예상하지 못했던 듯하다.[1] 2018년 한 홍콩인이 타이완에서 여자 친구를 살해했다. 하지만 그는 법제도의 허점 때문에 재판을 위해 본국으로 송환되지 않았다. 새로운 법안이 통과되면 이 문제가 해결되지만, 홍콩인도 본토로 송환돼 재판받을 수 있게 되는 것이었다. 실제 법안의 내용은 국제적인 기준으로 볼 때 별다른 문제가 없었다. 하지만 많은 사람이 홍콩 정부를 신뢰하지 않았다.

이 문제를 바라보는 홍콩 시민들과 정부의 시각에는 큰 차이가 있었다. 이는 2015년 현지 서점 직원 다섯 명이 실종됐다가 나중에 중국에서 구금된 채로 나타난 사건 때문만은 아니었다. 2018년 말에는 내가 속한 외신 기자들의 작은 공동체에 충격을 준 사건이 발생하기도 했다. 《파이낸셜타임스》의 기자 빅터 말렛Victor Mallet이 친독립 정당 인사와 함께 행사를 주최했다는 이유로 홍콩에서 추방당한 것이다.* 더 중요한 것은 영국의 홍콩 점령 이후 지역 주민들이 합법적인 정부로 인정하는 효과적인 대표 기관이 존재하지 않았다는 것이다. 황색 진영은 송환법이 지역 자치를 위협하는 또 다른 침해라고 의심했다.

그리고 2017년 샤오젠화Xiao Jianhua 사건이 있었다. 억만장자 사업가이자 캐나다 시민권자인 그는 본토에서 부패 혐의로 기소됐다. 하지만 그는 홍콩 포시즌스Four Seasons 호텔의 고급 스위트룸에서 지내고 있었고, 누구도 그를 건드릴 수 없을 것 같았다. 그러던 어느 날 신원을 알 수 없는 한 무리의 남성이 호텔에 들어와 여덟 명의 여성 경호원을 제압하고 그에게 약물을 투여한 후 휠체어에 태워 데려갔다. 일반적으로 홍콩의 (매우 부유한) 경제 엘리트들은 본토 정치에 관여하지 않으려 노력해왔다. 하지만 그들도 이번 범죄인인도법안을 우려했다. 홍콩의 많은 '재벌'이 수많은 법을 어기며 부자가 된 것은 비밀이 아니었다. 친기업 성향의 섬유 업계를 대표하는 펠릭스 청Felix Chung 의원은 "우리가 중국에 공장을 세우기 시작했을 때, 많은 일들이 부패, 뇌물 수수 등의 특별한 방법을 사용해서 이루어졌다"라고 인정했다. 시진핑 주석은 2012년부터 중국에서 반부패운동을 벌여왔고, 이 당시 중국에서는 반부패 십자군전쟁이 한창이었다. 이런 상황에서 많은 재벌은 자신들의 처지가 위험해질 수 있다고 생각했다.[2]

하지만 3월 31일부터 시위를 계획한 것은 「민간인권전선」이었다. 홍콩의 극단적 민족주의적인 세력은 이 단체의 구성원을 '줘자우'로 간주했다. 2002~2003년 국가보안법 제정 반대 운동을 성공적으로 이끌면서 조직된 이 단체는 50개 시민사회단체와 노조가 결성한 대

- 수년간 브라질을 취재해온 나의 친구 조 리히Joe Leahy가 상파울루를 떠나 그의 자리를 대신했다.

규모의 합법 조직으로, 일찌감치 시위를 계획했다. 이들은 홍콩 시민들에게 익숙한 방식인, 작은 도시를 가로지르는 대규모 행진을 기획했고, 모든 이를 초대했다.3 몇 주 동안 준비하고 노력한 끝에 첫 행사에는 약 1만 명의 사람이 모였다. 그들은 4월 28일에 또 다른 행사를 계획했다. 더 많은 사람이 거리로 나왔고, 다시 한번 이 정치적 행진은 매우 품격 있고 우아하게 치러졌다. 그들의 노력이 열매를 맺었는지, '황색' 진영이 깨어나고 있었다. 캐리 람은 국민이 이 법안을 이해하지 못한다고 말했고, 정부는 우왕좌왕하다가 마침내 6월 12일을 입법회에서 법안이 통과되는 날로 정했다.「민간인권전선」은 6월 9일에 또 다른 시위를 계획했다.

그전에 「홍콩사무변호사회」Law Society of Hong Kong* 는 이 법안에 반대한다는 의사를 전달했다. 홍콩의 변호사들은 3일 뒤인 6월 6일에 침묵 시위를 벌이며 지지를 호소했다. 이는 그들의 이해관계에 맞아떨어지는 행동이었다. 그들은 국제무역의 중심에서 자신들의 역할이 사라진다고 느꼈기 때문이다.4 거의 10년 전 튀니지에서 그랬듯, 이 계층의 등장은 성장하는 운동에 전문적인 신뢰성을 부여했다.

그리고 정말로 시위는 커졌다. 6월 9일의 행사는 홍콩의 시위 방식에서 가장 전통적인 각본을 따라 진행됐다. 빅토리아Victoria 공원에서 정부 본부까지 평화로운 대규모 행진을 벌이는 것이었다. 놀랍게도 꽤 많은 사람이 모였다. 상공의 카메라에 100만 명의 시위대가 잡힐 만큼 많은 이들이 거리를 가득 채웠다. 규모 면에서 이 시위는 이제 1989년 베이징의 운동을 지지하는 도심 시위에 버금가게 됐다. 홍

---

* 홍콩의 변호사들을 대표하는 전문 단체로, 1907년에 설립됐다. 이 단체는 홍콩에서 활동하는 변호사들의 등록, 규제, 징계를 담당한다.

콩 시위가 언제나 그렇듯이, 시위는 질서정연하게 끝났고 대부분의 참가자는 집으로 돌아갔다.

하지만 한 무리의 사람들은 입법회 청사 주변에 모여 이제 무엇을 해야 할지 고민했다. 시위를 한 단계 더 격렬하게 진행해야 할 것인가? 아니면 이대로 그만둘 것인가? 자정이 넘은 시간에 시위하면 위법이라는 사실을 기억한 데릭 타이Derek Tai라는 젊은 철학과 학생은 자신들의 활동이 엄밀히 말해 불법이 됐다는 사실을 깨달았다. 당연히 경찰은 그에게 이제 집에 가야 할 시간이라고 말했다. 하지만 근처에 있던 친구들이 도움을 요청했고, 그는 공간을 확보하기 위해 금속 난간을 밀며 시위대에 합류했다. 그때 경찰이 뒤에서 그를 낚아챘고, 그는 큰 충격을 받았다. 그날은 물론이고 그의 인생에서 경찰과 충돌한 적이 없었기 때문이다.

경찰서에서 데릭은 경찰관 중 한 명과 이야기를 나누었는데, 그 경찰관도 그날 어떤 종류의 충돌도 예상하지 못했다고 말했다. 경찰관은 그들이 겁을 먹고 과잉 반응을 보였다고 인정했지만, 데릭은 크게 문제 삼지 않았다. 그는 경찰이 헬멧도 가져오지 않은 것을 볼 수 있었다. 데릭은 평소 경찰과 아무런 문제가 없었다. 그는 경찰관의 이야기를 믿었고 그들과 사이도 나쁘지 않았다. 데릭은 자신의 사건이 곧 해결될 것이라 생각했다.[5]

6월 12일, 홍콩의 또 다른 젊은이들은 더 직접적인 전략을 쓰기로 했다. 그들은 입법회에 침입해 법안 상정을 막기로 했다. 시의회 의장은 사실 그날 예정된 독회*를 연기했지만, 수천 명의 사람들이 건물

---

* 법안이나 의안을 국회에서 공식적으로 검토하고 논의하는 절차를 말한다.

을 점거할 의도로 도착했다. 많은 이들은 이것이 타이완의 성공적인 2014년 '해바라기혁명Sunflower Revolution'*처럼 될 수도 있다고 생각했다. '타이완의회점령운동Occupy Taiwan Legislature'으로도 알려진 이 운동은 무역법안에 항의하며 타이베이 중심가의 정부 공간을 점거한 사건이었다. 하지만 이런 방식은 홍콩에서는 상당히 새로운 전략이었다.

홍콩의 분위기는 무언가 달라진 듯했다. 5년 전 '우산혁명' 때와 비교하면 확연히 달라졌고, 심지어 불과 몇 달 전인 3월부터 시작된 대규모 시위 후로도 눈에 띄는 변화가 있었다. 이제 홍콩에는 '무대'가 없었고, 계획된 점거를 지휘하는 지도자도 없었다. 젊은 주민들, 그리고 1989년부터 활동해온 진보적 운동가인 아우룽유처럼 그렇게 젊지 않은 사람들도 텔레그램 메시지를 이용해 온라인으로 미리 시위 계획을 조율하고 있었다. 경찰은 이들을 저지하기 위해 고무탄과 최루탄을 사용했다. 하지만 소용이 없었다. 그들은 건물에 진입해 회의 진행을 방해하는 데 성공했다.

스티븐 로Stephen Lo 경찰청장은 이를 '폭동'이라고 불렀고, 이는 즉각 분노를 불러일으켰다.6 활동가들은 이에 '시민불복종운동'이라고 반박했다. 그들은 6월 9일 시위에서 증명됐듯이, 대중의 폭넓은 지지를 받는 집단이 이 운동을 주도한다고 주장했다. 6월 15일, 캐리 람은 일종의 굴복을 선언했다. 그는 송환법을 폐기하지는 않았지만, 일시적으로 유예한다고 발표했다.

6월 16일에는 또 다른 대규모 행진이 있었는데, 이번 행진은 훨

---

* 2014년 3월 18일부터 4월 10일까지 23일간 타이완의 대학생들과 시민들이 중국과 '서비스무역자유화협정'을 맺는 것에 반대하며 타이완 입법원(국회)을 점거한 대규모 시위이다. 이 운동은 타이완의 민주주의와 경제적 자주권을 지키려는 청년들의 의지를 보여주었으며, 타이완 정치에 큰 영향을 미친 중요한 사건으로 평가된다.

센 규모가 컸다. 몇몇 추산에 따르면 그날 200만 명이 거리를 행진했다고 한다. 가장 낮은 추정치인 경찰의 추산으로도 약 35만 명이 참여한 홍콩 역사상 최대 규모의 시위였다.7 실로 엄청난 숫자였다. 홍콩 전체 인구는 어린이와 노인을 포함해 고작 750만 명이기 때문이다. 그날의 사건을 '민심의 표출'이라고 해석하는 언론인이나 역사가가 있다면, 그들의 주장은 충분히 설득력이 있을 것이다. 물론 수많은 개인의 다양한 의견을 하나의 목소리로 단순화할 수 있느냐는 별개의 문제겠지만 말이다. 최소한 두 가지 민의는 충분히 드러났다. 하나는 많은 홍콩인이 송환법 통과를 원하지 않는다는 것이고, 다른 하나는 많은 홍콩인이 6월 12일 홍콩 당국이 입법회에 모인 시위대를 대하는 방식을 못마땅해한다는 것이다. 캐리 람 행정장관은 홍콩 시민들에게 사과했다. 하지만 젊은 시민들은 여전히 활기찼고 운동은 여전히 추진력이 있었다. 그들은 송환법의 일시적 유예에서 멈추지 않을 것이었다.

영국에 거주하는 핀 라우Finn Lau는 다양한 시위 전략과 전술이 논의되는 온라인 포럼인 LIHKG에서 활동했다. LIHKG는 종종 미국의 우익 성향 남성 중심 포럼인 레딧Reddit과 비교되곤 한다. 하지만 LIHKG는 많은 홍콩 사람이 사용하는 '단순한' 광둥어 사이트였다. 물론 이 사이트 역시 우익 성향과 남성 중심적인 경향이 있었지만 말이다.8 6월 초 런던 시위에 참여한 핀 라우는 홍콩 의원들에게 압력을 가하려는 국제적 노력을 조직하기 시작했다.

그는 LIHKG 포럼에서 활동할 때 절대 실명을 사용하지 않았다. 대신 모든 글의 끝에 '람차오攬炒'라는 서명을 남겼다. 이는 '함께 망하자'는 뜻의 광둥어 표현으로, 포커에서 모든 것을 걸고 승부를 내는 전략에서 유래했다. 광둥어로 직역하면 '함께 타버리기' 또는 '상호확증파괴'를 뜻한다. 한 게시물에서, 그는 영어 번역을 삽입한 이미지를 게시했다. 거기에는 "우리가 불타면 당신도 불타게 된다If we burn, you burn"라고 적혀 있었는데, 이 문장은 영화 「헝거 게임」에서 가져온 것이었다.* 그의 게시물 중 하나가 예기치 않게 퍼져나가면서, 그는 포럼에서 어느 정도 명성을 얻게 됐다. 그는 텔레그램에서 국제적인 행동 그룹을 결성하기 시작했다.

나중에 핀 라우에게 2010년대 초에 시작된 전 세계적인 시위의 물결이 사실 튀니지에서 분신한 한 남자에서 시작됐다는 사실을 알고 있었는지 물었다. 그는 당시 겨우 열여덟 살이었고, 아랍 세계에 관심이 없었다고 답했다.9

홍콩에서는, 다시 부활한 '레넌의 벽'까지 걸어가서 그곳에 게시된 링크를 통해 텔레그램 시위 그룹에 참여할 수 있었다. 또는 홍콩 시위에 참여한 많은 이들이 그렇듯이 애플Apple의 제품을 가지고 있다면, 지하철에서 에어드롭 기능을 켜고 시위와 관련된 메시지를 받을 수 있었다.10 이것은 홍콩 시위가 2014년보다 훨씬 더 탈중앙화된 여러 가지 방식 중 하나였다. 홍콩 시위는 점점 우익 성향이 강해졌을 뿐만 아니라, 레닌주의 운동과 정반대되는 모습을 보였다. 텔레그램 그룹에는 '투표' 기능이 있어서 전술과 관련한 임시 투표를 할 수 있었고, 사람들은 자신이 원하는 대로 행동했다. 러시아혁명 지도자가 규율과 비밀에 집착했다면, 홍콩에서는 경찰을 포함한 홍콩 시민 누

---

* 영화 「헝거 게임」에서 주인공 캣니스가 한 "우리가 불타면 당신도 우리와 함께 불타게 될 것이다If we burn, you burn with us"라는 대사는 억압적인 정부에 저항하는 의지를 나타낸다. 이 문구는 단순한 위협이 아니라 모든 사람의 운명이 연결돼 있음을 강조하며, 억압자들에게 그들의 행동이 결국 자신들도 옭아맬 것이라는 경고를 담고 있다.

구나 '레넌의 벽'에 가서 시위 조직에 참여할 수 있었다.

6월 21일로 예정된 (「민간인권전선」이 아닌 '지도자 없는' 온라인 커뮤니티와 신문사 《애플데일리Apple Daily》의 후원으로 열리는) 다음 시위를 앞두고 홍콩의 문화에는 없던 새로운 전략이 등장했다.11 "물이 돼라!"라는 대사는 배우이자 무술 영화의 큰 별인 이소룡李小龍이 도교의 대가 노자老子의 가르침에서 얻은 교훈을 표현한 것이었다. "마음을 비워라. 물처럼 형태도 없고 모양도 없는 존재가 돼라. 물은 흐를 수도 있고 부술 수도 있다. 그대여. 물처럼 돼라."12 특히 지금은 '진한 황색' 운동이라고도 불리며 여전히 거리에 섰던 헌신적인 황색 시위대에게 이 인용구는 그들이 고정된 태도를 취하지 않는다는 것을 의미했다. 그들은 예측 가능한 행진을 실행하거나 무언가를 '점령'하지 않을 것이었다. 대신 그들은 마치 물처럼 몰려들었다가 해산하기를 반복했다. 그들은 도시의 주요 건물을 폐쇄하는 데 성공하기까지 온종일 도시 곳곳에서 마치 파도처럼 모였다 흩어졌다를 반복했다. 그런 다음 그들은 떠났다. 이렇게 사라지는 마지막 전술을 '함께 떠나기'라고 불렀는데, 경찰이 나타나서 진압할 준비를 마치면 시위대는 사라져버렸다. 이 방식은 평소처럼 경찰의 업무를 방해하는 데는 효과적이었지만 경찰에게는 매우 허탈한 일이었다.13

6월 말, 시위대는 자신들의 대의를 위해 얼마나 많은 돈을 모을 수 있는지 분명히 보여주었다. 그들은 수백만 홍콩 달러를 모금한 후 《뉴욕타임스》, 《가디언》을 비롯한 세계 여러 주요 신문에 전면 광고를 게재했다. 2014년 후 중국 정부를 바라보는 미국 정부의 태도는 바뀌었고, 도널드 트럼프 대통령이 중국과 무역전쟁을 벌이면서 중국은 이제 분명한 미국의 경쟁자가 됐다. 미국 정부가 시위대를 지원하고 있었지만, 시위대는 큰 어려움 없이 현지의 지지자들에게 많은 돈을 모금할 수 있었다.14 「민간인권전선」의 최초 조직자 중 한 명인 윙익모Wong Yik Mo는 모금액의 규모가 너무 커서 걱정이었다. 엄청난 에너지, 엄청난 자원, 엄청난 용기가 있었지만, 이 모든 것을 구체적인 성과로 전환하기 위한 명확한 전략은 없었다. 대중적이고 광범위한 운동은 이제 과거가 됐고, 더욱 급진적인 소수가 열정적으로 활동하지만 권력자들과 협상할 능력도 의지도 없었다.

7월 1일은 홍콩이 중화인민공화국의 일부가 된 날이기 때문에 항상 시위가 벌어지는 날이다. 캐리 람은 새벽에 국기 게양식에 참석할 예정이었다. 하지만 보안팀에서 안전하지 않다고 판단해 그는 참석하지 못했다.

오전 중반경에 누군가 홍콩 시내에 중국 국기와 매우 다른 깃발을 펼쳤다. 시위대가 점거한 하코트Harcourt 거리에 핏빛 붉은색의 대형 현수막이 걸렸다. "If We Burn, You Burn With US"라는 문구가 적혀 있었다.15

다섯 가지 요구 사항과 세 개의 손가락

7월 1일 늦은 오후 수십만 명이 넘는 이들이 행진에 나섰다. 6월 12일 행진보다는 규모가 작았지만, 여전히 많은 인파가 모였다. 그리고 밤이 되자 시위대는 다시 한번 입법회 건물로 향했다. 이번에는 공식적이고 압법석인 야당인 범민주파 의원 몇 명을 제외하고는 건물이 무방비 상태로 방치돼 있었고, 이들이 최전방 시위대에 멈춰달라고 요청했다. 시위대는 그들을 밀고 지나갔다.16

검은 옷을 입고 건물에 진입하려는 이 시위대는 이제 대의를 확장했다. 더 정확히 말하면, 그들은 이제 '5대 요구 사항'을 제시했다. 그 내용은 다음과 같다.

1. 범죄인인도법안을 공식 철회할 것.
2. 6월 12일 시위대를 '폭도'로 규정한 것을 취소할 것.
3. 체포된 시위대를 사면할 것.
4. 경찰의 행동을 독립적으로 조사할 것.
5. 선거를 통해 행정장관과 입법회 의원을 선출할 것.

누가 이런 요구를 생각해냈을까? 이 내용은 온라인 토론 중 나온 것으로 보인다. 시위에서 요구할 주요 결정 사항은 텔레그램 채팅방과 LIHKG 포럼에서 집단지성을 통해 만들어졌다. 이는 결과적으로 온라인 네트워크에 익숙하거나 젊은층 사이에서 영향력 있는 이들이 거리 시위의 방향을 이끌게 됐다는 뜻이다. 이들은 아마도 지난 6월 15일 35세의 마르코 렁 링킷Marco Leung Ling-kit이 사망하기 전 들고 있던 현수막에 새겨진 다섯 가지 주장에서 영감을 얻었을 것이다. 그 후 몇 주 동안 지지자들의 성향이 바뀜에 따라 요구 사항의 성격도 약간씩 바뀌었다.[17]

이 요구 사항들은 1968년 파리에서 유명해진 '불가능한 것을 요구하라'는 오래된 전략의 일환이었을까? 즉 저항을 더욱 급진적으로 바꿔 혁명적 단절로 몰아가려는 것이었을까? 또는 정부가 양보할 경우 평화적으로 시위를 해산할 수 있는 신뢰할 만한 계획이 있었나? 아니면 캐리 람이 일부 대표들을 불러 타협점을 찾을 수 있을까? 이러한 질문에 답이 있었을 수도 있지만, 행정부는 이를 알지 못했다. 그러나 이제 '용감한 사람들the Braves'로 불리게 된 최전선의 시위대가 시와 정부에 압력을 가하기 위해 무엇을 할 것인지, 즉 시와 정부에 어떤 대가를 치르게 할 것인지는 분명했다.

몇 차례의 혼란스러운 토론과 투표 시도가 있고 난 뒤, 수많은 시위대가 입법회 건물에 난입했다. 건물 안으로 들어온 시위대 중 일부는 물건을 부수기 시작했고, 다른 일부는 벽에 낙서를 남겼다. 그리고 그들 중 몇몇은 영국에 속해 있을 때 도시에 휘날리던 식민지 시대의 깃발을 펼쳤다. 당연히 이 사건은 많은 언론의 주목을 받았다.

결국, 캐리 람은 법안이 보류된 게 아니라 취소됐다고 확인해주었다. 하지만 법안은 이제 더는 시위의 원인이 아니었고, 7월 21일에 더 큰 규모의 시위가 벌어졌다. 이 시위는 「민간인권전선」이 주최했고, 경찰은 이들에게 어느 정도까지는 행진할 수 있는 합법적인 권리를 부여했다. 행진이 허락된 지점의 끝에 다다르자 경찰은 물러섰고, 시위대 중 상당수는 계속 행진해 수천 명이 중앙인민정부 주홍콩연락판공실에 도착했다. 이곳은 홍콩에 위치한 베이징 권력의 중심지이다. 그들은 건물에 달걀을 던지고 벽에 스프레이 페인트로 낙서를 남겼다. 누군가는 "5대 요구에 응답하라"라고 적었고, 다른 누군가는 "공산당은 물러가라"라고 썼다. 그리고 반중 비속어인 "치나, 엿 먹어 Fuck Chee-na"라는 낙서도 있었다.

1989년 톈안먼 광장 연대 운동에 참여했고, 「세계무역기구」에 반대하는 전 세계 시위대와 함께 조직을 꾸렸으며, '우산운동'의 시작부터 함께했던 좌파인 아우룽유는 이 모습에 깊은 슬픔을 느꼈다. 그는 홍콩의 본도 사람들과 함께 투쟁하지 않고 중국과의 싸움을 시작한다면 곧바로 패배하리라는 것을 알고 있었다. 아무리 정당한 대의명분이 있다 해도 중화인민공화국과 공개적으로 분쟁을 시작해서 이길 수는 없었다. '한 도시에서의 혁명'이라는 개념은 정치사에서 그다지 중요한 위치를 차지하지 않았고, 그 누구도 이곳에서 어떻게 그 혁명이라는 것이 작동할지 알 수 없었다.[18] "그것은 너무, 너무 멀리 나간 행동이었습니다"라고 그는 말했다. '치나'는 가벼운 모욕의 단어가 아니었다. 일본 제국주의가 중국을 정복하고 국민을 학살할 때 사용한 용어이다.

아우룽유는 또한 이런 종류의 저항운동, 즉 흩어진, 무정형의('물이 돼라'), '지도자 없는'—브라질 사람들은 이를 수평주의 운동이라고 부를 것이다—봉기는 결국 외부 세력이 봉기에 의미를 부여하는 결과를 초래할 것이라는 점을 알고 있었다. 외부 세력은 이 봉기를 대표하는 이미지를 골라낼 수 있었다. 중국 언론이 수억 명의 중국인에게 이 그림을 보여주고 홍콩의 시위대를 단순히 반중 성향의 인종차별주의자인 부유한 아이들의 집단으로 묘사하는 것은 아주 쉬운 일이었다.

실제로 가장 외국인을 혐오하는 사람들(분명 인종차별적인)과 '무대금지'를 가장 크게 외치는 사람들 사이에는 겹치는 부분이 있었다. 특히 유명한 홍콩 본토주의자인 에드워드 렁Edward Leung은 "홍콩을 되찾자, 우리 시대의 혁명이다"라고 외쳤다. 이 구호는 2019년 하반기에 거리에서 울려퍼졌다. 하지만 이 혁명이 어떻게 진행될지, 누가 이 혁명을 수행할지는 분명하지 않았다. 아우룽유는 이런 구호들은 사람들을 흥분시키고 피를 끓게 만들었지만, 실제로는 "우리가 불타면 당신도 불타게 된다"는 말과 같을 뿐이라고 걱정했다. 이 구호들은 혼란을 극대화하고 이것이 긍정적인 결과를 가져올 수 있기를 바라겠다는 태도를 보여주는 것이었다. "보도블럭 아래 해변이 있다"[19] 와 같았다. 그리고 1990년대부터 파업을 조직해온 「홍콩직공회연맹Hong Kong Confederation of Trade Unions」의 수장 멍시우탓Mung Siu Tat은 무조직의 폭압에 경각심을 갖기 시작했다. "실제로 어떤 사람들은 결정을 내리고 있었지만, 그들에게는 그렇게 할 권한이 없었습니다. 자발성이라는 개념과 권한이라는 현실 사이에 큰 괴리가 있었습니다"라고 그는 말했다. 그는 '무대 금지', '깃발 반입 금지', '구호 금지'와 같은 지침은 사실상 규칙이라고 말했다. "그것은 규율이며, 어쩌면 그 어떤 공식적인 구조보다 더 '권위주의적'일 수 있었습니다."[20] 아우룽유는 이 상황을 이렇게 표현했다. "몇몇 용감한 사람이라고 불리던 시위 참가자들이 무대에 반대한다는 명목으로 사실상 지도자가 됐지만, 누구도 그들에게 책임을 물을 수 없었어요."[21]

같은 날 긴장을 높이는 또 다른 사건이 발생했다. 도시의 다른 곳에서 대중교통을 타고 나온 일부 시위대를 흰 셔츠를 입은 남성들이 몽둥이로 공격한 것이다. 그들은 분명 이 지역에서 활동하는 범죄조직인 삼합회 회원들로 보였다. 이들은 특히 젊은 사람과 검은 옷을 입은 사람들을 표적으로 삼았다. 그 결과, 45명이 다쳤다. 이 도시에 상당한 규모의 '청색'* 인구가 있고 많은 이들이 친베이징·친경찰 성향이라는 사실은 이미 모두 알고 있었지만, 이제 누군가 황색운동에 폭력적으로 반발하는 무리를 조직하고 있었다. 평판이 좋지 않은 지역 정치인이 이번 공격의 배후이며, 더 많은 공격이 발생할 수 있다는 소문이 돌았다. 홍콩의 상황은 점점 더 전쟁처럼 느껴졌다.

7월 26일, 시위대가 공항을 점거했다. 도시에 피해를 줘 언론의 관심을 끌기 위한 것이 목표였다면 이는 매우 효과적인 전략이었다. 전 세계 시민들은 밝은 소명이 켜진 홀에서 경찰과 청년들이 대치하는 모습을 지켜보았다. 폭력 행위를 포착하려고 카메라가 준비된 덕

---

* 황색운동에 반대하는 세력을 말한다.

분이다. 국제적인 허브 도시인 홍콩에 공항이 없어진다는 것은 상상도 할 수 없는 일이었지만, 당국도 눈에 잘 띄는 곳에서 시위대를 진압할 수는 없었다. 그러던 7월 28일, '진한 황색' 진영이 다시 사태를 악화시켰다. '성완전투battle of Sheung Wan'*에 많은 시위대가 '완전 무장'한 채로 나타났다. 그들은 '블랙 블록' 스타일의 옷 위에 노란색 안전모, 보안경, 그리고 방독면을 착용했다. '용감한 사람들'이라고 불리던 부유하고 강경한 시위대가 경찰과 교전을 벌이면서 거리를 부수고 돌을 던지거나 바리케이드를 쌓은 다음, 밤이 되면 '완전 무장'한 장비를 벗어 던지고 발각되지 않은 채 집으로 돌아가는 것이 일상이 됐다. 그들은 「헝거 게임」의 '세 손가락 경례' 외에도 「어벤져스」, 「스타워즈」, 「신세기 에반게리온」과 같은 글로벌 대중문화에서 영감을 받아 운동의 상징을 만들었다. 이 운동에 깊이 공감한 안토니 다피란Antony Dapiran은 "바리케이드 사회성sociality은 시위대에 정체성을 부여했고, 그들을 경찰과 일대일로 맞설 수 있는 응집력 있는 조직으로 만들었습니다. 시위대의 완전 무장이 제복이었다면, 이는 동시에 그런 의미에서 일종의 의상costume이었습니다. 일부는 의상에 점점 더 정교한 공연성을 부여하면서 디스토피아적인 종말 후 세계를 다룬 SF 영화에서나 볼 수 있는 세련된 멋스러움을 드러냈는데, 이는 시위가 일종의 코스프레가 됐다는 것을 의미합니다"22라고 말했다.

 이러한 공연성 덕에 평소 극렬 시위대가 아군으로 여긴 해외 언론의 많은 관심을 받았다.23 '성완전투'는 그 뒤 몇 주 동안 홍콩과 전

---

* '성완전투'는 2019년 7월 28일 홍콩 시위 과정에서 발생한 격렬한 충돌을 가리킨다. 이 날 시위대가 성완 지역에 모여 바리케이드를 설치하고 경찰과 대치했으며, 경찰은 시위대를 해산시키기 위해 최루 가스를 발사하는 등 강경하게 대응했다. 이 사건은 홍콩 시위가 점차 격화되는 과정에서 일어난 중요한 전환점 중 하나로 여겨진다.

세계 관객에게 친숙한 홍콩만의 새로운 시위 방식을 만들어냈다.

그러나 7월 29일, 베이징의 한 정부 대표가 놀라운 성명을 발표했다. 그는 초기 평화 시위가 효과적이었음을 인정했으며, 우회적이지만 분명하게 캐리 람을 비판했다. 만약 젊은이들이 「중국공산당」의 언어를 구사할 수 있었다면, 이는 중국이 협상할 의지가 있다는 표현이었고, 새로운 시작이 될 수 있었다. 하지만 중국과 홍콩의 정치 문화는 너무도 달랐고, 이는 1997년 후부터 계속해서 문제를 일으키고 있었다.[24]

홍콩의 지역 재벌인 지미 라이Jimmy Lai가 설립한 타블로이드 신문 《애플데일리》는 언론 중에서 현재 진행 중인 시위를 가장 적극적으로 지지했다. 2019년까지 수년 동안, 이 신문은 성차별적이거나 외국인 혐오적인 보도로 많은 활동가를 괴롭혀왔다. 이 신문은 고상한 정치 평론지가 아닌 저급한 대중 신문이었고, 나중에 밝혀진 바로는 미국 해군 정보부에서 일했던, 지미 라이의 사업 보좌관 마크 사이먼Mark Simon이 회삿돈을 유용해 미국의 우익 음모론에 자금을 대고 있었다.[25] 하지만 8월 초부터 이 신문은 총파업의 주요 대변인이 됐다.

「전미민주주의기금」으로부터 일부 자금을 지원받은 「홍콩직공회연맹」이 8월 5일 파업을 주도했다.[26] 노조에 따르면 홍콩 전역의 여러 부문, 특히 항공 업계에서 수천 명이 파업에 참여했다. 그 결과, 항공사들은 수백 편의 항공편을 취소해야 했다. 중국 당국은 파업에 참여한 직원의 본토 입국을 금지하겠다고 선언하며 대응했는데, 이는 홍콩 항공사 근로자에게는 실직과 다름없는 일이었다. 미국의 「공화당」과 연계된 재벌 소유의 신문사가 노동자들의 파업을 지지하는 일은 낯선 풍경이었지만, 2019년에 《애플데일리》는 바로 그 낯선 풍경의 중심에 있었다.

　이 다양하고 분산된 항쟁에 의미를 부여하는 데 관심을 가진 또 다른 집단이 있었다. 바로 워싱턴 DC의「공화당」의원들과 도널드 트럼프 행정부를 지지하는 언론매체들이었다. 그들은 마음만 먹으면 이번 시위가 실제로 반중 봉기였다는 증거를 찾을 수 있었고, 실제로 그렇게 했다. 그들은 이 사건을 세계 무대에서 미국의 도덕적 지도력을 확인하는 것으로 포장했다. 홍콩 시민 중 극소수만이 중국에서 독립하기를 원했고, 훨씬 더 많은 수가 중국 내 민주주의의 확대를 원했다. 성조기를 흔들거나 미국 대통령 사진을 든 시위대는 극소수였다.27 하지만 이러한 반중 시위의 이미지는 널리 퍼져나갔다. 핀 라우가 텔레그램에서 결성한 작은 그룹은 미국과 영국의 의원들과 협력해 홍콩 정부에 타격을 입히기 위해 노력하고 있었다. 미국 내에서 홍콩 시위를 가장 눈에 띄게 지지한 사람은 플로리다의「공화당」상원의원 마르코 루비오Marco Rubio였다. 그해 초 베네수엘라에서 쿠데타를 선동하려 했던 노골적인 반공주의자였던 그와 홍콩 시위운동 간의 교류를 많은 홍콩인, 특히 2014년부터 홍콩 시위를 조직하고 최전선에 선 '쥐자우'는 우려했다. 그들은 생각했다. 미국 정치인들은 실제로 홍콩을 돕고 싶었던 것일까, 아니면 중국을 나쁘게 보이게 하려는 것이었을까? 하지만 모든 사람이 이 문제에 어떻게 대처할 수 있을까? 투표? 핀 라우는 비공개 텔레그램 그룹에서 활동했고, 오랫동안 서방 언론의 사랑을 받아온 조슈아 웡은 루비오를 비롯해 다른 미국 의원들에게 국회에서 증언하기 위해 워싱턴에 갔지만 언론에서 보도한 바와는 달리 실제로는 누구도 대표하지 않았다.

　8월 13일에 있었던 또 다른 공항 시위에서 군중들은 중국 보통화

普通話*를 구사하는 두 명의 본토 출신 중국인 남성을 발견했다. 그들은 한 명을 구타하고 출국장으로 끌고 갔다. 본토인으로 보이는 또 다른 한 명은 자신이 언론인이라며 언론과 시위대에게 이렇게 말했다. "나는 홍콩 경찰을 지지합니다. 이제 나를 때려도 좋습니다." 그리고 시위대는 그가 말한 대로 했다. 그는 《환구시보環球時報》 직원으로 밝혀졌다. 이는 중국이 원하든 원하지 않았든 선전선동용 승리였다. 홍콩이 이제 반중 폭동의 지배를 받고 있다는 증거가 될 수 있었기 때문이다.[28]

람 장관은 9월 4일 송환법을 공식적으로 철회했다. 하지만 시위는 계속됐다. 물론 이는 '5대 요구 사항'에 관한 것이었지만, 이전에 보통 선거를 지지했던 홍콩 지방정부의 많은 구성원은 이제 이러한 시위의 배후에 홍콩과 중국 전체를 불안정하게 만들려는 국제적으로 조직된 노력이 있는 것 아닌가 하는 우려를 하게 됐다.[29]

9월 8일, 많은 이들이 미국 영사관으로 행진하며 워싱턴에 홍콩 지방 정부를 처벌하는 법안을 통과시켜 달라고 요구했다. 이제 시위대는 6월과 7월 거리 시위에 참여한 군중보다 본토주의자들일 가능성이 더 높았다.[30] 베이징 당국이 당시 어떤 결정을 내렸는지는 알 수 없다. 만약 그들이 아무것도 하지 않은 채 해가 지날수록 운동이 에너지를 소비하고 지지를 잃도록 내버려두기로 했다면—현재 많은 홍콩인이 중국이 그렇게 했다고 믿고 있다—그것이 효과적인 전략이었을 수도 있다. 6월의 대규모 행진에 참여한 많은 이들은 시위대가 너무 멀리 갔다고 느끼고 있었다.[31]

---

* 중화인민공화국의 공용어이자 표준 중국어이다. 베이징 방언을 기초로 북방 방언의 발음 체계를 채택하고, 현대 백화문白話文을 문법 규범으로 삼아 표준화된 언어로, 중국 전역에서 공식적인 의사소통과 교육, 방송 등에 사용되며 국제적으로도 '중국어'로 인식되는 언어이다.

핀 라우가 "우리가 불타면 당신도 불타게 된다"를 생각해냈을 때, 그는 중국이 홍콩처럼 중요한 도시에서 일어나는 혼란을 용납할 수 없으리라 생각했다. 하지만 그는 자신이 틀렸음을 깨닫기 시작했다. 중국은 분명 그렇게 할 수 있었고, 실제로 그렇게 했다. 2019년에도 홍콩 사람들은 본토 사람들보다 평균적으로 훨씬 더 부유했지만, 홍콩의 경제 규모는 이제 중국 정부에게 몇 달간의 소요는 충분히 견딜 수 있을 만큼 작았다.

30년이 지났다

2019년 10월 7일, 산티아고 국립중고등학교의 학생들이 산티아고의 지하철역을 목표로 시위를 벌였다. 브라질 사람들은 이를 카트라카수스catracacos라고 부르지만 칠레 사람들은 단순히 살탄도 토르니케테스saltando torniquetes*라고 부른다. 이들은 개찰구를 막고 뛰어넘으며 대규모 요금 회피를 유발했고, 곧 경찰과 충돌했다. 이들은 약간의 지하철요금 인상에 항의하고 있었다.

그들은 "회피하고, 요금을 내지 말자. 새로운 방식의 투쟁이다!"라는 구호를 외쳤다.

산티아고 국립중고등학교는 유서 깊은 명문 고등학교로, 정치적으로 활동적인 학생회가 미국의 후원을 받은 피노체트 독재 이전과 도중, 이후에 펼쳐진 칠레 역사에서 종종 중요한 역할을 해왔다. 이

---

* 카트라카수스는 포르투갈어, 토르니케네테스는 스페인어로 각각 개찰구라는 뜻이다. 카트라카수스와 살탄도 토르니케테스는 지하철요금을 지불하지 않고 개찰구를 넘어가는 행위로, 요금 인상에 저항하는 의미의 시위 방식이다.

러한 학생들이 최전선에 서 있는 시끄러운 시위는 당연히 독재의 유산, 즉 신자유주의를 거부하는 봉기로 발전할 수밖에 없었다. 하지만 칠레의 젊은이들은 2011년부터 또 다른 대규모 시위를 조직하려고 노력해왔다. 카밀라 바예호, 가브리엘 보리치, 지오르지오 작슨, 카롤 카리올라 등 2011년의 학생운동에서 가장 유명한 지도자들은 2013년 선거에 출마하기로 한 이래 여전히 의회에서 제도권 정치인으로 활동하고 있었다.

당시 대통령인 세바스티안 피녜라는 지우마 호세프와는 확실히 달랐다. 그는 투쟁을 통해 정치 경력을 쌓은 사람이 아니었다. 피녜라 정부의 구성원들은 생계를 위해 일하고 대중교통비를 내는 것이 무엇을 의미하는지 이해할 수 있는 사람들이 아니었다. 경제부장관은 출퇴근 시간대 인상된 지하철 요금(30페소)*을 피하고 싶다면 오전 7시 이전, 즉 출퇴근 시간대를 피하면 된다고 말해 많은 사람들을 충격에 빠뜨렸다.

대통령은 국민이 피노체트를 권좌에서 쫓아낸 뒤 처음으로 '비상사태'를 선포하고 통행금지령을 내리며 군대를 거리로 불러들이는 식으로 시위에 대응했다. 그는 칠레가 "강력하고 끈질긴 적과 전쟁 중"이라고 말했다.32

언론이 그러듯 약간 과장을 허용한다면, 칠레 국민이 이 개입을 명백히 거부했다고 말해도 무방할 것이다.

시민들은 한꺼번에 거리로 쏟아져 나와 대통령에게 노골적으로 저항했다. 칠레 국민은 피녜라가 고등학교 학생들에게 '전쟁'을 선포했다는 사실에 충격을 받았다. 그들은 피녜라가 독재정권과 함께 묻

---

* 당시 환율로 약 40원이다.

혔어야 할 가혹한 조치들을 다시 꺼내 들었다는 사실에 두려움을 느꼈다. 정부의 탄압은 "거의 하루 만에" 이 작은 학생운동을 "전국의 도시가 각성하는 계기"로 만들어버렸다.33 언론은 곧 이것을 폭발, 즉 사회폭발estallido social이라고 불렀다. 이는 팽창한 풍선이 큰 소리로 터지면서 내용물이 대기로 쏟아지는 것과 같은 방식으로, 일종의 사회적 '터짐'이 일어났다는 것을 의미한다.

페미니스트 단체들은 즉시 바케다노 광장Plaza Baquedano을 둘러싼 시위대를 지지하는 모임을 만들기 위한 행동에 나섰다. 바케다노 광장은 도심에 있는 거대한 광장으로, 구릉 지대의 부유한 교외 지역과 도심의 평지에 있는 노동자 계층 거주 지역의 경계를 나타내는 곳이었다. 2018년 시위의 물결이 일었을 때 결성된 「페미니스트 변호사모임Abogados Feministas」 회원들은 왓츠앱에서 신속하게 모임을 만들어 대응 계획을 세웠다. 바케다노 광장 근처에 살던 창립 구성원인 다니사 페레스 카세레스Danitza Pérez Cáceres는 상황이 얼마나 빨리 폭발했는지를 믿을 수 없었고, 흥분과 두려움을 동시에 느꼈다. 「페미니스트 변호사모임」은 2011년 우크라이나의 '유로마이단 SOS'와 2011년 이집트의 타흐리르 지원 트위터 계정이었던 @TahrirSupplies에 쏟아진 지원 요청과 같은 요구에 대응했을 뿐 아니라 (그 후 시위대가 존엄 광장Plaza de la Dignidad으로 명명한) 광장에서 시위대를 위한 법률 지원을 제공하기 시작했다.34

10월 25일, 칠레 역사상 최대 규모의 시위에 참여하기 위해 100만 명이 넘는 사람들이 거리로 나섰다. 노련한 활동가들뿐 아니라 한 번도 본 적 없는 시민들을 포함해 모든 종류의 시민들이 시위에 참여했다. 2019년이었기 때문에 청년들은 더는 페이스북에 접속하지 않았다. 수년 동안 페이스북은 수익성을 극대화하기 위해 서비스 알고리즘을 조작해 사용자에게 표시되는 게시물의 유형을 근본적으로 변경했고, 2011년부터 2013년까지 봉기를 주도한 그룹이나 토론이 더는 페이스북에서 생겨나지 않았다. 또한 중요한 점은 이 사이트가 노년층이 주로 사용하는 사이트가 됐다는 점이다. 대신, 시위의 의미는 인스타그램(지금은 페이스북이 소유한 또 다른 서비스)에서, 특히 공개적인 소통이 불가능한 이미지 기반 스토리 기능을 통해 전달되는 경우가 많았다.35

모순된 의견과 시위에 참여하는 상반된 이유의 수렁에서 몇 가지 구호가 빠르게 등장했는데, 이는 2013년 브라질의 거리를 점령했던 구호와 놀라울 정도로 유사했다. "나라가 깨어났다"고 모두 선언하기 시작했고 "(이 시위의 원인은) 30센타보가 아니라 30년이다"라고 외쳤다. 브라질의 "이것은 20센타보에 관한 것이 아니다"라는 외침과는 달리, 칠레에서 외친 구호의 의미는 확실했다. 30년은 좀 더 구체적인 것, 즉 독재가 종식된 뒤에도 칠레 국민에게 민주주의가 충분히 실현되지 못한 시대를 의미했다. 이 시기는 칠레가 아우구스토 피노체트로부터 충분히 멀어지지 않은 시기이기도 했다.

마야라는 자신의 눈을 믿을 수 없었다. 수도에 온 지 1년이 조금 넘었는데 갑자기 2013년에 자신이 속한 그룹이 일으킨 시위와 매우 유사한 대규모 시위의 한가운데 놓여 있었다. 하지만 상황은 더 나은 편이라고 그는 생각했다. 첫째, 여기에는 「무상대중교통운동」 조직이 필요하지 않았다. 시위를 언제 조직해야 할지, 언론에 어떤 말을 해야 할지, 단기간에 기하급수적으로 증가하는 압력을 어떻게 견뎌낼지 결정해야 하는 소규모 모임이 필요하지 않았던 것이다. 게다가 이곳의 대통령은 우파였나. 따라서 제도권 좌파의 어느 누구도 정부가 약해지는 것을 걱정하거나, 사태를 억누르려 하거나, 모험주의라며 젊은 활동가들을 공격할 이유가 없었다.

우울증에 시달리면서 브라질을 더 나쁘게 만들었다는 비난과 싸우며 지내던 그는 다시 한번 운동에 몸을 던졌다. 그는 직장과 돈 문제 그리고 일상사에 파묻힌 개인으로 존재하는 것을 다시 한번 멈출 수 있게 됐다. 그는 이 '사회폭발'에 몸을 던져 군중의 일부가 됐다. 성장하고 박동하며 현실을 재구성하는, 행복감 넘치는 거대한 사람들의 일부가 된 것이다. 말 그대로 역사의 일부가 됐다.

세바스티안 피녜라 대통령은 이번 봉기의 의미를 규명하기 위해 노력했다. 그는 10월 25일의 대규모 시위를 "행복하고 차분하고 평화로운 행진"이라고 부르며 "정치적 색채가 없는" 시위였다고 말했다. 그날 거리에 나선 모든 사람이 좌파가 아닌 것은 사실이다. 하지만 많은 이들이 그의 퇴진을 요구하고 있었다. 시위대는 여전히 신자유주의를 거부하고, 피노체트 독재를 거부하며, 그리고 피녜라 자신 혹은 처음 시위에 대응했을 때 보인 그의 자세를 거부했으며, 이 모든 것에 대한 거부는 '사회폭발'이 발생할 경로를 구성하고 있었다.

음악 그룹 '원사우전드기타스포빅토르One Thousand Guitars for Victor'는 아옌데 정부 시절의 노래를 부르기 위해 광장 근처에 모였다. 그들은 그 시절 유행한 노래 중 하나인 「평화롭게 살아갈 권리El Derecho de Vivir en Paz」를 연주하기 시작했다. 이 곡의 작곡가인 빅토르 하라Victor Jara는 칠레 국민이 사랑하는 민중 음악가로, 1973년 군사정권 초기에 고문을 당한 뒤 살해됐다. 사람들이 물밀듯이 모여들었고, 광장은 순식간에 인파로 가득 찼으며, 황홀경에 빠진 군중들은 하나 된 목소리로 '평화롭게 살아갈 권리'를 외치며, 이를 확인하고 또 요구했다.

그날 자카르타의 아파트에 앉아 있던 나에게까지 도달한 것이 바로 그 장면을 담은 영상이었다. 또 하나의 상징적인 이미지가 전 세계로 퍼져나갔다. 그것은 칠레의 시위 현장을 생생하게 담아낸 사진으로, 존엄 광장 중앙에 있는 동상 위로 수많은 사람이 올라가 칠레 국기를 흔드는 모습이었다. 이 사진은 소셜 미디어를 통해 끊임없이 공유되고 재게시되며 전 세계인의 주목을 받았다. 맨 위에는 수십 년 동안 투쟁을 이어온 마푸체Mapuche* 원주민의 깃발도 함께 흔들리고 있었다. 그리고 광장에서 울려퍼진 빅토르 하라의 노래 가사를 잘 들어보면 이는 단순히 경찰에게 시위대를 가만히 놔두라고 요구하는 내용이 아니었다. 베트남에서 살인적인 미국 제국주의에 맞선 호찌민과 그의 영웅적인 투쟁을 찬양하는 노래이다. 또한, 이 노래는 마치 운명을 예고하는 듯이, 빅토르 하라 자신의 생명을 앗아갈 바로 그 폭력을 고발하는 노래이자 매우 진지한 좌파 찬가이다. 이 노래가 담은 메시지가 피녜라에게 긍정적으로 작용하기는 어려울 일이었다.

전국 곳곳에서 카빌도cabildo라고 불리는 동네 모임이 생겨났다. 주민들은 정부를 향한 불만, 봉기의 의미, 앞으로 해야 할 일을 논의하기 위해 함께 모였다. 제도권 정치가들이 이런 조직을 구성하거나 계획하지 않았다는 점에서 이들은 '자발적'이고 유기적이었다. 카빌도는 수평적인 구조에 따라 자율적으로 운영됐으며 누구나 참여할 수 있었다. 그러나 이들은 지역 전통에 따른 대중의 권력에 기반을 두었고, 가장 초기부터 가장 활동적으로 참여한 사람이 조직했다. 따라서 참여자들은 다른 '사회폭발' 참여자와 마찬가지로 좌파 성향 혹은 페미니스트 성향이 강했고, 젊은 층이 많았다. 여기서 시민들은 현대 칠레의 일상적인 문제를 이야기했고, 더 헌신적인 활동가들은 여성을 대상으로 한 폭력을 줄이는 입법 제안이나 완전히 새로운 입법체제를 구축하는 것에 관해 이야기하기도 했다.

* 칠레의 대표적인 원주민으로, 오랫동안 자신들의 권리와 토지를 지키기 위해 투쟁해왔다. 19세기 말 칠레 정부에 의해 강제로 통합된 후에도 자치권과 토지 반환을 요구하며 지속적으로 저항해왔으며, 현재까지도 정부와 갈등을 빚고 있다.

그리고 '프리메라리네아primera línea'라고 불리는, 최전선에서 경찰과 적극적으로 전투를 벌이는 사람들이 있었다. 최루탄에 한쪽 눈을 잃기도 하고, 물대포를 맞거나 감옥에 끌려가는 사람들이었다. 이들은 지역의 저항 전통을 활용했는데, 특히 검은 스웨트셔츠를 입고 복면으로 얼굴을 가리는 '엔카푸차도encapuchado'* 즉 '복면 쓴 사람'이라는 인물상을 빌려왔다. 마야라의 친구인 알리시아Alicia라는 칠레의 무정부주의 페미니스트는 자신만의 니트 발라클라바**를 디자인했다. 검은색과 보라색 바탕에 꽃무늬가 있고, 구멍이 뚫려 있으며 목을 보호하는 디자인이었다. 그 덕에 그는 언론에서 '페미니스트 투쟁의 아이콘'으로 약간 명성을 얻었다. 최전선에서는 젊고 펑크적이며 반권위주의적인 이들이 중요한 역할을 했고, 실제로 거리에서 생활하는 미성년자들도 활동했다. 이들은 고아이거나 제도권으로부터 버림받거나 학대 속에서 값싼 마약을 복용하는 도시 빈민이었을 수도 있다. 그리고 극렬 축구 팬덤인 '울트라'도 있었다. 2011년 이후 다른 많은 대규모 시위에서와 마찬가지로 축구 팬덤은 거리 전투에서 실질적인 도움을 제공할 수 있는 규모와 배짱 그리고 배경을 갖추고 있었다. 하지만 키이우와는 달리, 피녜라가 최선을 다해 노력했는데도 칠레의 '사회폭발'은 여전히 좌파 지향적인 시위였다.

로미나 A. 그린 리오하Romina A. Green Rioja는 자신과 같은 페미니스트

---

* 칠레의 정치적·사회적 맥락에서 중요한 의미를 지니며, 특히 학생운동이나 노동자 시위에서 자주 볼 수 있는 모습이다.

** 머리, 목, 얼굴을 대부분 가리는 니트 소재의 모자 형태 의복으로, 원래는 방한용으로 사용됐지만 현재는 스포츠, 군사, 경찰 활동 등 다른 목적에도 쓴다. 특히 정치적 시위에서는 익명성과 저항의 상징으로 자주 활용된다.

역사가가 거리에 선다는 것이 어떤 느낌이었는지를 설명했다. "그것은 환희의 느낌이었죠. 마치 역사의 속도가 빨라지는 느낌이었어요. 그리고 모든 곳에서 정치가 일어나는 것 같았어요."36 다니사 페레스 카세레스Danitza Pérez Cáceres와 그의 동료들은 계속 일하며 사람들을 도왔다. 날들은 길었고, 모든 날이 서로 뒤섞여 기억 속 사건들은 어쩐지 모호해졌다. 그것은 현실 이상의 무언가가 되었다. 멈춰 서서 생각할 시간도, 두려워할 시간도 없었다.

봉기는 순식간에 일어났고 격렬했다. 한 달 만에 10여 명이 넘는 사람들이 목숨을 잃었다. 산티아고 중심부는 더는 저항의 현장이자 역사의 용광로 기능을 하지 못했다. 불은 오래 타오를 수 없었다. 다니사는 "매우 불안정한 상황이 연출됐고, 당국이 조치를 취하지 않을 수 없었어요"라고 말했다. 그는 부연했다. "도심이 파괴되는 상황은 긴박감을 불러일으키죠." 봉기를 지지하고 매일 참여한 일부 주민들조차 도심 아파트를 비워두고 친구나 친척들과 함께 시위의 영향권 밖에서 지냈다.37 구좌파의 시대에는 대부분의 사람들이 (고전적인 마르크스주의 분석에 따르면) 부르주아 국가의 주요 임무는 자본 축적의 조건을 재생산해 사업가 계급이 사업을 계속할 수 있도록 하는 것임을 알고 있었다. 그런데 이러한 조건이 붕괴된 것이다. 칠레 경제를 주시하던 이들이 볼 때, 안토파가스타Antofagasta와 산안토니오San Antonio 같은 항구 도시에서 부두 노동자들이 파업을 시작하면서 칠레의 무역 수지에서 수백만 달러가 유출되는 등 상황은 더욱 악화되고 있었다.38

국가의 대표로 선출된 의원들은 이 상황에서 벗어날 방법을 찾아야 했다. 11월 중순, 의회 지도자들은 한자리에 모여 밤이 깊도록 협상을 시작했다. 모든 정당이 참여한 것은 아니었지만―예를 들어 「공산당」은 불참했다―무언가를 해낼 수 있을 만큼은 충분히 모였다. 그들은 자신들의 기득권을 빼앗기지 않으면서도 시위대의 요구에 부응할 수 있는 무언가를 제공할 수 있었을까? 2011년부터, 그리고 그 훨씬 전부터 다양한 시민단체는 아우구스토 피노체트 대통령 임기 중 제정된 1980년 헌법을 대체할 새로운 헌법을 요구했다. 당연히 이 대의는 특히 좌파들의 숙원이었고, 8년 전 거리로 나선 학생 지도자 세대는 이 헌법 덕분에 그들의 요구가 종종 '보이지 않는 유리 천장'에 부딪히는 것을 깨닫고 있었다. 거리에는 다른 수많은 요구가 있었지만, 당시 새 헌법을 제정하라는 요구도 거리의 목소리에 포함됐다. 개헌은 종종 주민 모임인 카빌도에서 일어나는 대화의 대표 주제이기도 했다.

그래서 이 정치 대표들은 평화협정acuerdo por la paz을 제안할 수 있었다. 그들은 곧 새 헌법을 제정할지를 국민투표에 부쳐 칠레 국민이 정할 수 있도록 하자고 제안했다. 국민투표가 통과되면 유권자들은 제헌 의회에 참가해 헌법을 작성할 대표도 선출할 예정이었다. 이것은 정치계급과 거리 사이에 이루어진 합의가 아니었다. 사실 이것은 정치계급 내부에서 이루어진 거래였다.

2011년 세대의 좌파 중 유일하게 '자율주의' 급진주의자로서 기득권의 나머지 세력과 맺어진 협정에 서명한 사람은 전 학생 지도자 가브리엘 보리치였다.

나락 가다*

'광장'은 이 합의를 거부했다. 적어도 거리에서 봉기의 최전선 혹은 중심에 서서 이 시위의 의미를 소리 높여 외치던 많은 이들은 그 합의가 배신이라고 생각했다. 그 상황을 수평주의적으로 해석했을 때 이것은 권위주의적 행위였으며, 외부 행위자가 저항 세력에게 자신의 의지를 강요한 것이었다. 의회는 밤에 비공개로 회의를 했다. 아무도 실제로 시위를 시작한 사람들의 의견을 묻지 않았고, 여전히 목숨을 걸고 시위를 벌이는 사람들의 의견을 묻는 사람 역시 없었다. 분명한 것은 의회와 광장의 관계는 수직적이었고, 정치권은 그들을 대변하려 했다는 점이다. 2011년 마드리드의 태양 광장Plaza del Sol에서 "그들은 나를 대표하지 않는다"는 외침이 터져 나온 뒤, 적어도 10년 동안 벌어진 대규모 시위에서 이런 종류의 사건 전개는 절대 허용되지 않았다.

가장 큰 분열은 국가 재건 방식을 두고 일어났다. 많은 이들은 기존 정치세력과 협약하기보다는 국가의 미래를 결정할 새로운 회의 혹은 총회를 원했다. 이 시나리오에서는 칠레의 현 주권 권력을 해산하고 국민이 주체가 되어 새로운 정부를 구성하는 것을 상정했다. 실제 현 정부가 선호하는 길인 협약은 현 정부의 정당성을 인정하고 그

---

* 원서의 소제목은 최근 영미권에서 나타나는 '퇴출문화cancel culture'에 빗댄 '퇴출되다canceled'였으나, 우리 문화에서는 '퇴출문화'와 유사한 '나락문화'가 있어 이에 맞는 표현으로 수정했다. '퇴출문화'와 '나락문화'는 주로 유명인, 인플루언서, 연예인 등 대중의 주목을 받는 사람들을 대상으로 논란이 될 만한 발언이나 행동, 과거의 잘못 등이 드러났을 때 발생한다는 공통점이 있다. '퇴출' 혹은 '나락 보내기'는 소셜 미디어를 통해 빠르게 확산되며, 대중의 집단적인 반응으로 이루어진다. 이를 통해 대상의 이미지나 경력에 심각한 타격을 줄 수 있으며, 때로는 회복하기 어려운 상황에 처하게 만든다는 것도 공통점이다.

규칙에 따라 앞으로 나아갈 단계를 정하는 것을 의미했다. 마야라의 무정부주의 페미니스트 친구인 알리사를 비롯한 많은 반권위주의 좌파가 선호하는 해결책은 새로운 총회 혹은 국민회의를 소집하는 것이었다. 어떤 면에서 총회주의는 칠레의 언어로 '수평주의'에 가깝고, 이는 오랜 전통을 가지고 있다. 어느 정도냐면, 심지어 「칠레공산당」이 공식 문서를 통해 총회주의가 왜 함정인지 설명해두었을 정도이다.39

모든 사람이 '협약'과 '총회'의 철학적 차이에 주목하지는 않았다. 피녜라에게 분노를 표출하고 그가 계속 대통령직을 유지하는 상황을 받아들이지 않으려는 시위대가 많았기 때문이다. 이집트에서 그랬던 것처럼 가장 극렬한 참가자 중 일부는 폭동 자체가 혁명이며, 폭동을 확대해 칠레를 새로운 사회로 변화시킬 수 있다고 주장했다. 그리고 이들 중 많은 수가 가브리엘 보리치가 배신자라는 사실을 알고 있었다. 그는 특별한 분노를 불러일으켰다. 그는 2011년 봉기를 주도한 후 이를 이용해 정계에 입문한 뒤, 자신의 이름을 빌려 정권을 수립하는 데 이바지하는 심각한 배신을 저질렀다고 지탄받았다. 그는 이번 협약이 가능하게 하는 데 일조했고, 더 나쁜 것은 정치계급이 청년과 거리의 일부인 것처럼 위장할 방법을 제공했다는 점이었다.

다니사는 보리치에게 일어난 일을 설명하기 위해 최근 미국 디지털 문화에서 등장한 신조어를 사용했다. 다니사는 보리치가 '나락에 갔다canceled'고 했다. 처음에는 온라인과 미디어에서 일어난 일이지만, 33세의 이 정치인은 디지털로 빠르게 재생산되는 이 현상을 실제로 느낄 수 있었다. 어느 날 시내 공원 의자에 앉아 있던 그에게 한 무리의 칠레 사람들이 다가와 맥주를 쏟아붓고 쓰레기를 던지며 소리쳤다. "국민은 당신을 믿었어요!" 한 남성이 소리쳤다. "우리 모두 당신을 믿었다고요!"

다음 주민 집회는 예정대로 진행됐다. 그리고 광장을 지키고 경찰과 전투를 벌이기 위해 다시 '프리메라리네아'가 나왔다. 펑크족과 후드족은 협상을 하지 않았다.

그러나 카빌도의 비공식적인 지도자들은 시위에 나오는 사람들이 줄어들고 있다는 사실을 알아차리기 시작했다. 어떤 집회에서는 많은 이들이 협상안에 찬성했지만, 어떤 집회에서는 그렇지 않았다. 혹은 주민회의인 카빌도 내에 갈등의 원인이 없는데도 참석자 수가 줄어들고 있었다. 카빌도들은 자신들의 집단이 내린 결정을 두고 어떻게 해야 할지 몰랐고, 이제는 줄어드는 관심을 어떻게 해야 할지 몰랐다.[40] 그들은 2010년대 중반에 파올로 제르바우도Paolo Gerbaudo 같은 사상가들이 발견한 수평주의 관행에서 종종 발생하는 어려운 질문 중 하나에 직면했다. 누구는 구성원이고 누구는 구성원이 아닌지를 어떻게 결정할 수 있는가? 많은 노동자가 더는 참여하지 않는다고 해도 여전히 그들은 카빌도의 구성원인가?[41] 카빌도에는 정당성이 있나?

그리고 자본주의 경제를 운영하려는 사람들에게 더 중요한 것은 혼란이 잦아들고 거리에서 폭력이 줄어들었다는 점이다. 산티아고 시내가 여전히 약간 혼란스러웠고 사람들이 존엄 광장에 나와 여전히 시위를 벌이고 있었지만—내가 마지막으로 방문한 2022년에도 여전히 그랬다—다시 평소와 같이 경제 활동을 시작할 수는 있었다. 적어도 상황은 그런 방향으로 흘러가는 듯했다. 정치권은 2020년 새 헌법을 놓고 국민투표를 시행할 계획이었다. 세바스티안 피녜라는 11퍼센트의 지지율로 그해를 마감하게 되겠지만 여전히 대통령직을 유지했다. 다음 선거는 2년 후에나 치러질 예정이었다.

홍콩 당국은 10월에 과격한 시위대인 '용감한 사람들'이 얼굴을 숨기는 것을 막기 위해 '마스크 금지령'을 긴급히 시행했다. 캐리 람 정부는 당분간 평화협정이나 국민투표를 제안할 계획이 없었다.

이 운동은 이제 대규모 시위나 광범위한 조직이 아닌 개인이 주도했다. 남반구의 칠레가 여름에 접어들고 홍콩 사람들이 겨울이 다가오는 것을 느낄 때, 전 세계 언론은 전 세계를 뒤흔든 또 다른 시위의 폭발력을 따라잡지 못했다. 알제리에서 압델아지즈 부테플리카 Abdelaziz Bouteflika 대통령의 사임을 강하게 요구하는 봉기가 발생한 것이다. 내전 종식 후 일어난 시위 중 가장 규모가 컸다. 바그다드에서는 수백 명의 이라크인이 2003년 미국의 침공과 점령으로 만들어진 종파적 정치체제의 종식을 촉구했다. 이라크 정부는 시아파 민병대의 도움을 받아* 이를 진압했다.[42] 그리고 볼리비아에서는 선거 결과가 나온 후 대규모 시위가 일어났고, 군부는 좌파 에보 모랄레스를 합법적인 대통령으로 인정하지 않았다. 쿠데타 후 대중의 지지를 받지 못하는 우파 대통령이 국가를 장악했다.[43]

11월, 홍콩의 극렬 시위대인 '용감한 사람들'은 결국 '물이 돼라' 전략을 포기했다. 그들은 도시의 두 대학을 점거하고 내부에 벙커를 구축했다. 안토니 다피란은 폴리테크닉대학교 내부에서 본 상황을 다음과 같이 전했다. "연기를 뚫고 제2차 세계대전 양식의 방독면을 쓰고 활과 화살을 휘두르는 시위대가 나타났습니다. 이것은 이제 더 이상 시위나 폭동이 아니었습니다. 중세의 공성전이었습니다." 하지만 중국은 홍콩의 젊은이들보다 전쟁에 더 능숙했다. 현장에 있던 한 경찰관은 "식당에서 밥을 먹으면 계산을 해야 하는 것처럼, 법을 어

---

* 이라크 정부는 이제 이란과 우호적인 관계인데, 이는 이라크전쟁 당시 조지 W. 부시 대통령이 원했던 일이 결코 아니다.

기면 벌을 받아야 한다는 것은 상식입니다. 걱정하지 마세요. 여러분이 고집이 세다면 우리는 여기서 크리스마스까지 기다릴 수 있습니다"라고 말했다.44

워싱턴 DC에서 의회는 마르코 루비오 의원이 발의한 '2019년 홍콩 인권 민주주의 법안'을 통과시켰다. 이 법은 중국에 처벌을 가하는 것 외에도 홍콩이 이미 미국의 제재를 받는 국가에 제재를 가하는지 주기적으로 평가하도록 규정했다. 경험 많은 활동가인 아우룽유는 "홍콩 인권을 미국의 외교정책과 연계시키는 것은 인권을 조롱하는 것"이라고 느꼈다.45 핀라우 같은 홍콩인들에게 이것은 일종의 승리처럼 느껴졌다. 중국은 즉각 보복하겠다고 약속했다. 하지만 2019년 말, 미국 정부의 똑똑한 사람들에게 중국과 관련해 또 다른 걱정거리가 생겼다.

행복한 새 10년

2019년 12월, 과학자들은 중국 중부 우한에서 새로운 변종 코로나바이러스를 발견했다. 얼마 지나지 않아 중화인민공화국 당국은 질병의 확산을 막기 위해 시민들에게 실내에 머물도록 강제하기 시작했다. '봉쇄lock-down'로 널리 알려진 이러한 종류의 대응은 전 세계로 즉시 확산되지는 않았다. 하지만 곧 기존의 거리 시위는 쇠퇴하고 다른 형태로 변모하게 됐다. 지구상 대부분 지역에서 즉각적인 죽음의 위협이 대규모 시위에 참여하려는 광범위한 욕구를 대체하게 될 것이었다. 바이러스의 존재로 새로운 형태의 집회가 등장할 것이었다. 이 글을 쓰는 시점에도 대유행이 완전히 종식되지 않았으며, 이 대유행이 끝나면 상황이 어떻게 재편될지 묻는 것은 이 연구의 범위를 벗어난 것이다.

하지만 이 바이러스가 처음 확인된 해인 2019년의 이름을 따서 명명된 코로나19가 전 세계적인 논쟁의 물결을 얼어붙게 하기 전, 2010년 후 폭발적으로 증가한 대규모 시위는 이미 시위가 발생한 국가에 중대한 역사적 변화를 가져왔다. 이는 아프리카와 중동, 구 공산권 국가, 브라질 등에서도 그랬고 홍콩과 칠레에서도 마찬가지였다.

산티아고에서는 2011년부터 거리에서 활동해온 많은 젊은이(또는 더 이상 젊지 않은 사람들)는 개헌 국민투표가 그들이 원하는 방식으로 이루어지든 아니든 새해를 맞이할 수 있었다. 다니사를 비롯한 페미니스트는 항쟁의 가치에 더 부합하는 개헌안을 만들기 위해 뒤에서 싸웠다.

핀라우는 홍콩에서 새해 전야를 보냈다. 그는 여전히 런던에서 공부하고 있었지만, 해외에서 지원해온 운동에 참여하기 위해 12월에 귀국한 상태였다. 대학 점거는 최전선에 선 '용감한 사람들'의 대열에 큰 타격을 입혔다. 그는 여전히 '우리가 불타면'이라는 LIHKG 포럼의 서명으로 알려져 있다. 그의 신원이 밝혀진 적이 없었기 때문이다. 다음 날인 1월 1일 아침으로 예정된 시위는 불법으로 간주됐다. 하지만 그들은 시위를 취소하지 않았다. 새로운 10년의 첫날, 수백 명의 다른 사람들과 함께 핀라우는 체포됐다.

| 20

과거의 재구성

　티리리카는 광대로서 뛰어난 재능이 있었지만 역사를 바로 보지는 못했다. 2010년 선거운동을 하며 "이보다 더 나빠질 순 없다"고 선언했을 때, 그의 전략은 매우 강력한 메시지를 전달했고, 수백만 명의 인터넷 사용자가 그의 영상을 광범위하게 퍼뜨렸다. 하지만 누구든 정말 그렇게 생각했다면 그는 비극적일 만큼 착각한 것이다. 상황은 더 악화될 수 있다. 무바라크 정권을 대신해 더 잔인한 독재정권이 들어선 이집트에서는 상황이 더욱 악화됐다. 실패한 국가가 된 리비아의 상황은 확실히 더 나빠졌다. 「국제연합」에 따르면 2010년 리비아는 아프리카에서 인간개발지수가 가장 높은 국가였다. 2017년에는 아프리카의 노예무역이 충격적으로 부활하면서 인간이 수백 달러에 매매됐다.[1] 가장 광신적인 보우소나루 지지자 단체에 속한 소수만이 브라질이 2010년내 말에 상황이 더 나아졌다고 주장할 것이다. 2013년 6월 시위를 주최한 사람들의 관점에서 볼 때 브라질의 상황이 훨씬 더 나빠졌다는 것은 의심의 여지가 없다. 다른 나라들의 이야기를 통해 상황이 더 나빠진 예를 계속 들 수 있지만, 그렇게 우울한 이야기를 길게 할 필요는 없을 것이다. 분명한 것은 상황은 언제나 더 나빠질 수 있다는 점이다.

수년간 전 세계를 여행하며 이 책에 소개된 대규모 시위를 일으킨 사람들과 이야기를 나누고, 시위의 의미를 파악하기 위해 노력한 전문가와 정부 관계자들을 인터뷰하면서 나는 항상 그들이 어떻게 생각하는지 물어보곤 했다. 하지만 누구를 비난하거나 누군가의 실수가 있었다는 것을 입증하기 위해 그렇게 한 것은 결코 아니었다. 나와 대화를 나눈 대부분의 사람은 의도와는 상관없이 일이 끔찍하게 잘못될 수 있음을 잘 알고 있었고, 대화가 종종 어려워지기도 했다. 이 중 많은 이들이 지난 10년 동안 일어난 사건을 이해하려 노력하며 수년 동안 고통스러워했다.

나는 항상 이런 질문을 던졌다. "지금 전 세계 어딘가에서 자신의 인생을 건 정치적 투쟁을 통해 역사를 바꾸기 위해 싸우고 있는 10대 청소년과 대화할 수 있다면, 그들에게 무엇을 이야기하겠습니까? 당신은 시위를 하며 어떤 교훈을 얻었나요?"

이제는 너무 분명해서 더는 설명이 필요하지 않은 첫 번째 교훈은, 시위가 폭발한 뒤에도 역사는 계속 진행된다는 것이다. 혁명은 어려운 과정이며 단 한 번의 번개로 시작하고 끝나는 것이 아니다. 2010년대의 접근 방식은 트윗 한 줄로 요약될 수 있을 듯이 보였을 때가 너무 많았다.

1. 시위와 진압은 언론(소셜 미디어 및 전통적 언론)의 호의적인 보도로 이어진다.
2. 언론 보도로 인해 더 많은 사람이 시위에 참여한다.
3. 위의 내용을 거의 모든 사람이 시위에 참여할 때까지 반복한다.

4. ????
5. 더 나은 사회가 도래한다.

2011년 타흐리르 광장에서 싸우기 위해 나일강을 건넌 블로거 마흐무드 살렘Mahmoud Salem은, 영화 「반지의 제왕」에서 악의 제왕 사우론이 패배하는 마지막 전투 장면을 회상하며 약간의 쓰라린 역설과 함께 스스로 자신을 비하하는 위트를 보여주었다. 도대체 왜 그들은 무바라크가 무너지면 이 땅에서 모든 악이 사라질 것이라고 생각했을까? 루카스 '레굼' 몽테이루는 「무상대중교통운동」이 요금 인상을 성공적으로 저지한 뒤에 일어날 일을 전혀 준비하지 않았다고 말하며 미소를 짓다가 결국 자조 섞인 웃음을 터뜨렸다. 그들은 정말 중요한 사항을 빼먹은 것이었다!* 2019년 '용감한 사람들'과 함께 싸운 홍콩의 젊은이 테오는 그해 하반기에 그들이 취한 접근 방식을 아쉬워하며 후회한다.[2] 공개적인 대결에서 중국을 이길 수는 없었을 텐데, 그들의 최종 목표는 무엇이었을까? 역사는 끊임없이 앞으로 나아가는 초자연적이고 형이상학적인 성질을 가지고 있지 않다. 내가 속한 세대의 많은 사람이—그리고 나 역시 2010년대 초반에는 이러한 목적론적 사고방식에 빠져 있었다—단순히 약간의 자극이 가해진다면, 막혔던 것이 풀리며 역사는 결국 올바른 방향으로 움직인다고 생각했다. 역설적이게도 자유주의자, 사회주의자, 보수주의자, 무정부주의자 모두 '올바른 방향'을 다소 다르게 정의하더라도 생각은 그렇게

---

* 버락 오바마 전 대통령도 자신의 재임 기간 중 가장 큰 실수는 리비아에서 "다음날을 대비하지 못한 것"이라고 말한 바 있다. 그러나 세계 유일의 초강대국 정부라는 점을 고려한다면, 이는 신뢰하기 힘든 발언일 수 있다. 궁극적으로 미국이 실패한 국가를 기꺼이 받아들였다는 결론을 내릴 수도 있다.

했다.³ 하지만 건물을 불태운 사람에게 신은 다른 건물을 제공하지 않는다. 나무를 베면 곧바로 더 큰 나무가 자라지 않는다. 때로는 그루터기만 남을 수도 있다. 산업 사회가 점점 더 복잡해짐에 따라 '의도하지 않은 결과'가 의미하는 범위는 점점 더 커지고 있다. 자동차가 잘 작동하지 않는다고 해서 불을 지르고 더 좋은 차가 나타나기를 바라는 것은 바람직하지 않다.

현재 위치에서 원하는 곳으로 갈 수 있는 방법, 즉 더 나은 곳으로 가는 단계적 계획이 있어야 하고, 미리 준비된 계획이 아니라면 상황에 맞춰 신속하고 효과적으로 대응할 정교한 전략이 필요하다고 많은 사람이 이야기한다. 단순히 옳다는 것만으로는 충분하지 않다. 2019년 홍콩 시위대 중 일부는 마오쩌둥을 인용했다. "혁명은 만찬이 아니다"라는 마오쩌둥의 유명한 말은 포스터에 새겨져 도시에 나부꼈다. 따라서 나는 1989년 좌파이자 시위대 중 한 명이었던 왕후이가 중국 혁명가를 묘사한 방식을 인용하는 것이 부적절하다고 생각하지 않는다. "마오는 혁명의 의의를 옹호했지만 그 의의에 눈이 멀지는 않았다." 그는 썼다. "오히려 그는 이러한 정의감을 전략적 분석과 결합했다."⁴

이 책에서 나는 튀니지, 이집트, 바레인, 예멘, 튀르키예, 브라질, 우크라이나, 홍콩, 한국, 칠레에서 폭발적으로 일어난 열 개의 대규모 시위를 자세히 살펴보았다. '월가점령운동', 스페인, 그리스의 시위는 나머지 2010년대를 형성하는 데 중요한 역할을 했지만, 시위 자체가 해당 국가의 정치 구조를 뿌리째 흔들거나 제도적 파열을 일으키지는 않았다. 마찬가지로 시위가 세계 최대 무슬림 국가인 인도네시아의 정치를 바꾸었지만, 거리운동으로 체제 자체가 붕괴되지는 않았다. 다른 지역에서 일어난 대규모 시위가 리비아와 시리아에서 일어난 사건을 촉발하는 데 기여했지만, 무장 개입은 광범위한 시위만큼이나 시위의 결과를 결정하는 요인으로 작용하기 시작했다.

대규모 시위대의 요구 사항이라는 관점에서 시위의 결과를 본다면—나는 이러한 관점이 복잡하지만, 매우 중요하다고 생각한다—열 개 국가 중 일곱 개 국가는 실패보다 더 나쁜 결과를 경험했다. 요구 사항이 받아들여지지 않았을 뿐 아니라 상황이 악화됐다. 한국의 촛불혁명은 성공했다고 할 수 있는데, 우연히도 그 목표가 매우 명확하고 달성 가능한 것이었다. 나는 '유로마이단'은 일종의 무승부였다고 생각한다. '유로마이단'의 결과는 관점에 따라 성공과 실패가 섞여 있다. 우크라이나 민족주의를 정치의 중심에 다시 도입하고 러시아와 강제로 분리되는 것이 가장 중요하다고 생각한 사람들에게 2014년 후 몇 년은 일종의 승리로 느껴질 수 있다. 그리고 많은 이들이 나에게 정확히 그런 느낌을 받았다고 말했다. 그러나 '탈과두화'는 전혀 일어나지 않았고, 오히려 평범한 사람에게는 더 많은 기회가 주어지지 않았다.[5] 마이단 사태 후에도 우크라이나 사람들은 더 나은 삶을 위해 계속해서 다른 곳을 찾아 나섰고, 2014년부터 2020년까지 수백만 명이 우크라이나를 떠났다.[6] 2019년 12월 실시된 여론조사에서 응답자의 38퍼센트는 역사를 되돌릴 기회가 주어진다면 '유로마이단'을 지지하겠다고 응답했다. 하지만 여론조사 기관은 더는 크리미아반도, 도네츠크, 루한스크 주민들의 의견을 들어줄 수 없게 됐다.[7] 우크라이나가 '유럽'으로 향하는 길에서 수많은 우크라이나 사람들이 죽었지만, 세계 강대국들이 우크라이나에 부를 쏟아붓지는 않거나 침략으로부터 기본적인 안전조치 보장해주지 않는 현실은 변하지 않았다.

엘리트 정치·경제 권력의 수준에서 볼 때, '마이단'은 참가자들에게 우크라이나 민족주의의 옷을 입어야 하는 일종의 의자 놀이를 강요했다. 볼로디미르 이쉬첸코Volodymyr Ishchenko와 올레그 주라블료프Oleg Zhuravlev는 이러한 유형의 봉기를 '결핍된 혁명'이라고 부르며, 승리의 기쁨을 누리려면 봉기의 원래 목표 중 많은 부분을 잊어버려야 한다고 말한다.8 이런 일은 항상 일어나곤 한다. 우크라이나에는 분명 패자들이 있었다. 그들은 단지 야누코비치 정부 말기에 권리를 박탈당했다고 느낀 '블루' 우크라이나 국민이나 시위운동이 영향을 끼치지 못한 오데사 같은 곳의 사람들만이 아니다. 키이우 정치에서 우익 민족주의 이데올로기가 부상하고 우크라이나 정체성이 필연적으로 반러시아, 반공산주의로 확인되는 것을 일부 사람들은 자신이 속한 국가를 공격하는 것으로 받아들였다. 많은 이들이 나에게 정확히 그렇게 느꼈다고 말했다. 그리고 이런 증언들에는 내전으로 이웃이 몰살당하는 것을 지켜봐야 했던 돈바스 주민들의 목소리는 포함되지 않았다.

우크라이나의 주권을 침해하고 궁극적으로 크리미아반도를 침공하기로 한 결정은 분명히 블라디미르 푸틴이 책임질 일이다. 이는 그가 저지른 범죄이며 그 결과에 따른 책임도 그에게 있다. 하지만 그와 같은 사람이 없었다면 정치적 투쟁도 필요 없었을 것이다. 한 걸음 더 나아가 과감한 분석을 해보자면, 과연 다른 형태의 혁명이 가능은 했을까 하는 질문을 던져볼 수 있다. 일부 초기 참여자들은 키이우 봉기를 통해 아래로부터 이루어지는 경제 정의를 요구하는 저항 단체가 형성되기를 바랐지만, 결과적으로 보수 엘리트들이 조직화하며 하향식 문화혁명에 성공한 것에 놀랐다고 말했다.

일반적으로 나와 이야기를 나눈 사람들은 억압적인 세력이 억압적이라는 식의 분석에서 멈추고 싶어 하지 않았고, 단순히 적의 나쁜 행동을 탓하며 적을 비난만 하고 싶어 하지도 않았다. 그 모든 것이 사실이 아니라면 애초에 저항할 이유가 없었을 터였다. 그런 종류의 대답은 너무 쉬운 것이다. 나와 인터뷰한 많은 이들은 스스로 더 높은 기준에 맞추고자 했다. 칠레와 홍콩의 마지막 두 봉기는 아마도 가장 극명하게 다른 결과, 즉 미묘한 승리와 참혹한 패배를 가져왔을 것이다. 2020년 6월, 중국은 홍콩에 국가보안법을 도입했고, 이후 대량 체포와 많은 젊은이의 망명, 언론 탄압, 입법회 내 '범민주파'의 종식 등 '황색운동'이 요구한 것과는 정반대되는 일이 일어났다. 중국이 의무를 위반했다거나 국가 안보를 위태롭게 했다는 이유로 일부 의원의 자격을 박탈하자 나머지 반대파 의원들은 모두 사임했다. 그 후 친베이징 성향의 레지나 입Regina Ip 의원은 "우리의 민주주의 실험이 제대로 작동하지 않았기 때문에 앞으로도 오랫동안 보통 선거를 통해 행정 수반과 입법회 의원을 선출할 가능성은 없을 것 같습니다"라고 말했다. 그는 "범민주파가 사라진 지금, 우리는 훨씬 더 효율적이고 생산적으로 기능할 수 있게 됐습니다"라고 말했다.9

칠레의 상황도 매우 달라졌다. 2020년 10월, 유권자들은 국민투표에서 피노체트 치하에서 시행된 헌법을 대체하기 위해 제헌의회를 소집하고 새 헌법을 작성하도록 하는 안에 압도적으로 찬성했다. 그리고 세바스티안 피녜라를 교체할 시간이 도래했다. 2021년에는 2011년 학생 시위의 지도자로 2013년 의회 정치권에 입성하고 2019년 '평화협정'에 서명한 35세의 가브리엘 보리치가 대통령에 당선했다. 그는 "그동안 칠레가 신사유수의의 요람이었다면 이제는 신자유주의의 무덤이 될 것"이라고 선언했다. 보리치는 1차 투표에서 피노체트를 옹호하는 호세 안토니오 카스트José Antonio Kast 후보에게 뒤졌지만 결선 투표에서 56퍼센트 대 44퍼센트의 지지율을 기록하며 그를 물리쳤다. 보리치는 카밀라 바예호를 정부 대변인이자 총무장관으로 임명하고 아옌데의 손녀를 국방부장관으로 영입했다.

2022년, 나는 처음에는 평화협정에 서명한다는 가브리엘 보리치의 결정에 반대했지만 그 후 개헌 계획의 완벽한 지지자가 된 많은 이들을 만났다. 그들은 보리치가 잘했다고 생각하기로 마음먹은 듯 보였다. 이는 대규모 시위가 한창이던 지난 10년 동안 나타난 특정 투쟁 양상들이 만들어낸 역학 관계를 바라보는 중요한 시사점을 암시한다. 이 문제는 나중에 다시 살펴볼 것이다. 하지만 이는 또한 '사회폭발'의 절정기가 지난 후에도 페미니스트, 활동가, 그리고 여러 다른 칠레 시민들이 물밑에서 계속해서 노력한 결과이기도 하다. 지금까지 보리치 정부는 글로벌 사우스 국가 대부분이 겪은 사회민주주의 정부의 역사적 경험과 유사한 방식으로 '사회폭발'이 꾼 꿈을 실현하기 위해 고군분투하고 있다. 어쨌든 최소한 그들은 결국 집권했고, 기회를 잡았다. 보리치 정부가 실패하거나 우파의 반발을 불러일으킬 가능성도 충분하다. 어쨌든 불가피한 반격에 맞서 스스로를 방어하는 본격적인 혁명의 가능성을 제쳐두고 보자면, 권력을 쟁취하고 일을 시작하는 것 이상의 성과를 기대하긴 어렵다. 대중적 항의 시위만으로는 말이다.

호삼 엘-하말라위, 게하드를 비롯해 이 책을 쓰기 위해 나와 이야기를 나눈 이집트 출신 거의 모든 이들과 마찬가지로 마흐무드 살렘은 현재 외국에 살고 있다.* 카이로에 있을 때 나는 언론인으로서 살아가는 중 가장 억압적인 분위기를 느꼈다. 나는 어떤 비밀을 폭로하

---

* 수많은 자기비판이 쏟아지는 가운데, '샌드몽키'와 '3아라바위'는 2012년 선거를 거부하라고 요구한 것을 후회하고 있다.

거나 뉴스를 전하려고 한 것도 아니었지만, 공공장소에서 정치 이야기를 하면 나나 이집트 지인들이 체포될 수 있으니 극도로 조심하라고 모두가 말했다. 나는 친구의 친구를 만났고, 친구의 친구는 그 친구가 첩자일지도 모른다고, 사실 누구나 첩자가 될 수 있다고 내게 말했다. 그들은 첩자가 됐을지도 모를 사람들을 비난하지는 말라고도 했다. 그들도 자신의 의지에 반하는 행동을 강요받을 수 있다고 덧붙였다. 그리고 트럼프 미국 대통령이 시시를 "내가 가장 좋아하는 독재자"라고 불렀을 때, 그는 특유의 뻔뻔스러운 모습을 보이면서도 놀라울 정도로 솔직했다. 수도 카이로에서는 경찰이 길거리에서 시민을 멈춰 세운 후 휴대전화 속에 정치적 내용이 있는지 검열하고 감옥에 집어넣을 수도 있다. 카이로의 인권운동가인 호삼 바가트Hossam Bahgat는 최근 몇 년 동안 이루어진 정치 탄압이 이집트 역사상 그 어느 때보다 심각하다고 말한다. 그 이유는 무엇일까? 시시는 또 다른 2011년, 즉 또 다른 타흐리르 광장을 두려워하고 있는 것 같다. 이집트 지도자가 자신이 정권을 잡은 과정을 이해하고 있는지, 혹은 어떻게 이해하고 있는지는 분명하지 않다.

바레인에 있을 때 나는 감옥에서 나온 이브라힘 샤리프Ebrahim Sharif와 그의 집에서 점심을 같이할 수 있었다. 하지만 그가 고문의 위협을 받으며 강제로 입을 맞추어야 했던 수니파 군주의 사진은 여전히 그의 집안 곳곳에 걸려 있었다. 튀르키예의 이스티크랄 거리에서 이제 대부분 술은 금지됐고, '튀르키예 모델'과「유럽연합」가입의 꿈은 터무니없는 농담이 되었다. 우크라이나는 침략을 당했고, 예멘은 사우디아라비아가 주도한 봉쇄와 침공으로 타격을 입었으며, 심각한 기근으로 고통받고 있다. 코로나19 대유행 동안 내가 사는 상파울루 시내의 아파트 앞 동네는 세상의 종말을 다룬 영화의 한 장면처럼 보였다. 10대 청소년 갱단이 살아남기 위해 도적질을 했고, 거리에서 노숙하는 가족들은 추위를 피해 거대한 쓰레기통을 태우며 손과 몸을 녹이고 버려진 국수를 데우고 있었다. 2012년 내가 처음 공화국 광장으로 이사왔을 때만 해도 상상할 수 없던 장면이다. 2022년, 《폴랴지상파울루》 블로그의 주요 기고가 중 하나인 내 친구 돔 필립스는 아마존을 취재하던 중 살해당했다. 보우소나루는 필립스의 사망은 그가 자초한 일이라며 피라냐가 그의 시신을 먹었을 수도 있다고 말했다. 튀니지에서 나는 모하메드 부아지지가 분신하기 전에 일한 시장과 낙관적인 혁명의 시절 순교자가 된 부아지지가 묻힌 시디 부지드 외곽의 그의 무덤에도 다시 가보았다. "저는 그를 알았어요. 그는 좋은 사람이었어요. 하지만 이 혁명은 튀니지 국민에게 도움이 되지 않았어요. 튀니지는 한 발짝도 앞으로 나아가지 못했죠. 오히려 퇴보했습니다." 이스마엘 아울드 나세르Ismael Awled Nasser가 말했다.[10] 또 과일을 팔며 어떻게든 살아가려고 고군분투하는 친절한 여성들에게서도 비슷한 말을 여러 차례 들었다. 그의 무덤 근처에서 만난 몇몇 현지 청소년들은 예의를 차리지도 않았다. "모하메드 부아지지, 명복을 빌어요. 하지만 다들 그를 싫어해요."

하지만 앞서 말했듯이, 이 책의 핵심은 지난 10년간의 대규모 시위가 잘 풀리지 않았다는 사실에 주목하는 것이 아니다. 왜 그렇게 됐는지를 이해하자는 것이다.

나는 그 질문을 마야라 비비안과 페르난두 아다지에게 던졌다. 21세기 초, 신자유주의적 세계화의 시작을 바라보는 두 사람은 공식적으로 매우 다르게 대응했고, 2013년에는 상파울루 거리에서 대결을 펼쳤다. 「무상대중교통운동」에 관해 이야기할 때면 아다지는 여전히 의자에 꼿꼿이 앉아 팔짱을 낀 채 눈에 띄게 화를 낸다. 2013년 6월의 사건이 있은 지 9년이 지난 지금, 두 사람에게 당시 사건에서 무슨 교훈을 얻었는지 무엇인지 물었다. 두 사람 모두 똑같은 대답을 했다.

"정치적 공백이란 존재하지 않는다."

이는 정치체제의 중심에 구멍을 뚫어 권력을 가진 사람에게서 권력을 빼앗으면 그 빈 곳에 다른 누군가가 들어와서 권력을 차지할 것이라는 생각이다. 주인 없는 정치권력은 누구에게나 거부할 수 없는 마력을 발휘하며, 역사 속 매 순간 누군가는 그것을 원했다. 개인적으로 2013년 이후 몇 년 동안 나는 종종 연극 공연에 관해 이야기하듯 비슷한 말을 했다. 주연 배우를 무대에서 끌어내리고 싶다면 누가 그 자리를 차지할지도 주목해야 한다. 현지 배우가 될 수도 있고 외국 배우일 수도 있다. 만약 당신이 직접 차지할 것이 아니라면 최소한 그 자리를 차지하기 위해 날개 밑에서 기다리고 있는 사람들이 당신 마음에 드는 사람이어야 한다.

2010년부터 2020년까지 자연스러워 보일 정도로 매우 흔해진 특별한 저항방식은 자발적이며 디지털 방식으로 조율되고 수평적으로 조직돼 지도자가 없는 대중 시위였다. 이 방식은 사회 구조에 구멍을 내고 정치적 공백을 만드는 데 매우 효과적이었다. 우리가 흔히 '폭발'이라고 부르는 데에는 그만한 이유가 있다. 각국의 결과를 이해하기 위한 매우 간단한 기준으로, 우리는 누가 이 폭발이 만든 공백을 메울 준비를 했고 누가 뛰어들기를 기다렸는지 살펴봐야 한다. 이집트에서는 군대였다. 바레인에서는 사우디아라비아와 「걸프협력회의」가 말 그대로 공백을 메우기 위해 진군했다. 키이우에서는 여러 과두 정치인이 있었고, 잘 조직된 무장 민족주의자들도 자신들이 차지할 수 있는 공간을 조금씩 찾아냈다. 튀르키예에서는 결국 에르도안 자신이었지만, 그는 세계적인 명성과 문화 엘리트들의 지지를 받고 싶어 하는 민주주의 국가에서 지도자가 가져갈 수 있는 공간보다 더 많은 공간을 차지했다. 홍콩에서는 베이징이었다. 브라질에서는 지우마 호세프가 즉각적으로 퇴진하지는 않았지만, 2013년 6월에 영향력을 잃을 정도의 권력 공백이 생겼고, 그 권력은「무상대중교통운동」이 원한 반권위주의 좌파에게 넘어가지 않았다. 전통적인 권력 구조와 경제 과두제는「노동자당」이 그동안 그들을 확고하게 통제하면서 잃어버렸던 영향력을 일부 회복했다. 브라질 중도우파는 탄핵을 지지함으로써 또 다른 구멍을 열었고, 극우파는 그 공간으로 걸어 들어갔다. 다들 나라들도 마찬가지였다.

대규모 시위가 끊임없이 발생한 지난 10년 동안 거리 시위의 폭발은 종종 우발적으로 혁명적인 상황을 만들었다. 그러나 시위대는 혁명 상황을 이용할 준비가 전혀 되지 않았고, 특히 최근 10년간 등장한 새로운 방식의 시위는 혁명 상황을 이용하기에 매우 취약했다. 더 나은 사회를 만들 수 있다고 믿는다면, 위험을 무릅쓰고 시도할 의향이 있다면, 직접 권력의 진공 상태에 들어가야 한다. 하지만 각기 다른 이유로 거리에 나온 분산된 개인이, 특히나 분산된 개인이 통합체가 되어 스스로 권력을 잡는 것은 거의 불가능하다. 누군가가 대중의 이름으로 권력을 잡는다는 것은 일종의 전위가 된다. 즉 특정 이념 프로젝트이자 나머지 인구를 대표하기 위해서 감히 노력하는 소수가 된다는 것이다. 좀 더 이상적인 반권위주의 사상 속에서는 시위 자체가 새로운 사회가 돼야 한다. 하지만, 지금까지 그렇게 된 사례는 없었다.[11] 아마도 언젠가는 그럴 수 있지만, 글로벌 사우스에서는 쉽게 일어나지 않을 것이다. 왜냐하면 글로벌 사우스 주변에는 쉬운 이익과 약탈의 가능성 탓에 명백한 권력 공백에 매우 빠르게 빨려 들어갈 수많은 외국 행위자들이 있기 때문이다.

만약 어떤 새로운 집단이 과감하게 그 권력의 공백에 뛰어들어 그 자리를 지키고 사회를 변화시킨다면 그것이 바로 혁명이다. 그러나 현재 정치체제가 대체로 수용할 만하다고 생각하거나 더 나은 것으로 대체할 수 없다고 생각한다면, 협상을 하는 것이 좋은 생각이다. 이를 개혁이라고 한다. 제대로만 활용한다면 거리에서 자신의 힘을 이용해 양보를 끌어낼 수 있다. 하지만 다시 한번 강조하지만, 이를 위해서는 반드시 대표성이 따라야 한다.

내 질문에 동일한 답변을 내놓은 것은 마야라와 아다지만이 아니었다. 다양한 형태의 답을 들었지만, 인터뷰 중 다른 어떤 말보다 많이 들은 것이 마야라와 아다지가 했던 답변이었다. 이를 호삼 바가트가 가장 잘, 아니 최소한 가장 정확히 표현한 것 같다.

"조직하세요. 조직적인 운동을 만드세요. 그리고 대표성을 두려워하지 마세요." 기자Giza에 있는 그의 사무실에서, 그를 둘러싼 세상은 무너져 내리고 있었지만, 그는 주저 없이 말했다. "우리는 대표성이 엘리트주의라고 생각했지만, 사실 대표성은 민주주의의 본질입니다." 나는 학자들이 정리한 연구를 확인하면서 이런 답을 반복해서 들었다. 일찍이 1975년에 윌리엄 갬슨William Gamson은 운동이 위계가 있는 조직을 구축했을 때 더 자주 성공한다는 사실을 발견했다. 마크 베이싱어는 2022년에 실시한 광범위한 연구에서 '마이단'과 같은 형식이 느슨한 봉기는 불평등과 민속주의적 긴장을 높이는 경향이 있는 반면, 민주주의를 공고히 하거나 부패를 종식하지 못한다는 사실을 발견했다.12

"'마이단' 이후 저는 자기 조직화를 믿지 않기로 결심했습니다."

2021년 여름 키이우 도심에서 식사를 하며 붉은「유럽연합」깃발을 들고 광장에 왔던 젊은 좌파 아르템은 말했다. "저는 예전에는 무정부주의자에 가까웠어요. 당시에는 모두가 집회를 하고 싶어 했고, 시위가 있을 때마다 항상 집회를 열었습니다. 하지만 조직된 노동당이 없는 혁명은 이미 잘 조직된 경제 엘리트들에게 더 많은 권력을 줄 뿐이라고 생각합니다." 아르템은 다른 동지들과 달리 우크라이나 봉기를 포기하지 않은 채 마이단 이후 정치권에서 계속 활동하며 새로운 정치질서의 맥락에서 중도좌파적이면서 인종차별에 반대하는 대안을 추진하기 위해 노력했다. 그러나 우크라이나에서는 봉기가 시작되기 전에 이미 일관되고 규율 있는 조직을 형성하던 단체들이 이 봉기의 혜택을 받은 것이 분명해 보였고, 우리는 그 증거를 그날 일찍 확인했다.

나는 2019년에 자유주의 정당「홀로스Holos」* 소속으로 의회에 입성한 '유로마이단 SOS' 그룹의 일원이자 마리아 토마크의 동료인 솔로미야 보브로프스카Solomiia Bobrovska 의원과 커피를 마셨다. 나는 주로 '마이단'의 전술과 목표, 그리고 그가 배운 교훈이 무엇인지 물어보려고 했을 뿐 극단주의에 관해 이야기하려고 한 것은 아니었다. 하지만 그는 극우 청년 단체인「C14」같은 사람들과 함께 일한다고 비판을 받는다며 불평하기 시작했다. 그는「C14」가 실제로는 자신과 같은 이들과 함께 러시아에 대항하는 동맹이라는 사실을 깨달아야 한다고 말했다. 인터뷰가 끝난 후 아르템에게 문자를 보내 어디서 만날지 물었다. 그는 잠시 시간이 필요하다고 답했다. 그와 그의 친구들

---

* '목소리'라는 뜻이다. 따라서 한국 언론에서는 이 당의 명칭을「목소리당」으로 표기하기도 한다.

이 막「C14」의 공격을 받았기 때문이었다.

"저는 확실히 2013년 이전과는 생각이 달라졌습니다." 루카스 '레굼' 몽테이루는 말했다. 그는 여전히 더 나은 사회는 어떤 혁명이 국가권력을 장악한 후에 만들어지는 것이 아니라 이 사회 안에서 탄생해야 한다고 믿는다. 하지만 그는 이제「무상대중교통운동」이 수평주의, 자율성, 예시정치의 원칙을 "일종의 도그마이자 종교로 만들어 버렸고, 이를 현실 정치 속에서 실천하기는 불가능하다고 생각합니다. 대신 이런 원칙들은 일종의 정체성이 됐죠. 결국, 우리는 우리 스스로 만든 장벽에 빠르게 맞닥뜨리게 됐습니다"라고 말했다.「무상대중교통운동」은 여전히 존재하지만, 2013년에 이 단체에 가입한 사람 중 아직도 남은 사람은 아무도 없다. 테오는 홍콩의 2019년을 돌아보며 "중국이라는 성채에 흠집이 나는 모습을 보는 것은 매우 재미있었고 거리에서 많은 즐거움을 느꼈지만, 운동의 분산된 특성 탓에 어떻게 작동해야 하는지, 일관된 전략을 어떻게 개발할지 논의할 여지는 없었습니다"라고 말했다.

내가 만난 모든 사람이 지난 10년 동안의 경험을 통해 '수직주의'와 위계질서를 지지하게 됐고, 대표성이 중요하다고 주장하며 공식적인 구조에 찬성하는 태도를 보인 것은 아니다. 예를 들어 마야라는 젊은 펑크족 시절의 이념을 대부분 그대로 유지하고 있었다.13 하지만 모든 사람이 같은 방향성을 보여주었다. 수년간 인터뷰를 진행하면서 더욱더 수평주의자나 무정부주의자가 됐다거나 자발성과 무구조성을 더 선호하게 됐다고 말하는 사람은 한 명도 없었다. 어떤 사람들은 같은 자리에 머물러 있었다. 하지만 조직 문제를 바라보는 견해가 바뀐 모든 사람은 고전적인 '레닌주의자'에 가까워져 있었다.

하지만 우리는 자발성, 지도자 없는 조직, 수평주의, 디지털 조직화, 대중 시위 등과 같은 요소들이 자연스럽게 결합된다고 가정하는 오래된 실수를 반복해서는 안 된다. 무정부주의자의 전통 속에서도 이러한 요소들이 반드시 함께해야 한다는 기대는 없었다. 이들은 하나씩 하나씩 이뤄나가야 할 목표들이다. 우선, 나는 이 책에서 '자발적'이라는 단어를 늘 따옴표로 묶었는데, 그 이유는 '자발성'이라는 개념을 검토하면 아마도 이 단어가 어떤 운동을 설명하는 데도 사용되지 못할 수 있기 때문이다. 대안세계화운동의 시대에 광대 공연 학교를 설립한 브라질 청년 호드리구 누니스Rodrigo Nunes는 수년간 정치적 조직이라는 개념을 재해석하기 위해 노력해왔다. 그는 그 누구도 자발적으로 행동하는 사람은 없거나 혹은 모든 것이 자발적 행동이라고 지적한다. 아주 오래전부터 계획된 시위가 있을 수도 있고, 매우 빠르게 모이는 시위가 있을 수도 있다. 정식 조직을 갖춘 시위도 있고, 다수의 개인이 모여서 이루어지는 시위도 있지만, 어느 쪽이든 각 개인은 자신이 보고 들은 것과 올바른 대응 방법이라고 이해하는 것을 바탕으로 참여하기로 결정한다. 이 사회의 불공정 때문에 많은 이들이 완벽한 사회로 나아가는 데 필요한 올바른 행동을 '자발적으로' 취한다는 마법 같은 생각을 멈추는 것이 중요하다. 일반적으로 요즘의 자발적 시위는 급하게 계획된 대규모 시위 또는 예상보다 빠르게 성장한 시위를 의미한다.

디지털 조직화는 인터넷 및 특정 유형의 영리를 추구하는, 광고 중심의, 참여를 극대화하는 소셜 미디어와 함께 등장했다. 튀페크치가 지적한 바와 같이 디지털 세계 덕에 매우 빠르게 모이는 대규모 시위, 즉 서로 아무도 모를 정도로 빠르게 모이고 사람들이 서로 모순된 목표를 실현하려는, 초기 에너지가 사라진 후에는 아무것도 남지 않는 시위가 가능하다.[14]

그러나 '지도자 없음', '수평주의', '예시정치'는 이념적 요소이다. 누구나 정치운동이 어떻게 구조화돼야 하는지, 혹은 어떻게 하는 것이 도덕적으로 옳은지 생각하는 방식이 있다. 그중 하나일 뿐이다. 다시 말하지만, 심지어 이러한 요소들은 실제로 정확히 정의하기가 어렵다. 1972년 조 프리먼이 글을 발표한 뒤, 잠재적으로 '지도자 없는' 운동은 인정하든 인정하지 않든, 그들이 원하든 원하지 않든 운동조직이 충분히 커지면 비공식적인 지도자를 갖게 될 것이라는 점이 분명해졌다. 문제는 지도자들이 조직 내에 형성된 사회적 권력을 바탕으로 스스로 선출됐는지, 구성원들이 민주적으로 선출했는지, 아니면 외부 언론과 소셜 미디어의 개입으로 임명됐는지다. 가장 열렬한 수평주의자조차도 완벽한 수평주의는 가능하지 않음을 인정한다. 「무상대중교통운동」의 다니엘 기마랑이스는 2006년 마리너 시트린의 저서에도 등장하는 유명한 인용구를 되풀이하며 "수평주의는 지평선이다"라고 말하곤 했다. 예시정치는 운동의 가치를 전달하는 방법으로서 상징적으로 이해될 수도 있고, 사람들이 열광하고 참여하게 만드는 방법일 수도 있으며, 신비주의적이고 심지어 종교적일 수도 있다. 이는 시위 중에 새로운 정치 형태를 창출하는 것처럼 보임으로써 운동 자체의 핵심으로 이해될 수도 있다. 또한, 대중에게 하고 싶은 일을 보여주고, 할 수 있음을 증명해 혁명적 상황에서 자신들이 대중을 대표할 수 있도록 설득하는 구체적인 방법일 수도 있다.[15] 그러나 어떤 방식으로 생각하든, 예시정치의 접근 방식은 결과의 범위를 제한하는 경향이 있다. 수평주의적인 운동은 누가 조직의 안에 있고 누가 밖에 있는지를 구분하는 데 어려움을 겪으며, 2013년의 「무상대중교통운동」에서 볼 수 있듯이 상황이 변했을 때 빠르게 방향을 전환하거나 인기가 높아졌을 때 빠르게 확장하는 데 어려움을 겪는다. 더 넓게 보면, 예시정치의 자세는 종종 운동이 저항하는 구조보다 (내부적으로) 더 나은 사람이 되겠다고 주장하는 것을 의미하며, 항상 목적에만 집중하기보다는 수단에도 주의를 기울이는 것을 의미한다.

그런 다음 거리로 나가서 수많은 이들을 눈에 잘 띄는 공공장소에 쏟아붓기로 결정하는 순간, 이 행동은 일종의 언론(홍보) 활동이 된다. 시민들은 또한 국가가 대가를 치르도록 갈등적이고 대립적인 사건을 벌이기도 했는데, 대규모 시위가 끊이지 않은 지난 10년 동안에는 대부분 파업이나 보이콧보다는 기물파손이나 경찰과의 충돌이라는 형태를 취했고, 이는 종종 더 효과적이었다. 이 특별한 방식이 어떻게 시위 현장에서 주도권을 갖게 됐을까? 2010년부터 2020년까지 전 세계의 '시위'가 왜 그렇게 자주 이런 모습을 보였을까? 어떤 의미에서 수수께끼는 이 논쟁들이 효과가 없던 이유 그리고 시민들은 그 방식이 효과가 있을 것이라고 생각한 이유이다.

나는 반소련주의와 신무정부주의의 순간에 생겨난 사고 체계가 '역사의 종말'을 노래하던 시대인 1990년대에 특히 주목을 받은 후 2000년대의 기술 및 기업 발전 속에서 선택됐다고 생각한다. 소셜 미디어 기업들 덕분에 수평적 대중 시위의 규모가 훨씬 쉽게 확대되었고, 그 서비스 덕분에 시민들은 국가가 권력을 남용하는 두려운 이미지를 더 쉽게 볼 수 있었다. 대의제 정부, 나아가 대의제 자체가 위기에 처했고, 많은 이들이 그 어느 때보다 개인주의적인 모습을 보이는 점을 고려할 때, 이 모든 것은 마치 다이너마이트 같은 조합으로 작동했다.

데이비드 그레이버는 대안세계화운동이 새로운 시위 방식을 탄생시키자, 수단이 곧 목적이 돼야 한다고 주장했다. 그는 무정부주의자들에게서 따온 방식이 전투에서 잘 통하지 않는다는 것을 잘 알고 있었다. 하지만 적어도 지난 10년 동안 대중 시위에서 발생한 문제는, 시위가 실제로 성공하면 누군가가 전쟁을 선포한다는 것이다. 이는 정치적인 전쟁이 될 수도 있고, 폭력적인 전쟁이 될 수도 있다. 어떤 종류의 정치적 승리를 거두면 자신이 패배한다고 생각하는 누군가가 있을 것이고, 그들은 보통 공격에 나선다. 특히 갈등 상황에서 효과적인 집단행동 방식, 즉 위계적 구조를 갖춘 공식 조직과 '권위주의적인' 내부 명령 체계를 사용하는 것에 아무런 철학적 저항을 느끼지 않는다. 2010년대 저항방식의 목적이 전쟁을 피하는 것이었다면 너무 잘 작동했다. 하지만 대규모 시위는 사회의 강력한 세력들에게 예상치 못한 문제를 초래했고, 그들은 반격에 나섰다.

인간이 당면한 불의에 올바른 대응책을 마련하지 않는다는 것은 명백하다. 만약 그랬다면 지난 10년 동안 또는 인류 역사를 통틀어 다른 곳에서 일어난 것을 모방하는 사회운동이 그렇게나 많이 일어나지 않았을 것이다. 카를 마르크스와 찰스 틸리가 남긴 유명한 기록이 말해주듯이, 프랑스대혁명도 오래전부터 존재한 저항의 언어와 관습을 받아들였을 뿐이다. 그러나 21세기에 들어서는 운동이 무의식적으로 일어나는 것처럼 보일 정도로 운동 내 적응과 동화의 과정이 빨라졌다. 지난 10년 동안 운동은 근본적으로 다른 국가적·정치적·문화적·역사적 맥락에서 개발된 저항의 방식을 사용했을 뿐 아니라 원래 개발된 곳에서도 통하지 않은 방식을 채택하기도 했다. 이는 잠깐 언론의 관심을 끌었을지 모르지만, 그 후 몇 년 동안 이어진 사회운동사를 좀 더 세심히 분석한다면, 이를 냉정하게 판단하게 된다. 예를 들어 이집트에서 시시 독재정권이 무너진 후에도 타흐리르식 대중 점령은 계속 모방됐다. 나는 많은 이들과 이야기를 나누면서 혁명의 역사를 더 깊이 공부했더라면, 혹은 최근 전 세계에서 일어난 사건이나 디지털 협력 시대에 대중운동의 성패에 더 많은 관심을 기울였더라면 좋았을 것이라고 말했다.

우리가 불의에 자발적이고 직관적으로 올바로 대응하는 존재들이었다면, 아마도 할리우드를 모방하는 사례는 훨씬 줄어들었을 것이다. 마지막 인터뷰가 끝나고 홍콩 시위대의 테오는 걸어가다 스스로 걸음을 멈추고 돌아서서 이렇게 말했다. "한 가지 더요. 우리가 대중문화에서 많은 아이디어를 얻었다는 것도 조금 슬프고 안타까운 일이라고 생각해요."

하지만 우리는 냉전 종식 후, 오드 아르네 베스타드가 '미국화'라고 부른 과정(다른 많은 이들이 '세계화'라고 부른 과정)을 거쳐 성장한 세계화 세대이다. 대부분의 인터넷 서비스와 마찬가지로 주요 소셜 미디어 회사들은 모두 미국에 기반을 두고 있으며—틱톡TikTok이 중국 밖에서 본격적으로 성장하기 시작한 시기가 바로 10년 전이다—내 고향 로스앤젤레스에서는 세계에서 가장 크고 유명한 영화가 제작되고 있다. 만화가 아닌 영화 「브이 포 벤데타」는 정권이 무너진 후에 일어날 일에 관한 질문은 무시한 채 혁명이 작동하는 과정을 설명하는 불완전한 생각들을 늘어놓은 것으로 유명했지만, 모든 사람이 여전히 그 영화와 그 영화가 그린 혁명을 알고 있었다. 더 중요한 것은 지식의 생산이 세계 경제의 계급적 특성을 반영하는 방식으로 이루어진다는 점이다.

명백한 이유로 미국인들은 대안세계화 시대에 탄생한 온라인 공동체에서 큰 역할을 담당해왔다. 뉴욕과 런던에는 민주주의와 자유주의라는 주류 이념을 지지하는 거대 국가 기관은 물론이고, '상대적으로' 자금이 풍부하고 세계적으로 존경받는 좌파 성향의 출판사들이 있다. 브라질이나 카메룬의 지식인이 미국에서 자신의 책을 출판하고자 할 수도 있지만, 그 반대의 경우는 거의 없다. 개인적으로 내가 미국에서 태어나지 않았고 유명 영어권 언론사에서 경력을 쌓지 않았다면, 이 책을 쓰는 데 필요한 자료를 얻지 못했을 것이다.

6월의 어느 운명적인 날, 시위에 식초를 들고 온 언론인인 내 친구 피에루 로카텔리는 미국의 소비문화가 브라질 반권위주의 좌파에 영향을 미친 방식을 설명하면서 웃음을 터뜨렸다. "제 세대의 많은 이들이 멕시코의 「사파티스타」에 영감을 받았어요"라고 2022년 그는 말했다. "하지만 애초에 「사파티스타」*는 어떻게 알게 됐을까요? '레이지어게인스트더머신Rage Against the Machine'** 덕분이죠."

운동의 방식과 이에 철학적으로 접근하는 것은 대개 글로벌 노스에서 글로벌 사우스로 흘러간 것이지, 그 반대 방향으로 이루어진 것은 아니었다. 몇몇 사람은 자신의 운동이 무의식적으로 글로벌 사우스에서는 적용하기 어려운, 제1세계에서 개발된 방식을 사용했다고 생각한다고 말했다. 이집트의 어느 재야 운동가는 이렇게 말했다. "뉴욕이나 파리에서는 수평적이고 지도자 없는 탈이데올로기적인 봉기를 일으켰다가 실패해도 나중에 언론계나 학계에서 출세할 수 있어요. 하지만 우리가 처한 현실에서는 혁명이 실패하면 친구들이 모두 감옥에 가거나 죽습니다." 그는 자신과 나를 비롯해 1960년대 이후 정치적 투쟁을 성찰해온 많은 이들을 부끄럽게 하는 무언가를 지

---

* 멕시코 남부 치아파스주를 기반으로 하는 좌파 무장 단체로, 1994년 북미자유무역협정에 반발해 봉기했다. 원주민의 권리와 자치를 주장하며, 반자본주의적 성향과 무정부주의적 요소를 지닌 혁명운동을 펼치고 있다.
** 1990년대에 큰 인기를 얻은 미국의 록 밴드로, 정치적 메시지가 강한 가사와 독특한 음악 스타일로 유명하며 자본주의에 저항하는 의미의 가사를 담은 곡을 많이 발표했다.

적하고 있었다. 그가 말한 투쟁 방식 중 상당수는 근본적으로 승리에 연연하지 않는 미국과 서유럽의 신좌파가 만들어낸 것이 아닐까? 시위에 참여한 사람들 중 일부는 그렇게 생각한다고 했다. 위니 브레인스는 그들이 조직 혹은 예시정치의 원칙에 충실하기 위해 승리를 기꺼이 희생하는 경우가 많았다고 보는 것이 맞다고 썼다.

이집트 같은 곳에서는 승리하는 것이 정말 중요하다. 그러나 같은 나라 출신의 또 다른 혁명가인 호삼 '베두인' 엘-하말라위는 제1세계에서 투쟁의 중요성을 폄훼하는 것에 크게 동의하지 않는다. "서구의 노동자계급을 무시하는 것은 어리석은 일입니다. 글로벌 사우스의 한 사람인 나의 해방은 글로벌 노스에서 권력이 붕괴되지 않는 한 결코 달성될 수 없기 때문입니다."

1979년 테헤란에서 일어난 이란혁명과 2011년 카이로 봉기를 모두 겪은 이란계 미국인 사회학자 아세프 바야트Asef Bayat는 봉기의 주관적 조건과 객관적 조건을 구분해야 한다고 말한다. 이른바 '아랍의 봄'은 신자유주의 정책을 반대하는 과정에서 일어났지만, 한편으로는 신자유주의적 주체성을 근간으로 형성된 사회에서 일어난 일이기도 했다. 즉 세상을 특정 방식으로 바라보는 개인들이 수행한 시위였다는 것이다. "아랍혁명에는 20세기에 일어난 다른 대부분 혁명의 특징인 정치적·경제적 급진주의를 바라보는 관점이 없었다"라고 그는 자신의 저서 『혁명가 없는 혁명Revolution Without Revolutionaries』에서 밝혔다. "사회주의, 반제국주의, 반자본주의, 정의감으로 가득 찬 1970년대의 혁명과 달리 아랍의 혁명가들은 인권, 정치적 책무성, 법률 개혁과 같은 보편적인 쟁점에 더 몰두했다. 세속주의자든 이슬람주의자든 시위를 지배하며 목소리를 낸 사람들은 자유시장, 사유재산 제도, 신자유주의적 합리성을 당연한 것으로 받아들였다."[16] 모든 것을 마치 기업 모델처럼 바라보도록 자란 세대는 탈급진화돼 신자유주의 세계질서를 '자연스러운 것'으로 여기게 됐고, 진정한 혁명을 수행하기 위해 무엇이 필요한지 상상할 수 없게 됐다.

페르난두 아다지는 2013년을 되돌아보며 봉기의 형태와 그 결과의 관계를 설명했다. "1999년(시애틀 시위가 일어난 해) 후 우리는 일종의 신무정부주의적인 매력을 발산하는 반국가주의 좌파가 부상하는 것을 보았어요. 이들은 정부 및 일반적인 제도권 정치의 대의제와 거리를 유지하는 것 같았죠"라고 그는 말했다. 브라질로 가져왔을 때 "혁신은 끝났어요. 시위 속에서 나타난 주장들보다도 훨씬 더 다양한 시위의 형태는 여러 종류의 대의가 거리로 나와서 자신들의 주장을 펼 수 있는 여지를 주었죠." 지난 10년간 일어난 다수의 대규모 시위에 참석한 이탈리아 사회학자 파올로 제르바우도Paolo Gerbaudo는 더욱 강력한 주장을 내놓았다. "결국 수평주의는 개인주의의 반영입니다. 세대 간의 전쟁과 절대적 반항에서 탄생한 음악적 하위문화와 상당 부분 중첩되는 2010년대의 시위들에 이 말은 어쩌면 당연한 말일지도 모릅니다."17

우리 시대에는 모든 것을 스스로 결정하지 않는다면, 즉 모든 개인이 스스로 '지도자 있는' 또는 '지도자 없는' 운동의 지도자가 아니라면 실제로 참여하지 않았다고 생각하는 경향이 있다. 튀르키예의 이론가인 지한 투알은 "2010년대 시위를 지배하곤 한, 고도로 명석하고 교육받은 중산층"에게 대중 집회의 형식과 그와 관련한 모든 주장은 완벽하게 맞아떨어졌다고 말했다.18 그러나 역사적으로 사람들은 다양한 방식으로 자신보다 더 큰 대의에 이바지해왔으며, 다양한 방식에 의존한다고 해서 그 행동이 덜 영웅적인 것은 아니다. 우리는 모두 축구팀에서 가장 중요한 인물은 감독이 아니며, 유명한 스트라이커도 수비수 없이는 존재할 수 없다는 것을 알고 있다. 정치운동에서 전략적 결정을 내리거나 카메라 앞에 서는 '지도자'가 음식을 배달하거나 전투에서 목숨을 걸고 병자와 부상자를 돌보는 사람들보다 우월한 존재로 여겨져서는 안 된다.

북대서양 밖에서 근본적으로 다른 상황이 빚어진 데는 여러 이유가 있으며, 나는 이 책을 통해 이를 서술하기 위해 노력했다. 하지만 내가 거의 다루지 않은 분명한 사실 중 하나는 제1세계에는 맞서야 할 훨씬 더 강력한 국가들이 없다는 것이다. 만약 미국에 권력 공백이 생긴다면 그 공백은 얼마든지 다른 집단이 채울 수 있다. 하지만 더 강력한 국가가 그 공백을 채울 수는 없다. 신자유주의 기획의 주요 과제 중 하나가 전 세계의 모든 국가를 국제 자본에 개방하고, 나아가 지구상 모든 자원을 채굴하고 상품화하기 위해 개방하는 것이었음을 생각하면, 작은 나라의 힘이 약해지는 것이 외국 정부나 기업에 어떤 기회를 제공할지 쉽게 알 수 있다. 즉 잃어버린 것을 회복할 만한 진정한 정당성을 가진 집단이 없어진다면 말이다. 지난 10년간 일어난 대규모 시위 폭발은 주로 지정학적 역학 관계에서 비롯됐다고 생각된다. 그러나 전 지구적 체제를 좀 더 거시적으로 바라보면, 이러한 특별한 유형의 시위들이 이미 존재하는 전 지구적 역학 관계를 오히려 강화할 수 있던 이유를 이해할 수 있다. 정치적 공백 같은 것은 애초에 존재하지 않은 것이다.

지난번 아르템과 만났을 때 나는 '자발적' 봉기는 기존의 지배적인 이데올로기를 채택할 뿐이라던 레닌의 말을 언급했다. 아르템은 "물론이죠"라고 말하며 "바로 그런 일이 일어났어요"라고 답했다. 만약 당신이 더 큰 지구적 체제를 재편하거나 반대하고 싶다면, 자신이 무엇을 지지하는지 분명히 밝히고 싶을 것이다. 반면 이념적으로 분열된 대중 봉기가 더 큰 구조적 권력에 기회를 제공하거나 혹은 그 권력을 강화하는 경향이 있다면, 세계에서 가장 부유한 국가들이 이를 환영해온 이유도 이해할 수 있을 것이다. 그러나 이 모든 해석도 필연적으로 사건을 완전히 이해하지 못한 데서 오는 것일 수 있다.

이 책에서는 나는 1인칭 시점의 증언에 초점을 맞추고 우리가 이미 알고 있는 내용을 바탕으로 이야기를 구성했다. 그러나 지난 70년 동안의 경험으로 볼 때, 앞으로 수십 년 동안 우리는 효과적이지는 않았어도 최소한 그 교활함만큼은 충격적인 사실, 시위에 외세가 비밀리에 개입하고 도발했다는 사실도 알게 될 것이라고 장담한다.

2013년 에르도안 튀르키예 대통령이 지우마 호세프에게 전화를 걸어 브라질에서 외국의 지원을 받아 자국을 불안정하게 만들려는 시도가 진행될 수 있다고 경고했을 때, 그는 동의하지 않았다. 2021년 인터뷰에서 그는 생각을 바꿨다고 말했다.[19]

2019년 홍콩 시위의 최초 조직자 중 한 명인 윙익모는 외국의 개입이 자신의 대의에 도움이 됐다고는 전혀 생각하지 않았다. 그는 "트럼프 정부가 중국과 벌인 선전전의 일환으로 우리를 이용하고 희생시키려 한 것 같다"고 우려했다. 그렇다면 미국의 목표는 홍콩 시위대가 승리하는 것이 아니라 실패하고 공개적으로 탄압받는 것이었을 것이다.

역사적으로 볼 때, 성공한 혁명은 축출된 엘리트와 그들의 외국 동맹으로부터, 즉 반혁명 세력과 외세로부터 자신을 방어해야 했다. 만약 이집트에서 완전한 혁명이 일어났다면 어떻게 됐을까? 세계 최대 아랍 국가에 아랍 민족주의, 즉 아랍 사회주의가 부활하거나 온건한 사회민주주의가 부활했다면 어떻게 됐을까? 미국은 냉전 이후 중동에서 이스라엘과 사우디아라비아의 힘에 의존해왔으며, 이집트의 진정한 민주주의는 거의 확실하게 팔레스타인에 우호적인 태도를 의미할 것이었다. 이집트 정부가 국민에게 기본적인 자유와 인간다운 삶을 제공하면 사우디아라비아의 입지가 약해질 수 있다. 튀니지 사람들이 한동안이나마 상황이 비교적 잘 풀린 이유를 설명할 때, 그들은 그들이 갖고 있던 기존의 강력한 정치 조직 외에도 자국이 너무 작아서 지정학적으로 중요하지 않다는 사실도 종종 지적하곤 했다.

하지만 이런 주장은 지난 10년의 대중 시위를 돌아볼 때 일반적으로 등장하는 해석보다 더 우아한 편에 속한다. 북아프리카, 브라질, 홍콩, 그리고 전 세계 곳곳에서 이 운동의 본질을 바라보는 근본적이고 종종 격렬한 이견이 존재한다. 2022년 상파울루의 한 팔레스타인 술집에서 보우소나루주의에 관한 책을 출간하면서 호드리구 누니스는 이렇게 말했다: "누군가 '2013년 6월은' 하며 문장을 시작한다면 그는 이미 틀렸습니다." 나는 우리가 6월 항쟁이 무엇을 의미하는지 이해하는 시점에 도달했는지도 확신할 수 없다. 이해가 가능할까?

대표성은 중요하다

이 책에서 분석한 열 곳 중 일곱 곳에서 국가가 시위를 폭력적으로 진압하는 장면이 인터넷에서 퍼지면서 시위가 폭발했다. 경찰이 폭력을 저지르거나 폭력적으로 단속했다는 증거가 드러난 후 시위가 확대됐음을 알 수 있다. 그리고 튀니지, 이집트, 튀르키예, 브라질, 우크라이나, 홍콩, 칠레에서 시위의 결정적인 도화선은 특정 유형의 시민, 즉 다치거나 살해당해서는 안 되는 사람들이 폭력의 희생자가 된 것이었다. 브라질에서는 경찰이 펑크족 무정부주의자들을 구타하고 체포해도 언론은 크게 신경 쓰지 않았고, 오히려 경찰에게 더 많은 단속을 요구했지만 중산층 언론인인 줄리아나 발로니와 피에루 로카텔리가 공권력이 저지른 폭력의 피해자가 되자 온 나라가 충격에 빠졌다. 이집트에서는 파업 중인 노동자들이 겪은 어려움이 아니라 칼레드 사이드의 죽음이 대규모 페이스북 그룹이 움직이는 원동력이 됐다. 나는 우크라이나의 수많은 이들과 이야기를 나눴는데, 그들은 야누코비치가 '학생들을 단속'했을 때 거리로 나서기로 결심했다고 말했다. 칠레와 홍콩에서도 마찬가지였으며, 튀르키예에서는 무장 세력이 아닌 우아한 빨간 드레스를 입은 여성이 더 화제가 됐다.

대규모 시위 사건이 발생한 뒤에야 사회과학자들과 언론인들은 구조적인 원인을 찾기 시작한다. 그들은 그 나라에 불평등이 많다고 말하곤 한다. 실업률이 높고, 식량 가격이 상승했으며, 민주적 개혁이 필요하다고 말한다. 이 모든 것이 시위를 이해하는 데 큰 도움이 되는 서사의 일부이다. 하지만 지난 10년을 좀 더 넓게 바라보면 그리고 이 사건들을 서로 비교해보면 구조적 원인만으로는 충분하지 않음을 알 수 있다. 이러한 방법만으로는 왜 칠레의 봉기가 2015년에 일어나지 않고 2019년에 일어났는지, 왜 브라질에서 봉기가 단 한 번만 일어났는지 설명할 수 없다.

매우 인간적이고 감정적인 차원에서, 그리고 심지어 인지적이거나 현상학적인 차원에서도, 사람은 항상 자신이 보고 듣고 느끼는 것에 반응하기 마련이다. 개인이 인플레이션 때문에 자리에서 일어나 현관문을 열고 수도 중심부의 광장으로 걸어가는 것은 아니다. 인플레이션만이 이유가 될 수는 없다.[20] 인간은 분노나 충격 또는 고결한 도취감 같은 어떤 열정이나 감정에 따라 행동에 나서는 경우가 많다.

그리고 거리에서 일어나는 일이 좋은 것이라고 믿어야 하고, 재미있거나 흥미진진하거나 영감을 줄 것이라고 믿어야 하며, 고귀한 일을 하게 되리라고 믿어야 하고, 이 행동으로 '역사의 올바른 편'에 서게 될 것이라고 믿어야 한다. 아무리 화가 나거나 정부를 경멸하더라도 반동적인 폭도(일부는 그럴 수도 있지만!) 혹은 자멸적인 폭동 또는 외세가 조직하거나 심지어 더 나쁜 문제가 일어나리라 생각되는 일에 참여하는 사람은 거의 없을 것이다.

언론은 그런 의미에서 사회적으로나 전통적으로나 근본적인 요인이 된다. 현대의 모든 국민 국가는 폭력과 억압에 의존한다. 경찰은 재산권을 침해하거나 권위에 도전하는 사람을 물리적으로 제지하고 연행한다. "억압은 말 그대로 경찰의 존재 이유입니다. 이런 사회를 유지하는 데 필요한 것이죠"라고 2013년을 회상하며 루카스 '레굼' 몽테이루는 말했다. "경찰은 자신의 일을 하고 있었어요." 경찰은 이집트에서처럼 폭력을 빈번하게 사용할 수도 있고, 10년 전 홍콩에서 그랬던 것처럼 상대적으로 존경받는 존재일 수도 있다. 더 완벽한 미래 사회에서는 경찰이 모두 사라져야 한다고 생각할 수도 있고, 경찰이 항상 있어야 한다고 생각할 수도 있다. 하지만 가장 근본적인 사실은 현존하는 모든 국가에서 당신은 경찰에게 흠씬 두들겨 맞을 수 있다는 것이다.

그러나 최근까지만 해도 일반인은 이러한 폭력적 억압이 실제로 작동하는 모습을 볼 수 없었다. 인간이 실제로 눈앞에서 일어나지 않는 일을 볼 수 있게 된 것은 최근의 기술적 발명품인 사진의 시대가 열리면서부터이다. 그리고 이 사진의 시대는 전체 인류 역사에서 극히 일부분만 차지한다. 우리 몸은 여전히 경험하는 모든 것에 마치 직접 일어나는 것인 양 반응한다. 그리고 복잡한 사회에서 가장 눈에 띄고 영향력 있어 보이는 권력관계가 실제로 가장 중요한 것인지는 매우 불분명하다. 이는 빙산의 일각일 수도 있고, 더 일반화된 불공정을 재생산하는 데 필요한 간헐적인 개입에 불과할 수도 있다. 어쩌면 아주 미세한 수준에서 볼 때, 우리는 그냥 휴대전화에 항의하는 것인지도 모른다. 언론은 우리에게 충격받을 이유를 제공했고, 대기업이 제공하든 혹은 친구나 가족이 제공하든 상관없이 언론은 일부의 반응을 긍정적이고 생산적이거나 감동적인 것으로 포장했다.

그렇다면 왜 언론이 시위의 성격을 규정하는 데 그렇게 큰 역할을 했을까? 나는 이것이 현대 대중 저항의 구조와 관련 있다고 생각한다. 구좌파 시대나 인권운동 시대에는 운동이 무엇을 지지하는지 물어보기만 하면 된다. 「공산당」은 특정 문제를 대하는 자신들의 생각과 운동을 조직하는 이유를 말해줄 것이다. 노동조합도 구체적인 임금 인상 목표를 달성하기 위해 파업을 한다고 말할 수 있고, 고도로 훈련된 「남부기독교지도자회의Southern Christian Leadership Conference」*와 「학생비폭력조정위원회Student Nonviolent Coordinating Committee」**는 미국 내 흑인들이 투표권을 행사할 수 있도록 몽고메리Montgomery까지 행진한다고 말할 것이다. 이 단체의 회원들은 자신을 대표하고 대변해줄 집단행동 단체에 가입했기 때문이다.

---

* 1957년 마틴 루터 킹 주니어를 비롯한 인권운동가들이 설립한 미국의 대표적인 흑인인권운동 단체이다. 주로 교회를 기반으로 활동하며, 비폭력 직접행동과 시민 불복종을 통해 흑인들의 완전한 평등과 시민권 획득을 위해 노력했으며, 1960년대 인권운동에서 핵심적인 역할을 담당했다.

** 1960년에 설립된 미국의 주요 흑인인권운동 단체다. 주로 대학생들이 주도한 이 단체는 비폭력 직접행동을 통해 인종차별에 맞섰으며, 특히 남부에서의 투표권 등록운동과 흑인 유권자 교육에 중점을 두었다. 시민권운동의 가장 급진적이고 영향력 있는 단체 중 하나로 평가받는다.

결국 시위는 기존 엘리트를 겨냥한 의사소통 행위이다. '시위'라는 말 자체에 그 의미가 있고, 라틴아메리카에서 시위를 뜻하는 스페인어 'manifestaciones(마니페스타시오네스)'나 포르투갈어에서 '시위'를 뜻하는 단어인 'demonstração(데몽스트라상)'을 보면 이 사실은 더욱 분명해진다.* 이것이 바로 지난 10년간 시위대가 혁명 상황에서 제대로 작동하지 못한 근본적인 이유이다. 이집트인들은 타흐리르 광장을 점령함으로써 스스로 새로운 정부를 구성하는 대신 시민들에게 메시지를 보냈다. 기껏해야 시위대는 "이건 마음에 안 드니 고쳐주세요"라고 말하는 듯 보였다. 역사를 통해 알 수 있듯이 대중매체의 시대에 대규모 시위는 조각조각 조직될 뿐이다.

2013년 6월 이후 10년이 지난 지금, 에스타이아다 다리에서 나에게 기쁨에 가득 찬 문자 메시지를 보낸 사진기자 줄리아나는 모순된 서사와 힘 있는 언론들에 자신의 기억이 짓밟힌 것을 발견했다. "나는 모든 것을 가까이에서 지켜봤고 모든 분위기를 알고 있어요"라고 그는 말했다. "하지만 이제 시위의 진짜, 원래 의미가 누구에게 중요할까요? 요즘에는 모든 이야기를 아는 것이 깨달음을 주기는커녕 더 큰 충격을 줄 뿐이라는 생각이 듭니다." 나는 그에게 지금도 루카스 '레굼' 몽테이루는 2013년 6월 20일에 시행된 여론조사를 인용하며 교통 문제가 시위의 가장 중요한 동기라고 말한다고 전했다.[21] "불쌍한 사람." 줄리아나가 대답했다. "그는 정말로 그 자료가 6월 20일 시위의 역사적 의미와 관련이 있다고 생각하는 걸까요?"

전 세계에서 벌어지는 비슷한 사건들을 살펴본 결과, 나는 수평적

---

* 모두 '표현하다', '보여주다'는 뜻의 manifestar(마니페스타르)와 demonstrar(데몽스트라르)의 명사형이다.

으로 구조화되고 디지털 방식으로 조율되며 지도자가 없는 대중 시위는 근본적으로 이해할 수 없는 현상이라는 결론에 도달했다. 그런 시위들은 충분히 관찰할 수도, 질문을 던질 수도, 증거에 기반한 일관된 해석을 내놓을 수도 없는 대상이다. 물론 시위에 관해 주장되는 수백만 개의 '사실'을 충분히 모을 수는 있다. 하지만 그것들을 사용해 권위 있는 분석을 내놓을 수는 없다. 이 사건들의 중요성은 외부에 의해 부여될 것이다. 특정 시위가 촉발된 후 어떤 일이 일어날지 알고자 한다면, 시위로 촉발된 권력 공백을 메우기 위해 누가 뒤에서 대기하고 있는지에 주목해야 한다. 누가 봉기 자체를 정의할 수 있는 권한을 가졌는지도 살펴봐야 한다.

2013년 6월 이집트 쿠데타를 분석하며 지한 투알은 "자신을 대변할 수 없는 자들은 대변될 것이다"라는 마르크스의 말을 인용했다. 나는 지난 10년간의 시위를 설명할 때 이 말을 한 단계 더 발전시켜, 즉 스스로 자신을 대변하지 못하는 운동은 결국 다른 이들에 의해 대변될 수밖에 없다고 말해야 한다고 생각한다.

이를 염두에 두고 2010년대에 가장 성공적이었던 대규모 시위의 사례를 생각해보는 것은 흥미롭다. 2019년 산티아고에서 광장에 있던 많은 이들은 보리치가 자신들이 요구하지도 않은 거래를 강요한다고, 즉 권력의 위치에서 운동을 해석하고 권위주의적인 방식으로 자신들에게 주입한다고 말했다. 그리고 나는 원칙적으로는 그들이 옳았다고 생각한다. 하지만 시위의 형태를 고려할 때 항상 그렇게 될 수밖에 없지 않나고도 생각한다. 칠레의 '사회폭발'은 그 어떤 것도 요구하지 않고 그 어떤 것에도 동의하지 않을 것처럼 보였다. 칠레는 운이 좋게도 거리를 이해하는 이들이 '사회폭발'에 의미를 부여했으며, 10여 년간 이어진 상호연결된 투쟁의 초기 시점에 이들이 집권했고, 이들은 실제로 무언가를 해낼 수 있는 정치적 정당성을 갖추었다. 결국 보리치와 나머지 의원들이 대표로 선출됐다. 이것이 그들이 쟁취한 승리의 열쇠이다. 거리에는 시위대가 요구하지 않았는데도 불구하고 상대적으로 훌륭한 대표자들이 있었다.

물론 이것이 유일한 방법은 아니다. 시시 정부는 타흐리르 광장 중앙에 2011년 봉기를 기념하는 비석을 세우고, 여전히 공식적으로 자신들의 뿌리를 타흐리르 광장에서 찾는다. 하지만 비문을 읽으려고 기념비에 다가가면 경찰이 물리적으로 당신을 제지할 것이다.

이해하기 어려운 봉기가 시작될 때 주류 언론의 역할은 평소보다 훨씬 더 커진다. 언론은 상황을 긍정적 혹은 부정적으로 묘사할 뿐만 아니라 참여하고자 하는 이들의 수에도 영향을 미친다. 기자들(나도 그 중 하나지만)은 시위를 어떤 식으로든 설명하려고 노력하는데, 결국 보도의 대상 자체를 재구성할 수도 있다. 주류 기업 언론의 약점은 잘 알려져 있다. 최근 여론조사에 따르면, 모든 사람이 그 한계를 잘 알고 있다.[22] 소유 구조부터 관심과 클릭을 좇아야 하는, 종종 절박한 필요성, 기자 집단을 구성하는 계급의 동일성과 주요 매체가 제공하는 이념적 관점에 이르기까지, 기자는 많은 한계 속에서 매우 불완전하게 일하고 있다. 하지만 이번 대규모 저항 시위들과 관련해서 우리는 언론의 또 다른 사각지대를 고려해야 한다.

지난 10년 동안 세계 언론 계층의 최상위에 있는 많은 언론인은 글로벌 사우스의 열망이나 전 세계의 부유하지 못한 사람들이 부유한 국가들처럼 살기 위해 필요로 하는 심오한 혁명적 변화를 제대로 이해하지 못했다고 해도 과언이 아니다. CNN의 토크쇼 진행자나 《뉴욕타임스》의 칼럼니스트는 전 세계 대부분의 사람이 상상할 수 없는 부와 특권을 누리며 살아왔다. 대부분, 아니 거의 전적으로 미국에서는 대규모 시위의 시대에 언론인들이 흔히 할 수 있는 최선의 행동은 사람들이 자유를 갈망하고 있다고 해석하고, 서구화와 민주화가 승리하면 좋은 일들이 일어날 것이라는 모호한 약속을 하는 것이었다. 그런 다음 그들은 다른 뉴스로 넘어갔다. '민주주의'는 서구 또는 서구의 이상화된 형태인 부유하고 선진화된 소수로 구성된 모임에 가입하려는 열망과 지나치게 자주 혼동됐다. 저항운동에 던질 수 있는 유일한 질문은 특정 국가의 정부가 나쁜 정부인지 아닌지인 경우가 너무 많았다. 현장에 조금 더 가까이 있는 사람들—나 역시 여기에 포함된다—조차 대규모 사회적 폭발에 너무 흥분한 나머지 실패했고, 폭발한 뒤 그 조각들이 어디로 떨어질지 묻지 못했다. 구세주 같은 이미지로 시위의 확장을 표현하고 다시 표현했지만, 그 과정에서 근본적인 사회 구조가 무너지고 있다는 점에는 너무나 관심이 적었다.

미래에는 내 동료들이 새로운 시위가 촉발됐을 때 그 저항운동의 구성 요소와 그 운동이 어디로 향하는지도 자세히 살펴볼 수 있길 바란다. 그리고 다음과 같은 질문을 하기 바란다. "무엇이 운동을 구성하는가? 저항운동이 구체적으로 요구하는 것은 무엇인가? 그들이 승리한다면 무슨 일이 일어날 것인가?"

기존 글로벌 언론의 구성을 고려할 때, 가장 효과적이지 않은 요소가 가장 큰 주목을 받을지 모른다. 미국의 대형 텔레비전 방송국이 명확한 이념적 목표가 있는 훈련된 집단이 주도하는 반란에 비해 광범위한 자유주의와 친서방 목표를 지지하는 것으로 보이는 '자발적이고 지도자 없는 대중 시위'를 어떻게 보도할지 생각해보면 알 수 있다. 만약 무언가가 역사를 발전시키는 것처럼 보이지 않는다면 다른 색깔을 입혀 보도할 수 있다. 언론은 항상 어떤 종류의 프레임이

든 사용하기 때문에 이는 피할 수 없는 일이다. 하지만 '수평적' 시위의 경우, 이런 결정들은 의미가 달라지고, (비공식적인) 리더들을 내세우게 되며, 그 자체로 사건의 일부가 된다. 나는 개인적으로 이것이 음모적인 방식으로 작동한다고 생각하지 않지만—페르난두 아다지도 같은 말을 했다—언론인은 단순히 자신이 이미 가지고 있는 신념과 경험을 바탕으로 사건을 해석할 뿐이다.

그리고 그 사실이 나 자신의 관점도 이 책의 형태를 왜곡시킬 수 있음을 깨닫는 계기가 됐다. 2013년 게지 광장에 올라온 나의 짧은 트윗이 튀르키예에서 벌어진 사건의 진행 과정에 전혀 영향을 미치지 않았고, 브라질에서도 나는 그다지 중요하지 않았다는 점을 분명히 말해두고 싶다. 나는 6월 13일에 시작된 폭발적 시위에 참여한 수십 명 중 한 명이었다. 총체적으로 볼 때 우리는, 시위가 이해되는 방식에 어떤 역할을 했을 것이고, 그것이 바람직한 일은 아니라고 생각하지만 책임 있는 역사가라면 나를 이 이야기의 어떤 부분에도 포함하지는 않을 것이다. 솔직히 말해서 내 경험을 이 책에 기술한 것은 저널리즘이 처한 주관적인 조건과 우리 눈앞에 나타나는 인센티브 구조를 보여주기 위해서였다. 나는 우리가 소셜 미디어에서 입소문을 타는 이야깃거리를 만드는 데 지나치게 강력하게 이끌린다는 것이 심각한 문제라고 생각하기 때문이다.

나는 또한 시위 전체의 서사에서 내가 적은 내용과 상황이 다르게 전개됐을 수도 있음을 분명히 하고 싶다. 2013년 6월이 반드시 보우소나루, 타흐리르, 시시 혹은 마이단에서 전쟁 등으로 이어졌을 것이라고 가정하거나 암시하는 것, 혹은 전자와 후자가 연결되는 것처럼 보이게 만들기 위해서 유리한 사실만을 선택해서 기술하는 것은 이 시위의 서사를 전후를 바꿔서 설명하는 것이라고 생각한다. 이는 나 스스로 우리 세기의 의미 있는 변화를 가로막는 장애물이라고 생각하는 목적론적 사고의 희생양이 되는 것이기도 하다.

대표성만큼이나 전통적인 언론도 함께 위기에 처해 있다. 내가 속한 업계이기 때문에 이기적으로 보일 수도 있겠지만, 내 의견을 무시하는 사람을 원망할 생각은 없다. 하지만 언론계의 현실을 오늘날 세계의 현실에 폭넓게 비유할 수 있다고 생각한다. 여느 대의 정부와 마찬가지로 언론도 매우 불완전하며, 정직함을 유지하기 위해 내외부의 끊임없는 비판을 받아야 한다. 우리는 더 나은, 더 민주적인 언론을 만들기 위해 노력해야 한다. 하지만 단순히 언론을 폭파하면 더 나은 언론이 저절로 나타날 것이라는 값싼 희망의 희생양이 돼서는 안 된다. 여기서도 진공 상태에 누가 뛰어들지 주목해야 한다.

그러나 언론의 영향을 차치하더라도, 지난 10년간 정보의 불명확성과 현실을 뒤흔드는 확산성 탓에 사회의 주요 행위자들조차도 현실을 제대로 파악하기 어려웠다. 만약 당신이 브라질 정부라면, 유튜브에서 마스크를 쓴 한 남자가 올린 동영상의 조회수가 높다고 해서 그의 요구에 응해서는 안 된다. 아시아 역사상 가장 막강한 권력을 가진 정부에 대항하는 시위라면 레딧과 같은 포럼에서 어떤 게시물이 가장 많은 '좋아요'를 받는지에 따라 전략을 선택해서는 안 되는 것이다. 제대로 된 상대라면 결코 그런 식으로 결정을 내리지 않을 것이다.

21

미래의 구축

다섯 대륙을 돌아다니면서 계속해서 들었던 말이 하나 더 있다. 명백한 좌절과 심각한 비극, 만연한 우울증에 직면했을 때 사람들은 나에게 이렇게 말하곤 했다. "그것은 시작에 불과합니다. 우리는 더 큰 것을 위한 씨앗을 심었습니다. 장기적으로 보면 이러한 어려움은 더 큰 무언가의 일부가 될 수 있으며, 우리는 그 어느 때보다 더 강하게 돌아와 승리할 수 있습니다." 물론 모두 그렇게 말하지는 않았다. 하지만 이 가능성은 이 책을 준비하는 내내 분명해 보였다. 그런 가능성이 없었다면 애초에 많은 이들이 내게 시간을 할애할 이유가 없었다.

나는 이 가능성이 분명한 진실과 특정한 목적에 따른 자기기만의 경계에 있다고 생각한다. 그들이 나와 공유한 경험에서 얻은 중요한 교훈, 즉 2010년대에 드러난 역사적 사실은 실패가 선택 사항이라는 것이었다. 승리하기 위해서는 그 가능성을 받아들여야 한다. 앞서 살펴본 바와 같이, 글로벌체제를 구성하는 구조가 변화하기를 바라는 열망은 엄청나다. 하지만 역시 앞서 살펴본 바와 같이 이러한 열망만으로는 충분하지 않았고, 그 열망이 늘 옳은 것도 아니었다. 적어도 아직은 그렇다. 물론 미래에는 이러한 투쟁이 더 나은 세상을 향해 나아가는 중요한 발걸음으로 여겨질 수도 있다. 하지만 그렇게 되려면 저항운동과 거기서 영감을 받은 사람들이 실제로 성공해야 한다. 실패할 수도 있다면 이는 무엇을 의미할까? 그것은 우리가 지난 10년을 통해 교훈을 얻고 종국에는 승리해야 한다는 것을 의미한다. 한 걸음씩, 하나씩. 그렇기에 바쁘고 사기가 꺾였으며 심지어는 나와 이야기를 나눈다는 것 자체로 심각한 위험에 처하는 사람들까지도 나에게 이야기를 들려주기로 결심한 것이다.

게하드와 아흐메드는 이집트혁명과 그 실패를 돌아보며 관계를 맺게 됐다. 두 사람은 처음 만났을 때부터 2011년에 일어난 일을 어떻게 이해하는지를 공유했고, 그것이 무엇을 의미하며 어떻게 느꼈는지를 수년 동안 이야기했다. 나는 지난 10년 동안 이런 방식으로 많은 사람을 만났다. 이집트인들도 브라질인이나 다른 많은 나라 사람과 마찬가지로 자신의 삶을 뒤흔든 민주화운동에 관해 물으면 먼 곳을 응시한 채 끝없이, 때로는 상반된 설명을 늘어놓곤 했다. 하지만 아흐메드와 게하드는 가족이 됐다. 그들의 어린 딸은 정치 위기와 환경 파괴를 직면한 세상에 태어났고, 곧 정치투쟁에 참여할 나이가 될 것이다. 그들이 과거를 돌아보는 일을 멈출 필요는 없지만 이제는 앞도 내다보아야 한다.

내가 모든 사람에게 던진 질문의 나머지 절반은 바로 이것이다. "지금 페루나 한국, 탄자니아 등 세계 어딘가에서 일생일대의 정치투쟁을 통해 역사를 바꾸려고 싸우는 10대 청소년과 대화할 수 있다면 어떤 말을 해주고 싶으세요? 미래를 건설하려는 그들에게 어떤 조언을 해주고 싶으신가요?"

포기하라는 답은 결코 들을 수 없었다. 역사적 투쟁의 도래는 원한다고 해서 피할 수 있는 것이 아니다. 그래서 이 책에서 나는 일반적인 정치적 저항과 구체적인 형태의 논쟁을 매우 신중하게 구분하려고 노력했다. 모든 행동이 똑같이 가치 있다고 생각하는, 그래서 '무언가를 해야만 한다'는 '행동주의'의 희생양이 되는 것은 중대한 실수이다. 마야라, 호삼 베두인 '3아라바위', 아르템 등 많은 이들이 특정한 날의 사소한 부분까지 집착적으로 되짚어보며 무엇을 다르게 했어야 결과가 달라졌을지 끊임없이 되물었다고 말했다. 블로거인 '샌드몽키' 마흐무드 살렘은 자신이 느끼는 감정, 즉 10대 청소년들에게 목숨을 걸게 하고 타인의 죽음을 지켜보도록 했다는 죄책감, 운동 전체가 패배를 경험하게 했다는 죄책감을 다른 사람이 느끼지 않기를 바란다고 말했다. 사회를 변화시키는 것과 같은 어려운 일을 하려고 할 때, 모든 일이 제대로 진행될 것이라는 보장은 없다.

물론 나는 기자일 뿐이다. 나는 정당을 만들거나 혁명을 일으킨 적이 없다. 내가 내린 많은 결론이 말처럼 쉽지 않은 일이라는 것도 너무나 잘 안다.* 하지만 우리는 상당히 일관성 있는 첫 번째 대응책을 마련했다고 생각한다.

조직은 효과적이며 대표성은 중요하다. 집단행동은 입증된 성공 사례를 가지고 있으며 진정으로 집단적일 때 가장 효과적이다. 예수 탄생 이전부터 권력자들이 '분열과 정복'을 추구한 데는 이유가 있다. 다른 모든 조건이 같다면, 개인화는 기존의 권력 구조를 강화하

---

* 공식 조직으로 관심을 돌리면 또 다른 여러 문제가 발생한다. 미국 정부는 (마르크스-레닌주의를 표방한) 흑표당Black Panther Party의 결성에 잠입과 암살로 대응했다.

는 경향이 있다. 그렇기에 특정 목표를 달성하는 데는 의심할 여지 없이 효과적이었던 노조 조직화는 주로 일종의 탈수평화 조직을 추구했다. 지도, 수직적 구조, 위계질서는 대규모 집단에서 나타나는 경향이 있다. 따라서 이에 대비하거나, 스스로 의식적으로 민주적인 조직을 구성하는 고전적인 해결책만이 가능한 가장 합법적이고 투명한 방식일 것이다.

또한 '저항'이 무엇인지, 어떻게 하면 긍정적인 결과를 가져올 수 있는지 잘 알고 있어야 한다. 전술과 전략을 혼동해서는 안 된다. 특정 유형의 투쟁으로 투쟁의 한 단계를 통과할 수는 있지만 다음 단계에서는 실패할 수 있다. 기존 엘리트층에 압력을 가하는 것이 목표라면 시위대가 도시를 오가는 것보다 파업과 보이콧이 훨씬 더 효과적일 수 있다. 만약 요구 사항을 제시할 만큼, 즉 개혁을 실행할 만큼 충분한 영향력이 생긴다면, 누군가는 문제를 일으킨 집단을 대표해 승리를 협상해야 할 것이다. 기존 엘리트들이 실제로 제거될 수 있다면, 즉 혁명적 상황이라면 어떤 집단이 그 자리를 대신해 더 나은 일을 할 준비를 해야 한다. 이 두 경우 모두, 전체 인구에 비해 이를 실행하는 것은 항상 상대적으로 소수였다. 관건은 대중이 이 소수에게 자신들을 대변할 권한을 부여하느냐 하는 것이다.

하지만 그렇다고 해서 계획되지 않은 대중행동을 무시하거나 정당, 노동조합 또는 공식 조직에 가입할 시간이나 성향이 없는 일반인의 참여를 거부해야 한다는 의미는 아니다. 실제로 가장 절제되고 급진적인 혁명조차도 이들에 의존해왔으며, 사회·인터넷·지배적인 정치 이념 등 많은 것의 구성이 급격하게 바뀌지 않는 한 앞으로도 일반 시민들이 주도하는 혁명이 다시 일어날 가능성이 높다. 2020년대가 2010년대를 제치고 인류 역사상 가장 많은 시위가 일어난 10년이 될 것이라는 전망도 충분히 가능하다.

호드리구 누니스는 완전한 수평주의 단계에 오른 브라질 대안세계화운동의 전도사 중 하나였다. 2010년대를 돌아보고 새로운 조직의 시대를 기대하면서 그는 수직도 수평도 아닌 조직의 '생태학'에 관한 글을 썼다. 그는 다양한 유형의 조직 형태가 상호 작용할 수 있고, 또 그래야 한다고 주장했다. 이 책에 등장하는 용어로 표현하자면, 대규모 사회폭발이 일어나면 소란이 일어나고 정치적 공백이 생길 수 있으며, 사람들이 그 공백을 메울 집단을 지지한다면 그렇게 하는 것이 합리적이라는 것이다. 중요한 차이점은 조직을 구성하기 위해 폭발을 이용하지 않는다는 것이다. 대규모 시위가 빈번했던 지난 10여 년 동안, 사회폭발에 가장 잘 대응한 것은 이미 준비된 조직이었다. 튀니지의 호자주의 공산주의자들Hoxhaist Communists*이든 우크라이나의 민족주의 극단주의자든, 이들은 자신의 역량을 뛰어넘는 실력을 발휘했다.

보우소나루가 재선에 출마하기 며칠 전 리우에서 나와 마주 앉은 누니스는 브라질에서 일어난 일과 관련한 많은 트라우마가 있다고 말했다. 2013년 시위가 가져온 결과에 충격을 받은 진보주의자들은 거리에서 통제력을 잃었다고 느꼈다. 그들은 극우 반란에 직면해 무력했다. 새로 대규모 시위를 조직하는 것은 다시 한번 적대 세력에게 도움이 될 수 있었다. 그러나 2013년 시위가 가져온 결과는 좌파들이 이미 경험한 트라우마와 관련이 있다. 소련, 이란, 또는 승리 후 혼란스럽고 불완전한 현실로 이어진 다른 혁명들의 과오가 가져온 결과

---

* 알바니아의 전 지도자 엔베르 호자Enver Hoxha의 이념을 따르는 극단적인 반수정주의 공산주의자들을 가리킨다. 이들은 스탈린주의를 강하게 옹호하며, 다른 대부분의 공산주의 국가와 조직을 수정주의적이라고 비판하는 것이 특징이다.

였다. 누니스가 쓴 것처럼 브라질은 "세상을 바꾸는 데 필요한 조직이 세상을 바꾸려는 노력을 막는 조직과 같을 것이라는 두려움에 시달렸다. 거기서부터 무력감과 우울감이 흘러나왔다."1

물론 실제 레닌주의자들은 결코 떠나지 않았다. 그들은 시위 장소에 머무는 내내 규율과 조직적인 행동을 요구했다. 앞서 살펴본 것처럼 그들은 튀니지와 이집트 같은 곳에서 시위를 시작하는 데 중요한 역할을 했다. 하지만 호드리구 누니스 같은 사람이 지난 10년 동안 이어진 대규모 시위를 이끈 많은 가정을 다시 생각해보게 됐다는 것은 놀라운 일이다. 그는 (플라톤과 소크라테스의 영향을 받은) 자크 데리다Jacques Derrida의 말을 빌려 조직은 약이 될 수도 있고 독이 될 수도 있는 파르마콘pharmakon*이라고 이야기한다. 간단히 말해, 조직화는 효과가 있으며, 이를 선한 목적으로도, 악한 목적으로도 사용할 수 있다. 단순히 조직화가 20세기에 트라우마를 남겼다는 이유로 이를 완전히 거부하는 것은 지나친 반응이다. '어떤 형태의 조직이든 만들기만 하면 결국 강제 수용소로 이어질 것'이라고 여기는 것 또한 잘못된 생각이다. 그렇다. 조직은 악용될 가능성이 있다. 하지만 도구의 사용을 거부한다면 우리는 진정 집을 지을 수 없다. 책임지기를 거부한다면, 권력을 타인에게 양도하는 것이다.

누니스는 소비에트연방의 유산을 깊이 비판하는 전통에 속한 사람이다. 그러나 최근 몇 년 동안 그조차 농담 반 진담 반으로 '네트워크화된 레닌주의'를 입에 담기 시작했다.2

이 모든 것(믹킥론에서 벗어난 관점, 원인과 결과에 대한 철저한 분석, 그리고 정치

---

* 고대 그리스어에서 유래한 개념으로, 약물, 독약, 치료제를 동시에 의미하는 다의적 용어이다. 철학자 자크 데리다가 재해석한 이 개념은 어떤 것이 동시에 해결책이자 문제가 될 수 있음을 나타내며, 이중성과 모호성을 강조한다.

적 행동이 도덕적 순수성마저 위협할 수 있다는 인식)은 결국 시기의 중요성을 보여준다. 혁명을 수행할 수도 없고 개혁을 협상할 수 있는 위치에 있지도 않다면 아무것도 하지 않는 것도 허용될 수 있다. 더 나은 방법은 조직하고 분석하며 전략을 수립해 다음 기회를 위한 최상의 위치에 서는 일일 것이다. 때로는 기다리는 것이 올바른 행동일 수도 있다. 적어도 최근 역사를 보면 가능한 모든 순간에 최대한의 혼란을 일으키려고 해서는 안 된다는 것을 알 수 있다.

혁명적인 마르크스-레닌주의 전통 내에서도 혁명적 '후퇴'라는 개념은 중요하다. 한꺼번에 승리하는 것은 할리우드 영화에서나 있을 법한 일이다. 패배하는 올바른 방법도 있고, 기다리는 올바른 방법도 있으며, 전열을 재정비하는 효과적인 방법도 있다. 레닌은 1920년에 "제대로 공격하고 후퇴하는 방법을 배우지 않으면 승리는 불가능하다"라고 썼다.3 오늘날 세계적으로 문제가 매우 복잡하게 얽혀 있는 현실에서 승리를 어떻게 정의하는가와 무관하게 승리가 코앞에 있다고 믿을 이유는 없다.

전혀 다른 두 남자가 말했듯이—둘 다 프랑스인이긴 하다—미래는 오래 지속된다 L'avenir dure longtemps.*

사람들을 돕고자 한다면, 인류가 직면한 문제에 맞서 싸우고자 한다면, 목적에 초점을 맞추고 민주적이고 책임감 있는 자세를 유지하면서 시간의 시험을 견딜 수 있는 운동조직을 구축해야 한다. 브라질에서 「무상대중교통운동」은 사라졌고, 2013년의 그 모든 회원은 떠났다. 하지만 9년이 지난 후 만난 올리베르 카우앙 카우에는 여전

---

* 이 표현을 회고록 제목으로 사용한 두 번째 사람은 마르크스주의 이론가 루이 알튀세르 Louis Althusser이다. 첫 번째는 샤를 드골Charles de Gaulle이다.

히 개찰구를 발로 차는 그림*이 그려진 낡은 검은색 셔츠를 입고 있었다. 우리는 「무상대중교통운동」이 드러낸 수단과 목적 사이의 문제적 관계를 놓고 이야기를 나누었다. 만약 영광스러운 거리 투쟁이 아니라 조용한 협상이나 이면 거래를 통해 20센타보 요금 인하를 달성할 수 있었다면 어땠을까? 경찰과 영웅적인 전투를 벌이지 않았다면? 「무상대중교통운동」이 그 길을 받아들였을까? "절대 아닙니다." 그는 웃으며 말했다. 운동에 참여한 많은 이들에게 중요한 것은 싸움이었다.4

하지만 그 느낌은 어떤가? 그 강렬하고 삶을 변화시키는 집단적 행복감? 나와 이야기를 나눈 사람들은 이 감정에 대해 다양한 의견을 피력했다. 그 마법 같고 빛나는 날들은 무엇이었을까? 영혼이 역사의 힘과 하나가 돼, 스스로 더 크고 강력해진 것 같은 느낌을 받았던 그 순간들 말이다. 이 초자연적인 경험은 전 세계에서 일어났고, 모든 사람이 그 중요성에 동의했다. 어떤 사람들은 평생 그날을 되새기며 살아가겠다고 말하기도 했다. 시위에 참여한 이들이 합의에 이르지 못한 것은 그 아름다운 순간 다음에 일어난 일이었다.

시위 참여자 중 일부는 시위가 실패한 후 찾아온 끔찍한 우울이 마치 숙취와 같다고도 했다. 술을 마시거나 약물을 복용할 때처럼 혁명적인 열정에도 중독될 수 있다! 혁명적 열정도 사람의 감각을 뒤틀리게 하고 잘못된 결정을 내리게 할 수 있다. 그런 느낌은 진짜가 아니며 나중에 대가를 치르게 된다. 커다란 고양감이 주는 느낌을 원한다면 취약한 젊은이들이 거리로 나가 목숨을 잃도록 부추기는 대

---

* 「무상대중교통운동」의 시위 형태 중 하나인 '요금 안 내기'를 상징하는 이미지이다.

신 음악 페스티벌에나 갈 일이다. 실제로, 신좌파의 정신에서 시작해 우드스톡Woodstock*의 등장을 거쳐 최종적으로 코첼라Coachella**에 이르는 하나의 선을 그을 수도 있을 듯하다.

또 다른 해석, 매우 큰 공감대를 형성한 또 다른 해석도 있다. 그들이 시위에서 느낀 것은 인간이 느낄 수 있는 가장 진정한 감정이라는 것이다. 그것은 절대 환상이 아니며, 오히려 삶이 진정 어떠해야 하는지를 보여주는 놀랍고도 찰나적인 통찰이다. 그것은 인위적인 편 가르기와 편협한 이기주의가 사라진 세상에서 우리가 매일 느낄 수 있는 감정일 것이다. 우리 사회가 진정으로 참여적인 사회가 되고, 우리가 모든 순간의 역사를 진정으로 만들어가며, 동료 인간들과 함께 사랑과 조화 속에서 행동할 때, 우리는 이런 느낌을 받을 수 있을 것이다. 4년에 걸쳐 열 개 나라를 오가며 인터뷰를 하며 만난 사람들은 그 느낌이 중독과 행복감 사이를 오가는 것이라고 말했다.

앞서 말했듯이 그들은 자신들이 시위에서 받은 느낌이 중독이었는지 행복감이었는지 쉽게 결정하지 못하고 있었다.

---

* 1969년 8월 15일부터 3일간 미국 뉴욕주에서 개최된 역사적인 음악 축제로, '3일의 평화와 음악3 Days of Peace & Music'이라는 주제 아래 40만 명 이상의 관객이 모여 반전과 평화의 메시지를 전달했다. 이 축제는 1960년대 반문화운동과 히피문화의 정점을 상징하며, 록 음악사에서 가장 중요한 사건 중 하나로 평가받는다.

** 1999년에 시작된, 미국 캘리포니아주 인디오의 사막 지대에서 매년 열리는 대규모 음악 및 예술 페스티벌이다. 다양한 장르의 유명 아티스트가 참여하며, 현재 북미 최대 규모의 음악 축제로 자리 잡았다.

감사의 말

이 책 정도의 분량으로 지난 10년간 이어진 독특한 사건들을 다루는 것이 가능했는지, 적어도 잘 쓰는 것이 가능한 일이었는지 나도 알 수 없다. 그것은 독자가 판단할 몫이다. 하지만 나 혼자서는 결코 이 책을 쓸 수 없었다는 것은 분명하다.

표지에 내 이름만 실린 것은 말이 안 된다. 많은 이들이 중요한 취재, 연구 또는 수정 작업에 기여했다. 그들 모두 저자로 간주해야 한다. 신문 기사에는 '추가 취재원'이라는 칸이 있고, 영화에는 크레디트가 있다. 하지만 책에는 실제로 이 책을 함께 만든 사람들에게 감사할 수 있는 공간만이 있을 뿐이다. 몇 시간 동안 아랍어 취재를 도와준 사람, 며칠 동안 이스탄불에서 사람들에게 나를 소개해준 사람, 몇 주 동안 러시아어와 우크라이나어로 동료를 추적해준 사람, 몇 달 동안 원고에 실린 사실들을 확인하며 나를 도와준 사람 등 함께 일한 모든 이에게 먼저 감사의 말을 전하고 싶다. 이집트의 아르와 가발라 Arwa Gaballa, 튀니지의 히바 틀리리 Hiba Tlili, 홍콩의 버네시 챈 Vanesse Chan과 제시 라우 Jessie Lau, 키이우의 피터르 코로타에프 Peter Korotaev, 카이로 아메리칸대학교의 아담 유세프Adham Youssef와 파라 아부제이드Farah Abouzeid, 튀르키예의 외메르 야부즈Ömer Yavuz, 런던정치경제대학교의 잭 맥긴Jack McGinn과 타이프 알크후다리Taif Alkhudary, 마지막으로 뉴욕의 코스 톨러슨Cos Tollerson에게 진심으로 감사한다. 또한 로렐 초르Laurel Chor, 앨리스 구트네바Alice Gutneva, 무라드 알하이키Murad Alhayki는 친절하게도 의미 있는 조언과 중요한 인맥을 제공해주었다.

그리고 2019년부터 나를 참아준 친구와 가족에게 감사의 말을 전하고 싶다. 나는 나의 모든 친구와 가족이 내가 왜 두 번째 책 작업을 끊임없이 계속하는지, 내가 왜 그렇게 스트레스가 많은 일을 선택했는지를 완벽히 이해했는지는 알 수 없다. 하지만 그들이 함께해줘서 큰 의미가 있었다. 나의 영웅인 어머니와 사랑스러운 여동생, 아름다운 두 조카가 이미 책의 앞부분에 나와 있지만, 여기서는 나는 나의 형제인 로리Rory와 휴Hugh, 그리고 정말 이타적인 아버지 론Ron에게 감사를 표하고 싶다. 사랑하는 가족 덕분에 모든 것이 가능했다. 또한 이 책을 집필하는 동안 내 짜증을 받아준 친구들, 특히 타르실라 리소Tarsila Riso, 드라간 사식Dragan Sasic, 성 티에우Sung Tieu, 알렉스 프레스Alex Press, 순딥 그로왈Sundeep Grewal에게도 사과한다.

물론 이 책의 주인공은 나와 인터뷰한 사람들이다. 나와 함께 앉아서 자신의 경험을 공유할 만큼 관대한 사람들의 이야기인 것이다. 나는 그들의 신뢰와 친절에 결코 보답할 수 없을 것이므로 결코 잊지 않겠다는 말씀만 건네고자 한다. 여러분의 공헌과 여러분의 기억에 진심으로 감사드린다. 마야라 비비안, 페르난두 아다지, 루카스 몽테이루, 피에루 로카텔리, 자와헤르 찬나, 에제키엘 아다모프스키, 호삼 엘-하말라위, 게하드, 마흐무드 살렘, 이브라힘 샤리프, 에반 헨쇼-플라스, 함딘 사바히, 푸르칸, 프레드리쿠 프레이타스, 하자르에게 감사의 인사를 전하고 싶다. 에렌 센카데스, 바하르, 파비우 오스테르만, 아르템 티드바, 마리아 토마크, 웡익모, 데릭 타이, 멍시우탓, 아우룽 유, 핀라우, 다니사 페레스 카세레스, 테오, 호삼 바가트, 줄리아나 노벨리, 호드리구 누니스, 아메드, 올리베르 카우앙 카우에에게 감사의 인사를 전한다. 요청에 따라 이야기와 관련이 없는 성은 삭제했다.

본문에 이름이 나오지 않은 모든 이에게도 큰 빚을 지고 있다. 내가 나눈 모든 대화가 이 글의 서사가 전달되는 방식에 깊은 영향을 주었으며, 모든 이에게 영원히 감사한다. 만난 순서에 따라 적었으며, 별표가 붙은 이름은 가명이지만 그 자신은 알 수 있다. 줄리아나 쿠냐, 카말 가발라, 오마르 로버트 해밀턴, 샤리프 압델 쿠두스, 모하메드 자리, 마그드 자란, 오사마 바디, 카림 메가헤드, 타렉 샬라비, 히켐 암리, 아메드 가알룰, 나우펠 엘자말리, 함자 벤 아운, 와엘 나우아르, 카이스 부아지지, 아누아르 자다위, 아요니 몬세프에게 감사의 인사를 전하고 싶다. 아이만 가르비, 이스마엘 아울드 나세르, 라디아 은시리, 조라 사두니, 이브라힘 마스투리, 이반 베르스티크, 타라스 빌루스, 비탈리나 쿠츠시바, 빅토리아 보이티츠카, *나탈리아 포딜, 폴리나 고즈, *앙드레 코르추바테, 올렉 셸렌코, 올라드지미르 슈체바우, 다리나 악셀라, 솔로미아 보브로브스카, *C 14 보예비키, 스비틀라나 초르나, *폴라 X, 오데사, 막심 보이텐코, 뱌체슬라프 아자로프, 모리스 이브라힘, 레라, 데니스, 샤이마 파예드, 하산 세이버, 세너 사힌, 셸릴 카파르, 아이딘 셸릭, 베르푸 데미르, 아이세 에르퉁, 라마잔 데미르, 세르칸 외사바시, 베르커 에르소이, 에페 오구르, 압둘나비 알 에크리, 라디 알모사위, 파리다 굴람, 나빌 라자브, 호세 크리스피니아노, 너리 로세토, 잠파 필루, 이자벨라 수자, 크리스 고베아, 루시아나 산토스, 페드로 드 올리베이라, 안드레 다실바 다카하시, 사미아 봄핀, 리에타 비발디, 앨빈 롬, 옥타비오 델 파베로 바넨, 로드리고 카르미, 에르난 에레라, 카밀라 무산테, 펠리페 에스피노사, 지오반나 로아, 다니엘라 세라노, 챈호힘, 조이 시우, 레지나 입, 누리 비타치, 칼로스 마르티네즈, 준팡, 론니 통 카와, 데릭, 제이엔 친, 프라미스 리, 다니엘 청, 제시 로우, 레이먼드 리, 쌍욕싱, 줄리아 댐하우스, 셸비 메이 아크일디즈에게 감사의 마음을 전한다. 또한 강압과 정치적 불확실성 속에서 살면서 가명조차 제공하지 않아 이 명단에 없지만 자신이 누구인지 알고 있는 이들에게도 감사의 말씀을 전하고 싶다.

원고를 검토하고 필요한 의견을 주고 글을 고쳐준 학자들에게 깊은 감사를 표한다. 파비오 드 사에 실바, 존 찰크래프트, 지한 투알, 제프 바서스트롬, 볼로디미르 이쉬첸코, 멀리나 리마, 시몬 전, 메리 두지액, 줄리아나 카메데스, 존 오캄포, 트래비스 스팬버거, 팀 쇼록, 에릭 모브란드, 프랜시스 대훈 리는 프로젝트에 귀중한 역할을 했으며, 책에 포함된 오류는 전적으로 나의 잘못이다.

또한 10년간의 대중 시위에 관해 이야기를 나눈 실제 전문가, 동료 언론인, 저명한 학자 들에게도 감사의 인사를 전하고 싶다. 그들의 의견은 종종 목격자와 참가자들의 인터뷰만큼이나 중요했다. 의도적으로 어리석은 질문을 던지는 저널리즘의 방식을 취한 것도 사과한다. 에리카 체노웨스, 패트릭 이베르, 닐스 길먼, 로렌 발혼, 파딜 알리라이자, 브랑코 밀라노비치, 사무엘 모인, 루크 예이츠, 비제이 프라샤드, 대니얼 오코넬, 마이클 워커, 잭 센커, 나집 아비디, 암르 마그디, 사이드 사데크, 앤 알렉산더, 모하메드 디아 하마미, 맥스 에이즐, 앤드루 로스, 맥스 세든, 크리스토퍼 밀러, 마티아스 스펙터, 아므로 알리, 타티아나 로케, 에두아르두 멜루, 플라비아 비롤리, 케네스 번커, 파올로 제르바우도, 크리스토퍼 자블라, 존 바틀렛, 토비타 초, 조 리히, 스테판 오트만, 션 스캘머, 예브게니 모로조프, 알렉스 호철리, 앤드루 피시먼, 안드레아스 하르소노, 얀 뵈델링, 다니엘 부코비치, 멀리나 리마, 시모네 천에게 감사하다.

내 작업에 관심을 가진 모든 사람, 즉 『자카르타 방식The Jakarta Method』을 읽거나 이 책을 구입한 분들, 또는 내가 쓴 어떤 글도 읽지 않았지만 직접 또는 온라인을 통해 나에게 신뢰를 보내준 모든 사람에게 진심으로 감사를 드린다. 지난 몇 년 동안 보내준 성원과 관대함에 압도돼 진지하고 부지런히 연구해야 한다는 압박감을 느꼈다. 누구도 실망하지 않기를 바랄 뿐이다.

하지만 내가 집필을 시작하기 훨씬 전부터, 그리고 원고를 완성한 후에도 많은 이들이 이 원고를 실제 책으로 만드는 데 도움을 주었다. 이 프로젝트에 생명을 불어넣어준 내 에이전트 롭 맥퀼킨Rob McQuilkin과 편집자 클라이브 프리들Clive Priddle은 공로를 인정받아 마땅하며, 아테나 브라이언트Athena Bryant가 다시 한번 나와 함께 첫 번째 편집 작업을 하는 데 동의해준 점을 정말 감사하게 생각한다. 또한 퍼블릭어페어스PublicAffairs의 모든 직원, 특히 미구엘 세르반테스, 아누파마 로이-쇼두리, 키요 사소, 조해나 딕슨, 피트 가르소, 앰버 후버, 로라 피아시오, 케이틀린 버드닉, 던컨 맥헨리, 셰나 레드먼드와 매시앤매퀼킨의 맥스 무어헤드와 엘리 로폴로에게도 감사의 인사를 전하고 싶다. 나의 첫 책이 된 글을 의뢰하고 편집해주었으며, 이 책이 된 글을 의뢰하고 편집해준 싯다르타 마한타Siddhartha Mahanta에게 큰 감사를 표한다.

대영도서관, 상파울루 시내의 마리오데안드라데 도서관, 뉴욕 공립도서관, 베를린 국립도서관, 그리고 그곳의 모든 직원이 없었다면 이 작업을 수행할 수 없었을 것이다. 이 모든 도서관을 비롯해 어떻게 해서든 계속해서 존재해주고 있는 모든 도서관에 감사드린다.

    나중에 어딘가에서 위의 긴 목록에 있는 한 명 이상의 사람들이 실제로 자신이 주장하는 인물이 아니라는 사실을 알게 된다고 해도 크게 놀라지는 않을 것 같다. 따라서 전 세계의 수많은 정보 및 보안 기관의 모든 노고에 감사를 표하고 싶다. 특히 모스크바에서 나를 미행한 어느 남자는 내가 아주 특별한 사람이라고 느끼게 해주었다.

    지금까지 언급한 모든 이에게 깊은 감사를 드리며, 혹 내가 잊은 이들에게도 사과와 함께 깊은 감사를 드린다.

역자 후기

"그 많던 시위는 다 어디로 갔을까?"

　이 책의 번역을 시작하던 시점, 나는 광장을 가득 메웠던 많은 사람들이 다 어디로 갔는지 묻고 있었다. 광장을 가득 메운 변화의 목소리들이 추운 겨울 거리에서 외쳤던 여러 목표가 하나 둘 부정당하는 현실을 마주하니, 광장은 광범위한 지지를 끌어내는 곳이 아닌 흩어진 목소리가 간신히 생존하는 곳처럼 보였다.

　이 책을 마무리하는 시점에 나는 또 한 번 뜨거운 광장을 만났다. 한밤중에 갑자기 TV에 등장해 납득하기 어려운 이유를 대며 상기된 표정으로 비상계엄을 선언한 대통령을 탄핵하라는 거대한 시위가 여의도를 가득 채우는 장면을 봤고, 그 대통령의 탄핵을 막기 위해 광화문에서 용산으로, 용산에서 법원으로 집결하는 또다른 시위대를 만났다. 광장을 가득 메운 개혁과 반동의 물결들을 보며, 내 질문 자체가 잘못됐다는 것을 깨달았다. 시위는 사라진 것이 아니었다. 개혁과 반동으로 분화됐고, 광장은 서로 다른 시위가 첨예하게 대립하는 공간이 됐다.

　이 책은 우리 사회만 이런 현실에 직면한 것은 아니라고 말한다.

브라질에서, 튀니지에서, 이집트에서, 미국에서, 홍콩에서, 우크라이나에서, 그 뜨거운 시위의 끝에 수많은 사회가 시위대로서는 다소 황망한 결론을 마주하고 있다고 소개한다. 좀 더 평등한 사회를 주장하며 상파울루의 거리를 점거했던 브라질 시민들에게는 브라질 역사상 평등의 가치를 가장 비웃는 대통령이 탄생하는 일이 일어났고, 아랍의 봄을 요구했던 중동 시민들에게 돌아온 것은 봄이 아니라 탄압의 혹은 복고의 겨울이었다. 월가를 점령했던 미국 시민들은 월가의 대통령을 자처하는 트럼프가 한 번도 아니라 두 번이나 당선하는 현장을 목격해야 했다. 2010년부터 10여 년간 세계 곳곳에서 일어난 대규모 사회개혁 요구 시위에 동조하는가 반대하는가와 무관하게 시위와 그 결과의 괴리는 누구에게나 흥미로운 주제일 것이다.

    라틴아메리카 사회운동 전공자인 나에게 이 책은 라틴아메리카 사회운동을 세계의 맥락 속에서 이해할 수 있는 기회를 제공해줬다. 내가 연구하는 현상이 전 세계의 맥락 속에서 새롭게 해석되는 경험은 흥미로웠다. 나는 한국 독자들도 비슷한 경험을 할 수 있다고 믿는다. 우리에게 일어난 일을 세계의 흐름 속에서 바라보는 것은 자아가 확장되는 경험이다. 특히 한국 사회운동에 관심이 있는 이들에게 이 책은 전 세계 사회운동의 맥락에서 한국 사회운동을 냉정하게 평가해볼 수 있는 지식과 관점을 제공한다. 이 책은 최근 10여 년간 지구상에 일어났던 굵직한 사회개혁 요구 시위를 모두 다루었다고 해도 과언이 아닐 정도로 방대한 자료와 인터뷰를 담고 있다. 마치 소설을 읽는 듯한 착각이 들 만큼 생생한 시위 참가자들의 증언과 사연은 저자의 날카로운 분석과 만나 견고한 결론에 도달한다. '그렇게 뜨겁게 시위했는데, 도대체 왜 이렇게 됐을까'라는 질문이 저자의 뇌리를 떠나지 않았던 것이 분명하다. 그는 성실하고 차분하게 스스로의 질문에 답하면서 같은 질문을 품은 독자들에게 자신이 찾은 답을 공유한다. 《워싱턴포스트》, 《로스앤젤레스타임스》, 《파이낸셜타임스》, 《가디언》, 《이코노미스트》와 같은 영미권의 주요 언론사에서 베네수엘라, 브라질, 동남아시아를 담당한 언론인으로 쌓은 그의 경력은 이 책에 깊이를 더해준다.

이 책의 저자 빈센트 베빈스는 1965년 인도네시아의 반공산주의 학살을 비밀리에 지원한 미국 정부, 정확히는 CIA 작전을 밀착 취재한 『자카르타 방식Jakarta Method』을 2021년 출간했다. 이 책은 단번에 20세기 정치를 이해하기 위한 필독서라는 주요 언론사들의 호평을 받았다. 특히 《파이낸셜타임스》와 미국의 NPR은 이 책을 2021년 출간된 가장 우수한 책 중 하나로 선정했다. 그의 첫 번째 책이 전 세계 사회주의 정권의 몰락 원인을 미국이라는 변수를 통해 설명하려는 시도였다면, 두 번째 책인 『광장의 역설(원제: If we burn)』은 전 세계 진보세력의 도전과 실패의 원인을 고찰하려는 노력이다. 이 책 또한 출간과 함께 《뉴욕타임스》, 《뉴요커》, 《뉴리퍼블릭》과 같은 언론사의 호평을 받았다. 특히 『노로는 충분하지 않다』, 『쇼크 독트린』, 『미래가 불타고 있다』 등으로 국내 독자들에게도 익숙한 작가 나오미 클라인은 이 책이 자기성찰과 반성의 정신을 담고 있다고 평했다. 나는 이 글을 번역하며 저자의 자기성찰과 반성을 충분히 느꼈을 뿐 아니라 책 속에 등장하는 시위의 주인공들이 얼마나 다양한 성찰과 반성의 이야기를 들려주는지 확인할 수 있었다. 이들의 목소리를 번역하면서 자연스럽게 나 또한 성찰하고 반성하게 됐다.

구체적으로 빈센트 베빈스는 이 책을 통해 무슨 성찰과 자기반성을 했을까? 그는 20세기 중반 미국 사회운동부터 지금까지 이어진 전 세계 사회운동의 전략을 매우 날카롭게 비판한다. 소위 '수평주의'라는 원칙에 따라 조직을 거부하고 리더십을 부정하는 자유주의적 운동전략이 '모든 것을 불태우는 것'에는 유리할 수 있었으나 그 불태운 자리에 무언가를 채워넣을 역량 또한 한없이 붕괴시켜버렸다는 것이 그의 진단이다. 이 진단은 최소한 브라질에서는 정확히 맞아떨어진 듯하다. 지우마 호세프 정부에 가장 강력하게 도전한 「무상대중교통운동」은 수평주의를 외치며 지도자 없는, 모두의 운동을 지향했다. 그들에게 지우마 호세프 정부는 충분히 진보적이지 않았고, 충분히 민주적이지 않았다. 하지만 그들이 전개한 시위가 남긴 아픈 교훈은 수평주의에 기댄 '모두의' 운동은 그 누구의 운동도 될 수 없다는 것이었다. 그들이 점령한 광장에 그들이 그토록 반대하던 극우주의자들이 들어섰을 때, '수평주의' 운동에는 이들을 막아낼 수 있는 조직도, 메시지도, 리더십도 없었다. 어떻게 룰라와 지우마의 나라에서 남미의 트럼프라 불리는 보우소나루가 대통령이 됐느냐고 누군가 묻는다면, 그것은 룰라와 지우마를 태워버린, 하지만 지우마와 룰라를 태워버린 공간에 어떤 것도 세울 수 없었던 상파울루 거리의 힘 때문이라고 답할 수 있을 것이다.

    이 책은 한국과 칠레가 브라질이나 이집트 혹은 우크라이나와 조금 다르다고 주장한다. 특히 칠레의 경우, 시위를 이끈 세력이 대통령을 선출하고 시위를 주도했던 이들 중 다수가 내각에 참여했다. 한국의 사례도 비슷하게 그려졌다. 베빈스는 한국과 칠레에서 시위 주도세력이 정치에 직접 참여했다는 점을 우호적으로 바라보고 있는 듯하다. 하지만, 한국과 칠레는 안심할 만한 상황일까? 2011년 학생시위부터 2019년에 이르기까지 10여 년에 걸쳐 칠레의 사회폭발을 주도했던 인물들이 정치의 핵심세력으로 부상했으나, 칠레에서도 극우 정당이 하루가 다르게 급격히 성장하고 있다. 세계에서 가장 진보적인 개헌안이라고 추앙되던 2022년 개헌안은 압도적인 표차로 부결됐고, 2023년 칠레 보수파는 기존 헌법보다 더 보수적인 개헌안을 도출하는 데 성공했다. 결국 2023년 개헌안도 부결됐으나, 칠레의 개헌 노력은 중단됐으며, 2019년 거리를 뜨겁게 달군 사회개혁과 개헌 요구는 구체적인 과실을 맺지 못했다는 평가를 받는다. 그저 대통령만 바꾸기 위해 광장에 모인 것은 아니었으므로……

한국은 어떠한가? 촛불 시위를 통해 국민이 요구했던 수많은 의제가 문재인 정부를 통해 현실화했을까? 혹은 문재인 정부를 통해 실현된 많은 가치가 지금도 여전히 남아 있을까? 광장에서 시작된 개혁의 노력과 결실은 도대체 왜 그렇게 부서지기 쉬운 것이었을까? 우리가 광장에서 외친 것들은 다 어디로 갔을까? 뜨거운 개혁의 요구를 바탕으로 정권을 잡았던 문재인 정부의 도전과 좌절, 그리고 윤석열 정부로 이어지는 뜻밖의 전개를 이 책은 자세히 다루지 않았다. 하지만 이 책이 다룬 다른 사례들에 비춰 우리 사회에 개혁의 열망을 실현할 만한 충분한 리더십이 있었는가를 되돌아볼 필요가 있다.

2024년 12월 3일 비상계엄에 반대하고 이를 주도한 세력을 처벌하라고 요구하는 광장의 에너지 또한 뜨거웠다. 응원봉을 들고 차가운 거리로 쏟아져나온 개혁의 에너지에 모두 감동한 것도 잠시, 우리는 더욱 뜨거운 탄핵 반대 시위를 만났고, 헌정 사상 처음으로 법원이 시위대에게 속절없이 습격받는 모습을 생생히 목격했다. 탄핵과 반탄핵의 여론이 팽팽히 맞섰고, 불법 계엄을 선포한 대통령을 구국의 영웅으로 여기는 광장의 징지가 어느새 시작됐다. 이렇듯 사회개혁을 요구하는 강력한 시위 후 도래하는 우파의 강력한 귀환 혹은 반동(백래시)은 시위를 통한 정권교체를 경험한 칠레와 한국에서도 예외가 아니었다. 한국과 칠레의 사례는 광장에서 개혁의 요구를 충분히 발산하고 조직하는 것과 광장의 요구를 실현하기 위해 정치를 하는 것 사이의 간극을 드러낸다.

베빈스에 따르면 이러한 반동은 기존 질서의 변화 이후를 면밀히 준비하지 않은 전략의 오류에서 기인한다. 기존 질서에 대한 도전에만 몰입한 나머지 질서가 붕괴된 다음 상황을 준비하지 못하기도 하고, 모두가 평등한 광장에 집착한 나머지 건강한 대표성을 확보하는 데 실패하기도 한다. 이 모든 문제는 결국 예상치 못한 반동세력이 기존 질서가 무너진 빈 공간을 차지할 수 있는 토대가 된다. 베빈스는 개혁을 주장하는 시위보다 개혁을 실현하는 정치가 훨씬 더 어렵고도 중요한 과제라 생각하는 듯하다. 시위는 조직돼야 하고 조직은 민주적이면서도 리더십을 갖춰야 한다. 간단한 이야기인 듯하지만, 우리도 놓치고 있는 것은 아닌지 생각해볼 일이다.

이 책은 수많은 사회운동의 과정과 결과를 분석하면서 사회운동의 내부 즉 사회운동 세력의 전략과 판단을 냉정하게 비판했다는 점에서 귀한 노력이다. 굳이 '귀하다'는 표현을 쓰는 이유는, 사회운동의 실패 원인을 운동세력 내부에서 찾으려는 노력이 그야말로 '희귀하기' 때문이다. 우리는 운동이 실패한 이유를 구조에 돌리는 데 익숙하다. 정치적 환경, 경제적 조건이 운동을 약화했다는 분석은 안전하다. 신자유주의 때문이라고 말하면 사실 대부분 수긍한다. 이런 현실에서 나는 독자들이 베빈스의 평가에 동의하는지를 떠나, 그의 노력에 주목해주기를 기대한다. 실패의 원인을 외부에서만 찾는다면, 역설적으로 실패를 극복할 방법도 운동 내부에서 찾기 어렵다. 베빈스가 세계 진보세력의 내부와 운동전략에 전하는 따가운 질책은 그런 의미에서 실패의 끝이 아니라 성공의 시작이 될 수 있을 것이다.

주

머리말

1) 보우소나루 가문이 과거에 행한 역사적 발언들에 더해, 리우데자네이루 주지사 위우송 위체우 Wilson Witzel는 범죄자들을 약식 처형하겠다고 위협했으며, 2019년 한 용의자의 사망 소식을 듣고 공개적으로 축하한 바 있다. Italo Nogueira, "Governador que só pensa em morte reclama de política sobre caixão," *Folha de S.Paulo*, September 23, 2019.

2) Santiago Wills, "The Brazilian Spring: An Explainer," *ABC News*, June 24, 2013.

3) Samuel J. Brannen, Christian S. Haig, and Katherine Schmidt, "The Age of Mass Protests: Understanding an Escalating Global Trend," CSIS Risk and Foresight Group, March 2020.

4) 이 프로젝트를 시작하기 전, 그리고 '시위자들'이 기존의 저항방식을 활용하는 방법에 관한 찰스 틸리의 선구적 연구를 접하기 전에 나는 이미 이러한 결론에 도달했다. 틸리의 연구는 이후 내 연구 방식에 영향을 주었고, 따라서 본문에서 적절히 인용될 것이다. 틸리의 기존 연구를 모른 한 언론인이 지난 15년간의 경험만으로 비슷한 결론에 도달했다는 사실은, 이 연구의 현재적 의미를 더욱 잘 드러낸다고 볼 수 있다.

5) 이는 인터뷰 대상자의 수가 아닌 인터뷰 횟수를 나타낸다. 일부 대상자들은 여러 차례 인터뷰에 응했다. 이 연구는 바레인, 브라질, 칠레, 이집트, 독일, 홍콩, 인도네시아, 한국, 튀니지, 튀르키예, 영국, 그리고 미국에서 수행됐다.

6) Georgi Derluguian, *Bourdieu's Secret Admirer in the Caucasus: A World-System Biography* (Chicago: University of Chicago Press, 2005), 158-159와 264; for a discussion of Braudel's "longue durée" in the context of the so-called Arab Spring, see Sara Salem, "Critical Interventions in Debates on the Arab Revolutions: Centring Class," *Review of African Political Economy* 45, no. 155, 2018.

7) 이 말은 흔히 그가 한 것으로 알려져 있으며, 특히 2001년 후에 더욱 그렇게 알려졌다. 하지만 실제로 그의 저작 어디에서도 이 말을 찾아볼 수 없어, 후대에 만들어진 일화일 가능성이 있다.

8) Mark Beissinger, *The Revolutionary City: Urbanization and the Global Transformation of Rebellion* (Princeton: Princeton University Press, 2022), 41.

9) 역사가 오류와 예기치 못한 난관에 신속하게 대응하면서 형성되는 방식을 논의한 연구는 찰스 틸리의 다음 논문을 참조. Charles Tilly, "Invisible Elbow," *Sociological Forum* 11, no. 4 (1996): 589-601.

10) Beissinger, *The Revolutionary City*, 200-218.

1 시위하는 법 배우기

1) 소크라테스는 『파이드로스』에서 글쓰기가 언어를 화자와 맥락에서 분리해 오해의 소지를 만든다고 지적했다. 즉 글로 쓰인 말의 진정한 의미를 설명해줄 사람이 없다는 것이다. 소크라테스의 이런 지적은 아마도 옳았을 것이며, 글은 실제로 언어를 영원히 바꿔놓았다. 하지만 우리는 그 후 2000년이 넘는 세월 동안 문자로 쓰인 글을 사용하고 해석하는 방법을 발전시켜왔다.

2) Benedict Anderson, *Imagined Communities: Reflections on the Origin and Spread of Nationalism* (London: Verso, 2016).

3) Charles Tilly, "Speaking Your Mind Without Elections, Surveys, or Social Movements," *Public Opinion Quarterly* 47 (1983): 461-478.

4) Charles Tilly, *The Contentious French: Four Centuries of Popular Struggle* (Cambridge, Mass.: The Belknap Press of Harvard University Press, 1986), 4-30.

5) 궁극적으로, 그들은 영국 군대의 완전한 해체를 추구했다. Sean Scalmer, *Gandhi in the West: The Mahatma and the Rise of Radical Protest* (Cambridge: Cambridge University Press, 2011), 138-155.

6) Mike Davis and Jon Weiner, *Set the Night on Fire: L.A. in the Sixties* (New York: Verso, 2020), 50-63.

7) Scalmer, *Gandhi in the West*, 71.

8) Ibid., 150과 215.

9) Wini Breines, *Community and Organization in the New Left, 1962-1968: The Great Refusal* (New York: Praeger Publishers, 1982), 11.

10) Students for a Democratic Society, *The Port Huron Statement*, 1962.

11) Jeremy Suri, *Power and Protest: Global Revolution and the Rise of Detente* (Cambridge: Harvard University Press, 2003), 89-92.

12) Todd Gitlin, *The Whole World Is Watching: Mass Media in the Making and Unmaking of the New Left* (Berkeley: University of California Press, 2003), 27; 「민주사회학생회」 산하의 「경제연구·행동 프로젝트 the Economic Research and Action Project」에서 발간한 한 소책자는 "자유란 끝없는 회의다"라고 선언했고, 이 문구는 이후 참여 민주주의의 가치와 한계를 다룬 학술 연구의 제목으로도 사용됐다. Francesca Polletta, *Freedom is an Endless Meeting: Democracy in American Social Movements* (Chicago: University of Chicago Press, 2002).

13) Ibid. '유도'에 대해서는 p. 29; 시위에 관한 결정과 언론의 대응에 대해서는 p. 79; 그에 대한 대응 성명에 대해서는 p. 91를 보라. 당시 누구든 행진에 참여할 수 있도록 허용한 결정은 논란을 불러일으켰고, 일부 급진 단체들을 배제하길 원했던 동맹 세력들을 불편하게 만들었다. James Miller,

Democracy is in the Streets: From Port Huron to the Siege of Chicago (Cambridge: Harvard University Press, 1987), 227-231.

14) 기틀린의 주장에 따르면, 중부 출신이라는 이유로 '프레리 파워'라고 불린 신입들은 자신들을 무정부주의자라고 칭했을 가능성이 더 높았다. *The Whole World is Watching*, 131.

15) Breines, *Community and Organization in the New Left*, 36.

16) Gitlin, *The Whole World Is Watching*, 45.

17) Breines, *Community and Organization in the New Left*, 15와 112; Maurice Isserman, *If I Had a Hammer* (Chicago, University of Illinois Press, 1993), xi. 1960년대 학생 좌파의 다수가 구좌파가 "흔적도 없이 사라졌다"고 믿었다는 내용은 보고서에서 확인할 수 있으며, 초기 「민주사회학생회」와 그에 영향을 준 요소들에 대한 논의는 pp. 206~214에 자세히 나와 있다; James Miller, *Democracy is in the Streets*, p. 67, p. 120. 노조 모델과 '노동 형이상학labor metaphysic'에 대한 거부는 p. 67과 p. 120에서 다루며, 밥 로스Bob Ross와 토머스 헤이든Thomas Hayden이 이해한 '구좌파'에 대한 설명은 p. 139에 나와 있다. 이들은 정통 공산당을 중심으로 한 제3인터내셔널의 전통적인 형태를 거부했을 뿐 아니라, 제2인터내셔널과 제4인터내셔널이 각각 보여준 조직 노동에 대한 과도한 집착과 트로츠키주의와도 거리를 두고자 했다. 「민주사회학생회」에 중요한 점은, 미국 내 주요 노조들과 매카시즘을 견디며 살아남은 소규모 트로츠키주의 또는 포스트-트로츠키주의 집단들 모두가 냉전 시기 미국의 외교 정책을 지지하는 경향이 있었다는 점이었다. 스스로를 '새로운' 집단이라 부르는 모든 그룹이 그러하듯, 신좌파New Left 또한 그들에게 '부정적' 모델이 되는 대상들을 설정했다. 이 경우, 그들에게는 '복잡하고 난해한 내부 논쟁에 몰두하면서도 정치적으로는 거의 영향력을 행사하지 못했던 구좌파 단체들, 그리고 때로는 부패로까지 이어지는 좁은 이해관계만을 추구하던 노동조합 관료'들이 그러한 부정적 모델이었다. 물론 이와는 반대로 긍정적으로 영감을 준 집단들도 함께 존재했다. Polletta, *Freedom is an Endless Meeting*, 204.

18) Vladimir Lenin, "What Is to Be Done?," in *The Essential Works of Lenin*, ed. Henry M. Christman (New York: Bantam, 1966).

19) Daniel Guerin, *Anarchism: From Theory to Practice* (New York: Monthly Review Press, 1970), x- xi.

20) 자발성과 특수한 혁명적 훈련에 관해서는 *The Essential Works of Lenin*, 83과 128-130 참조; 이에 대한 답변으로는 Rosa Luxemburg의 "Organizational Questions of Russian Social Democracy" 참조. 21세기의 활동가들이 '자발성'을 이해하는 방식과는 달리, 룩셈부르크는 조직화된 마르크스주의 정당의 필요성을 주장했다. 다만 그가 주장한 정당은 레닌의 것보다는 덜 중앙집권화된 형태였다.

21) 이 개념과 그 사용에 대한 좀 더 최근 논의는 Luke Yates, "Prefigurative Politics and Social Movement Strategy: The Roles of Prefiguration in the Reproduction, Mobilisation and Coordination of Movements," *Political Studies* 69, no. 4 (2020): 1-20 참조; 신좌파에서 예시정치가 갖는 의미를 이해하기 위해서는 Breines, *Community and Organization in the New Left*, 4장 참조. 본문에서 인용된 문구는 1989년 발간된 2쇄 서문 참조.

22) Uri Gordon, "Prefigurative Politics between Ethical Practice and Absent Promise," *Political Studies* 66, no. 2 (2017): 1- 17. 「인종평등회의」와 「민주사회학생회」 모두에 있어 예시적 실천prefigurative practices은 기독교 전통에 뿌리를 두고 있었다. August Meier와 Elliot Rudwick의 *CORE: A Study in the Civil Rights Movement* (Oxford: Illini Books, 1975), 5-10쪽 참조. 「민주사회학생회」는 학문적 배경을 반영해 그들의 방식이 '세미나 모델seminar model'이라 불렸을 뿐만 아니라, 그들의 숙의적deliberative 스타일이 "퀘이커Quaker" 전통에 기원을 두고 있음을 자주 인식하고 있었다. James Miller, *Democracy is in the*

Streets, 146-158쪽 참조.

23) Jura Federation Circular, 1871. Cited in Gordon, "Prefigurative Politics Between Ethical Practice and Absent Promise."; 또한 Henryk Katz, *The Emancipation of Labor: A History of the First International* (New York: Greenwood Press, 1992), 96-98 참조.

24) Breines, *Community Organization and the New Left*, 14.

25) Bertrand Russell, *Autobiography* (London: Unwin Paperbacks, 1978), 612-613. Cited in Scalmer, *Gandhi in the West*, 226.

26) Vladislav M. Zubok, *A Failed Empire: The Soviet Union in the Cold War from Stalin to Gorbachev* (Chapel Hill: University of North Carolina Press, 2007), 182-200; Ali Kadri, *The Unmaking of Arab Socialism* (New York: Anthem Press, 2016), chap. 1, 특히 p.68.

27) Adam Hanieh, *Lineages of Revolt: Issues of Contemporary Capitalism in the Middle East* (Chicago: Haymarket Books, 2013), 24-25; Hazem Kandil, *Soldiers, Spies, and Statesmen: Egypt's Road to Revolt* (London: Verso, 2012), 56-60.

28) Alessandro Brogi, *Confronting America: The Cold War Between the United States and the Communists in France and Italy* (Chapel Hill: University of North Carolina Press, 2011), 95-102.

29) 레온 트로츠키는 "모든 봉기의 첫째 과제는 군대를 자신의 편으로 끌어들이는 것"이라고 언급했다. 이 문장은 Mark Beissinger, *The Revolutionary City*, 29에서 인용했다.

30) Beissinger, *The Revolutionary City*, 57; 1848년 '봄'의 확산은 신문이 말이나 배를 통해 물리적으로 운반되는 방식과 밀접하게 연결되어 있었다. Christopher Clark, *Revolutionary Spring: Fighting for a New World 1848-1849* (London: Allen Lane, 2023), 280-285.

31) 시위의 장면과 시위 참가자들의 인터뷰는 Chris Marker, *A Grin Without a Cat*, Dovidis, 1977 참조.

32) Gerd Koenen, *Das Rote Jahrzehnt: Unsere kleine Deutsche Kulturrevolution 1967–1977* (Cologne: Kiepenheuer & Witsch, 2001), 46-47, 49. Cited in Julia Lovell, *Maoism: A Global History* (New York: Alfred A. Knopf, 2019), 278.

33) Suri, *Power and Protest*, 90과 188.

34) Kristin Ross, *May '68 and Its Afterlives* (Chicago: University of Chicago Press, 1988), 42-45.

35) '강경파'는 *noyau dur*를 번역한 것이다. Ibid., 38.

36) Gavin Grindon, "Revolutionary Romanticism: Henri Lefebvre's Revolution-as-Festival," *Third Text* 27, no. 2, 2013; 샤를 드골 자신이 1968년 5월의 사건들 중에 '시엥리' 개념을 언급한 바 있다.

37) Giovanni Arrighi, Terence K. Hopkins, and Immanuel Wallerstein, "1989, the Continuation of 1968," *Review* (Fernand Braudel Center) 15, no. 2 (Spring 1992), 221-242.

38) 나는 문화대혁명을 '세계적 1968'의 일부로 본 시각을 Suri and Arrighi et al에서 배웠다. 이에 반대되는 의견은 Jeffrey Wasserstrom, "Did China Have a 1968?," *American Historical Review* 123, no. 3, 2018를 참조. 본 연구의 목적상, 반관료주의적 열기가 위로부터 주도됐다는 점은 중요하지 않다. 오히려 이 운동이 '구좌파'의 당 구조를 겨냥했다는 점이 주목할 만하다. 중국의 문화대혁명에 대한 개괄은 Rebecca E. Karl, *Mao Zedong and China in the Twentieth-Century World* (Durham, NC: Duke University Press, 2010), chaps. 8과 9 참조.

39) Kandil, Soldiers, *Spies, and Statesmen*, 96.

40) Lara Marlowe, "Paris provoked CIA and KGB alarm," *Irish Times*, May 9, 1998.
41) Arrighi et al., "1989, the Continuation of 1968," 223.
42) Andre Gorz, "The Way Forward," *New Left Review*, November and December 1968.
43) Ross, *May '68 and Its Afterlives*, 63.
44) Martine Storti, *Un chagrin politique: de mai 1968 aux annees 80* (Paris: L'Harmattan, 1996), 53. Cited in Ross, *May '68 and Its Afterlives*, 188; 1960년대 후반 미국에서 「민주사회학생회」는 마지막 단계에서 폭력 혁명을 시도하다가 극적으로 와해된 것으로 잘 알려져 있다. 그러나 이러한 경향은 이후 수십 년간 널리 채택되어 사회운동의 레퍼토리에 들어간 신좌파 실천의 방식은 아니었다. 사회운동의 역사를 다루는 역사학자들은 「민주사회학생회」를 기존 기준에 따르면 '눈부신 실패spectacular failure'로 평가하지만, 그럼에도 불구하고 이 조직이 정치문화에 장기적으로 깊은 영향을 끼쳤다고 본다. James Miller, *Democracy is in the Streets*, p. 4 참조; 1970년대 여성주의 운동이 참여적 실천 participatory practices을 어떻게 수용했는지는 Francesca Polletta의 *Freedom is an Endless Meeting* 6장을 참조.
45) Nina Antonia, *Too Much Too Soon: The New York Dolls* (London: Omnibus, 2003), 166.
46) Greil Marcus, *Lipstick Traces: A Secret History of the Twentieth Century* (London: Faber and Faber, 1989), 3, 53, 62.
47) Francis Fukuyama, *The End of History and the Last Man* (New York: Free Press, 2006), 8; Zubok, *A Failed Empire*, 265.
48) Odd Arne Westad, *The Cold War: A World History* (New York: Basic Books, 2017), 619.
49) Derluguian, *Bourdieu's Secret Admirer in the Caucasus*, 307.
50) Zubok, *A Failed Empire*, 310.
51) Stephen Kotkin, *Armageddon Averted: The Soviet Collapse, 1970–2000* (Oxford: Oxford University Press, 2008). 소련이 "상당 기간 어려움 속에서도 지속될 수 있었다"는 분석과 군대를 강하게 지지하고 소련 애국주의 역시 강력했다는 견해에 관해서는 pp. 2-27 참조. 사회주의를 향한 강력한 충성심이 일반 대중의 세계관을 일부 이루었다는 주장에 관해서는 p. 44 참조. 이 주장을 분석한 연구로는 Kotkin cites Donna Bahry, "Society Transformed? Rethinking the Social Roots of Perestroika," *Slavic Review* 52/3 (1993) 참조.
52) Beissinger, *The Revolutionary City*, 208.
53) Branko Milanovic, "For Whom the Wall Fell?," *The Globalist*, November 7, 2014; 「바르샤바조약기구」에 속하지 않은 국가인 알바니아의 공산주의 말기 생활상과 그 체제가 붕괴한 후 '자유'가 도래하지 못한 양상을 생생하게 묘사한 연구는 Lea Ypi, *Free: Coming of Age at the End of History* (London: Penguin, 2022) 참조.
54) Zubok, *A Failed Empire*, 303.
55) Evgeny Morozov, *The Net Delusion: How Not to Liberate the World* (London: Penguin, 2011), 55.
56) Hans Modrow, "I Was the Last Communist Premier of East Germany," *Jacobin*, November 9, 2019.
57) "How much did reunification cost," *Deutsche Welle*, September 29, 2015.
58) Branko Milanovic, *Income, Inequality, and Poverty During the Transition from Planned to Market Economy* (Washington, DC: World Bank Regional and Sectoral Studies, 1998), 4.

59) Isabella M. Weber, *How China Escaped Shock Therapy: The Market Reform Debate* (London: Routledge, 2021), 3-6.

60) Milanovic, *Income, Inequality, and Poverty*, 67과 102-103.

61) Weber, *How China Escaped Shock Therapy*, 1.

62) Milanovic, *Income, Inequality and Poverty*, 71.

63) Odd Arne Westad, *The Global Cold War: Third World Interventions and the Making of Our Times* (Cambridge: Cambridge University Press, 2005), 387.

64) Derluguian, *Bourdieu's Secret Admirer in the Caucasus*, 14과 79.

65) Vincent Bevins, *The Jakarta Method: Washington's Anticommunist Crusade and the Mass Murder Program That Shaped Our World* (New York: PublicAffairs, 2020).

66) Nils Gilman, "The New International Economic Order: A Reintroduction," *Humanity* 6, no. 1, Spring 2015, 1-16.

67) Bret Benjamin, "Bookend to Bandung: The New International Economic Order and the Antinomies of the Bandung Era," *Humanity* 6, no. 1, Spring 2015, 33-46; Guiliano Garavini, "From Boumedienomics to Reaganomics: Algeria, OPEC, and the International Struggle for Economic Equality," *Humanity* 6, no. 1, Spring 2015, 79-92.

68) Patrick Iber, "Worlds Apart," *New Republic*, April 23, 2018.

69) Quinn Slobodian, *Globalists: The End of Empire and the Birth of Neoliberalism* (Cambridge: Harvard University Press, 2018), 5-12.

70) Weber, *How China Escaped Shock Therapy*, 3; Michel Foucault, *The Birth of Biopolitics: Lectures at the College de France, 1978–1979* (New York: Palgrave Macmillan, 2010), 19-35, 278.

71) Mitchell Dean and Daniel Zamora, *Foucault and the End of Revolution* (London: Verso, 2021), 213-215.

72) Ross, *May '68 and Its Afterlives*, 80-92.

2 마야라와 페르난두

1) 이 장은 2021년과 2022년 상파울루에서 저자가 마야라 비비안과 진행한 인터뷰를 바탕으로 작성했다.

2) Paolo Gerbaudo, *The Mask and the Flag: Populism, Citizenism, and Global Protest* (London: Hurst & Company, 2017), 20-21.

3) 2000년대 초반, 저자는 라디오헤드 웹사이트를 통해 『슈퍼 브랜드의 불편한 진실No Logo』을 접하게 돼 이를 탐독했다. 해당 도서의 홍보 사실은 《Q매거진》(2000년 10월호)에서 언급된 바 있다.

4) '인디미디어브라질'의 역사는 2021년과 2022년 상파울루에서 안드레 타카하시André Takahashi와 진행한 인터뷰를 바탕으로 작성했다.

5) 이 부분은 2021년과 2022년에 프레데리쿠 프레이타스Frederico Freitas와 전화로 진행한 인터뷰를 바탕으로 작성했다.

6) Rodrigo Lopes de Barros, *Distortion and Subversion: Punk Rock Music and Free Public Transportation in Brazil, 1996–2011*, 10-12; Pablo Ortellado, "Sobre a passagem de um grupo de pessoas por um breve período da história," in *Estamos Vencendo! Resistência Global no Brasil*, Pablo Ortellado and André Riyoki (Sao Paulo: Conrad, 2004), 9.

7) David Graeber, "The New Anarchists," *New Left Review* 13, January/February 2002, 69-71. 강조는 원서에 있는 것이다.

8) 2022년 리우데자네이루에서 호드리구 누니스와 진행한 인터뷰를 바탕으로 작성했다.

9) 페르난두 아다지에 관한 모든 기술은 부분적으로 2021년과 2022년 상파울루에서 저자가 아다지와 진행한 인터뷰를 바탕으로 작성했다. 출판된 자료를 인용한 경우, 해당 출처는 아래에 명시했다.

10) Diogo Bercito, *Brimos: Imigração sírio-libanesa no Brasil e seu caminho até a política* (São Paulo: Fósforo, 2019), 164.

11) Clara Becker, "O Candidato da Esquerda," *Revista Piauí, Edição* 61, Outubro 2011.

12) Fernando Haddad, *Em defesa do socialismo* (São Paulo: Editora Vozes, 1998), 59-60.

13) Lincoln Secco, *História do PT* (São Paulo: Ateliê Editorial, 2011), 26-27과 81- 82; for Lula's early life, relationship to the PCB, and his participation in the founding of the party, see Fernando Morais, *Lula, Volume 1* (São Paulo: Companhia das Letras, 2022), chaps. 9-15.

14) John Paul Rathbone, "Debt Crisis Lessons from Latin America," *Financial Times*, December 4, 2011; Greg Grandin, "Why Stop at Two?," *London Review of Books 31*, no. 20, October 2009; Secco, *História do PT*, 179-180.

15) Haddad, *Em defesa do socialismo*, 49-51. 강조는 아다지가 한 것이다.

16) Fernando Henrique Cardoso and Enzo Faletto, *Dependency and Development in Latin America* (Berkeley: University of California Press, 1979).

17) Camila Rocha, *Menos Marx, Mais Mises* (São Paulo: Todavia, 2019), 74.

18) William Nelkirk, "Even in Brazil, President Can't Escape Probe Queries," *Chicago Tribune*, October 15, 1997.

19) Piero Locatelli, *#VemPraRua: As revoltas de junho pelo jovem repórter que recebeu passe livre para contar a história do movimento* (São Paulo: Grupo Companhia das Letras, 2013), 2-3; author interview with Juliana Cunha in São Paulo, 2021; Elena Judensnaider, Luciana Lima, Marcelo Pomar, and Pablo Ortellado, *Vinte Centavos: a luta contra o aumento* (São Paulo: Veneta, 2013), 9.

20) '레귬'에 관한 모든 논의는 2021년과 2022년 상파울루에서 저자가 루카스 '레귬' 몽테이루와 진행한 인터뷰를 바탕으로 작성했다.

21) Ezequiel Adamovsky, *Más alla de la vieja izquierda: Seis ensayos para un nuevo anticapitalismo* (Buenos Aires: Prometeo Libros, 2007), 107-108; for more of Adamovsky's reflections on his time in this movement, see Ezequiel Adamovsky, "Pots, Pans, and Popular Power: the neighborhood assemblies of Buenos Aires," in *We Are Everywhere: The Irresistible Rise of Global Anti-Capitalism* (New York: Verso, 2003); author interviews with Adamovsky, 2022.

22) Marina Sitrin, *Horizontalism: Voices of Popular Power in Argentina* (Edinburgh: AK Press, 2006).

23) Fukuyama, *The End of History and the Last Man*, xiii.

24) 종종 비판의 대상이 되는 프랜시스 후쿠야마의 저서를 공정하게 평가하자면, 이 북미 자유주의 이론가는 해당 과정이 저절로 일어날 것이라고 주장하지 않았다. 오히려 그의 저서는 보편적 역사의 경로를 창출하는 구체적 역학을 명확히 설명하고자 시도했다. '역사의 종말'은 사건의 발생이 중단됨을 의미하는 것이 아니라, 세계의 조직 형태를 둘러싼 갈등이라는 의미에서 역사가 종결될 것임을 뜻한다. 20세기 말, 일부 소련 지도자들조차 이에 동의하는 듯 보였다. 후쿠야마의 논제와 그것이 10년간의 대규모 시위에 미친 영향에 대한 심도 있는 분석을 위해서는 다음 자료 참조. Alex Hochuli, George Hoare, and Philip Cunliffe, *The End of the End of History: Politics in the Twenty-First Century* (London: Zero, 2021).

25) Karl Löwith, *Meaning in History: The Theological Implications of the Philosophy of History* (Chicago: University of Chicago Press, 1949). 순환적 혹은 선형적 순환에 관해서는 pp. 2-5 참조; 현대 목적론적 사고 체계의 탄생 관련 내용은 2-9장 참조; 기독교적이면서도 '비기독교적인' 세계와 '진보적이면서도 세속적인' 사회에서 역사적 발전이라는 개념에 내재된 긴장 관계에 관해서는 pp. 200-201 참조.

26) Hanieh, *Lineages of Revolt*, 4-5; Maha Abdelrahman, *Egypt's Long Revolution: Protest Movements and Uprisings* (London: Routledge, 2014), Introduction.

27) Beissinger, *The Revolutionary City*, 96.

28) Alex von Tunzelmann, "The toppling of Saddam's statue: how the US military made a myth," *The Guardian*, July 8, 2021.

3 이보다 더 나빠질 순 없다

1) Jonathan Wheatley, "Olympic accolade sets seal on progress," *Financial Times*, November 4, 2009.

2) "Lula 'e o cara', diz Obama durante reuniao do G20, em Londres," *G1/GloboNews*, March 2, 2009.

3) Helder Marinho, "Brazil's Lula Leaves Office with 83% Approval Rating, Folha Says," *Bloomberg*, December 19, 2010.

4) Vincent Bevins, "Brazil president holds her own as Lula successor," *Los Angeles Times*, October 16, 2011.

5) Locatelli, *#VemPraRua*, 3.

6) Movimento Passe Livre São Paulo, "Luta contra o aumento de 2011."

7) "Teenage Riot," *Vice News*, 2013.

4 봉기 이상의 그 무엇

1) 이 장은 2021년 시디부지드에서 카이스 부아지지Kais Bouazizi, 아누아르 자와디Anouar Jawadi, 아유니 몬세프Ayouni Moncef, 그리고 아이만 가르비Ayman Gharbi와 진행한 인터뷰를 바탕으로 작성했다.

2) David Siddhartha Patel, "Comparing Explanations of the Arab Uprisings," *Project on Middle East*

Political Science, October 2-3, 2014. Prepared for "The Arab Uprisings Explained" workshop.

3) Joel Beinin, *Workers and Thieves: Labor Movements and Popular Uprisings in Tunisia and Egypt* (Stanford: Stanford University Press, 2016), 30- 35; Haythem Guesmi, "Reckoning with Foucault's alleged sexual abuse of boys in Tunisia," Al-Jazeera, April 16, 2021.

4) Cihan Tuğal, *The Fall of the Turkish Model: How the Arab Uprisings Brought Down Islamic Liberalism* (London: Verso, 2016), 154; Beinin, *Workers and Thieves*, 2와 83-92.

5) 자와헤르에 관한 모든 기술은 2021년 튀니스에서 저자가 진행한 인터뷰를 바탕으로 작성했다.

6) Thessa Lageman, "Remembering Mohamed Bouazizi: The man who sparked the Arab Spring," *Al Jazeera*, December 17, 2020; 시디부지드에서 알리의 소속 정당은 당연한 사실로 언급됐으나, 일부 기록에서는 「민주진보당」이 혁명적 봉기를 주도하지 않았다는 이유로 이 세부 사항을 생략하고 있다. 그러나 나의 견해로는, 다양한 요인들과 더불어 그가 노련하고 경험 많은 활동가로서 쌓아온 과거 또한 이 이야기와 관련이 있다고 판단된다.

7) 본 내용은 2021년 튀니스와 시디부지드에서 저자가 익명의 전직 「튀니지공산주의노동자당」 당원들과 진행한 인터뷰를 바탕으로 작성했다.

8) Merlyna Lim, "Framing Bouazizi: 'White lies', hybrid network, and collective/ connective action in the 2010-11 Tunisian uprising," *Journalism* 14, no. 7, 2013; 그가 대학 졸업자가 아니었음은 확실하며, 해당 공무원은 부아지지를 구타했다는 혐의를 일관되게 부인했다.

9) Tuğal, *The Fall of the Turkish Model*, 157; 이 특정한 사례와 이것이 이야기의 진전을 가로막은 미이행된 약속과 어떤 관계에 있는지는 다음을 참조. John Chalcraft, "Egypt's uprising, Mohamed Bouazizi and the failure of Neoliberalism," *The Maghreb Review* 37, no. 3-4, 2012. 사회주의 통치의 굴레에서 해방된 소상공인들은 새로운 자유주의 혁명의 선봉대 역할을 할 것으로 기대됐다.

10) 나의 글은 초기 봉기 단계에서 언론과 정당 참여에 초점을 맞추고 있는데, 이러한 요소들이 이후 10년간 이어진 다른 사건들과 연관되기 때문이다. 이러한 해석들에 의문을 제기하는 분석을 보려면 Jann Boeddeling, "From Resistance to Revolutionary Praxis: Subaltern Politics in the Tunisian Revolution," *The London School of Economics and Political Science*, 2020 참조.

11) 12월 25일 진행됐던 노동조합의 시위와 관련해서는 *Swiss Info*, "سيدي بوزيد يحدد "قوانين اللعبة" في تونس.. الإعصار الاجتماعي المجمّع ث من ", December 27, 2010 참조; 전반적인 시간대를 확인하려면 수도에서 대규모 시위가 12월 27일에 시작됐음을 시사하는 다음의 자료를 참조. Ryan Rifai, "Timeline: Tunisia's Uprising," *Al Jazeera*, January 23, 2011.

12) Photograph posted to Twitter by Mohamed Dhia Hammami; Ben Youssef, "REVOLUTION, dix ans après: sous les pavés, la rage," *Le Temps* Tunisia, January 1, 2021.

13) Deutsche Welle, "أحداث سيدي بوزيد تحوّل إلى مصرع رأس هرم الإعلامية بعد احتراب في سبوك" December 29, 2010.

14) International Crisis Group, "Between Popular Uprising and Regime Collapse: Popular Protests in North Africa and the Middle East (IV): Tunisia's Way," *Crisis Group Middle East/North Africa Report*, no. 106, April 28, 2011.

15) João Roberto Martins Filho, "A Influencia Doutrinaria Francesa sobre os Militares Brasileiros nos Anos de 1960," *Revista Brasileira de Ciências Sociais* 23, no. 67, 39-50, 2008.

16) "US Summons Tunisia ambassador over handling of protests," *BBC News*, January 7, 2011; "Tunisia

closes schools and universities following riots," *BBC News*, January 10, 2011.

17) "Tunisian authorities urged to protect protesters following deadly weekend," Amnesty International, January 10, 2011.

18) Aasef Bayat, *Revolution without Revolutionaries: Making Sense of the Arab Spring* (Stanford: Stanford University Press, 2017), 8–9.

19) 호삼 엘-하말라위에 관한 모든 내용은 2021년과 2022년 베를린에서 저자가 진행한 인터뷰를 바탕으로 작성했다.

20) 카이로 전역에서 수개월간 지속된 친팔레스타인 시위에 이어, 2001년 9월 이집트인들이 광장을 가득 메웠다. Adel Abdel Ghafar, *Egyptians in Revolt: The Political Economy of Labor and Student Mobilizations 1919–2011* (Oxfordshire: Routledge, 2017), 157; 저자가 2021년 카이로에서 익명의 활동가 및 시위대와 진행한 인터뷰를 바탕으로 작성했다.

21) 게하드에 대한 모든 정보는 저자가 2021년과 2022년에 진행한 인터뷰를 바탕으로 작성했다.

22) Kandil, *Soldiers, Spies, and Statesmen*, 107–130.

23) 미국의 저명한 언론인 바버라 월터스Barbara Walters는 이집트인들의 장례식 참석 인원이 극히 적었다는 사실에 충격을 받은 것으로 알려져 있다. Kandil, *Soldiers, Spies, and Statesmen*, 171; see also Mo-hamed Heikal, *Autumn of Fury: Assassination of Sadat* (London: Andre Deutsch, 1983), Introduction.

24) Adam Hanieh, *Lineages of Revolt*, 31.

25) 「전미민주주의기금」의 공동 설립자인 앨런 와인스타인은 "오늘날 우리가 수행하는 많은 활동은 25년 전 미국 중앙정보국이 비밀리에 한 것들이다"라고 언급한 바 있다. David Ignatius, "Innocence abroad: the new world of spyless coups," *Washington Post*, September 22, 1991; 이 관계를 역사적으로 분석한 자료는 Greg Grandin, *Empire's Workshop: Latin America, the United States, and the Making of an Imperial Republic* (New York, NY: Picador, 2021), 278–279 참조.

26) 해외 송금과 관련해서는 Kadri, *The Unmaking of Arab Socialism*, 20–25, 그리고 Hanieh, *Lineages of Revolt*, 85–128 참조; 쇼핑몰의 중요성에 관한 내용은 Jack Shenker, *The Egyptians: A Radical Story* (London: Allen Lane, 2016), 85–95 참조; 사회 문제의 증가와 더불어, 국가 주도 경제정책이 시행된 이전 시기와 비교해 투자 및 성장률이 악화된 현상에 관해서는 Karen Pfeifer, "How Tunisia, Morocco, Jordan and even Egypt became IMF 'Success Stories' in the 1990s," *Middle East Report*, no. 210, 1999 참조.

27) Kandil, *Soldiers, Spies, and Statesmen*, 198.

28) Shenker, *The Egyptians*, 198.

29) Beinin, *Workers and Thieves*, 79.

30) 2011년 알자지라의 단편 다큐멘터리 「변화의 씨앗」은 「4월 6일 청년운동」에 과도한 공을 돌림으로써 일부 이집트 혁명가들의 불만을 샀으나, 해당 단체와 「오트포르」 간의 교류를 조명했다; 「프리덤하우스」를 둘러싼 논란에 대해서는 Ron Nixon, "U.S. Groups Helped Nurture Arab Uprisings," *New York Times*, April 14, 2011 참조. 예상대로, 다수의 이집트 활동가는 무바라크와 이스라엘을 모두 지원한 미국에 깊은 의구심을 품고 있었다. 호삼 엘-하말라위는 「4월 6일 청년운동」이 세계 언론의 관심을 끈 이유가 "그들이 탈이념적이라고 주장했기 때문이며, 이는 서구에 매우 매력적으로 비쳤다"라고 언급했다.

31) Amro Ali, "Saeeds of Revolution: De-Mythologizing Khaled Said," *Al-Jadaliyya*, June 5, 2012.

32) The World Bank, "Individuals using the Internet (% of population)," International Telecommunication Union (ITU) World Telecommunication/ICT Indicators Database data, cited in Beissinger, *The Revolutionary City*, 310.

33) '균열'에 관해서는 다음을 보라. Shenker, *The Egyptians*, 11; '마법'이라는 단어는 저자가 익명의 혁명가와 진행한 인터뷰에서 나왔다.

34) Kandil, *Soldiers, Spies, and Statesmen*, 224; Bayat, *Revolution without Revolutionaries*, 116-126.

35) 2021년 저자가 익명의 제보자를 포함해 이집트의 혁명가들과 진행한 인터뷰를 바탕으로 작성했다. 1월 28일 밤, 일부 집단은 마스페로Maspero와 내무부 같은 장소를 점거하려고 시도하기도 했지만, 많은 이들은 타흐리르 광장 점거를 주요하거나 받아들일 만한 성과로 인식했다. 이후 많은 참가자들은 만약 '승리'가 어떤 모습이어야 하는지에 대한 전반적인 인식이 달랐다면 어떤 일이 벌어졌을지를 자문했다.

36) Bayat, *Revolution without Revolutionaries*, 94-113.

37) 2018년 저자가 위스너 2세와 진행한 인터뷰; Sheryl Gay Stolberg, "Frank Wisner, the Diplomat Sent to Prod Mubarak," *New York Times*, February 2, 2011 참조.

38) Robert Tait, "Whose Side Is History on After Egypt's 'Berlin Moment'?," *Radio Free Europe*, February 12, 2011.

39) CNN: Anderson Cooper, "In Egypt, fear has been defeated," CNN YouTube Channel, February 12, 2011.

40) Mark Landler, "Obama Cites Poland as Model for Arab Shift," *New York Times*, May 28, 2011.

41) John Chalcraft, "Horizontalism in the Egyptian Revolutionary Process," *Middle East Research and Information Project* 262, Spring 2012. 또한 다음을 보라. *The Square*, Noujaim Films, 2013.

42) Shenker, *The Egyptians*, 224과 251-252.

43) 원래 제르바우도의 저서『가면과 깃발』p. 65에 기술됐으며, 2021년 세일럼이 저자에게 다른 형태로 재진술한 바 있다.

44) 2021년과 2022년에 저자가 마흐무드 살렘과 진행한 인터뷰를 바탕으로 작성했다.

45) Beinin, *Workers and Thieves*, 105; France لرئيسي "أتأسيسي في 24 , "مجلس باختتان علعي تقؤملا سيءئرل ," زومت/ويلوي," March 4, 2011.

46) Kandil, *Soldiers, Spies, and Statesmen*, 233.

47) Beissinger, *The Revolutionary City*, 295-312; 베이싱어의 지적에 따르면, 높은 실업률이 혁명 참여를 촉발하는 데 일정한 역할을 했을 가능성이 있으나, 고학력 실업자들의 참여율이 고학력 취업자들보다 더 높지는 않았다.

48) United Nations Development Programme, "Human Development Report 2010: The Real Wealth of Nations," 144; 리비아는 53위를 기록해, 크로아티아와 우루과이의 바로 뒤를 이었다.

49) Alan J. Kuperman, "A Model Humanitarian Intervention? Reassessing NATO's Libya Campaign," *International Security*, 2013, 105-136, 116; Peter Beaumont, "'War weary' Libya reflects 10 years on from Gaddafi and Arab spring," *The Guardian*, April 26, 2021.

50) Claudia Gazzini, "Was the Libya Intervention Necessary?," *Middle East Research and Information Project* 261, Winter 2011; Matthew Green, "To What Extent Was the NATO Intervention in Libya a

Humanitarian Intervention?," *E-International Relations*, February 6, 2019; Patrick C. R. Terry, "The Libya intervention (2011): neither lawful, nor successful," *The Comparative and International Law Journal of Southern Africa*, 2015, 162-182.

51) Green, "To What Extent Was the NATO Intervention in Libya a Humanitarian Intervention?," 3; Human Rights Watch, "Unacknowledged Deaths, Civilian Casualties in NATO's Air Campaign in Libya," May 13, 2012.

52) Mira Rapp-Hooper and Kenneth N. Waltz, "What Kim Jong-Il Learned from Qaddafi's Fall: Never Disarm," *The Atlantic*, October 24, 2011.

53) Corbett Daly, "Clinton on Qaddafi: 'We came, we saw, he died,'" *CBS News*, October 20, 2011.

54) Ministry of Foreign Affairs of the People's Republic of China, "President Hu Jintao Meets with French Counterpart Sarkozy," March 30, 2011.

55) Richard Sakwa, *Frontline Ukraine: Crisis in the Borderlands* (London: I.B. Tauris, 2015), 6; Kim Ghattas, "What a Decade-Old Conflict Tells Us About Putin," *The Atlantic*, March 6, 2022.

56) Theodore Karasik and Heinrich Matthee, "Russia's Emerging Defense and Security Doctrine: Impact on Europe and the Near East," *Institute for Near East and Gulf Military Analysis*, June 8, 2014; Sakwa, Frontline Ukaine, 30.

57) Biblioteca da Prêsidencia da República, "Discurso da Presidenta da República, Dilma Rousseff, na abertura do Debate Geral da 66ª Assembleia Geral das Nações Unidas."

58) Nikolaos Van Dam, *Destroying a Nation: The Civil War in Syria* (London: I.B. Tauris, 2017), 62-79.

59) Linda Matar and Ali Kadri, *Syria: From National Independence to Proxy War* (Cham: Palgrave Macmillan, 2019), 66.

60) Justin Gengler, *Group Conflict and Political Mobilization in Bahrain and the Arab Gulf* (Bloomington: Indiana University Press, 2015), 13-41; 의회 해산 관련 내용은 p. 237을 보라.

61) 이브라힘 샤리프에 관한 모든 자료는 2021년과 2022년에 바레인 현지에서 혹은 전화로 저자가 진행한 인터뷰를 바탕으로 작성했다.

62) Gengler, *Group Conflict and Political Mobilization in Bahrain and the Arab Gulf*, 202.

63) 현재 이곳은 '알 파루크 교차로'라고 불리는데, 이는 우마르 이븐 알-카타브Umar ibn al-Khattab를 지칭한다.

64) Bayat, *Revolution without Revolutionaries*, 76; Barack Obama, *A Promised Land* (New York: Crown, 2020), 652.

65) Ala'A Shehabi and Marc Owen Jones, *Bahrain's Uprising: Resistance and Repression in the Gulf* (London: Zed Books, 2015), 9; Pepe Escobar, "Exposed: The US-Saudi Libya deal," *Asia Times*, April 2, 2011.

5 세계 곳곳에서

1) Gerbaudo, *The Mask and the Flag*, 36.

2) 해당 운동이 "항상 수평적이며 대표자가 없었다"는 1년 뒤 주장에 관해서는 *ABC España*, "Y ahora ... ¿cuál es la Democracia Real Ya?" March 24, 2012 참조.

3) Gerbaudo, *The Mask and the Flag*, 54.

4) Cristina Flesher Fominaya, *Democracy Reloaded: Inside Spain's Political Laboratory from 15-M to Podemos* (Oxford: Oxford University Press, 2020), Ch. 10.

5) Gerbaudo, *The Mask and the Flag*, 18과 38.

6) Zeynep Tufekci, *Twitter and Tear Gas: The Power and Fragility of Networked Protest* (New Haven: Yale University Press, 2017), 97; Jodi Dean, *Crowds and Party* (London: Verso, 2016), 2-5.

7) Colin Moynihan, "Occupy Wall Street Activists File Suit Over Control of Twitter Account," *New York Times*, September 14, 2014; Gerbaudo, *The Mask and the Flag*, 154.

8) Adam Tooze, *Crashed: How a Decade of Financial Crises Changed the World* (New York: Penguin, 2019), 394-395.

9) David Folkenflik, "Tracking The Media's Eye On Occupy Wall Street," NPR, October 13, 2011 참조. 그는 "초기 《뉴욕타임스》와 《보스턴글로브》의 우호적인 칼럼들조차 대체로 위축되는 태도를 보였다"고 기술했다. 1960년대에서 얻은 교훈을 상기시키는 언어로, 기틀린은 '월가점령운동'이 언론 입장에서는 "범주화하기 어렵고 따라서 보도하기 어려운 대상이었기 때문"에 이런 현상이 나타났다고 설명한다.

10) '인디미디어'와 「무상대중교통·운동」의 공동 창립자인 안드레 다실바 다카하시는 다음과 같이 말했다. "이곳은 제3세계이며, 상파울루 도심은 이미 점거된 상태입니다. 마약 사용자들, 거리의 빈민들, 그리고 소규모 범죄자들에게 말입니다. 결국, 룸펜 프롤레타리아트가 활동가들을 축출했습니다."

11) "Ocupa Sampa completa um mes no centro de São Paulo," *Rede Brasil Atual*, November 14, 2011.

12) 2022년 산티아고에서 칠레 학생운동가들과 나눈 인터뷰를 바탕으로 작성했다.

13) Marisa von Bulow and Sofia Donoso, "Introduction: Social Movements in Contemporary Chile," in *Social Movements in Chile: Organization, Trajectories and Political Consequences*, ed. Sofia Donoso and Marisa von Bulow (New York: Palgrave Macmillan, 2017), 16과 33.

14) Sofia Donoso, " 'Outsider' and 'Insider' Strategies in Chile's Student Movement, 1990- 2014," in *Social Movements in Chile*, ed. Donoso and von Bulow, 108-123.

15) Nicolas Somma and Rodrigo Medel, "Shifting Relationships Between Social Movements and Institutional Politics," in *Social Movements in Chile*, ed. Donoso and von Bulow, 59-88.

16) Francisco Goldman, "Camila Vallejo, the World's Most Glamorous Revolutionary," *New York Times*, April 5, 2012.

17) 2022년 산티아고에서 저자가 지오반나 로아와 진행한 인터뷰를 바탕으로 작성했다. Donoso, "'Outsider' and 'Insider' Strategies," 133.

6 소셜 네트워크

1) 나는 '프롬브라질' 블로그를 운영하면서 보수를 받지 않았으나, 《폴랴지상파울루》는 클레어 릭비와 돔 필립스와 같은 기고자들에게 게시물당 대가를 지불했다. 나는 단지 책상 공간과 편집실 기자재 사용 권한만을 제공받았다. 한편, 「포드재단」은 칠레 군사독재정권의 정책을 수립한 이른바 '시카고 보이즈' 경제학자들의 양성을 지원했다. 브라질에서 「포드재단」은 초기에 미국이 지원한 1964년 쿠데타와 그 결과로 수립된 정권을 지지했으나, 결국에는 시민사회단체와 민주화운동 반체제 인사들에 자금을 지원하는 쪽으로 방향을 전환했다. 앞의 내용에 관해서는 Sebastian Edwards, *The Chile Project* (Princeton: Princeton University Press, 2023), chap. 2 참조. 뒤의 내용에 대해서는 Richal Wimpee and Abamby Steve Estrada Raymundo, " 'Distasteful Regimes': Authoritarianism, the Ford Foundation, and Social Sciences in Brazil," *Rockefeller Center*, October 20, 2021 참조.

2) Yasha Levine, *Surveillance Valley: The Secret Military History of the Internet* (New York: PublicAffairs, 2018), 70-127.

3) Vincent Bevins, "Surfin' USA," *The Baffler*, January 4, 2021.

4) Marcos Nobre, *Limites da Democracia: De junho de 2013 ao governo Bolsonaro* (São Paulo: Todavia, 2022). 특정 국가에서 상위 중산층이 초기에 인터넷을 수용하는 양상이 해당 국가의 디지털 문화를 형성하는 데 중요한 영향을 미친다는 점은 주목할 만하다. 브라질의 경우가 이에 해당한다.

5) Levine, *Surveillance Valley*, 107-133.

6) '좋아요' 버튼을 개발한 인물은 후에 이를 후회했다. 그는 소셜 미디어 서비스가 의도적으로 중독성을 유발하고 시간을 낭비하게 만든다고 지적하며, 자신은 사용을 자제했다. Paul Lewis, "'Our minds can be hijacked': the tech insiders who fear a smartphone dystopia," *The Guardian*, October 6, 2017.

7) 2022년 저자가 에반 헨쇼-플라스와 진행한 인터뷰를 바탕으로 작성했다. Harry Halpin and Evan Henshaw-Plath, "From Indymedia to Tahrir Square: The Revolutionary Origins of Status Updates on Twitter," *WWW '22: Proceedings of the ACM Web Conference 2022*, Virtual Event, Lyon, France, April 2022.

8) Morozov, *The Net Delusion*, 180-184와 217-231; Levine, *Surveillance Valley*, 248-254; "Special Briefing to Announce the Alliance of Youth Movement," US Department of State, November 24, 2008.

9) Nicholas Kristof, "Tear down this cyberwall!," *New York Times*, June 17, 2009.

10) Urmee Khan, "Twitter should win Nobel Peace Prize, says former US security adviser," *The Telegraph*, July 07, 2009. This case is cited in Morozov, *The Net Delusion*, 1-4.

11) Katharine Viner, "Internet has changed foreign policy for ever, says Gordon Brown," *The Guardian*, June 19, 2009.

12) 2022년 저자가 예브게니 모로조프와 진행한 인터뷰를 바탕으로 작성했다. 《인터내셔널헤럴드트리뷴》과 《뉴리퍼블릭》의 기사들은 모로조프의 저서 *The Net Delusion*, p. 41에 인용돼 있다.

13) "Internet foi ferramenta de luta contra regimes autoritarios em países árabes," *Globo/G1*, November 12, 2011.

14) Jack Shenker, "Egyptian Vote on Constitution Reveals Deep Divisions," *The Guardian*, March 18, 2011.

15) 나세르 이후, 그는 주로 룰라에게 정치적 영향을 받았다고 언급해왔다. 이는 2023년 저자가 함던 사바히와 진행한 인터뷰를 바탕으로 작성했다. 2012년 선거 후 룰라에 관해 더 널리 알려진 언급은 다음을 보라. "«يحابابص", "صبابيحي»: هدفي القضاء على الفقر.. وتحقيق التنمية المستدامة»," *Al-Masry Al-Youm*, March 17, 2014.

16) "Gay Girl in Damascus: Tom MacMaster defends blog hoax," *BBC News*, June 13, 2011.

17) Rafeef Ziadah, "Saudi- UAE interventions: Arms, aid and counter- revolution," Transnational Institute, October 27, 2021.

18) "Popular Protests in North Africa and the Middle East (IV): Tunisia's Way," International Crisis Group, April 28, 2011.

7 카우보이와 원주민

1) Gautam Nair, "Most Americans vastly underestimate how rich they are compared with the rest of the world. Does it matter?," *Washington Post*, August 23, 2018.

2) Joe Leahy, "Rousseff to tackle sharp rise in the real," *Financial Times*, January 5, 2011; 브라질은 2011년 말을 기점으로 세계 제6위 경제 대국의 지위를 획득했으나, 이는 단기간에 그쳤다.

3) "The loneliness of the right- wing legislator," *The Economist*, April 3, 2014.

4) 이 일과를 묘사한 글과 사진은 Vincent Bevins, "Brazil's special forces wage uphill fight against Amazon destroyers," *Los Angeles Times*, July 10, 2015 참조.

5) 이 분야에서 거둔 성과를 회고적으로 분석하려면 Roberto Goulart Menezes and Natália Fingermann, "Cooperação Sul-Sul no governo de Dilma Rousseff (2011- 2016): Retração ou transformação?," *Sociedade e Cultura* 23 (2020) 참조.

6) Jonathan Wheatley, "Brazil Basks in Petrobras Spotlight," *Financial Times*, September 24, 2010; "Filling Up the Future," *The Economist*, May 11, 2011.

7) "Quero humanizar São Paulo," Carta Capital, March 24, 2012; "Um Tempo Novo para São Paulo," *Plano de Governo Haddad Prefeito*, 2012.

8) 로사나 피네이루-마샤두와 루시아 스칼쿠는 이를 "소비를 통한 통합"이라고 불렀다. 더 자세한 내용은 "From Hope to Hate: The Rise of Conservative Subjectivity in Brazil," *HAU: Journal of Ethnographic Theory* 10, no. 1, 2020, 21-22 참조.

9) Vincent Bevins, "Huge shopping malls change landscape of Brazil," *Los Angeles Times*, October 1, 2014.

10) Alex Cuadros, *Brazillionaires: Wealth, Power, Decadence, and Hope in an American Country* (New York: Spiegel & Grau, 2016), 124-127.

11) Reinaldo Azevedo, "Haddad é o Taliban de bicicleta; é o Estado Isâmico sobre duas rodas," *Veja*, November 20, 2015.

12) Vincent Bevins, "Brazil's Dilma Rousseff is popular, but not among news media," *Los Angeles Times*, March 3, 2013.

8 마이너리티 리포트

1) Jacob Poushter, "Prime Minister Erdogan popular in Turkey broadly, but less so in Istanbul," Pew Research Center, June 5, 2013.
2) Gürkan Özturan, "Before Gezi there was Emek: The demolished heart of Turkish cinema," *Kaitoikos World*, December 14, 2016.
3) 2021년 이스탄불에서 저자가 푸르칸 및 기타 활동가들과 진행한 인터뷰를 바탕으로 작성했다.
4) 연대표와 심층 보고서는「국제앰네스티」웹사이트에서 확인할 수 있다. "Turkey: Gezi Park protests: Brutal denial of the right to peaceful assembly in Turkey," October 2, 2013.
5) 2021년 이스탄불에서 저자가 하자르와 진행한 인터뷰를 바탕으로 작성했다.
6) Dexter Filkins, "The Deep State," *New Yorker*, March 12, 2012.
7) Tuğal, *The Fall of the Turkish Model*, 271; 물론, '제3세계'라는 용어는 아타튀르크가 살아 있을 때는 이러한 방식으로 사용되지 않았다.
8) Westad, *The Global Cold War*, 59. 이 책은 호르무즈해협의 잠재적 기지들을 언급하면서 오류를 범했으며, 유감스럽게도 나는『자카르타 방식』의 초판에서 이 오류를 그대로 인용했다.
9) Tuğal, *The Fall of the Turkish Model*, 69-92.
10) Ahmet Insel, "The AKP and Normalizing Democracy in Turkey," *South Atlantic Quarterly* 102, April 2003.
11) Tuğal, *The Fall of the Turkish Model*, 7과 93.
12) 당시 런던에 거주하던 터키 중산층을 대상으로 저자가 진행한 인터뷰에 따르면, 그들은 페이스북에 몰두하다가 결국 충동적으로 터키 귀국 항공권을 구매했다고 말했다.
13) Tuğal, *The Fall of the Turkish Model*, 263.
14) 아르헨티나의 페론주의와 마찬가지로, 터키의 케말리즘 역시 다양한 양상으로 나타난다.
15) Alexander Christie Miller, "Occupy Gezi: from the fringes to the center, and back again," *White Review*, July 2013; Ahmet Samin, "The Tragedy of the Turkish Left," *New Left Review*, March/April 1981.
16) Tuğal, *The Fall of the Turkish Model*, 259.
17) 2021년 이스탄불에서 저자가「바모스비엔」회원들과 진행한 인터뷰를 바탕으로 작성했다.
18) 2021년 이스탄불에서 저자가 에렌 센카데스와 진행한 인터뷰를 바탕으로 작성했다.
19) Tufekci, *Twitter and Tear Gas*, 15와 89-93.
20) Ali Murat Yel and Alparslan Nas, "Taksim Square Is Not Tahrir Square," *Al Jazeera*, June 12, 2013.
21) 2022년 이스탄불에서 저자가 바하르와 진행한 인터뷰를 바탕으로 작성했다.
22) Tuğal, *The Fall of the Turkish Model*, 256.

9 「무상대중교통운동」

1) 이 장의 전체 내용은 2021년과 2022년 상파울루에서 저자가 「무상대중교통운동」 회원들, 특히 루카스 '레굼' 몽테이루, 올리베르 카우앙 카우에, 그리고 마야라 비비안과 진행한 인터뷰를 바탕으로 작성했다.
2) Movimento Passe Livre, "Carta de Principios."
3) Fernando Haddad, "Vivi na pele o que aprendi nos livros," *Revista Piauí*, June 2017.
4) Locatelli, *#VemPraRua*, 4-6; *Amanhã vai ser maior*는 8년 전 플로리아노폴리스의 무료통행 시위를 다룬 다큐멘터리의 제목으로, 그 뜻은 「내일은 더 나아질 것이다」이다. Lopes de Barros, *Distortion and Subversion*, 43 참조.
5) Judensnaider et al., *Vinte Centavos*, 36.
6) Locatelli, *#VemPraRua*, 12.
7) "Puro vandalism," *O Estado de São Paulo*, June 8, 2013.
8) 2021년 상파울루에서 저자가 페르난두 아다지와 진행한 인터뷰를 바탕으로 작성했다.
9) Locatelli, *#VemPraRua*, 14.
10) Judensnaider et al., *Vinte Centavos*, 73-75.
11) "집단 폭행을 당했다"는 표현은 《이스타당》에서 사용했다. 이와 관련해서 "Chegou a hora do basta," June 13, 2013 참조; 이 내용에 대해서 좀 더 자세한 정보는 Haddad, "Vivi na pele o que aprendi nos livros," *Revista Piauí* 참조.
12) "Editorial: Retomar a Paulista," *Folha de S.Paulo*, June 13, 2013.
13) 이는 '청년민중봉기Levante Popular da Juventude'를 지칭하는 것이다. 당일 거리에서는 「사회주의자유당Partido Socialismo e Liberdade」, 「노동자의 대의당Partido da Causa Operária」, 그리고 「통일사회주의 노동자당Partido Socialista dos Trabalhadores Unificado」 소속 당원들도 쉽게 볼 수 있었다.
14) Judensnaider et al., *Vinte Centavos*, 99; 이 영상을 인터넷에서 찾기는 여전히 어렵지 않다. 파비우 에메그Fabio Hemeg가 업로드한 "Datena surpreendido em pesquisa! Passe Livre 13/06/13,"는 유튜브에서 찾을 수 있다.

10 거인, 깨어나다

1) Locatelli, *#VemPraRua*, 50.
2) Simon Romero, "Thousands Gather for Protests in Brazil's Largest Cities," *New York Times*, June 17, 2013: Romero cites 100,000 for Rio alone; "Protesto em São Paulo é o maior desde manifestação contra Collor," *Folha de S. Paulo*, June 17, 2013.
3) Locatelli, *#VemPraRua*, 7.
4) 돔 필립스가 안타깝게도 세상을 떠나 그의 허락을 구할 수 없게 됐다. 그러나 그가 당시 나에게 보내준 영상 자료를 공유하는 것에 이의를 제기하지는 않을 것이다. 해당 영상은 2023년 현재

https://vimeo.com/68591988에서 여전히 확인할 수 있으며, 비밀번호는 'saopaulo'이다.

5) 호샤의 저서 『더 많은 마르크스, 더 적은 미제스Menos Marx, Mais Mises』 p. 121에 '코크 프로그램', p.31에 '코민테른', 그리고 p. 23에 '자유주의자'라는 단어에 관한 언급이 있다. '신자유주의 코민테른'이라는 표현에 대해서는, 호샤가 영국 역사학자 리처드 코켓의 말을 인용했다. 이는 2022년 저자가 파비우 오스테르만과 진행한 인터뷰를 바탕으로 작성했다.

6) Marina Amaral, "A Nova Roupa da Direita," *Agência Pública*, June 23, 2015. 이 설명은 브라질의 「자유를위한학생들」의 줄리아노 토레스 사무총장이 이야기해준 것이다.

7) 2023년 확인 결과, 6월 18일자 페이스북 게시물에는 '항의하십시오, 네! 하지만 제발 올바른 대의를 위해서'라는 내용과 함께 「자유질서연구소Instituto Ordem Livre」의 링크가 포함돼 있었다. 오스테르만은 이것이 「자유브라질운동」의 초기 게시물 중 하나이거나 아마도 최초의 게시물이었을 것이라고 확신했다.

8) 2022년 저자가 파비우 오스테르만과 진행한 인터뷰를 바탕으로 작성했다.

9) Judensnaider et al., *Vinte Centavos*, 187.

10) 2021년과 2022년에 저자가 페르난두 아다지, 마야라 비비안과 진행한 인터뷰를 바탕으로 작성했다.

11) 2011년 지우마가 PCM과 진행한 인터뷰를 보라. "Dilma fala sobre o telefonema de Putin alertando sobre o golpe," *DCM TV*.

12) 1월 20일의 특정 시점에 200만 명이 모였다는 수치는 다소 낙관적인 추정치일 수 있으나, 해당 주간 전체 운동의 규모를 설명하는 데는 신뢰할 만한 수치라고 볼 수 있다. Jonathan Watts, "Brazil erupts in protest: more than a million on the streets," *The Guardian*, June 21, 2013; 1992년 《뉴욕타임스》는 콜로르 대통령에 반대하는 거리 시위 규모를 75만 명으로 추산하며, 이를 브라질 역사상 최대 규모의 시위라고 보도했다. James Brooke, "Huge Rally Demands Brazil Chief's Impeachment," September 20, 1992 참조.

13) Locatelli, *#VemPraRua*, 34.

11 다섯 가지 요구 사항과 네 개의 손가락

1) 2022년 저자가 토마스 트라우만과 진행한 인터뷰를 바탕으로 작성했다.

2) Luiz Inácio Lula da Silva, "The Message of Brazil's Youth," *New York Times*, July 16, 2013.

3) André de Souza, Paulo Celso Pereira, and Luiza Damé, "Após reunião, MPL diz que Presidência é despreparada," *O Globo*, June 24, 2013.

4) Datafolha Instituto de Pesquisas, "Maioria defende constituinte para reformar política," July 1, 2013. Published online by *Folha de S.Paulo*.

5) Fabiana Alves Rodrigues, *Lava Jato: Aprendizado institucional e ação estratégica na Justiça* (São Paulo: Editora WMF Martins Fontes, 2020), 44.

6) Thomas Traumann, *O Pior Emprego do Mundo: 14 ministros da Fazenda contam como tomaram as decisões que mudaram o Brasil e mexeram no seu bolso* (São Paulo: Planeta, 2018), 254.

7) Alves Rodrigues, *Lava Jato*, p. 26, 판결이 뒤집힌 사건은 pp. 9-14를 보라. 그리고 개혁을 요구하는 국제적 압력에 관해서는 p. 60을 보라.
8) Tufekci, *Twitter and Tear Gas*, 70- 72.
9) Tuğal, *The Fall of the Turkish Model*, 214.
10) Tufekci, *Twitter and Tear Gas*, 72-80.
11) Arwa Ibrahim, "Leaks from Sisi's office allege far- reaching UAE 'interference' in Egypt," *Middle East Eye*, March 2, 2015; Neil Ketchley, "How Egypt's generals used street protests to stage a coup," *Washington Post*, July 3, 2017.
12) Marc Lynch, *The New Arab Wars: Uprising and Anarchy in the Middle East* (New York: PublicAffairs, 2016), 157-163.
13) 이후, 그들은 이 서사를 세련된 텔레비전 드라마로 각색했다. Abdullah Al-Arian, "The Lasting Significance of Egypt's Rabaa Massacre," *Middle East Research and Information Project*, August 23, 2022.
14) Human Rights Watch, "Egypt: Rab'a Killings Likely Crimes against Humanity," August 12, 2014.
15) 시시는 걸프 아랍 지역의 부호들에게 빚을 졌다. Chatham House, April 20, 2020.
16) 칠레대학교의 새로운 학생회장인 멜리사 세풀베다Melissa Sepulveda는 "나는 지오르지오 작슨에게 투표하지 않을 것입니다. 카밀라 바예호에게도요. 변화의 가능성은 국회에 있지 않습니다"라고 말했다. Pablo Navarrete, "Chile's 'Penguins' Student Revolution Grows up," *International Business Times*, November 18, 2013.
17) Vincent Bevins, "From YouTube to law: How the '5 causas' of Brazil went viral," *Los Angeles Times*, July 17, 2013.
18) Datafolha Instituto de Pesquisas, "Aprovação a governo Dilma Rousseff cai 27 pontos em três semanas," June 29, 2013. Folha de S.Paulo에서 출판되었다.

12 '유로마이단' 시위

1) 2013년 11월 '연합협정'에 대한 이러한 견해의 상세한 설명은 2013년 11월 26일 《커먼스Commons》에 실린 안드리 홀라둔의 「변화 없이 유럽으로Do Єvropi bez zmin」라는 글에서 확인할 수 있다. 《커먼스》는 좌파 성향의 우크라이나 잡지이다.
2) 아르템에 관한 모든 내용은 2021년 키이우에서 저자가 아르템 티드바와 진행한 인터뷰 및 2022년과 2023년에 전화로 진행한 인터뷰를 바탕으로 작성했다.
3) Serhii Plokhy, *The Gates of Europe: A History of Ukraine, Revised Edition* (New York: Basic Books, 2021), 222-225; 247-254.
4) Grzegorz Rossoliński-Liebe, *Stepan Bandera: The Life and Afterlife of a Ukrainian Nationalist: Fascism, Genocide, and Cult* (Stuttgart: Ibidem, 2014), chaps. 2-5.
5) Serhiy Kudelia, "Choosing Violence in Irregular Wars: The Case of Anti- Soviet Insurgency in Western

Ukraine," *East European Politics and Societies and Cultures* 27, no. 1, 2013; Kevin C. Ruffner, "Cold War Allies: The Origins of CIA's Relationship with Ukrainian Nationalists," *Central Intelligence Agency*, 1998.

6) Rossolinksy-Liebe, *Stepan Bandera*, 531.
7) Plokhy, *The Gates of Europe*, 292-308.
8) Sakwa, *Frontline Ukraine*, 9.
9) Plokhy, *The Gates of Europe*, 308-310.
10) Sakwa, *Frontline Ukraine*, 19; Roman Olearchyk, "Russia to help analyse Yushchenko poison," *Financial Times*, September 12, 2007.
11) 우크라이나 「국가통계위원회」의 '2001년 전국 인구조사'에 따르면, '모국어'라는 표현보다는 '출신 언어'가 더 적절한 번역일 것이다. 이는 유년기 가정에서 사용된 언어라기보다는 정체성을 나타내기 때문이다.
12) 이러한 분열은 우크라이나 역사에 대한 두 가지 상반된 해석을 낳았는데, 각각은 내적 일관성을 갖추고 있으면서도 서로 양립할 수 없는 특징을 보인다. Dominique Arel and Jesse Driscoll, *Ukraine's Unnamed War: Before the Russian Invasion of 2022* (Cambridge: Cambridge University Press, 2023), 47-50.
13) Simon Wiesenthal Center, "Wiesenthal Center Blasts Ukrainian Honor For Nazi Collaborator," January 28, 2010.
14) Oleg Shchedrov, "Russia wades into Ukraine polls," Reuters, August 11, 2009.
15) "Yushchenko attributes his low popularity ratings to adherence to his principles," *Kyiv Post*, November 28, 2009; 2014년 이전 전체 기간 동안 실제 지지율은 이 수준에도 미치지 못했을 가능성이 있다. Volodymyr Ishchenko, "NATO Through Ukrainian Eyes," in G. Anderson(ed.), *Natopolitanism: The Atlantic Alliance since the Cold War* (London: Verso, 2023) 참조.
16) Neli Esipova and Julie Ray, "Former Soviet Countries See More Harm from Breakup," Gallup, December 19, 2013.
17) Sakwa, *Frontline Ukraine*, 78-79; 「지역당 Partiia rehioniv」은 러시아 자체의 이익을 효과적으로 대변하기보다는 우크라이나 내 러시아어 사용 엘리트들의 이해관계를 대변하는 수단으로 보는 것이 더 적절하다. Arel and Driscoll, *Ukraine's Unnamed War*, 17과 62-63.
18) "GDP (current US$)—Ukraine, 1987-2021," The World Bank; Sakwa, *Frontline Ukraine*, 72.
19) Elizabeth Piper, "Special Report: Why Ukraine Spurned the EU and Embraced Russia," Reuters, November 19, 2013. 20. In 1997, George Kennan wrote.
20) 1997년 조지 케넌은 「북대서양조약기구」의 확장이 "러시아의 민족주의적·반서방적·군국주의적 경향을 자극하고, 러시아의 민주주의 발전에 부정적 영향을 미치며, 동서 관계에 냉전 시대의 분위기를 되살리고, 러시아의 대외정책을 우리가 결코 바라지 않는 방향으로 추동할 것으로 예상된다"고 기술했다. George F. Kennan, "A Fateful Error," *New York Times*, February 7, 1997.
21) Tooze, *Crashed*, 20과 495-497. 투즈는 야누코비치가 연합협정을 수용했다면 '정치적 재앙'을 초래했을 것이라고 언급한 것 외에도, 2013년 11월 실시된 여론조사에서 우크라이나인 중 단 39퍼센트만 「유럽연합」과 협정하기를 원했고, 37퍼센트는 러시아와 경제적 유대를 선호했다고 지적했다.

22) 마리아 토마크는 저자에게 "기껏해야 수백 명" 정도였다고 전했다. 한편, 무스타파 나이엠이 이전에 근무했던 우호적 성향의 언론사 《프라우다 우크라인스카》는 최대 1500명 정도로 추산했다. На Майдан пришло уже около 1500 возмущенных остановкой евроинтеграции, Украинская правда, November 22, 2013.

23) 2022년 현장에 있었던 맥스 세딘과 저자가 진행한 인터뷰를 바탕으로 작성했다.

24) '자발적 조직화'를 원하는 이러한 열의는 다양한 정치 견해를 가진 참가자들이 공유하고 있었다. 사례로는 다음을 보라. "Евромайдан. Кто? Что? И как?" НІГІЛІСТ," December 13, 2013. 이 개념에 좌파가 보인 긍정적 반응 참조; 이 개념에 대한 자유주의자들의 긍정적 반응을 이해하기 위해서는 Antonina Kolodii, "Про націєтворчу роль та історичні корені Майдану," Wildon Center, January 10, 2014 참조; 이 개념을 실행에 옮긴 우파를 이해하기 위해서는 "Позивний 'Воланд': Спогади футбольного ультрас про Майдан," *Digital Maidan* 참조.

25) Alan Taylor, "Days of Protest in Ukraine," *The Atlantic*, December 2, 2013.

26) 「유럽연합」과 맺은 연합협정에 우크라이나인의 39퍼센트만 지지를 표명한 반면, 2013년 말 경찰의 폭력 행위에는 74퍼센트의 국민이 반대했다. Arel and Driscoll, *Ukraine's Unnamed War*, 99.

27) 2021년 키이우에서 저자가 무장 단체 「C14」와 진행한 인터뷰를 바탕으로 작성했다.

28) 해당 깃발은 「C14」가 가져왔을 수 있으나, 시청을 장악한 마이단 세력은 이에 이의를 제기하지 않았다. "На будівлі КМДА вивісили портрет Бандери," ipress.ua, January 14, 2014 참조.

29) Sakwa, *Frontline Ukraine*, 85.

30) "Radical Group C14 Files Lawsuit Against Hromadske," *Hromadske*, July 5, 2018; "Yes, It's (Still) OK to Call Ukraine's C14 'Neo-Nazi,'" *Bellingcat*, August 9, 2019.

31) 아르템은 마이단 초기에 업무로 바빴다. 그러나 조직의 다른 구성원은 11월 30일 정부가 강경 진압을 한 11월 30일 전에도 극우 세력의 공격을 받았다고 전했다. "Ukraine 'Left Opposition' Activist Reports on Maidan Movement," Marxist-Humanist Initiative, March 16, 2014; 우익 세력의 존재에도 불구하고 광장에 남아야 한다는 또 다른 좌파의 생각을 이해하기 위해서는 "Левые на Майдане: конфликт," openleft.ru 참조.

32) Sakwa, *Frontline Ukraine*, 83.

33) Volodymyr Ishchenko, "Insufficiently Diverse: The Problem of Nonviolent Leverage and Radicalization of Ukraine's Maidan Uprising, 2013-2014," *Journal of Eurasian Studies* 11, no. 2, 2020.

34) Erica Chenoweth and Maria J. Stephan, *Why Civil Resistance Works: The Strategic Logic of Nonviolence* (New York: Columbia University Press, 2011), 41-51; Gene Sharp, *From Dictatorship to Democracy: A Conceptual Framework for Liberation* (New York: The New Press, 2012), 7-11.

35) Volodymyr Ishchenko, "Insufficiently Diverse," 9.

36) "Евромайдан поддержали 50% украинцев, антимайдан—28%," zn.ua, December 27, 2013; "Майдан поддерживает половина украинцев,-опрос R&B," lb.ua, December 10, 2013; 시위 기간 동안 지지도가 변화한 양상과 폭력의 관계를 개략적으로 이해하기 위해서는 William Jay Risch, "Heart of Europe, Heart of Darkness: Ukraine's Euromaidan and Its Enemies," in *The Unwanted Europeanness?*, ed. Branislav Radeljic (Berlin: Walter de Gruyter, 2021), 134-135 참조. 2월 조사에서 가상 대선 1차 투표에서 야누코비치에게 투표하겠다고 응답한 국민의 비율은 28퍼센트로, 이는 세 달 전인 2013년 12월의 수치와 동일했다. 2010년 그가 최종적으로 승리한 대선의 1차 투표에서는 36퍼센트를 득표한

바 있다.

37) Sylvie Kauffmann, "How Europe Can Help Kiev," *New York Times*, December 23, 2013.
38) "George Clooney supports Ukrainain demonstrators," on Vitali and Wladimir Klitschko's YouTube channel KlitschkoOfficial, December 9, 2013; "George Clooney explains his support for Ukraine's EuroMaidan, Yulia Tymoshenko," *Kyiv Post*, February 9, 2014.
39) Laura Smith-Spark, Diana Magnay, and Victoria Butenko, "EU Official Meets Ukraine's Yanukovych amid Protest Stalemate," CNN, January 24, 2014.
40) Peter Baker, "U.S.-Russian Ties Still Fall Short of 'Reset' Goal," *New York Times*, September 2, 2013.
41) 마이단의 지도자 후보들도 2013년부터 폭력을 의심했다. 그러나 실제로 지도자가 아니었다. Arel and Driscoll, *Ukraine's Unnamed War*, 74.
42) Ischchenko, "Insufficiently Diverse," 6.
43) 여기서 '내전'이라는 용어가 적절하다고 볼 수 있는 역학 관계를 면밀히 분석한 결과를 보기 위해서는, Arel and Driscoll, *Ukraine's Unnamed War*, 특히 1장 참조.
44) Serhiy Kudelia, "When Numbers Are Not Enough: The Strategic Use of Violence in Ukraine's 2014 Revolution," *Comparative Politics* 50, no. 4, July 2018.
45) 《러시아투데이》는 자신들의 주장을 뒷받침하기 위해「유럽연합」외교안보 고위대표 캐서린 애쉬턴과 에스토니아 외무장관 우르마스 파에트가 나눈 대화를 공개했는데, 이 대화에서 그들은 그 가능성을 논의했다. Ewan MacAskill, "Ukraine crisis: bugged call re-veals conspiracy theory about Kiev snipers," *The Guardian*, March 5, 2014.
46) 과거에는 키이우의 중산층이 광장의 주를 이루었으나, 이제 마이단은 수도로 싸우러 온 서부 및 중부 출신의 다수 농촌 주민으로 구성되었다. Risch, "Heart of Europe, Heart of Darkness: Ukraine's Euro-maidan and its Enemies," 143.
47) Sakwa, *Frontline Ukraine*, 89; 야누코비츠가 카다피가 될 수도 있다는 위협에 대해서는 David Blair and Roland Oliphanht, "Ukraine Protests: 21 Killed Amid 'Sniper Attacks' as Fresh Fighting Breaks Kiev Truce," *The Telegraph*, February 20, 2014 참조.
48) 유로마이단의 최종 승리는 상당수 우크라이나 국민의 지지를 받았다 하더라도, 그 합법성에는 의문의 여지가 있으며 서방의 영향을 받았음은 부인할 수 없는 사실이다. *Crashed*, 497 참조.
49) "Ukraine's revolution and the far right," *BBC News*, March 7, 2014; Arel and Driscoll, *Ukraine's Unnamed War*, 97.
50) Bob Dreyfuss, "The Not-So-Secret Ukraine Phone Call," *The Nation*, February 10, 2014.
51) 2016년 실시된 한 여론조사에 따르면, 응답자의 48퍼센트가 모든 레닌 기념물을 파괴하는 것에 반대한 반면, 41퍼센트는 이를 지지했다. 피델 카스트로는 반대라보다 더 높은 인기를 얻었다. "Отношение к отдельным историческим личностям и процессу декоммунизации в Украине," Рейтинг, November 17, 2016 참조. 이 여론조사에 크리미아반도는 포함되지 않았다.
52) Keith Gessen, "Western Journalists in Ukraine," *N+1*, no. 24, 2016.
53) Ута Вейнманн, "Денис Левин: 'У нас ещё есть третий пу…ть для Украины,'" *Sensus Novus*, January 23, 2014.
54) "Russians Want Crimea; Prefer Luhansk and Donetsk Independent," Chicago Council on Global

Affairs, April 3, 2019; 크리미아반도의 많은 주민이 러시아 병합을 축하했으며, 러시아에 잔류하고자 하는 지지율은 2014년부터 2010년대 말까지 80퍼센트 이상을 유지했다. Gerard Toal, John O'Loughlin, and Kristin M. Bakke, "Six years and $20 billion in Russian investment later, Crimeans are happy with Russian annexation," *Washington Post*, March 18, 2020 참조.

55) "Ukraine: Pro-Russians storm offices in Donetsk, Luhansk, Kharkiv," *BBC News*, April 7, 2014.

56) Oleg Grytsaienko, "The Crisis in Ukraine: An Insider's View," *Russie.NEI.Visions*, no. 78, June 2014. Cited in Sakwa, *Frontline Ukraine*, 149.

57) Keith Gessen, "Why not kill them all?" *London Review of Books* 36, no. 17, September 2014.

58) 스트렐코프와 모스크바가 어떤 관계인지 이해하기 위해서는 Arel and Driscoll, *Ukraine's Unnamed War*, 1장 참조.

59) "Ukraine says Donetsk 'anti-terror operation' under way," *BBC News*, April 16, 2014.

60) Stephen F. Cohen, "The Silence of American Hawks About Kiev's Atrocities," *The Nation*, June 30, 2014.

61) Bohdan Nahaylo, "Unsolved Maidan massacre casts shadow over Ukraine," *Atlantic Council*, February 18, 2020; 오타와대학교의 이반 카차노프스키는 수년간 이어진 재판에서 나온 증언과 증거를 분석했으며, 이에 따르면 정부가 통제하지 않은 건물에서 저격수들이 발포했을 가능성이 있다고 주장한다. Ivan Katchanovski, "The Maidan Massacre Trial and Investigation Revelations: Implications for the Ukraine-Russia War and Relations," *Russian Politics* 8, no. 2, July 2023 참조. 젤렌스키 정부는 야누코비치 정권하의 우크라이나 특수부대가 학살에 책임이 있다고 비난했다. 이 사건에 대한 판결은 2023년에 있을 것으로 예상된다.

62) Beissinger, *The Revolutionary City*, 306.

63) Tooze, *Crashed*, 503.

64) "BRICS neutrality on Ukraine a diplomatic win for Putin," Reuters, July 14, 2014.

13 「자유브라질운동」

1) "Right to protest under threat as Brazil pushes 'terrorism' law ahead of World Cup," Amnesty International, May 12, 2014; Pedo Marcondes de Moura, "A controversa prisão de manifestantes gera revolta entre os movimentos sociais," *El País*, June 27, 2014.

2) "The state of food insecurity in the world 2014," Food and Agriculture Organization of the United Nations.

3) Filipe Matoso, "Após gravar vídeo, ator de Hollywood retira apoio a Marina Silva," *Globo/G1*, September 30, 2014.

4) "CNV chancela versão de que a Folha emprestou carros para a ditadura," *Carta Capital*, October 12, 2014; "Empresário foi obstinado por independência e novidades," *Folha de S.Paulo*, April 30, 2007.

5) Traumann, *O Pior Emprego do Mundo*, chap. 6.

6) Rocha, *Menos Marx, Mais Mises*, 150-153; 2022년 저자가 파비우 오스테르만과 진행한 인터뷰를 바탕으로 작성했다.

7) Maria Martin, "Não é uma banda de indie- rock, é a vanguarda anti- Dilma," *El País*, December 12, 2014.

8) "Students for Liberty Plays Strong Role in Free Brazil Movement," Atlas Network, April 1, 2015.

14 내 우산 아래에서

1) 公民抗命的最大殺傷力武器, *Hong Kong Economic Journal*, January 2013.

2) Anthony Dapiran, *City on Fire: The Fight for Hong Kong* (Melbourne: Scribe, 2020), 38.

3) Jeffrey Wasserstrom, *Vigil: Hong Kong on the Brink* (New York: Columbia Global Reports, 2020), 48.

4) Dapiran, *City on Fire*, 45.

5) Wasserstrom, *Vigil*, 24-28.

6) Beissinger, *The Revolutionary City*, 352.

7) Dapiran, *City on Fire*, 149-150.

8) Wasserstrom, *Vigil*, 35.

9) Chi- Kwan Mark, "To 'Educate' Deng Xiaoping in Capitalism: Thatcher's Visit to China and the Future of Hong Kong in 1982," *Cold War History* 17, 2017, 10-12.

10) Jeremy Brown, *June Fourth: The Tiananmen Protests and Beijing Massacre of 1989* (Cambridge: Cambridge University Press, 2021). 냉전을 바라보는 언론의 시선은 서문 '언론인의 지원과 다양한 목표', pp.55-75 참조; Wang Hui, "The Year 1989 and the Historical Roots of Neoliberalism in China," *Positions: East Asia Cultures Critique* 12, no. 1, 2004, 특히 pp. 7-25 참조.

11) Weber, *How China Escaped Shock Therapy*, p. 2, p. 145, pp. 249-260에서는 각각 러시아와 중국의 비교, '강을 건너는' 철학, 그리고 1988-1989년의 위기를 다루고 있다.

12) John Paul Rathbone, "Doubts Come to Surface About 'the decade of Latin America,'" *Financial Times*, May 12, 2013.

13) Edward Cunningham, Tony Saich, and Jessie Turiel, "Understanding CCP Resilience: Surveying Chinese Public Opinion Through Time," Harvard Kennedy School Ash Center for Democratic Governance and Innovation, July 2020.

14) 서부 우크라이나는 '냉전의 중추적 공간'으로, 제2차 세계대전 직후 미국 중앙정보국의 초기 실험이 이루어진 장소였다. Vincent Bevins, *The Jakarta Method*, 28-29; Jeff Rogg, "The CIA Has Backed Ukrainian Insurgents Before. Let's Learn from Those Mistakes," *Los Angeles Times*, February 25, 2023.

15) Wasserstrom, *Vigil*, 45.

16) Josh Noble, "Economic Inequality Underpins Hong Kong's Great Political Divide," *Financial Times*, October 21, 2014.

17) Francis L. F. Lee, Gary K. Y. Tang, Samson Yuen, and Edmund W. Cheng, "Five Demands and (Not Quite) Beyond: Claim Making and Ideology in Hong Kong's Anti-Extradition Bill Movement," *Communist and Post-Communist Studies* 53, no. 4, December 2020, 25.

18) Chris Buckley and Austin Ramzy, "Hong Kong Protests Are Leaderless but Orderly," *New York Times*, September 30, 2014.

19) Dapiran, *City on Fire*, 46.

20) 아우룽유를 언급한 모든 내용은 2022년과 2023년에 저자가 진행한 인터뷰를 바탕으로 작성했다. 출판된 자료에 대한 참조는 아래에 인용돼 있다.

21) Wasserstrom, *Vigil*, 50.

22) 저자가 익명의 홍콩 시위대와 진행한 인터뷰를 바탕으로 작성했다.

23) Au Loong-Yu, *Hong Kong in Revolt: The Protest Movement and the Future of China* (London: Pluto Press, 2020), 11-14.

15 신은 없고, 대표도 없다

1) Philip Bump, "Even the firm that hired actors to cheer Trump's campaign launch had to wait to be paid," *Washington Post*, January 20, 2017.

2) 내가 쓴 『자카르타 방식』의 부록 1과 2는 인구 기준 세계 25대 국가들을 다루었다. 28위인 한국은 이러한 추세를 거스르고 고소득 국가 지위에 도달한 가장 큰 나라로, 주목할 만한 예외로 언급되고 있다. 이러한 이유로, 나는 한국을 전통적인 제1세계 국가군에 속하지 않는 것으로 간주한다.

3) Branko Milanovic, *Global Inequality: A New Approach for the Age of Globalization* (Cambridge, Mass.: The Belknap Press of Harvard University Press, 2016), 130-140.

4) Branko Milanovic, *Capitalism, Alone* (Cambridge: Harvard University Press, 2019), 138; Branko Milanovic "Migration's Economic Positives And Negatives," Social Europe, January 29, 2016.

5) Nick Clarke, Will Jennings, Jonathan Moss, and Gerry Stoker, *The Good Politician: Folk Theories, Political Interaction, and the Rise of Anti-Politics* (Cambridge: Cambridge University Press, 2018), Introduction.

6) Carl Hulse, "Obama Cleared Way for Today's Outsider Candidates," *New York Times*, February 1, 2016.

7) Clarke et al., *The Good Politician*, 126-156과 220-222.

8) Rocha, *Menos Marx, Mais Mises*, 150-165.

9) Rubens Valente, "Bolsonaro admitiu atos de indisciplina e deslealdade no Exército," *Folha de S.Paulo*.

10) Hellen Guimarães, "Diplomata foi morto pela ditadura antes de denunciar corrupção no regime, confirma nova certidão," *O Globo*, September 21, 2018.

11) Rocha, *Menos Marx, Mais Mises*, 143과 154.

12) 예를 들어 2011년에 중단된 '모래성 작전Operacao Castelo de Areia'과 루이즈 프란시스쿠 페르난데스 드 소우자Luiz Francisco Fernandes de Souza의 사례를 참고하라.

13) 엄밀하게 볼 때 '제트 워시'로 번역하는 것이 옳다.
14) Sergio Fernando Moro, "Consideração Sobre a Operação Mani Pulite," *Revista CEJ*, no. 26, 2004.
15) 이는 국내에 있는 우리 모두에게 명백했지만, 언론의 지지가 갖는 중요성에 대해서는 Alves Rodrigues, *Lava Jato*, 77 참조.
16) Alves Rodrigues, *Lava Jato*, 148; 좀 더 회고적 연구를 참조하려면 Mariana Mota Prado and Marta Rodriguez Machado, "Turning Corruption Trials into Political Tools in the Name of Transparency" in ed. Sandra Botero, Daniel M. Brinks, and Ezequiel A. Gonzalez-Ocantos, *The Limits of Judicialization: From Progress to Back-lash in Latin America* (Cambridge: Cambridge University Press, 2022) 참조.
17) Vincent Bevins, "Corruption: it's the private sector," *Folha de S.Paulo*, December 13, 2013.
18) 블로그를 폐쇄한 공식적인 이유는 비용 절감이었으나, 나는 그동안 보수를 받은 적이 없다고 대응했다. 나는 클레어 릭비와 돔 필립스 같은 블로그 기고자들에게 이메일을 보내 우리가 어떻게 대응해야 할지 물었기에 이 상호작용을 기록해두었다. 그 결과, 소란을 일으키기보다는 우리가 이룬 것을 축하하고 앞으로 나아가자고 의견을 모았다.
19) AS/COA Annual Report, 2019. 이 조직이 사용하는 표현은 '개방된 시장'이다. COA는 라틴아메리카에서 피델 카스트로의 영향력에 대항하기 위해 존 F. 케네디의 요청으로 설립됐다. 풍부하고 안정적인 자금 덕분에 《아메리카스쿼터리》는 라틴아메리카 전역을 취재하는 언론인들에게 보수를 지급할 수 있다. 나는 2018년에 한 편의 기사를 기고한 바 있다. Vincent Bevins, "Brazil's 'Other' Election—and Why It's So Important," *Americas Quarterly*, August 16, 2018 참조.
20) Paul Rekret, "Generalized Antagonism and Political Ontology in the Debate between Laclau and Negri," in *Radical Democracy and Collective Movements Today* (Oxfordshire: Routledge, 2016).
21) Juan Pablo Luna, *En Vez Del Optimismo: Crisis de representación política em el Chile actual* (Santiago, Catalonia, 2018), chaps. 4와 14.
22) Martin Gilens and Benjamin I. Page, "Testing Theories of American Politics: Elites, Interest Groups, and Average Citizens," *Perspectives on Politics* 12, no. 3, September 2014.
23) Wang Hui, *China's Twentieth Century: Revolution, Retreat and the Road to Equality* (London: Verso, 2016), 39, 153-155, 296; 왕후이 스스로 '신좌파'라는 용어보다 '비판적 지식인'이라는 표현을 선호한다고 언급한 점에 주목해야 한다.
24) Alexander Nekrassov, "Ukraine and the battle of the oligarchs," *Al Jazeera*, July 1, 2014.
25) Arundhati Roy, *The End of Imagination* (Chicago: Haymarket Books, 2016), 335.
26) Nadim Mirshak, "The Muslim Brotherhood in Egypt: A Gramscian re-examination," *Current Sociology* 71, no. 3, May 2023, 489-508; Kadri, *The Unmaking of Arab Socialism*, 62.
27) Luna, *En Vez del Optimismo*, chap. 2.
28) "O Movimento Passe Livre Acabou?" *Passa Palavra*, August 4, 2015.
29) Sharan Grewal and Shadi Hamid, "The Dark Side of Consensus in Tunisia: Lessons from 2015-2019," Brookings Institution, January 2020.

16 두 개의 탄핵 이야기

1) Ranier Bragon, Gustavo Uribe, and Valdo Cruz, "Cunha ameaca impeachment, e petistas discutem salvá-lo," *Folha de S.Paulo*, December 1, 2015.

2) Ricardo Mendonça, "Datafolha mostra pequena recuperação da presidente," *Folha de S.Paulo*, December 19, 2015.

3) Nathalia Passarinho, "Eduardo Cunha autoriza abrir processo de impeachment de Dilma," *G1/Globo*, December 2, 2015.

4) "Para Ministério Público, pedaladas do governo Dilma não são crime," *Estadão*, July 14, 2016; " 'O TCU nunca classificou a conduta da presidente Dilma como crime de responsabilidade,' diz Dantas," *UOL*, March 3, 2023.

5) "Há três anos, condução coercitiva de Lula foi 'confissão de medo' de seus perseguidores," *Rede Brasil Atual*, March 4, 2019.

6) "Maior manifestação da história do País aumenta pressão por saída de Dilma," *Estadão*, March 15, 2015. 이는 단일 시위로는 최대 규모가 될 것이나, 2013년 6월의 모든 시위를 합산하면 그 당시의 시위운동이 더 큰 규모였다고 볼 수 있다.

7) 브라질의 경쟁적인 시위 방식들이 보여준 상호작용을 학술적으로 탁월하게 분석한 내용을 이해하기 위해서는 Angela Alonso, "A Política das Ruas: Protestos em São Paulo de Dilma a Temer," *Novos Estudos CEBRAP*, Especial: Volume Dinâmicas da Crise, June 2017 참조.

8) Isabela Leite and Roney Domingos, "PSDB fecha posição a favor do impeachment após reunião em SP," *G1/Globo*, April 8, 2016.

9) "Marina Silva cobra novas eleições para presidente: quais as chances de isso ocorrer?" *El País*, April 6, 2016.

10) "Pesquisa Ibope mostra que 62% preferem novas eleições presidenciais," *G1/Globo*, March 25, 2016.

11) 2016년 당시 활동 중이던 언론인들과 저자가 진행한 인터뷰를 바탕으로 작성했다.

12) "Em diálogos gravados, Jucá fala em pacto para deter avanço da Lava Jato," *Folha de S. Paulo*, May 23, 2016.

13) Vincent Bevins, "Brazil clown will leave big shoes to fill in Congress," *Los Angeles Times*, March 28, 2013.

14) Vincent Bevins, "In post-impeachment Brazil, the new conservative Cabinet is 100% white men," *Los Angeles Times*, May 13, 2016.

15) 테메르는 갑자기 말을 시작했고, 군중 속의 브라질 사람들이 그가 누구인지 알아차리자 그들은 야유하기 시작했다. Vincent Bevins, "As Rio Games open, Brazil downplays politics—including its interim president," *Los Angeles Times*, August 5, 2015.

16) Erik Mobrand, *Top-Down Democracy in South Korea* (Seattle: University of Washington Press, 2019), 7과 25.

17) Vincent Bevins, "I went to the Olympics and all I got was this tentative sense of hope," *The Outline*, February 26, 2018.

17 나는 212에 있었다

1) Cecilia Kang and Juliet Eilperin, "Why Silicon Valley is the new revolving door for Obama staffers," *Washington Post*, February 28, 2015; Hannah Kuchler, "Why Obama's West Wingers went west," *Financial Times*, January 10, 2018.
2) Max Fisher, *The Chaos Machine: The Inside Story of How Social Media Rewired Our Minds and Our World* (New York: Little, Brown, 2022), 133.
3) Julian Borger, Lauren Gambino, and Sabrina Siddiqui, "Tech Giants Face Congress as Showdown over Russia Election Meddling Looms," *The Guardian*, October 22, 2017.
4) Beissinger, *The Revolutionary City*, 99; Andreas Harsono, *Race, Islam and Power: Ethnic and Religious Violence in Post-Suharto Indonesia* (Clayton: Monash Publishing, 2019), 124-128.
5) "Pidato di Kepulauan Seribu dan hari-hari hingga Ahok menjadi tersangka," *BBC News Indonesia*, November 17, 2016.
6) Andreas Harsono, "The Human Cost of Indonesia's Blasphemy Law," Human Rights Watch, October 25, 2018.
7) Moses Ompusunggu, "MUI Chairman Testifies at Ahok Trial, Admits He Did Not Watch Video," *Jakarta Post*, January 31, 2017.
8) 2022년 저자가 안드레아스 하르소노와 진행한 인터뷰를 바탕으로 작성했다. Adam Tyson and Nawawi, "Dictators Never Die: Political Transition, Dynastic Regime Recovery and the 2021 Suharto Commemoration in Indonesia," *Contemporary Southeast Asia* 44, no. 3, 2022.
9) Rodrigo Nunes, "It Takes Organizers to Make a Revolution," *Viewpoint Magazine*, November 9, 2017; 누니스는 '자발성'이라는 개념의 기원을 현실 세계에서 구체적으로 구현된 것(실제로 모든 행동은 자발적이면서 동시에 이전의 자극에 영향을 받는다는 점에서)이 아닌, 좌파 사상사에서 내부/외부를 구분한 데서 찾는다. 당 내부의 모든 것은 조직화된 반면, 당 외부의 모든 것은 '자발적'인 것으로 간주됐다. Gerbaudo, *The Mask and the Flag*, 67.
10) Fisher, *The Chaos Machine*, 38.

18 신화적 존재

1) Ricardo Balthazar, Felipe Bächtold, Bruna de Lara, Paula Bianchi, and Leandro Demori, "Conversas de Lula mantidas sob sigilo pela Lava Jato enfraquecem tese de Moro," *Folha de S.Paulo*, September 8, 2019.
2) "Al Capone, Lula e o preço dos menores pecados" *O Estado de São Paulo*, April 8, 2018.
3) Peter Prengaman and Marcelo Silva da Sousa, "Lula Conviction in Brazil Spotlight: Was It Sham or Solid?" Associated Press, August 30, 2018.
4) Fernando Morais, *Lula*, volume 1: *Biografia*, 29.

5) Ricardo Della Coletta and Carla Jiménez, "Censura a entrevista de Lula mostra parcialidade do STF no processo eleitoral, apontam juristas," *El País*, October 4, 2018.

6) Vincent Bevins, "Inquiry launched after mystery air crash kills Brazilian environmentalists," *The Guardian*, July 28, 2017.

7) Igor Gielow, "Lula chega a 39%, aponta Datafolha; sem ele, Bolsonaro lidera," *Folha de S.Paulo*, August 22, 2018.

8) 2018년 유권자 성향에 대한 자세한 분석을 위해서는 Maurício Moura e Juliano Corbellini, *A Eleição Disruptiva: Por Que Bolsonaro Venceu* (Rio de Janeiro: Editora Record, 2019) 참조.

9) 2018년 이전에 이미 드러난 모루의 위법 행위는 Pedro Canário and Marcos de Vasconcellos, "Sergio Moro divulgou grampos ilegais de autoridades com prerrogativa de foro," *Consultor Jurídico*, March 16, 2016 참조. 모루 자신이 승인되지 않은 도청 및 정보 유출과 관련해 대법원에 '용서'를 구했다. Renan Ramalho, "Moro pede desculpas ao STF por 'polêmicas' sobre grampos de Lula," *O Globo*, March 29, 2016 참조; 법적 판결의 결과로 그가 고위직에 오른 것이 '부패'를 구성한다는 논리를 설명하기 위해서는 (비록 반드시 별개의 범죄는 아닐지라도) Janio de Feitas, "Moro num pais tropical," *Folha de S.Paulo*, November 29, 2018 참조; 2021년 브라질 연방대법원은 모루가 룰라를 기소하는 과정에서 공정한 판사로서 행동하지 않았다고 판결했다. "Brazil Supreme Court confirms ruling that judge was biased against Lula," Reuters, June 24, 2021 참조.

10) Fabio de Sa e Silva, "From CarWash to Bolsonaro: Law and Lawyers in Brazil's Illiberal Turn (2014-2018)," *Journal of Law and Society* 47, no. S1, 2020.

11) Natalia Viana and Rafael Neves, "O FBI e a Lava Jato," *Agência Pública*, July 1, 2020; Andrew Fishman, Natalia Viana, and Maryam Saleh, "'Keep it Confidential': The Secret History of U.S. Involvement in Brazil's Scandal-Wracked Operation Car Wash," *The Intercept*, March 12, 2020; Natalia Viana, Andrew Fishman, and Maryam Saleh, "Como a Lava Jato escondeu do governo federal visita do FBI e procuradores americanos," *Agência Pública*, March 12, 2020; 브라질 산업과 관련해 미국 연방수사국과 미국 법무부를 향해 룰라가 한 발언을 이해하기 위해서는 "Lava Jato foi ideia dos EUA para de-struir indústria nacional, afirma Lula," Partido dos Trabalhadores, July 9, 2020 참조.

12) "Por que a Ucrania, onde Sara Winter diz ter sido treinado, fascina bolsonaristas?" *BBC News Brasil*, June 15, 2020.

13) Ishchenko, Volodymyr. "The Communist Party of Ukraine." Forthcoming in: *The Palgrave Handbook of Radical Left Parties in Europe*, ed. L. March, F. Escalona, and M. Vieira, Palgrave Macmillan; the KPU routinely defended the pensions of aging Ukrainians; "КПУ и Батькивщина в полном составе не проголосовали за новый закон о пенсиях," o61.ua, July 8, 2011; "Святослав Хоменко, Красная партия в сине-желтом госу···дарстве," BBC News Ukraine, November 7, 2013.

14) Kateryna Choursina and Daryna Krasnolutska, "Macron and Bolsonaro Inspire Ukraine's Surprise Election Leader," Bloomberg, March 4, 2019,

15) Alexander J. Motyl, "Ukraine's TV President Is Dangerously Pro-Russian," *Foreign Policy*, April 1, 2019.

16) Paulo Toleda Piza, "Embaixador da Ucrania explica bandeira usada em manifestacao na Paulista," *CNN Brasil*, May 31, 2020.

19 두 번의 시위 이야기

1) Dapiran, *City on Fire*, 17.
2) Alexandra Stevenson and Keith Bradsher, "As Hong Kong Erupted Over Extradition Bill, City's Tycoons Waited and Worried," *New York Times*, June 20, 2019; Dapiran, City on Fire, chap. 1.
3) 2022년과 2023년에 저자가 웡익모와 진행한 인터뷰를 바탕으로 작성했다.
4) Dapiran, *City on Fire*, 27.
5) 2022년 저자가 데릭 타이와 진행한 인터뷰를 바탕으로 작성했다.
6) Au Loong-Yu, *Hong Kong in Revolt*, 17; Wasserstrom, *Vigil*, 74; Dapiran, *City on Fire*, 830.
7) 로이터 통신의 조사에 따르면, 한 전문가는 50만 명에서 80만 명 사이로 추정했다. Simon Scarr, Manas Sharma, Marco Hernandez, and Vimvam Tong, "Measuring the Masses: The Contentious Issue of Crowd Counting in Hong Kong," Reuters, June 20, 2019.
8) Dapiran, *City on Fire*, 53.
9) 핀라우가 겪은 일과 관련된 모든 언급은 2021년과 2022년 런던에서 저자가 진행한 인터뷰를 바탕으로 작성했다.
10) Dapiran, *City on Fire*, 76; 2022년과 2023년에 저자가 홍콩 시위대와 진행한 인터뷰를 바탕으로 작성했다.
11) Dapiran, *City on Fire*, 69.
12) *The Way of the Dragon*, Orange Sky Golden Harvest, 1972.
13) Dapiran, *City on Fire*, 71-72.
14) Daniel Vukovich, *After Autonomy: A Post-Mortem for Hong Kong's First Handover, 1997–2019* (Singapore: Palgrave Macmillan, 2022), 44와 67-69; Billy Perrigo, "Trump Administration Freezes Funds Intended to Benefit Hong Kong Protesters," *Time*, June 27, 2020.
15) Dapiran, *City on Fire*, 81-83.
16) Au Loong-Yu, *Hong Kong in Revolt*, 85-87.
17) Francis L. F. Lee, Gary K. Y. Tang, Samson Yuen, Edmund W. Cheng, "Five Demands and (Not Quite) Beyond: Claim Making and Ideology in Hong Kong's Anti-Extradition Bill Movement," *Communist and Post-Communist Studies* 53, no. 4, December 2020, 29-35.
18) Au Loong-Yu, *Hong Kong in Revolt*, 129.
19) 홍콩인들이 거리의 벽돌을 뜯어내는 것을 지켜보며 그가 이 슬로건을 깊이 생각한 내용은 Dapiran, City on Fire, 121 참조.
20) 2022년 런던에서 저자가 뭉 시우타트와 진행한 인터뷰를 바탕으로 작성했다.
21) Au Loong-Yu, *Hong Kong in Revolt*, 116.
22) Dapiran, *City on Fire*, 126-138.
23) 2021년 저자가 익명의 '용감한 사람들'과 진행한 인터뷰를 바탕으로 작성했다. Dapiran, *City on Fire*, 136-137; Vukovich, *After Autonomy*, 65; 다피란은 최전선 시위대가 언론인들을 '지지자'로 여

겼다고 말한다. 이 현상을 매우 비판적으로 보는 부코비치는 미국과 영국 언론에 직접 호소하는 것이 '운동의 실질적 행동'이었다고 기술한다. 돌이켜 보면, 홍콩인들은 필자에게 그들 자신의 표현으로 두 주장이 기본적으로 옳았다고 설명했다.

24) Dapiran, *City on Fire*, 140-141; 저자가 홍콩 시위대와 진행한 인터뷰를 바탕으로 작성했다. 양광이 베이징이 정치적 양보가 아닌 경제적 양보를 할 수 있다고 시사했음에 주목해야 한다.

25) Chris Lau, Kinling Ho, and Sarah Zheng, "Hong Kong Media Mogul Jimmy Lai 'Unknowingly Funded' False Persona Report Discrediting Joe Biden," *South China Morning Post*, October 21, 2020.

26) 자금은 AFL-CIO 산하 비영리 단체인「솔리대리티센터Solidarity Center」를 통해 전달됐다. 돌이켜보면, 일부 시위 주최자들은 다른 자금 조달처가 있었음에도 미국 정부로부터 자금을 받은 것을 '전술적 실수'라고 평가했다. 그들이 적대적 외국 세력과 공모했다는 혐의에 노출되는 계기가 됐기 때문이다. 한 주최자는 만약 중국이 '흑인생명존중운동' 시위대에 자금을 지원했다면, 워싱턴은 아마도 매우 공격적으로 대응했을 것이라고 언급했다. 반면, 한 노동운동 지도자는 해당 자금이 2019년 그들의 의사결정에 아무런 영향을 미치지 않았으며, 그것을 받아들이는 것은 그들의 권리였다고 말했다. 2023년 저자 인터뷰를 바탕으로 작성했다.

27) 독립을 지지하는 비율은 2019년과 2020년 사이에 14퍼센트에서 22퍼센트 사이를 오갔다. Lee et al., "Five Demands," 36.

28) Au Loong-Yu, *Hong Kong in Revolt*, 92-96.

29) 2022년 저자가 행정회의 위원인 로니 통과 진행한 인터뷰를 바탕으로 작성했다. 그는 많은 중국 정치인이 2019년 하반기에 사용된 전술을 항상 국가 주권을 훼손하려는 시도로 여길 것이라고 말했다. 그는 거리에서 충분한 소요가 발생하면 미국이나 영국이 "빛나는 갑옷을 입은 기사처럼" 도착할 것이라는 생각이 비극적으로 "현실과 완전히 동떨어져 있었다"고 언급했다.

30) Au Loong-Yu, *Hong Kong in Revolt*, 40.

31) Daniel Vukovich, "A City and a SAR on Fire: As If Everything and Nothing Changes," *Critical Asian Studies* 52, 2020, 3-5; Wasserstrom, *Vigil*, 78; 비록 이 장에서 선택한 연대기의 범위를 벗어나는 사건이지만, 특히 충격적인 언론 보도 영상이 있다. 그것은 검은 옷을 입은 시위대와 맞선 중년의 건설 노동자를 젊은 홍콩인들이 문자 그대로 화염에 휩싸이게 한 장면을 담은 기록이었다. Alex Lo, "Is Hong Kong OK with Man Being Set on Fire?," *South China Morning Post*, November 12, 2019 참조; 11월 24일 실시된 선거에서 황색 진영은 2015년보다 더 나은 성과를 거두었다. 투표율을 높이기 위한 성공적인 운동을 한 뒤 약 59퍼센트의 득표율을 기록했다.

32) "Protestas en Chile: 'Estamos en guerra,' la frase de Pinera que se le volvió en contra en medio de las fuertes manifestaciones," *BBC News*, October 22, 2019.

33) Joshua Frens-String, Tanya Harmer, and Marian Schlotterbec, "Fifty years after Popular Unity: Chile's *estallido social* in historical context," *Radical Americas*, 2021.

34) 2022년 산티아고에서 저자가 다니사 페레스 카세레스와 진행한 인터뷰를 바탕으로 작성했다

35) 2022년 산티아고에서 저자가 칠레 시위대와 진행한 인터뷰를 바탕으로 작성했다.

36) Romina A. Green Rioja, "Collective trauma, feminism, and the threads of popular power: A personal and political account of Chile's 2019 social awakening," *Radical Americas*, 2021.

37) 2022년 산티아고에서 저자가 칠레 시위대와 진행한 인터뷰를 바탕으로 작성했다.

38) Sandra Cuffe, "Dockworkers in Chile paralyse ports ahead of broader strike," *Al Jazeera*, November

26, 2019.

39) 2022년 산티아고에서 다니엘라 세라노와 진행한 인터뷰를 바탕으로 작성했다. 당의 문헌은 '의회주의자' 조직들이 1920년대와 1930년대에 빠르게 와해됐다고 지적한다.

40) Juan Pablo Luna, "La implosión de la politica y la falta de legitimidad social," CIPER, November 11, 2019; 2022년에 에르난 에레라와 진행한 인터뷰를 바탕으로 작성했다.

41) Gerbaudo, *The Mask and the Flag*, 242, 243.

42) Taif Alkhudary, "'No to America ⋯ No to Iran': Iraq's Protest Movement in the Shadow of Geopolitics," London School of Economics Middle East Center, January 20, 2020.

43) '쿠데타'라는 단어의 사용에 관해 올리버 스튄켈Oliver Stuenkel과 《폴랴지상파울루》가 2019년 11월 12일 진행한 인터뷰를 참조할 것. 슈튄켈이 모랄레스 대통령에 비판적이었는데도, 정부의 종말을 강제하는 군사적 개입은 쿠데타라고 할 수 있다. Flávia Mantovani, "Evo Morales sofreu ou não golpe? Especialistas em política opinam," *Folha de S.Paulo*, November 12, 2019 참조.; Greg Grandin, "A Few Tips on How to Understand Latin American Coups," *Jacobin*, November 11, 2019; 제닌 아녜스는 결국 헌법 위반 혐의로 징역형을 선고받았다. Fernando Molina, "La Justicia boliviana condena a la expresidenta Jeanine Áñez a 10 años de prisión," *El País*, June 11, 2022.

44) Dapiran, *City on Fire*, 254-255.

45) 친시위 성향의 디아스포라 단체가 제시한 해당 법안에 대한 회의적 분석을 이해하기 위해서는 *Lausan Collective*, "Hong Kong Human Rights and Democracy Act: A Critical Analysis," September 15, 2019 참조.

20 과거의 재구성

1) "The slave trade in Libya: What can development actors do?" Brookings Institution, January 25, 2018.

2) 저자의 2022년 인터뷰를 바탕으로 작성했다.

3) 호드리구 누니스는 '자기 조직화'로 전환하는 것을 '혁명적 주체 없는 목적론'으로 특징지었다. 그는 또한 레닌이 (때때로 충실하지 않게 로자 룩셈부르크를 인용하는 현재의 전통과는 달리) 봉기가 여러 다른 방향으로 갈 수 있음을 인식하고 있었으며, 따라서 덜 결정론적이라고 지적한다. Rodrigo Nunes, *Neither Vertical nor Horizontal: A Theory of Political Organization* (London: Verso, 2021), 130-135.

4) Wang Hui, *China's Twentieth Century*, 302-303.

5) 본 연구의 범위를 벗어나는 사안이기는 하나, 2022년의 침공이 과두제 세력의 권력을 약화시킬 가능성이 있다. Mykhailo Minakov, "The War Has Helped Ukraine Rein in the Oligarchs," Focus Ukraine / Kennan Institute, November 15, 2022; 그러나 설령 그러한 상황이 실제로 발생하더라도, 누가 그 권력의 공백을 채울 가능성이 있는지 세심히 주의를 기울여야 할 것이다.

6) "За 11 років з України виїхали та не поверну⋯лися майже 3,3 млн громадян," Opendatabot Ukraine, December 16, 2021.

7) "23% у⋯краинцев считают события Майдана 'антигосу⋯дарственным переворотом-опрос," *Hromadske*, February 20, 2020.

8) Volodymyr Ishchenko and Oleg Zhuravlev, "How Maidan Revolutions Reproduce and Intensify the Post-Soviet Crisis of Political Representation," *PONARS*, October 18, 2021.
9) 2022년 저자가 레지나 입과 진행한 인터뷰를 바탕으로 작성했다.
10) 2021년 저자가 시디부지드와 진행한 인터뷰를 바탕으로 작성했다.
11) 이러한 가정에 근접한 최근의 문헌은 *Communization and Its Discontents*, ed. Benjamin Noys (New York: Autonomedia, 2012) 참조.
12) Mark Beissinger, *The Revolutionary City*, 175, 375-415; 베이싱어는 원래의 갬슨 연구와 그 논제에 보인 반응들을 p.197에서 논의했다.
13) 2023년 저자와 진행한 인터뷰에서 마야라는 여전히 수평주의에 헌신하고 있었지만, 그 개념을 바라보는 시각이 확장됐다고 말했다. 그는 현재 긴 회의에 참석할 시간이 없는 볼리비아 출신의 어려운 이민자들과 함께 일하고 있어, 이 회의에 모든 계층의 사람들이 참여할 수 있도록 해야 한다고 믿는다. 일부는 이를 2013년의 정의와 비교했을 때 오히려 덜 '수평주의적'인 태도로 볼 수 있다고 이의를 제기할 수 있겠으나, 저자는 그가 원하는 대로 재정의하는 것을 기꺼이 받아들였다.
14) Tufekci, *Twitter and Tear Gas*, 서문; 2021년부터 2023년 사이에 내가 인터뷰한 이들 중 누구도 자신이 "더 무정부주의자가 되었다"거나 "비구조성structurelessness을 더 지지하게 되었다"고 말한 사람은 없었다. 그러나 역사적으로 이 둘 사이에 필연적인 상관관계가 있는 것은 아니다. 이 둘이 연결되어 있다고 이해하는 것은 1960년대 이후 영미권 무정부주의의 특징일 뿐, 예를 들어 제1인터내셔널이나 스페인 내전 당시 활동한 전투적 활동가들이 가졌던 사상과는 다르다. 관련하여 Kristian Williams, *Whither Anarchism* (AK Press, 2018), Part One; 또는 Katz, *The Emancipation of Labor* (Praeger, 1992), pp. 108-115 참조.
15) Yates, "Prefigurative Politics and Social Movement Strategy"; Tufekci, *Twitter and Tear Gas*, 89; Gordon, "Prefigurative Politics between Ethical Practice and Absent Promise"; Graeber, "The New Anarchists"; Gorz, "The Way Forward."
16) Bayat, *Revolution without Revolutionaries*, 11.
17) 2022년과 2023년에 저자가 파울로 제르바우도와 진행한 인터뷰를 바탕으로 작성했다. Haddad, "Vivi na pele o que aprendi nos livros," *Piauí*.
18) Cihan Tuğal, "Elusive revolt: The contradictory rise of middle-class politics," *Thesis Eleven* 130(1), 2015.
19) 그는 2021년에 자신의 생각을 다음과 같이 요약했다. "하이브리드 전쟁이라는 가설, 그리고 쿠데타로 이어진 과정이 (2013년에) 시작됐다는 가설이 옳다고 생각합니다". "Dilma fala sobre o telefonema de Putin alertando sobre o golpe," DCM TV; 2021년 브라질「무토지농민운동」과 연계된 출판사 '익스프레샹 포풀라르'는 최근 라틴아메리카 역사의 맥락에서 '하이브리드 전쟁'의 개념을 다룬 책을 출간했다. Ana Penido and Miguel Enrique Stédile, *Ninguém regula a América* (São Paulo: Expressão Popular, 2021) 참조; 2023년 호세프는 2013년 6월 봉기가 '매우 자발적이고 국지적'으로 익어났다고 하면서, 한 정치 진영이 결과에 영향을 미치기 위해 행동하기 시작했다고 언급했다. 이 진영은 '국가 엘리트의 헤게모니 세력과 그들의 국제적 동맹'을 대표하며, '자본 유입을 유치하고 국내에서 고수익 저위험 사업 환경을 보장하는 정책을 실행'하는 것을 목표로 했다고 설명했다. 그는 보수 세력이 '우월한 통신 수단'을 가지고 있었다고 덧붙였다. Dilma Rousseff, "Prólogo," in Ed. Breno Altman and Maria Carlotto, *Junho de 2013: A Rebelião Fantasma* (São Paulo: Boitempo, 2023).

20) 최근 학계에서는 반란의 정서적 측면에 주목하는 추세이지만, 적어도 내가 경험한 바로는 언론인들은 여전히 국가와 경제적 측면을 언급하도록 권장받고 있다. *Passionate Politics: Emotions and Social Movements*, ed. Jeff Goodwin, James M. Jasper, and Francesca Polletta (Chicago: University of Chicago Press, 2001).

21) 응답자의 37.6퍼센트가 '대중교통' 문제로 거리에 나왔다고 답한 반면, 29.9퍼센트는 '정치적 환경'이 시위 참여의 동기였다고 밝혔다. 세부 항목으로는 '요금 인상 반대'가 28퍼센트, '부패'가 24퍼센트의 응답률을 각각 기록했다. "Veja pesquisa completa do Ibope sobre os manifestantes," *G1/Globo*, June 24, 2013.

22) Megan Brenan, "Americans' Trust in Media Remains Near Record Low," Gallup, October 18, 2022; Zacc Ritter, "How Much Does the World Trust Journalists," Gallup, December 27, 2019.

21 미래의 구축

1) Rodrigo Nunes, *Do Transe a Vertigem* (São Paulo: Ubu Editora, 2022), 200.
2) Nunes, *Neither Vertical nor Horizontal*, 15–39.
3) Vladimir Lenin, "Left-Wing Communism: An Infantile Disorder."
4) 2022년 상파울루에서 저자가 올리버 카우앙 카우에와 진행한 인터뷰를 바탕으로 작성했다.

찾아보기

ㄱ

가말 나세르 39, 44~45, 93~94, 102, 165, 450

가브리엘 보리치 11~12, 134, 298~299, 366, 373, 375, 386~387, 410~411

가짜 뉴스 329, 339

「거리로나오자」 265, 287, 304

걸프협력회의 124

게리 스토커 286

게오르기 데를루기안 21, 53

게지 공원 18, 162~163, 168~169, 171~173, 219

게지 광장 173, 216~217, 219, 413

게하드 101, 108, 111, 115, 146, 148, 218, 306, 387, 416, 425, 445

고든 브라운 142

공산주의 36, 39~40, 82, 102, 113, 143, 268, 284, 318, 327, 344~345, 440

구좌파 34, 39, 43, 45, 61, 74, 96, 134, 294, 372, 408, 438~439

「국제통화기금」 61, 74, 103~104

군산복합체 29, 31, 138

권위주의 38, 86, 98, 117, 137, 143

그리스 127~128, 163, 294, 383, 420

글로벌 사우스 16, 61, 67~68, 284, 298, 387, 391, 400~401, 411

글로보네트워크 145, 193, 198

금리 차익 거래 전략 152

ㄴ

나세르주의 146, 165, 168

나지아 캄페앙 182

냉전 11, 30, 34, 49, 61, 66, 76, 78~79, 112, 119, 138, 143, 166, 273, 311, 318, 323, 399, 404, 438, 455, 459

「노동자당」(브라질) 15~16, 60, 68~71, 86, 88, 157, 176, 181~183, 185, 199, 206, 208, 213, 260~264, 303~304, 316, 318, 333, 336~337, 339~340, 343, 391

노동조합 41~42, 45, 94, 166, 226~227, 244, 254, 270, 408, 418, 438, 444

노멘클라투라 44, 51~52

노자 355

《뉴욕타임스》 134, 136, 138, 142, 188, 192,

213, 262, 275, 355, 411, 432, 448
뉴통 이시이 318
니나 카펠로 176
니컬러스 크리스토프 142
니키타 흐루쇼프 44, 228, 231
닉 클라크 286~287

ㄷ

다니사 페레스 카세레스 372, 375, 379, 466
다니엘 기마랑이스 176, 201, 396
'다섯 가지 요구 사항' 211~212, 217, 221~222, 356
대안세계화운동 65, 73, 141, 158, 172, 276, 318~319, 395, 397
대한민국 301, 318
덩샤오핑 271~272
데릭 타이 351, 426, 465
데이비드 그레이버 65~66, 126, 172, 397
데이비드 카 137~138
도널드 트럼프 12, 283, 321, 343, 355, 363
'독립미디어센터' 62
독일 40~41, 49, 51, 56, 79, 196, 229~230, 240, 259~260, 301, 333, 436
돈바스 지역 253, 255, 297, 345
돔 필립스 192, 200, 389, 449, 452, 461
디거스 운동 37

ㄹ

라바자투 작전 289~293, 299, 303~306, 309~310, 313, 331~332, 342~343
라틴아메리카 39, 60, 67~68, 85~87, 89, 114, 132, 137, 142, 273, 293, 295, 299, 308, 316, 343, 409, 431, 461, 468
러시아 12, 21, 35, 51~53, 80~83, 119, 230~234, 236~237, 245~246, 249, 252~253, 255, 271, 273, 302, 322, 329,

384~385, 393, 455, 458~459
'레닌의 벽' 277, 354~355
레닌주의 35~36, 39, 43, 66, 68, 72, 74, 94, 96, 134, 299, 354, 420~421
레딧 353, 414
레오니트 브레즈네프 44, 49, 228
레제프 타이이프 에르도안 156, 162, 166~168, 170, 173, 206, 216, 219, 404
로널드 레이건 50, 68, 139, 286
로드리고 두테르테 329
로미나 A. 그린 리오하 371
《로스앤젤레스타임스》 23, 130, 136~137, 157, 185, 192, 197, 282, 309, 323, 432
로저 코언 143
루디 두치케 41
루이스 이나시우 "룰라" 다시우바 16, 56, 60, 66, 68~72, 82, 84~86, 88~90, 146, 151, 156~158, 197, 199, 213, 256, 262, 273, 289, 303, 305~308, 310, 314, 317, 324, 331~332, 336~337, 340~341, 343, 433, 450, 464
루카스 '레귬' 몽테이루 73~74, 176, 208, 220, 259, 266, 299, 382, 409, 442, 452
르비우 229, 240, 244
리비아 93, 115, 117~120, 125, 167, 380, 382~383, 446
리지크 시하브 327
리처드 사콰 242, 246

ㅁ

마거릿 대처 271
마누엘라 다빌라 337
"마니풀리테" 290~291
마르코 루비오 363, 378
마리나 시우바 261~262
마리너 시트린 75, 396

마리아 토마크 238~239, 297, 393, 426, 456
「마리엘리 프랑쿠 투쟁위원회」 337~338
마야 지리비 149
마오쩌둥 43~44, 269~271, 383
'마요 페미니스타(페미니스트의 오월)' 335
마야라 비비안 58~61, 63~64, 71, 73~76, 81, 91, 130, 176, 184, 186, 188~189, 204~205, 207, 212, 214, 220, 257~259, 263, 266, 300, 333~335, 337, 341, 368, 371, 375, 389, 392, 394, 417, 425, 441, 452~453
마이클 고브 285
마크 러팔로 262
마크 베이싱어 21, 392, 446
마크 사이먼 362
마크 저커버그 140, 322
마크 파이플 142
마틴 루터 킹 주니어 41, 77, 129, 183, 408
마푸체 133, 370
마흐무드 바드르 168
마흐무드 살렘(일명 '샌드몽키') 114, 147, 323, 387, 417
맥폭시 226
맬컴 맥라렌 47~48
모나 엘타하위 113
모하마드 수하르토 323~324, 327
모하메드 부아지지 92~93, 95~97, 389
「무구조의 폭정」 47, 299
「무상대중교통운동」 73~75, 91, 130, 135, 175~177, 179~185, 193~194, 200~201, 203~205, 207~209, 212~214, 219, 256~257, 259, 262~263, 265~266, 276, 287, 299~300, 305, 315, 333, 368, 382, 389, 391, 394, 396, 421~422, 448, 452
무스타파 나엠 237~238
무스타파 케말 아타튀르크 161, 165, 451
「무슬림사이버군대」 328

「무슬림형제단」 103~104, 106, 113, 145~148, 167, 218~219, 298
무아마르 카다피 117~118, 249, 457
무정부주의 35, 64, 66, 69, 75, 201, 221, 371, 375, 397, 468
무정부주의자 16, 35, 38, 48, 61~63, 65~66, 72, 114, 128, 131, 141, 171, 181, 243, 258, 262, 394~395, 406, 468
「무토지농민운동」 64, 201, 209, 468
무함마드 무르시 146~148, 167~168, 217~218
문재인 9, 319, 434
문화대혁명 43, 270, 296, 439
미국 중앙정보국 39~41, 104, 112, 445, 459
미국화 53, 399
미셰우 테메르 15, 215, 308, 316~317, 333~334, 337, 462
미셸 바첼레트 133, 299
미얀마 329
미하일 고르바초프 49~51, 78, 228, 231~232
「민간인권전선」 349~350, 355~356, 358
'민족의 봄' 40
「민주사회학생회」 29~34, 36~38, 126, 138, 173, 221, 299, 437~438, 440
민주적 중앙집권주의 35, 72
민주주의 13, 30, 50, 58, 65, 79~81, 104, 117, 125, 148, 152, 162, 168, 190, 201, 207, 250, 267, 274, 289~290, 294, 299, 314, 316~318, 324~325, 352, 363, 368, 386, 391~392, 399, 405, 412, 455
「민주진보당」 95, 149, 444

ㅂ

바레인 104, 121~125, 252, 383, 388, 390, 436, 447
바샤르 알 아사드 120~121, 148, 167, 300
바하르 173, 426, 451

박근혜 10, 301~302, 319
박정희 301, 318
'반마이단' 시위 251
'반세계화' 운동 61~62, 266
반정치 75, 285, 287, 298, 343, 346
버락 오바마 85, 98, 111, 113, 143~144, 148, 246, 252, 286, 322, 324, 382
버스요금 인상 72~73, 130, 175, 182, 194, 207, 212
버트런드 러셀 29, 38
범죄인인도법안 348~349, 357
법안 12.850/2013 215, 290
베니 타이 267~268
'베르두라다' 파티 64, 201
베를린장벽 49, 51, 81, 112~113
《베자》 159
베트남전쟁 31, 33, 46
보리스 옐친 52
보스니아 52
보우사 파밀리아 프로그램 85
'본토주의' 운동 278
볼로디미르 이쉬첸코 244, 385, 427
볼로디미르 젤렌스키 345~346, 458
볼리비아 86~87, 332, 377, 468
볼셰비키혁명 34, 165
'부끄러운 우파' 152
「북대서양조약기구」 28, 117~120, 128, 166~167, 235, 237, 455
북한 319
브라질 10, 13, 15~18, 23, 40, 56, 58~64, 66~67, 69~73, 82~91, 97~98, 108, 119, 130, 135~138, 144, 146, 150~154, 156~159, 174, 176~177, 179~182, 184, 186, 188, 190, 192~193, 195~207, 209, 211~216, 222, 241, 255~266, 275~276, 281~283, 285, 287~294, 299, 302~310, 312~318, 324, 331~344, 346, 349, 359, 365, 368, 379~380, 383, 391, 395, 400, 402, 404~406, 413~414, 419~420, 431~433, 436, 449~450, 453, 462, 464, 468
'브라질과의 5대 합의안' 214
브라질리아 82, 86, 154, 175, 190, 194, 201, 207, 214, 310~311
「브라질환경·재생가능천연자원연구소」 154
브랑코 밀라노비치 284, 427
브렉시트 283~286
브릭스 82, 156, 255
블라디미르 레닌 21, 35~36, 50, 242, 251, 403, 421, 438, 457, 467
블라디미르 푸틴 119, 206, 232, 236~237, 246, 249~250, 252, 255, 385
블라디슬라프 주보크 51
비정부기구 80, 105, 138, 202, 216, 227, 238, 244, 247, 297~298, 328
비탈리 클리츠코 240, 247~248
빅터 말렛 348
빅토르 야누코비치 227, 232~239, 248~249, 251, 385, 406, 455~458
빅토르 유셴코 232~235, 240
빅토르 하라 369~370
빅토리아 뉼런드 245, 251~252

ㅅ

사담 후세인 81, 118
사라 원터 344
사우디아라비아 44, 99, 121~122, 124~125, 147~148, 167, 218~219, 255, 300, 329, 388, 390, 405
사회폭발 11~12, 367, 369~371, 387, 410, 419, 433
사회민주주의 16, 68, 239, 404
사회주의 30, 36, 38, 43, 49~51, 67~68, 85, 94, 120, 122, 157, 159, 166, 272~273, 299,

338, 401, 432, 440, 444
『사회주의를 옹호하며』 67~68
산림 파괴 154
산티아고 국립중고등학교 365
살만 빈 하마드 알 칼리파 123
살바도르 71~73, 175
살바도르 아옌데 56, 132, 308, 387
상파울루 13, 18, 56, 58~59, 62~64, 66~67, 70~71, 73, 76, 84, 87, 90~91, 130~131, 136, 151, 157, 159~160, 174~176, 179~181, 184~185, 187~188, 192, 194~196, 201, 222, 258~259, 281~282, 287, 305, 307~308, 332~333, 336, 340~341, 349, 389, 405, 428, 431, 433, 441~442, 448, 452, 469
「상황주의 인터내셔널」 43, 48
샤오젠화 349
서유럽 40, 45, 282, 401
「세계사회포럼」 66, 73
세계화 53, 56, 61, 66~67, 389, 399
세르지우 마샤두 309~310, 450
세르지우 모루 290~293, 306~307, 313~314, 331~332, 341~342, 464
세바스티안 피녜라 133, 135, 335, 366, 369~371, 375~376, 386
섹스피스톨스 48
「소로스재단」 80
소르본대학교 42
소셜 미디어 18, 113, 137~138, 141~144, 162, 164, 192, 212, 238, 268, 287, 309, 319, 321~322, 326, 329, 338~339, 370, 374, 381, 395~396, 413, 449
솔루미아 브브로브스기 393, 426
수직주의 347, 394
수평주의 19, 75, 114, 127, 177, 242, 276, 299, 347, 359, 375~376, 394, 396, 402, 419, 433, 468

스테판 반데라 230, 234, 241, 457
스티븐 로 352
스페인 127~129, 131, 133, 265, 294, 383
시디부지드 22, 92, 96, 389, 443~444
시리아 102, 115, 120~122, 148, 167, 219, 281~282, 383
시애틀 시위 402
신나치 241
신자유주의 11, 54~56, 66~70, 79, 94, 104, 120, 132~133, 166, 203, 227, 285, 296~297, 334~335, 366, 386, 401~403, 435, 453
신좌파 34, 36~38, 40~41, 47~48, 65, 75, 139, 296, 401, 423, 438, 440, 461
실리콘밸리 139~140, 322

ㅇ
아니스 바스웨단 328
아델리우 비스푸 지올리베이라 338
아돌프 히틀러 229~230, 240
아랍 사회주의 39, 125, 404
'아랍의 봄' 17, 113, 115, 126, 132, 136, 144, 167, 281, 284, 323
아르세니 야체뉴크 240, 247~248, 252
아르센 아바코프 253
아르템 226~228, 235, 239, 242~244, 248, 250, 255, 393, 403, 417, 426, 454, 456
아르헨티나 66, 74~75, 86, 138, 156, 196, 451
아리스토텔레스 78
아마존(열대우림) 62, 153~155, 195, 261, 292, 334, 343~344, 389
아세쁘 바야트 401
아에시우 네베스 263
아우구스토 피노체트 11, 132, 135, 365~366, 368~369, 373, 386
아우룽유 276, 278~279, 352, 358~360, 378, 460

「아우토마이단」 241, 247
「아틀라스네트워크」 202, 265
아흐메드 샤픽 146~147
안드리 파루비 243, 250
안와르 사다트 53, 102~103
안토니 다피란 361, 377, 465
알자지라 96~97, 117, 147, 173, 445
알렉 로스 144
알렉산데르 둡체크 43~44
알렉스 아탈라 195
알렉스 콰드로스 293
알리 압둘라 살레 148
알제리 42, 93, 103, 164, 347, 377
압델 파타 엘-시시 218~219, 300, 388, 398, 411, 413, 454
압델 포투 146~147
압델아지즈 부테플리카 377
압드라부 만수르 하디 148
앙겔라 메르켈 283
앙드레 고르츠 45
《애드버스터즈》 61, 126
《애플데일리》 355, 362
앤더슨 쿠퍼 113
앤드루 설리번 142
앤디 카빈 136, 138, 148
「어나니머스」 131, 211, 222
에두아르두 보우소나루 264
에두아르두 수플리시 183, 207
에두아르두 쿠냐 302~304, 308
에두아르두 파이스 207
에두아르드 셰바르드나제 80~81
에드워드 렁 359
에렌 센카데스 171~172, 426
에마뉘엘 마크롱 345~346

에반 헨쇼-플라스 142, 449
에보 모랄레스 332, 377, 467
에이미 굿먼 113
에제키엘 아다모프스키 74, 425
「엔나흐다」 95, 167
엘리 레이크 143
영국 28~30, 37, 67, 82, 107, 111, 120, 131, 142, 170, 196, 242, 268~271, 274, 277, 283~286, 348, 353, 358, 363, 436~437, 453, 466
예멘 122, 128, 148, 300, 383, 388
예브게니 모로조프 143, 428, 449
예시정치 36, 38, 42, 46, 111, 126, 394, 396~397, 401, 438
오데사 238, 253~254, 385
오렌지혁명 206, 233, 235, 237, 239, 254
오를란두 시우바 183
오스만 오르살 164
오스만제국 164~165, 230
오스카르 니에메예르 190, 310
오쿠파삼파("상파울루 점령") 131
「오트포르」 80, 105, 445
올라보 지카르발류 264
올라부 페린 가우방 154
올레그 주라블료프 385
올리베르 카우앙 카우에 176, 421, 426, 452, 469
와엘 고님 106, 113
「와타드」 95~96
외채 위기 68, 103, 151
우고 차베스 60, 156
"우리가 불타면 당신도 불타게 된다" 354, 365
"우산운동" 269, 274~279, 348, 358
우크라이나 10~12, 164, 206, 226~237, 239~247, 249~251, 253, 255, 273, 297,

344~346, 367, 383~385, 388, 393, 406, 433, 455, 457, 459

「우크라이나민족주의자조직」 230

울트라 170~171, 212, 241, 247, 254, 371

원주민 133~134, 160, 180, 185, 282, 332, 343, 370, 400

월드컵 49, 84, 181, 194, 212, 256~260, 333

월스트리트 점령 277

윙익모 356, 404, 426, 465

위니 브레인스 37~38, 401

윌 제닝스 286

윌리엄 갬슨 392, 468

유로마이단 239, 244, 297, 384, 457

율리아 티모셴코 232~233, 240

이고르 "슈터" 스트렐코프 253

이라크 81, 120, 124, 125, 139, 169, 236, 347, 377

이라크 침공 60, 81, 101, 104, 124

이란 41, 120, 123~124, 142, 156, 300, 377, 419

이브라힘 샤리프 122~125, 388, 425, 447

이스라엘 44~45, 95, 100~102, 329, 343~344, 405, 445

《이스타당》 180~181, 184, 189, 193, 317, 452

「이슬람수호전선」 327

이승만 318

이오시프 스탈린 166, 229, 234

「이제진정한민주주의를!」 127

이주 88

이집트 18, 39, 44~45, 93, 99~108, 111, 113~117, 120, 122~123, 128, 145~146, 148, 165, 167~169, 172, 201, 216, 218~219, 237, 275, 284, 294, 298, 300, 367, 375, 380, 383, 387~388, 390, 398, 400~401, 404~407, 410, 420, 424, 431, 433, 436, 445~446

인도네시아 11, 54, 323~329, 347, 432, 436

'인디그나도스' 127, 131, 294

인디미디어 62, 65~66, 73~74, 141, 448

입법회 271, 274, 350~351, 353, 356~358, 386

ㅈ

자본주의 16, 26, 30~31, 41~42, 44, 46, 50, 52~53, 55, 61, 66~67, 77, 79~80, 82, 94~95, 104, 126, 128, 139, 162, 165, 173, 274, 376, 400

자와헤르 샤나 95

「자유당」 240, 243, 250, 252

「자유를위한학생들」 202~203

「자유브라질운동」 203~204, 264~266, 287, 303, 312, 315, 341, 453

「자유시리아군」 148, 167

자유주의 43, 55, 62, 75~76, 79~81, 139, 162, 202~203, 240, 264, 284, 342, 393, 412, 443~444

자유주의 목적론 76~77

자율주의 72, 134~135, 294, 373

'자율주의해방운동팡파르' 185

자이르 보우소나루 264, 288, 311, 314~315, 336~346, 380, 389, 419, 433, 436

자카르타 54, 323~326, 328, 369

잭 도시 142

잭 셴커 114

「전미민주주의기금」 80, 104, 362, 445

「전위조직」 39

점거 42, 110, 115, 127~128, 130, 246, 280, 352, 379, 446

「정의개발당」 166~167, 173, 217

제2차 인티파다 100~101

제3세계 9, 30, 39, 41, 44, 53~54, 56~57, 78, 165, 298, 448, 451

제네바 학파 55
제랄두 알키민 178, 181, 183, 207, 308, 336
제이넵 튀페크치 172~173, 395
제임스 퍼거슨 298
제프 바서스트롬 276, 427
제프 베이조스 323
제프리 파이어트 251
조 프리먼 47, 299, 396
조너선 모스 286
조슈아 웡 268, 275, 363
조제 루이스 다테나 189
조지 W. 부시 59~60, 104, 142, 377
조지아 80~81, 206, 233~234
조지 H. W. 부시 104, 139, 231
조코 '조코위' 위도도 324~325, 329
존 매케인 245
「좌파21」 276
줄리아나 발로니 186~188, 192, 198, 406
「중국공산당」 273, 296, 362
쥐자우 278~279, 349, 363
지오르지오 작슨 134~135, 221, 366, 454
지우마 호세프 15~16, 88, 97, 119, 152, 159, 206, 213~214, 222, 255, 258, 260, 263, 302~304, 306, 314, 316~317, 319, 366, 391, 404, 433, 468
지우베르투 카사브 91
지한 투알 216, 402, 410, 427
진 샤프 244
진 엘아비딘 벤 알리 94~100, 106~107, 116, 167
진보 이데올로기 77
「진실과화해위원회」 156

ㅊ

찰스 틸리 27, 398, 436

참여 민주주의 30~31, 60, 127, 173, 437
체코슬로바키아 43~44, 51, 113
촛불 10, 319, 434
총회주의 75, 375
최순실 301, 319
칠레 10~11, 18, 28, 56, 75, 86, 104, 131~135, 156, 221, 275, 294~295, 298, 334~337, 341, 365~375, 377, 379, 383, 386~387, 405~406, 410, 433~434, 436, 448~449, 466

ㅋ

카롤 카리올라 221, 366
카를 뢰비트 79
카를로스 프론자투 72~73
카밀라 바에호 134, 221, 275, 298, 366, 387, 454
카밀라 호샤 202, 453
카빌도 370, 373, 376
카스바 광장 107, 116
카이로(이집트) 60, 100~101, 103, 105, 107, 112, 131, 145, 306, 327, 387~388, 401, 424, 445
카를 마르크스 38, 67, 79, 216, 398, 410, 453
칼레드 사이드 105~106, 406
캐리 람 279, 348, 350, 352~353, 356~358, 362, 377
'캠프데이비드협정' 101
「케파야」 102, 104~105, 146, 168
코로나19 9, 22, 379, 388
쿠데타 39~40, 56, 60, 69, 98, 132, 137, 159, 162, 166, 169, 206, 232, 249~250, 253, 260, 287, 301, 307~309, 316, 318, 344, 363, 377, 410, 449, 467
「쿠르드노동자당」 167
쿠르드족 운동 167
퀸 슬로보디안 55

크리미아반도 230~231, 249, 252~253, 297, 385, 457~458
크리미아반도 합병 252
「크마라」 80
클레어 릭비 192, 449, 461
키이우 226~227, 229, 231, 236~238, 243, 246, 250, 252, 346, 371, 385, 390, 393, 424, 454, 456~457

ㅌ

타마루드 168, 217~218
타흐리르 광장 18, 100~101, 107~108, 110~112, 115~116, 126, 131, 163, 169, 172~173, 199, 217, 277, 294, 323, 327, 382, 388, 409, 411, 413, 446
탁심 광장 161, 163, 168, 171, 173
「탁심 연대」 169, 217
탄핵 10, 15, 70, 197, 249, 261, 264, 266, 302~306, 309~314, 316, 319, 334, 336, 391, 430, 434
탈공산화 345
탈스탈린화 44
태업 244
테러방지법 257
테레나 부족 160
테오 382, 394, 399, 426
톈안먼 광장 272, 358
토니 블레어 111
토드 기틀린 32~33, 299, 438, 448
토미 수하르토 327
튀니스 92~93, 96~97, 99, 107, 444
튀니지 17, 22, 92~94, 96~100, 103, 105~107, 116, 120, 122, 131, 145, 148, 167, 169, 254, 277, 300, 350, 354, 383, 389, 405, 419~420, 424, 431, 436
「튀니지공산주의노동자당」 95~96, 444
「튀니지노동총연맹」 94, 98~99
튀르키예 17~18, 147, 156, 161~162, 164~167, 169, 172~174, 190, 206, 216~217, 219, 241, 294, 300, 329, 383, 388, 391, 402, 404~406, 413, 425, 436
튀르키예 모델 168, 388
트위터 18, 129, 136~138, 141~142, 144, 163~164, 172, 174, 184, 190, 193, 198~199, 201, 237, 258, 264, 283, 317, 339, 367
티리리카(프란시스코 에베하르두 올리베이라 시우바) 89~90, 144, 285, 313, 380

ㅍ

파비우 오스테르만 202~203, 265, 426, 453, 459
파업 27, 37, 42, 74, 94, 98, 105, 109, 147, 244, 270, 277, 359, 362, 372, 397, 406, 408, 418
파올로 제르바우도 376, 402, 428, 446, 468
팔레스타인 95, 100~101, 405
페레스트로이카 50
페르난두 아다지 67, 69~71, 85, 90, 140, 153, 157, 159, 175~178, 180~183, 204, 207, 213~214, 283, 316, 336~337, 339~341, 389, 392, 402, 413, 425, 442, 452~453
페르난두 엔히키 카르도주 70, 86, 288~289
페르난두 콜로르 70, 197~198, 261, 453
「페미니스트 변호사모임」 367
페이스북 96, 106, 110, 127, 129~130, 137~138, 140~142, 144~145, 157, 168, 179~180, 184, 193, 196, 203, 209, 222, 237~239, 253, 264, 322~323, 326, 328, 329, 339, 367~368, 406, 451, 453
페트로 포로셴코 238, 297, 345
페트로브라스 88, 255, 291
펠릭스 청 349
펭귄혁명 133

「평화롭게 살아갈 권리」 369
포르투알레그레 62, 66, 73
폴 볼커 68, 151
《폴랴지상파울루》 90, 130, 136~138, 151, 180, 184, 186, 188~189, 195, 200, 262, 264, 292~293, 389, 449, 467
「프라비섹토르」 242, 247, 254, 344
'프라하의 봄' 43, 113
프랜시스 후쿠야마 49, 443
프랑스 19, 27, 39~43, 45~46, 48, 67, 93, 96, 98, 139, 269, 345, 346
「프랑스공산당」 40~42, 45
프랭크 위즈너 주니어 112
프레드리쿠 프레이타스 63, 201, 425, 441
「프리덤하우스」 105
플로리아노폴리스 73, 175, 181, 201, 452
피에루 로카텔리 179, 185, 188, 210, 259, 265, 400, 406, 425
필리핀 233, 329
'핑크 타이드' 86

ㅎ

하마드 빈 이사 알 칼리파 121
하비브 부르기바 93~94
하자르 164, 219, 425, 451
「학민사조」 268, 275
학생운동 11, 41, 45, 134~135, 221, 298, 335, 366~367, 371
함딘 사바히 146~147, 425, 450
'해바라기혁명' 352
해방유럽라디오 112
「헝거 게임」 277, 354, 361
헤난 카예이로스 211, 215
헨리 키신저 49, 102
호드리구 누니스 66, 395, 405, 419~420, 426, 442, 463, 467
호메루 주카 309~310
호삼 바가트 388, 392, 426
호삼 엘-하말라위(일명 "3아라바위") 99, 105, 147, 387, 401, 425, 445
홀로도모르 사태 234
홍콩 시위 354, 361, 363, 404
「홍콩공회연합회」 270, 276
「홍콩사무변호사회」 350
「홍콩학생연맹」 268, 279
후안 파블로 루나 295, 298
후진타오 119
'흑인생명존중운동' 277, 466
흑인인권운동 29~30, 408
힐러리 클린턴 119, 143~144, 246, 321~322

기타

2008년 금융위기 92, 141, 151
"2019년 홍콩 인권 민주주의 법안" 378
「4월 6일 청년 운동」 105, 445
6일전쟁 44
「C14」(민병대) 243, 393~394, 456
LIHKG(온라인 포럼) 353, 357, 379
PEC 37(헌법 개정안) 200, 211, 215

광장의 역설
대규모 시위의 시대와 잃어버린 혁명

초판1쇄 발행 2025년 6월 30일

지은이 빈센트 베빈스

옮긴이 박윤주

펴낸이 박동운

펴낸곳 (재)진실의 힘 **출판등록** 제300-2011-191호(2011년 11월 9일)

주소 서울시 중구 세종대로 19길 16 성공회빌딩 3층 **전화** 02-741-6260

홈페이지 truthfoundation.or.kr **대표메일** truth@truthfoundation.or.kr

페이스북 facebook.com/truthfdtion

기획 조용환 **진행** 임순영·김경훈 **편집** 정일웅 **디자인** 주영훈 **제작·관리** 조미진

ISBN 979-11-985056-6-8 03330

ⓒ 빈센트 베빈스, 2025

이 책 내용의 전부 또는 일부를 재사용하려면 반드시
지은이와 출판사 양쪽의 사전 동의를 받아야 합니다.